"十三五"职业教育国家规划教材

创新创业教育课程群系列教材

创新创业指导与训练

陈承欢　杨利军　高　峰　编著

电子工业出版社

Publishing House of Electronics Industry

北京·BEIJING

内 容 简 介

本教材结合"大众创业，万众创新"的时代背景，遵循现代职业教育的规律和人才培养规律，从创新教育和创业教育相结合的角度，系统规划创新创业课程的教学内容，科学设计教学单元，形成相对合理的 10 个教学单元：培养创新意识→训练创新思维→应用创新技法→强化创新能力→激发创业热情→捕捉创业机会→塑造创业团队→启动创业计划→开办创业企业→提升创业绩效，旨在培养大学生创新创业意识、强化其创新创业精神、提高其创新创业能力、锤炼其创新创业品质。

本教材基于行动导向、任务驱动的教学理念设计教学流程，每个教学单元整体上划分为两部分：知识探究和分步训练。"知识探究"部分主要讲述相关理论知识，"分步训练"部分主要进行实战训练，每小节设计了 4 个教学环节：案例剖析→知识梳理→研讨交流→实战训练。教学活动突出实践性，强调"做中学"，充分运用各种案例、项目、经验，提高教材的实用性和指导性。

本教材创新教学内容的组织形式，改革教学内容的学习方式，将部分教学内容保存在本课程的教学资源网站中，学习者通过扫描二维码的方式进行浏览，充分利用智能手机等信息化教学手段，采用线上和线下相结合的学习方式，激发学习兴趣、提高教学效率，从而提高教学效果。

本教材可作为各类职业院校创新创业教材，也可以作为创新创业的培训用书及创业自学用书。

未经许可，不得以任何方式复制或抄袭本书之部分或全部内容。
版权所有，侵权必究。

图书在版编目（CIP）数据

创新创业指导与训练 / 陈承欢，杨利军，高峰编著 . —北京：电子工业出版社，2017.6
ISBN 978-7-121-31476-6

Ⅰ．①创… Ⅱ．①陈… ②杨… ③高… Ⅲ．①创业－高等学校－教材 Ⅳ．① F241.4

中国版本图书馆 CIP 数据核字 (2017) 第 097007 号

策划编辑：程超群
责任编辑：底　波
印　　刷：湖北画中画印刷有限公司
装　　订：湖北画中画印刷有限公司
出版发行：电子工业出版社
　　　　　北京市海淀区万寿路 173 信箱　邮编 100036
开　　本：787×1 092　1/16　印张：20.75　字数：531 千字
版　　次：2017 年 6 月第 1 版
印　　次：2021 年 12 月第 14 次印刷
定　　价：48.60 元

凡所购买电子工业出版社图书有缺损问题，请向购买书店调换。若书店售缺，请与本社发行部联系，联系及邮购电话：（010）88254888，88254888。
质量投诉请发邮件至 zlts@phei.com.cn，盗版侵权举报请发邮件至 dbqq@phei.com.cn。
本书咨询联系方式：（010）88254577，ccq@phei.com.cn。

本书为 2016 年湖南省职业院校教育教学改革研究项目《"大众创业，万众创新"背景下高职院校创新创业教育与专业教育融合机制的构建与实践》（课题编号：ZJGB2016013）的课题研究成果。

前言

2015年6月，国务院颁布了《关于大力推进大众创业万众创新若干措施的意见》（国发〔2015〕32号），明确指出：推进大众创业、万众创新，是培育和催生经济社会发展新动力的必然选择，是扩大就业、实现富民之道的根本举措，是激发全社会创新潜能和创业活力的有效途径。

大众创业、万众创新的提出把创业、创新与人、企业这几个关键要素紧密结合在一起，不仅要突出打造经济增长的引擎，而且要突出打造就业和社会发展的引擎，不仅突出精英创业，而且突出大众创业和实用性创新，体现了创业、创新、人和企业"四位一体"的创新发展总要求，为创新创业理论和实践研究开辟了崭新的天地。大众创业、万众创新蔚然成风的社会环境和文化氛围逐步形成，让每一个充满梦想并愿意为之努力的人获得成功。大学生作为实施创新驱动发展战略和推进大众创业、万众创新的生力军，应积极投身创新创业活动，不断增强创业意识，提高创新创业能力。

大众创业、万众创新首先要解决的是育人问题。大众创业，教育先行；万众创新，文化先行。没有创新的人才，不可能有创业的成功，没有创新的教育，不可能有创新的人才。《国务院办公厅关于深化高等学校创新创业教育改革的实施意见》（国办发〔2015〕36号）明确指出：到2020年，建立健全课堂教学、自主学习、结合实践、指导帮扶、文化引领融为一体的高校创新创业教育体系，人才培养质量显著提升，学生的创新精神、创业意识和创新创业能力明显增强，投身创业实践的学生显著增加。

当前，我国大众创业、万众创新事业方兴未艾，越来越多的大学生走上了创新创业之路。切实加强大学生创新创业教育，提高创新创业教师队伍的教学能力，提升大学生群体创新创业能力，是推进我国大众创业、万众创新事业深入健康发展的当务之急，对于我国在经济新常态下实施创新驱动发展战略，具有十分重要的意义。

创新创业教材是创新创业课程建设的核心，高质量创新创业教材既是提高创新创业教学质量的前提，也是学生获取创新创业知识与技能的保障。创新创业教材的编写需要融合多学科、多领域知识，系统性组织教材内容。《国务院办公厅关于深化高等学校创新创业教育改革的实施意见》明确要求：健全创新创业教育课程体系、开发开设就业创业指导等方面的必修课和选修课、建设科学合理的创新创业教育专门课程群，为贯彻落实文件精神，我们组织多所高职院校从事创新创业教育的教师、企业专家和创业成功者组成编委会，经过多次深入研讨和不断优化完善，完成了《创新创业指导与训练》的编写工作，本教材是一本特色鲜明、指导性强的创新创业教材。

作为一本指导大学生创新创业实践的教材，本身应有示范指导作用，在教材体例结构、教学理念、教学策略、教学资源应用等方面应不断进行创新，本教材的创新与特色如下。

（1）深入贯彻与落实相关文件精神，明确创新创业教育目标要求

树立先进的创新创业教育理念，以激发大学生创新创业热情为基础，以增强大学生的创新精神、创业意识和创新创业能力为重点，以创新教学模式为突破，把前沿学术发展、

最新研究成果和成功创业者实践经验融入创新创业课程教学，注重培养学生的批判性和创造性思维，激发创新创业灵感，解决创新创业过程中遇到的问题和疑惑，为创业者提供理论与方法指导，分享创新成功者的经验或独到观点。

（2）系统规划创新创业课程的教学内容，科学设计教学单元，满足创新创业教育目标要求

对大学生创新创业所需的理论知识、方法指导、成功经验、相关政策、实战案例进行系统整合与优化，形成相对合理的 10 个教学单元：培养创新意识→训练创新思维→应用创新技法→强化创新能力→激发创业热情→捕捉创业机会→塑造创业团队→启动创业计划→开办创业企业→提升创业绩效。这 10 个教学单元的教学内容从创新教育和创业教育相结合的角度，旨在培养大学生创新创业意识、强化其创新创业精神、提高其创新创业能力、锤炼其创新创业品质。

（3）基于行动导向、任务驱动的教学理念设计教学流程，教学活动突出实践性，强调"做中学"

每个教学单元整体上划分为两部分：知识探究和分步训练。"知识探究"部分主要讲述相关理论知识，"分步训练"部分主要进行实战训练，按照"想一想"→"学一学"→"说一说"→"做一做"的逻辑顺序，每小节设计了 4 个教学环节：案例剖析→知识梳理→研讨交流→实战训练。

（4）创新教学内容的组织形式，改革教学内容的学习方式

由于教材中涉及大量的成功案例、相关政策和方法指导，对于一些篇幅较长的案例、政策和方法，不方便删减，为了保证这些案例、政策、方法内容的完整性和连续性，教材中只列出主干内容，其完整内容保存在本课程的教学资源网站中，学习者可通过扫描二维码的方式浏览这些案例、政策和方法的完整内容。部分"研讨交流"问题的参考答案也可以通过扫描二维码的方式获取。采用线上和线下相结合的学习方式，既可以适度控制教材篇幅，也可以保证教学内容的完整。同时充分利用智能手机等信息化教学手段，激发大学生的学习兴趣、提高教学效率，从而提高教学效果。

（5）加强校际之间的合作，突出各校创新创业课程教学的共性，也体现各自特色

本教材由多所高职院校联合编写，由于参与编写的院校办学特色、开设专业有所不同，创新创业活动的开展各有特色，毕业生创业典型也各有千秋，在体现创新创业教育共性的前提下，也要体现各个院校创新创业教育的特色和亮点，本教材增设了"精选创业案例"的活页，各参编院校的精彩创新创业案例可以自行编写、动态更新，并且统一保存在本课程的教学资源网站中，学习者可以通过扫描二维码的方式浏览这些案例。

（6）体现教学内容的实用性和与时俱进的动态适应性

教材中选用的案例具有较强的典型性，理论知识具有较强的指导性，观点经验具有较强的实用性，训练内容具有强较的针对性。由于创新创业的相关理论发展很快，相关政策在不断完善，相关案例也在不断变化，相对固定的教学内容必须适应这种变化，同时吸纳创新创业方面的新知识、新政策和新案例。我们将出现的新知识、新政策和新案例保存在本课程的教学资源网站中，学习者可通过扫描二维码的方式进行浏览。

总之，本教材实现了共性与个性相结合、固定内容与变化内容相融合、实用与创新相统一，致力打造成为一本优秀的创新创业教材。

本教材由湖南铁道职业技术学院陈承欢、杨利军、高峰编著，湖南铁道职业技术学院的黄刘婷、肖素华、王姿、叶颖、张彦宇、张丽芳、颜谦和、邝允新、张婧、黄娟、张敏三、郭本伟、毛亮、林保康、王欢燕、张丹、朱彬彬等老师参与了编写工作。在本教材的编写过程中还得到了湖南汽车工程职业学院雷久相、湖南中医药高等专科学校冯务群、湖南铁路科技职业技术学院牛春林、湖南化工职业技术学院田伟军、湖南高速铁路职业技术学院李朝阳、湖南财经工业职业技术学院周斌、湖南有色金属职业技术学院张跃宁等专家和领导的悉心指导，在专家指导的基础上进行了教材优化和方案完善，在此一并表示衷心感谢！同时，在本教材的编写过程中，参阅了多本同类教材和大量的网上资料，有些资料的真实来源无从考证，在此谨向资料的原创作者致以真挚的感谢！

由于编著者水平有限，教材中的疏漏之处敬请专家与读者批评指正。

编著者

2017 年 6 月

目录

单元1 培养创新意识 1

【知识探究】 1
1.1 认知创新 1
- 1.1.1 创新的含义 1
- 1.1.2 关于创新 2
- 1.1.3 创新的原则 3
- 1.1.4 创新的原理 3
- 1.1.5 创新的过程 3

1.2 认知创新意识 4
- 1.2.1 创新意识的含义 4
- 1.2.2 创新意识的作用与价值 4
- 1.2.3 创新意识的特点 4
- 1.2.4 创新意识的构成 5
- 1.2.5 培养大学生创新意识的重要性 6
- 1.2.6 当代大学生应如何增强创新意识 7

【分步训练】 8
1.3 树立问题意识 8
【案例剖析】 8
- 【案例1-1】邬口关博的奇思异想 8

【知识梳理】 10
- 1.3.1 问题与问题意识 10
- 1.3.2 强化问题意识的作用 11
- 1.3.3 培养和激发好奇心和质疑精神 11

【研讨交流】 12
- 【案例1-2】谁是最好的学生 12
- 【案例1-3】世界上没有愚蠢的提问者 13

【实战训练】 13
- 【训练1-1】如何留住公寓楼里的住户 13
- 【训练1-2】灵活处理尴尬的情况 14

1.4 培养创新兴趣 14
【案例剖析】 14
- 【案例1-4】乔布斯,创新创业从兴趣开始 14

【知识梳理】 16
- 1.4.1 兴趣与创新兴趣 16
- 1.4.2 兴趣的作用 17
- 1.4.3 创新兴趣的作用 18

【研讨交流】 18

【案例 1-5】 兴趣是米利肯成功的阶梯 ·· 18
【案例 1-6】 整个探索的过程都充满了欢乐 ··· 19
【实战训练】 ·· 20
【训练 1-3】 收集自己最感兴趣的东西 ··· 20

单元 2　训练创新思维 ··· 21

【知识探究】 ·· 21
2.1　认知创新思维 ··· 21
 2.1.1　思维与创新思维 ··· 21
 2.1.2　思维的基本特征 ··· 22
 2.1.3　创新思维的形式 ··· 22
 2.1.4　创新思维的主要障碍 ·· 23
 2.1.5　培养创造性思维的技巧 ·· 23
【分步训练】 ·· 24
2.2　突破思维定势 ··· 24
【案例剖析】 ·· 24
 【案例 2-1】 考考阿西莫夫的智力 ··· 24
【知识梳理】 ·· 25
 2.2.1　思维定势的含义 ··· 25
 2.2.2　思维定势的作用 ··· 25
【研讨交流】 ·· 26
 【案例 2-2】 怎样把一个鸡蛋竖立在桌面上 ······································· 26
 【案例 2-3】 外婆家："低价"如何实现盈利 ······································· 27
【实战训练】 ·· 28
 【训练 2-1】 突破从众思维，提出一种与众不同的观念 ··················· 28
 【训练 2-2】 突破权威定势，海豚并不是最聪明的动物 ··················· 28
 【训练 2-3】 如何安全过河 ··· 28
 【训练 2-4】 怎样分苹果 ··· 28
2.3　发散思维训练 ··· 28
 【案例 2-4】 明白铅笔的用途 ··· 28
【知识梳理】 ·· 29
 2.3.1　发散思维的含义 ··· 29
 2.3.2　发散思维的特征与层次 ·· 30
 2.3.3　发散思维的方法 ··· 30
 2.3.4　发散思维的训练方法 ·· 31
 2.3.5　使用"图形发散"的方法训练发散思维 ·· 31
 2.3.6　使用"事物功能性质发散"的方法训练发散思维 ························ 32
 2.3.7　使用"语词发散"的方法训练发散思维 ·· 32
 2.3.8　使用"分类发散"的方法训练发散思维 ·· 32
 2.3.9　使用"语文发散"的方法训练发散思维 ·· 33

【研讨交流】··· 33
　　【案例2-5】 在没见到21号之前别忙着做出决定 ························· 33
【实战训练】··· 34
　　【训练2-5】 尽可能多地写出以字词为元素的各种语词 ··················· 34
　　【训练2-6】 运用"分类发散"的方法训练发散思维 ························ 34
2.4　逆向思维训练 ·· 34
【案例剖析】··· 34
　　【案例2-6】 奇特的反复印机 ·· 34
　　【案例2-7】 懒马拉车 ·· 35
【知识梳理】··· 36
　　2.4.1　逆向思维的含义 ·· 36
　　2.4.2　逆向思维的特点 ·· 36
　　2.4.3　逆向思维法的类型 ··· 37
　　2.4.4　逆向思维的常见形式 ··· 37
【研讨交流】··· 37
　　【案例2-8】 将坏事变成好事 ·· 37
　　【案例2-9】 什么样的18层大厦可以在地震中屹立不倒 ·················· 38
【实战训练】··· 38
　　【训练2-7】 大爷损失了多少钱 ·· 38
　　【训练2-8】 猴子采回来多少个桃子 ······································ 39
　　【训练2-9】 走哪条路你才能生存 ·· 39
2.5　侧向思维训练 ·· 39
【案例剖析】··· 39
　　【案例2-10】 圆珠不坏油先尽 ··· 39
　　【案例2-11】 7天，预购450万台手机 ··································· 40
【知识梳理】··· 41
　　2.5.1　侧向思维的含义 ·· 41
　　2.5.2　侧向思维的运用 ·· 41
【研讨交流】··· 42
　　【案例2-12】 乌鸦杯中取水 ··· 42
　　【案例2-13】 叩诊的发明 ··· 43
【实战训练】··· 43
　　【训练2-10】 一笔连九点 ··· 43
　　【训练2-11】 剪实心圆圈 ··· 43
2.6　组合思维训练 ·· 44
【案例剖析】··· 44
　　【案例2-14】 爱迪生组合创新发明留声机 ································ 44
【知识梳理】··· 44
　　2.6.1　组合思维的含义 ·· 44
　　2.6.2　组合思维的形式 ·· 45

  2.6.3　组合思维的方法 ··· 45
 【研讨交流】 ·· 45
  【案例 2-15】金门大桥堵塞问题的解决 ·· 45
  【案例 2-16】知识、技术、模式的有机组合 ··· 46
 【实战训练】 ·· 46
  【训练 2-12】主体附加训练 ·· 46
  【训练 2-13】汉字重组训练 ·· 47
  【训练 2-14】从洞里怎么掏出铁球 ·· 47
 2.7　联想思维训练 ··· 47
 【案例剖析】 ·· 47
  【案例 2-17】电影《手机》的联想过程 ·· 47
 【知识梳理】 ·· 48
  2.7.1　联想思维的含义 ·· 48
  2.7.2　联想思维的特征 ·· 48
  2.7.3　联想思维的作用 ·· 48
  2.7.4　联想思维的类型 ·· 49
  2.7.5　联想思维的方法 ·· 49
 【研讨交流】 ·· 49
  【案例 2-18】南极输油冰管 ·· 49
  【案例 2-19】"回到 1986 年"：过没有网络、没有手机的生活 ····················· 50
 【实战训练】 ·· 51
  【训练 2-15】将两个看似不相干的词语建立起联系 ····································· 51
  【训练 2-16】辐射式的联想思维 ··· 51

单元 3　应用创新技法 ·· 52

 【知识探究】 ·· 52
 3.1　认识创新技法 ··· 52
  3.1.1　创新技法的含义 ·· 52
  3.1.2　创新技法的特点 ·· 52
  3.1.3　创新技法的类型 ·· 53
 【分步训练】 ·· 53
 3.2　头脑风暴法及其应用 ·· 53
 【案例剖析】 ·· 53
  【案例 3-1】如何清除电线上的积雪 ·· 53
 【知识梳理】 ·· 54
  3.2.1　头脑风暴法的含义 ··· 54
  3.2.2　头脑风暴法的优势与局限性 ··· 55
  3.2.3　头脑风暴法的组织形式 ·· 56
  3.2.4　头脑风暴法的会议类型 ·· 56
  3.2.5　头脑风暴法的会前准备工作 ··· 57

3.2.6 头脑风暴法的会议原则 ··········· 57
3.2.7 头脑风暴法的会议实施步骤 ········· 58
3.2.8 头脑风暴法的主持人技巧 ·········· 58
3.2.9 头脑风暴法的成功要点 ··········· 59
3.2.10 头脑风暴法应遵循的原则 ········· 60

【研讨交流】·· 60
　　【案例 3-2】破解城市交通问题 ·························· 60
　　【案例 3-3】突破自我，尝试创新 ························· 61
【实战训练】·· 62
　　【训练 3-1】讨论旅游活动方案 ·························· 62
　　【训练 3-2】运用默写式智力激励法解决问题 ··················· 62

3.3 奥斯本检核表法及其应用······························· 62
【案例剖析】·· 63
　　【案例 3-4】针对手电筒的创新思路 ······················· 63
【知识梳理】·· 63
　　3.3.1 奥斯本检核表法的含义 ··························· 63
　　3.3.2 奥斯本检核表法的检查项目与包括的问题 ··················· 64
　　3.3.3 奥斯本检核表法应用实例 ·························· 66
　　3.3.4 奥斯本检核表法实施时的注意事项 ······················ 67
　　3.3.5 运用奥斯本检核表法进行创新活动的实施过程 ················· 67
　　3.3.6 和田十二法及其应用 ···························· 67
【研讨交流】·· 68
　　【案例 3-5】运用奥斯本检核表进行创新设计 ··················· 68
【实战训练】·· 69
　　【训练 3-3】运用奥斯本检核表分析优化产品 ··················· 69
　　【训练 3-4】优化产品的设计与制造 ······················· 69

3.4 特性列举法及其应用································· 70
【案例剖析】·· 70
　　【案例 3-6】运用特性列举法对圆珠笔进行特性分析 ················ 70
【知识梳理】·· 71
　　3.4.1 特性列举法的含义 ····························· 71
　　3.4.2 运用特性列举法进行创新活动的基本原理 ··················· 71
　　3.4.3 运用特性列举法进行创新活动的一般过程 ··················· 72
【研讨交流】·· 73
　　【案例 3-7】运用特性列举法进行创新思维 ··················· 73
【实战训练】·· 74
　　【训练 3-5】运用特性列举法进行创新设计 ··················· 74

3.5 缺点列举法及其应用································· 74
【案例剖析】·· 74
　　【案例 3-8】减震网球拍的发明 ························· 74

【知识梳理】 75
　　3.5.1　缺点列举法的含义 75
　　3.5.2　运用缺点列举法进行创新活动的一般过程 76
【研讨交流】 77
　　【案例 3-9】运用缺点列举法进行创新思维 77
【实战训练】 78
　　【训练 3-6】运用缺点列举法进行创新设计 78
3.6　希望列举法及其应用 79
【案例剖析】 79
　　【案例 3-10】设计色盲可辨的信号灯的过程 79
【知识梳理】 80
　　3.6.1　希望列举法的含义 80
　　3.6.2　运用希望列举法进行创新活动的一般过程 80
【研讨交流】 81
　　【案例 3-11】列举物品的希望点 81
【实战训练】 82
　　【训练 3-7】运用希望列举法进行创新设计 82
3.7　组合创新技法及其应用 83
【案例剖析】 83
　　【案例 3-12】瑞士军刀的精彩组合 83
【知识梳理】 84
　　3.7.1　组合型创新技法的含义 84
　　3.7.2　组合创新的常见形式 84
【研讨交流】 85
　　【案例 3-13】多功能的智能手机 85
　　【案例 3-14】超声波与电动牙刷的组合 85
【实战训练】 86
　　【训练 3-8】运用各种类型的组合创新 86

单元 4　强化创新能力　87

【知识探究】 87
4.1　认知创新能力 87
　　4.1.1　创新能力的含义 87
　　4.1.2　培养创新能力的主要方式 88
　　4.1.3　大学生主动培养创新能力的途径 88
4.2　认知创新途径 90
　　4.2.1　创新的 10 种表现形态 90
　　4.2.2　企业创新能力的表现形态 90
4.3　赏析创新案例 90
【分步训练】 95

4.4 提高问题解决能力 ·· 95
【案例剖析】 ·· 95
　　【案例 4-1】 颇爱派牙膏的"三大武器" ·· 95
　　【案例 4-2】 竞争力源自解决问题的能力 ·· 96
【知识梳理】 ·· 97
　　4.4.1 问题解决能力的含义 ·· 97
　　4.4.2 问题解决过程划分的阶段 ·· 98
　　4.4.3 提高问题解决能力从培养四大问题意识开始 ···································· 98
　　4.4.4 如何使顿悟经常光顾你的大脑 ·· 99
　　4.4.5 问题解决能力的评价 ·· 99
　　4.4.6 如何提高自身的问题解决能力 ·· 101
　　4.4.7 提升解决问题能力的 5 个步骤 ·· 102
【研讨交流】 ·· 102
　　【案例 4-3】 小小汤匙的"妙想" ··· 102
【实战训练】 ·· 103
　　【训练 4-1】 移动圆环 ··· 103
　　【训练 4-2】 测试问题解决能力 ·· 103
4.5 提高变通能力 ··· 104
【案例剖析】 ·· 105
　　【案例 4-4】 卖水的淘金者 ·· 105
　　【案例 4-5】 坚守与变通 ·· 105
【知识梳理】 ·· 106
　　4.5.1 变通能力的含义 ··· 106
　　4.5.2 如何提高自己的变通能力 ·· 107
【研讨交流】 ·· 108
　　【案例 4-6】 小河流跨越沙漠 ··· 108
　　【案例 4-7】 金边凤尾裙的变通 ·· 109
【实战训练】 ·· 109
　　【训练 4-3】 奇数、偶数报数 ··· 109
　　【训练 4-4】 车往哪里开 ·· 110

单元 5　激发创业热情 ·· 111

【知识探究】 ·· 111
5.1 增强创业意识 ··· 111
　　5.1.1 创业的内涵 ··· 111
　　5.1.2 创业意识的内涵 ··· 111
　　5.1.3 创业意识的要素 ··· 112
5.2 分享创业经验 ··· 113
　　5.2.1 分享马云的创业经验 ·· 113
　　5.2.2 分享任正非的创业经验 ·· 114

  5.2.3 分享刘强东的创业经验 …… 115
  5.2.4 分享马化腾的创业经验 …… 116
  5.2.5 分享俞敏洪的创业经验 …… 116
  5.2.6 分享雷军的创业经验 …… 117
  5.2.7 分享周鸿祎的创业经验 …… 118
  5.2.8 分享董明珠的创业经验 …… 118
  5.2.9 分享喻渭蛟的创业经验 …… 119
  5.2.10 分享李想的创业经验 …… 119
 【分步训练】…… 119
 5.3 培养创业精神 …… 119
 【案例剖析】…… 120
  【案例 5-1】董明珠的创业精神 …… 120
 【知识梳理】…… 121
  5.3.1 创业精神的含义 …… 121
  5.3.2 创业精神的特征 …… 121
  5.3.3 创业精神的五大要素 …… 122
  5.3.4 培养大学生创业精神的基本途径 …… 122
  5.3.5 创业者必备的优秀品质 …… 124
 【研讨交流】…… 124
  【案例 5-2】史玉柱的创业精神缔造财富神话 …… 124
 【实战训练】…… 126
  【训练 5-1】树立创业精神 …… 126
 5.4 提升创业素质 …… 126
 【案例剖析】…… 126
  【案例 5-3】马云创业生涯的成功之道 …… 126
 【知识梳理】…… 129
  5.4.1 创业素质的含义 …… 129
  5.4.2 提高大学生创业素质的途径和方法 …… 130
  5.4.3 创业者最重要的 10 个素质 …… 131
  5.4.4 一个成功的创业者应具备的创业素质 …… 131
  5.4.5 创业者成功创业需具备的五大能力 …… 132
  5.4.6 无限的激情是创业成功的保障 …… 132
  5.4.7 如何创业才是成功之道 …… 133
 【研讨交流】…… 134
  【案例 5-4】创业始于梦想，成于坚持 …… 134
 【实战训练】…… 134
  【训练 5-2】大学生创业的 SWOT 分析 …… 134
  【训练 5-3】创业素质训练之我见 …… 135

单元 6 捕捉创业机会 …… 136
 【知识探究】…… 136

6.1 认知创业机会 ·· 136
　　6.1.1 创业机会的含义 ·· 136
　　6.1.2 创业机会的基本类型 ·· 136
　　6.1.3 创业机会的主要来源 ·· 137
　　6.1.4 创业机会的特征 ·· 138
　【分步训练】·· 139
6.2 寻找与识别创业机会 ·· 139
　【案例剖析】·· 139
　　【案例 6-1】"牛仔大王"李维斯 ·· 139
　【知识梳理】·· 140
　　6.2.1 影响创业机会识别的因素 ·· 140
　　6.2.2 创业机会的识别过程 ·· 141
　　6.2.3 发掘创业机会的主要方式 ·· 141
　　6.2.4 创业机会识别所需的条件 ·· 142
　　6.2.5 如何研究市场动向 ·· 142
　　6.2.6 如何筛选创业机会 ·· 143
　　6.2.7 如何培养和提高发现创业机会的能力 ·· 143
　　6.2.8 如何把握创业机会 ·· 144
　　6.2.9 把握大数据时代的创业方向与创业机会 ·· 144
　【研讨交流】·· 146
　　【案例 6-2】向前看两年 ·· 146
　　【案例 6-3】来自一份国际电池行业动态的创业灵感 ·· 147
　【实战训练】·· 148
　　【训练 6-1】捕捉我国人口老龄化背景下的创业 ·· 148
6.3 评估创业机会 ·· 149
　【案例剖析】·· 149
　　【案例 6-4】雾霾背景下创业机会的评估 ·· 149
　【知识梳理】·· 150
　　6.3.1 创业机会的评估准则 ·· 150
　　6.3.2 蒂蒙斯创业机会评价体系 ·· 150
　　6.3.3 创业机会评价体系简化版 ·· 153
　　6.3.4 创业机会评价的两种简便方法 ·· 154
　【研讨交流】·· 155
　　【案例 6-5】眼镜市场势将风云再起 ·· 155
　【实战训练】·· 155
　　【训练 6-2】运用创业机会评价体系进行创业机会评估 ······································ 155
6.4 分析客户需求 ·· 157
　【案例剖析】·· 157
　　【案例 6-6】胡润富豪榜顺势而生 ·· 157
　【知识梳理】·· 158

- 6.4.1 客户群体的类型 · 158
- 6.4.2 消费者对市场的基本期望和要求 · 159
- 6.4.3 消费者需求的特征 · 160
- 6.4.4 少年儿童消费者群体的消费心理特征 · 160
- 6.4.5 青年消费者群体的消费心理特征 · 161
- 6.4.6 中年消费者群体的消费心理特征 · 161
- 6.4.7 老年消费者群体的消费心理特征 · 161
- 6.4.8 大学生的消费心理特征 · 162
- 6.4.9 女性的消费心理特征 · 162

【研讨交流】· 162
　【案例 6-7】用社区思维打造一个会沟通的女性品牌 · 162
【实战训练】· 164
　【训练 6-3】满足客户个性化的需求 · 164

6.5 选择创业项目 · 164

【案例剖析】· 164
　【案例 6-8】满足个性化需求的创业项目选择 · 164
【知识梳理】· 165
- 6.5.1 选择创业项目的原则 · 165
- 6.5.2 选择投资项目的路径 · 166

【研讨交流】· 166
　【案例 6-9】运用孙正义选择项目的标准选择创业项目 · 166
【实战训练】· 167
　【训练 6-4】选择拟创业项目与 SWOT 分析 · 167

单元 7　塑造创业团队 · 169

【知识探究】· 169

7.1 认知创业团队 · 169

- 7.1.1 团队与创业团队的含义 · 169
- 7.1.2 创业团队的组成要素 · 170
- 7.1.3 创业团队的类型 · 170
- 7.1.4 创业团队必备的组成成员 · 171
- 7.1.5 团队领头人的必备素质 · 172
- 7.1.6 一个团队必备的 5 个基本要素 · 172
- 7.1.7 创业团队的互补 · 173
- 7.1.8 高效团队的主要特征 · 175

7.2 认知团队精神 · 175

- 7.2.1 团队精神的含义 · 175
- 7.2.2 团队协作能力的含义 · 176
- 7.2.3 团队精神的基本要素 · 176
- 7.2.4 团队精神建设的重要性 · 176

        7.2.5 团队精神的功能 ·· 176
        7.2.6 如何培养团队的协作能力 ·· 177
    【分步训练】 ·· 177
    7.3 组建与管理创业团队 ··· 177
    【案例剖析】 ·· 177
        【案例 7-1】雁行千里排成行，团结协作齐飞翔 ··· 177
    【知识梳理】 ·· 178
        7.3.1 创业团队组建的基本原则 ·· 178
        7.3.2 创业团队组建的主要影响因素 ··· 179
        7.3.3 创业团队的组建程序及其主要工作 ··· 179
        7.3.4 创业团队的风险控制 ·· 180
        7.3.5 创业团队工作沟通的 7 个原则 ·· 181
        7.3.6 如何组建优秀的创业团队 ·· 181
        7.3.7 组建创业团队时不可或缺的几类人 ··· 181
        7.3.8 创业初期创业团队需要注意的几个问题 ··· 182
    【研讨交流】 ·· 183
        【案例 7-2】唐僧师徒团队 ··· 183
        【案例 7-3】阿里巴巴创业团队："十八罗汉" ·· 184
        【案例 7-4】腾讯五虎将：难得的黄金创业团队 ······································· 185
    【实战训练】 ·· 187
        【训练 7-1】扑克分组 ··· 187
        【训练 7-2】疯狂的设计 ·· 188
    7.4 设计创业企业的组织结构 ·· 188
    【案例剖析】 ·· 188
        【案例 7-5】分析广告公司的组织结构 ·· 188
    【知识梳理】 ·· 190
        7.4.1 组织结构设计的含义 ·· 190
        7.4.2 组织结构设计的程序 ·· 191
        7.4.3 组织结构设计的基本原则 ·· 191
        7.4.4 创业企业的组织架构设计 ·· 192
        7.4.5 创业企业组织架构设计应避免的问题 ·· 193
        7.4.6 德鲁克提出的 5 种组织架构模式 ·· 193
    【研讨交流】 ·· 194
        【案例 7-6】建立直线制的组织形式 ·· 194
    【实战训练】 ·· 195
        【训练 7-3】因地制宜优化公司的组织结构 ··· 195

单元 8 启动创业计划 ··· 196
    【知识探究】 ·· 196
    8.1 创业环境与优惠政策 ··· 196

  8.1.1 创业环境的含义 ··· 196
  8.1.2 创业环境的表现形式 ··· 197
  8.1.3 创业政策汇总 ·· 197
  8.1.4 大学生自主创业的相关优惠政策 ·· 198
  8.1.5 SWOT 分析法 ··· 199
【分步训练】··· 200
8.2 选择商业模式 ·· 200
【案例剖析】··· 200
 【案例 8-1】剖析"e 袋洗"的商业模式设计 ··· 200
 【案例 8-2】剖析聚美优品的商业模式 ·· 204
 【案例 8-3】剖析四川航空免费大巴的共赢商业模式 ·································· 206
 【案例 8-4】剖析滴滴打车的商业模式 ·· 208
 【案例 8-5】剖析苹果公司的商业模式 ·· 209
【知识梳理】··· 210
  8.2.1 商业模式的含义与组成 ··· 210
  8.2.2 商业模式的特征 ··· 211
  8.2.3 商业模式的作用 ··· 211
  8.2.4 商业模式的构成要素 ··· 211
  8.2.5 商业模式创新的方法 ··· 212
  8.2.6 5 种常见的电子商务模式对比 ··· 212
  8.2.7 当下 3 种最赚钱的商业模式 ··· 212
  8.2.8 "互联网+"时代的六大商业模式 ·· 213
  8.2.9 创业企业的十大创新商业模式案例 ··· 213
  8.2.10 10 个传统行业的未来商业模式分析 ······································ 214
  8.2.11 颠覆未来的 11 种最佳免费商业模式 ····································· 214
【研讨交流】··· 215
 【案例 8-6】判断一个商业模式是否有价值 ·· 215
【实战训练】··· 216
 【训练 8-1】下个"风口"见社群新商业模式 ·· 216
8.3 设计企业名称 ·· 217
【案例剖析】··· 217
 【案例 8-7】释义国际品牌名称 ··· 217
【知识梳理】··· 219
  8.3.1 公司名称对企业的重要性 ·· 219
  8.3.2 公司起名的基本原则 ··· 219
  8.3.3 公司起名的基本要求 ··· 220
  8.3.4 公司名称的法律规定 ··· 220
  8.3.5 公司起名的常见类型 ··· 220
  8.3.6 公司起名的常见"门派" ·· 220
【研讨交流】··· 221

【案例 8-8】 赏析公司名称 ······ 221
　【实战训练】 ······ 222
　　【训练 8-2】 给创业公司起个美名 ······ 222
　8.4　拟订创业计划 ······ 222
　【案例剖析】 ······ 222
　　【案例 8-9】 初识快递服务创业计划书 ······ 222
　【知识梳理】 ······ 224
　　8.4.1　创业计划书的含义 ······ 224
　　8.4.2　创业计划书的作用 ······ 224
　　8.4.3　创业计划书的组成结构与主要内容 ······ 224
　　8.4.4　创业计划书的检查 ······ 229
　　8.4.5　创业计划书的评价 ······ 229
　【研讨交流】 ······ 230
　　【案例 8-10】 评析悠闲居创业计划书 ······ 230
　【实战训练】 ······ 231
　　【训练 8-3】 优化完善快递服务创业计划书 ······ 231

单元 9　开办创业企业 ······ 237

　【知识探究】 ······ 237
　9.1　认知创业企业 ······ 237
　　9.1.1　创业企业及其特征 ······ 237
　　9.1.2　创业企业的发展阶段 ······ 238
　9.2　企业注册登记 ······ 238
　　9.2.1　"三证合一"后企业注册流程 ······ 238
　　9.2.2　大学生自主创业的市场主体类型及注册流程的简化 ······ 240
　　9.2.3　个体工商户注册时需要准备的材料和办理流程 ······ 241
　　9.2.4　个人独资企业注册时需要准备的材料和办理流程 ······ 242
　　9.2.5　合伙企业注册时需要准备的材料和办理流程 ······ 242
　　9.2.6　农民专业合作社注册时需要准备的材料和办理流程 ······ 242
　　9.2.7　有限责任公司注册时需要准备的材料和办理流程 ······ 242
　　9.2.8　2014 年商事改革后企业注册的问题解答 ······ 242
　【分步训练】 ······ 243
　9.3　经营场所选择 ······ 243
　【案例剖析】 ······ 243
　　【案例 9-1】 星巴克的完美选址技巧 ······ 243
　【知识梳理】 ······ 244
　　9.3.1　麦当劳选址的策略 ······ 244
　　9.3.2　经营场所选择的步骤 ······ 244
　【研讨交流】 ······ 246
　　【案例 9-2】 肯德基快餐店在中国开设第一家店的选址分析 ······ 246

【实战训练】 247
　　【训练 9-1】 餐饮店店址选择 247
　　【训练 9-2】 便利店店址选择 248
9.4　经营资金筹措 249
【案例剖析】 249
　　【案例 9-3】 船王借钱买船 249
　　【案例 9-4】 会籍式众筹——3W 咖啡 250
　　【案例 9-5】 "三个爸爸" 29 天众筹 1000 万元背后的秘密 251
【知识梳理】 252
　　9.4.1　创业融资的含义 252
　　9.4.2　创业融资的基本原则 253
　　9.4.3　创业资金的融资渠道 253
　　9.4.4　关于众筹 254
　　9.4.5　众筹的类型与潜在风险 255
　　9.4.6　国内知名的众筹平台 256
　　9.4.7　众筹与非法集资的区别 256
　　9.4.8　关于 P2P 信贷 256
　　9.4.9　国内十大 P2P 贷款平台 257
　　9.4.10　创业融资路上的误区 258
　　9.4.11　注册资金相关法规 258
　　9.4.12　创业融资省钱窍门 259
　　9.4.13　申请小额担保贷款 259
　　9.4.14　大学毕业生如何办理创业贷款 260
【研讨交流】 260
　　【案例 9-6】 投融资失败的前车之鉴 260
【实战训练】 262
　　【训练 9-3】 设计一个合适的融资方案 262

单元 10　提升创业绩效　263

【知识探究】 263
10.1　创业绩效 263
　　10.1.1　绩效与创业绩效 264
　　10.1.2　企业绩效及评价指标 264
　　10.1.3　创业绩效研究的相关理论 264
【分步训练】 265
10.2　企业营销推广 265
【案例剖析】 265
　　【案例 10-1】 乐视网开创了企业利用众筹营销的先河 265
　　【案例 10-2】 知味葡萄酒杂志的精准化社群营销 266
　　【案例 10-3】 小米的互联网营销之道 267
　　【案例 10-4】 江小白的成功营销之道 268

【案例 10-5】 OPPO 与 vivo 的成功营销之路 ··· 269
【知识梳理】 ··· 269
  10.2.1 营销学四大经典理论：4P、4C、4R、4I ···································· 269
  10.2.2 中小型企业创业初期的营销策略 ·· 270
  10.2.3 创业者不可错过的 6 个营销策略 ·· 271
  10.2.4 最能打动人心的 6 个营销策略 ·· 271
  10.2.5 "互联网＋"时代如何面对营销环境与消费主体的变化 ················· 272
  10.2.6 创业公司如何做推广营销 ·· 272
  10.2.7 网络营销的途径与方式 ··· 273
  10.2.8 创业企业如何做好互联网营销 ·· 273
  10.2.9 创业企业如何做社群营销 ·· 274
【研讨交流】 ··· 274
  【案例 10-6】 探讨校园便利店的营销策略 ·· 274
【实战训练】 ··· 275
  【训练 10-1】 制定校园咖啡馆的营销策略 ·· 275
10.3 企业销售收入预测 ·· 276
【案例剖析】 ··· 276
  【案例 10-7】 预测家家乐网上商城的销售量 ··· 276
【知识梳理】 ··· 277
  10.3.1 销售收入的含义 ··· 277
  10.3.2 销售预测的影响因素 ··· 278
  10.3.3 销售预测的定性分析法 ·· 278
  10.3.4 销售预测的定量分析法 ·· 278
  10.3.5 使用移动平均法预测销售情况 ·· 280
  10.3.6 制定产品销售价格 ·· 281
  10.3.7 创业企业如何制定新产品价格 ·· 283
【研讨交流】 ··· 283
  【案例 10-8】 预测惠康智能家居公司各月的销售收入 ··························· 283
【实战训练】 ··· 284
  【训练 10-2】 预测悠闲居有限责任公司的销售额 ·································· 284
10.4 企业成本费用预测 ·· 286
【案例剖析】 ··· 286
  【案例 10-9】 预测香飘飘咖啡馆开办初期的费用支出 ··························· 286
【知识梳理】 ··· 287
  10.4.1 成本与费用的含义 ·· 287
  10.4.2 创业经费的组成 ··· 288
  10.4.3 成本费用的构成内容与分类 ··· 288
  10.4.4 工业企业产品生产成本的构成 ·· 289
  10.4.5 成本在经济活动中的重要作用 ·· 289
  10.4.6 控制成本费用的方法与降低成本的措施 ···································· 289
  10.4.7 成本预测的含义与分类 ·· 290

10.4.8　成本预测的方法 290
　　　10.4.9　营业成本的核算及记账方法 291
　【研讨交流】 292
　　【案例10-10】住一晚汉庭酒店经济房的成本分析 292
　【实战训练】 292
　　【训练10-3】制定红酒的成本费用控制策略 292
　10.5　企业税务分析与筹划 293
　【案例剖析】 293
　　【案例10-11】计算恒鑫信息服务公司缴税金额 293
　【知识梳理】 295
　　10.5.1　2016年营业税改征增值税相关政策 295
　　10.5.2　创业公司需缴哪些税 295
　　10.5.3　增值税的税率 296
　　10.5.4　增值税的计税方法 297
　　10.5.5　企业所得税的计税方法 298
　　10.5.6　小型微利企业的税费优惠政策 299
　　10.5.7　"营改增"后创业企业的税务筹划 300
　【研讨交流】 300
　　【案例10-12】计算一批业务应缴的税额 300
　【实战训练】 301
　　【训练10-4】计算波尔多红酒应缴税额 301
　10.6　企业利润预测 301
　【案例剖析】 301
　　【案例10-13】预测快乐创造馆的盈利情况 301
　【知识梳理】 303
　　10.6.1　利润的含义 303
　　10.6.2　利润的计算方法 303
　　10.6.3　盈亏平衡点的计算与分析 303
　　10.6.4　创业公司的常见盈利模式 305
　　10.6.5　如何提高企业利润 305
　【研讨交流】 305
　　【案例10-14】测算项目的盈亏临界点 305
　【实战训练】 306
　　【训练10-5】预测悠闲居有限责任公司的利润 306

活页A　精选创业案例 307

活页B　更新创业知识 308

参考文献 309

单元 1　培养创新意识

创新是知识经济时代企业生存最重要的法则，也是员工体现自身价值、获得事业成功必备的职业能力。打破惯性思维，善于寻找方法，不走常规路，用创新求变之法解决工作中存在的问题，就会大有前途，获得更大的发展空间，顺利打开通向成功之门。

创新是一种具有高度自主性的创造性活动，我们只有热爱学习和工作，在学习和工作中善于思考，从创新立场去思考问题，才能激发出思维的火花，提高我们的创新能力，拓展我们的发展空间。

创新意识是人类意识活动中的一种积极的、富有成果性的表现形式，是人们进行创造活动的出发点和内在动力，是创造性思维的前提。创新意识的激发可以从培养问题意识做起。问题意识可以促使人们探索新知，主动发现问题，这是创新的第一步。而兴趣是最好的老师，也是人们创新活动的内在动力。因此，我们要有意识地树立问题意识，激发创新兴趣。

【知识探究】

1.1　认 知 创 新

1.1.1　创新的含义

创新是指以现有的思维模式提出有别于常规或常人思路的见解为导向，利用现有的知识和物质，在特定的环境中，本着理想化需要或为满足社会需求，而改进或创造新的事物、方法、元素、路径、环境，并能获得一定有益效果的行为。

创新是指人类为了满足自身需要，不断拓展对客观世界及其自身的认知与行为的过程和结果的活动。创新是指人为了一定的目的，遵循事物发展的规律，对事物的整体或其中的某些部分进行变革，从而使其得以更新与发展的活动。

创新是指人们为了发展的需要，运用已知的信息，不断突破常规，发现或产生某种新颖、独特的有社会价值或个人价值的新事物、新思想的活动。创新的本质是突破，即突破旧的思维定势，旧的常规戒律。创新活动的核心是"新"，它或者是产品的结构、性能和外部特征的变革，或者是造型设计、内容的表现形式和手段的创造，或者是内容的丰富和完善。

创新是以新思维、新发明和新描述为特征的一种概念化过程。英语中 Innovation（创新）

这个词起源于拉丁语，它原意有三层含义：第一，更新，就是对原有的东西进行替换；第二，创造新的东西，就是创造出原来没有的东西；第三，改变，就是对原有的东西进行发展和改造。创新是人类特有的认识能力和实践能力，是人类主观能动性的高级表现形式。

1.1.2 关于创新

1．创新是引领发展的第一动力

创新是一个民族的灵魂，是一个国家兴旺发达的不竭动力。如果没有创新意识与创新能力，我们每个人，每个企业乃至一个国家就不可能赢得未来的竞争，就不得不处处受制于人。

党的十八大以来，习近平总书记对创新发展提出了一系列重要思想和论断，把创新发展提高到事关国家和民族前途命运的高度，摆到了国家发展全局的核心位置。党的十八届五中全会提出的"五大发展理念"，排在首位的就是"创新发展"，这更加凸显了党中央对创新的极大重视。

创新是推动民族进步和社会发展的不竭动力。一个民族要想走在时代前列，就一刻也不能没有理论思维，一刻也不能停止理论创新。

2．创新是成功永恒的亮点

创新是一种态度，这种态度会让你拥有无数的梦想，让你渴望自己的生活变得不同，会鼓励你去尝试做一些事情，从而把一切变得更美妙、更有效、更方便。

创新促进活力，活力产生动力。洛克菲勒曾说："如果你要成功，你应该朝新的道路前进，不要跟随被踩烂了的成功之路。"创新是每个正常人都具有的自然属性和内存潜能。正如贝尔实验室创办人所说："你只要离开人们常走的大道，潜入森林，你就肯定会发现前所未有的东西。"

3．创新是见证能力的需要

你在企业中没有犯错误并不代表你是优秀员工，中规中矩不敢越雷池一步如何创新呢？而不创新如何见证你的能力呢？这就好比在战场上，如果你一枪不放，何来赫赫战功？现代企业中，最受欢迎的人是那些勇于创新、善于提出新点子及新创意的员工。职场流行这样的看法：一流员工主动创新，二流员工被动创新，三流员工拒绝创新。

4．人人可创新，人人能创新

在现实生活中，不少人把创新神秘化。他们认为创新是研究机构的事，创新是科学家的事，创新是高等院校的事。平常人与创新不搭界，一般人做不了创新。其实，创新就在身边，生活、工作中到处散布着我们创新的种子，倘若你能做个有心人，创意就会四处绽放。我们没有理由视创新为畏途。"高大上"的尖端技术当然需要攻克，但是，我们身边更具体、更实际的技术革新、技术改造，小发明、小创造，同样值得我们为之努力。事实上，任何一项大的发明创造都是在许许多多小发明的基础上，量变到一定程度后实现突破的。创新是一个永远不老的话题，创新并不是少数几个天才者的权利，每个人都能创新。只要你主动思考、积极求新、改变思维、突破定式、打破所有条条和框框，就一定可以进入一个全新的创意空间，升华出精彩的创意。

对于创新，我们还需要跨越两个误区：一是"新"，就是指打破现有的、旧的东西，建立一个全新的事物，其实创新并不仅仅指全新，还有其他形式；二是"大"，认为创新必须是大发明、大创造，其实，有时创新仅仅是一个点子、一个小的改进而已。

1.1.3 创新的原则

创新原则就是开展创新活动所依据的法则和判断创新构思所凭借的标准。在创新活动中遵循创新的基本原则是提升创新能力的基本要素，是攀登创新云梯的基础。有了这个基础就把握了开启创新大门的"金钥匙"。

1. 遵守科学原理原则   2. 市场评价原则
3. 相对较优原则   4. 机理简单原则
5. 构思独特原则   6. 不轻易否定，不简单比较原则

以上是在创新活动中要注意并切实遵循的创新原则，这都是根据千百年来人类创新活动成功的经验和失败的教训提炼出来的，是创新智慧和方法的结晶。它体现了创新的规律和性质，按创新原则去创新并非束缚你的思维，而是把创新活动纳入安全可靠、快速运行的大道上来。

1.1.4 创新的原理

在创新活动中，创新原理是运用创造性思维，分析问题和解决问题的出发点，也是人们使用何种创造方法、采用何种创造手段的凭据。

1. 综合原理   2. 组合原理
3. 分离原理   4. 还原原理
5. 移植原理   6. 换元原理
7. 迂回原理   8. 逆反原理
9. 强化原理   10. 群体原理

掌握创新原理，是人们能否取得创新成果的先决条件。但创新原理不是治百病的"万应灵丹"。只有在深入学习并深刻理解创造原理的基础上，人们才有可能有效地掌握创新方法，也才有可能成功地开展创新活动。

1.1.5 创新的过程

创新的"四阶段理论"是一种影响最大、传播最广，而且具有较大实用性的过程理论，由英国心理学家沃勒斯提出。该过程理论认为创新的发展分为4个阶段：准备期、酝酿期、明朗期和验证期。

1. 准备期   2. 酝酿期
3. 明朗期   4. 验证期

1.2 认知创新意识

成功创新源于创新意识，只有标新立异才能独领风骚，也只有不断创新才能获得成功。任何企业和员工要想在激烈的竞争中站稳脚跟，都必须有创新意识。只有大胆突破惯性思维，不走常规路，更好、更快地找到解决问题之法，我们才能创造出非凡的业绩，才能增强竞争力，进而取得事业的成功。

1.2.1 创新意识的含义

所谓创新意识是人们对创新与创新的价值性、重要性的一种认识水平、认识程度及由此形成的对待创新的态度，并以这种态度来规范和调整自己的活动方向的一种稳定的精神态势。创新意识总是代表着一定社会主体奋斗的明确目标和价值指向性，成为一定主体产生稳定、持久创新需要、价值追求和思维定势及理性自觉的推动力量，成为唤醒、激励和发挥人所蕴含的潜在本质力量的重要精神力量。

创新意识是指人们根据社会和个体生活发展的需要，引起创造前所未有的事物或观念的动机，并在创造活动中表现出的意向、愿望和设想。它是人类意识活动中的一种积极的、富有成果性的表现形式，是人们进行创造活动的出发点和内在动力，是创造性思维和创造力的前提。

1.2.2 创新意识的作用与价值

创新意识是一种独特的思维意识，是创新思维和创新活动的基本前提与条件，它直接决定创新活动的产生和创新能力的发挥，常表现为不受传统观念的束缚，敢于大胆幻想，敢于联想和想象。每个人都需要创新意识，从而更好地发现与解决问题，使自身和社会受益，同时更大程度地实现自我价值。

1．创新意识是决定一个国家、民族创新能力最直接的精神力量

2．创新意识促成社会多种因素的变化，推动社会的全面进步

3．创新意识能促成人才素质结构的变化，提升人的本质力量

1.2.3 创新意识的特点

创新意识是指人们在社会实际活动中，主动开展创新活动的观念和意识，表现为对创新的重视、追求和开展创新活动的兴趣和欲望。与创新能力一起贯穿于人的创新活动的整个过程。创新意识具有其自身特点，主要体现以下几个方面。

1．创新意识是求新求变的意识

2．创新意识是创新的起点

3．创新意识是各种心理因素构成的整体

4．创新意识具有可塑性

1.2.4 创新意识的构成

创新意识包括强烈的创造动机、浓厚的创造兴趣、健康的创造情感和坚定的创造意志。

1. 强烈的创新动机

创新动机是创新意识的动力源，是形成和推动创新行为的内驱力，是推动、激励和维持人们进行创新活动的内部心理过程，也是创新才能得以施展的能源。人的每项创新活动、每个创新意识都离不开一定创新动机的支配，创新动机明确并且强烈的人，他的创新活动成功的希望就越大，创新动机肤浅的人，他的创新活动成功的希望就小。

2. 浓厚的创新兴趣

创新兴趣是指人们从事创新活动投入积极情绪和态度定向。创造兴趣能促进创造活动的成功，是促使人们积极探求新奇事物的一种心理倾向，它是创新动机的进一步发展。创新动机来源于对创新的浓厚兴趣。产生创新动机不一定有创新兴趣，而一旦形成创新兴趣必然伴随着创新动机。创新兴趣是人们从事创新实践活动强有力的动力之一。

3. 健康的创新情感

创新过程不仅是纯粹的智力活动过程，它还需要引起、推进乃至完成创造性活动的创新情感。创造情感是引起、推进乃至完成创造的心理因素，只有具有正确的创造情感才能使创造成功。

（1）需要稳定的创新情感

现代创新者只有在稳定的创新情感支配下，才能提高自身创新敏感性，及时捕捉有用信息，对与创新有关的事物充满浓厚的兴趣。

（2）需要积极的创新情感

现代创新者积极的创新情感，可以极大地激发自身的创新意识和创新敏锐性，充分调动自己投身于创新活动的积极性。

（3）需要深厚的创新情感

创新热情是一种稳定深厚的创新情感，具有持续性。它是一种能促进现代创新者形成强烈的创新意识，并展开创新活动的心理推动力量。

4. 坚定的创新意志

创新意志是在创造中克服各种困难，冲破阻碍的心理因素。

（1）创新意志具有目的性

现代创新者对自己的行动目的有明确的认识，才能按既定的目标去行动。

（2）创新意志具有顽强性

科学创造是一种艰苦的劳动，是要探索前人没有走完的路，要产生前人没有产生过的成果。在创造过程中成功与失败并存，只有意志顽强的创造者才能在挫折与失败中不断进取，从而把失败引向成功。

（3）创新意志具有顽强性

人们在创新的过程中只有精力充沛，坚持不懈地克服一切困难和障碍，才能取得创新成果。

1.2.5 培养大学生创新意识的重要性

随着科技的发展和国际竞争愈演愈烈，各国的竞争归根是科技创新的竞争，创新已成为当今知识经济时代的主旋律。因此，创新型人才的重要性日益突出，培养和提高大学生的创新意识也就十分必要和迫切。大学生是建设创新型国家最为充足的后备力量，可以说大学生的创新意识直接关系到国家的发展和社会的进步。因此，培养我国大学生的创新意识必要而迫切。

1. 是当今信息时代国家创新体系持续发展的要求

在科技信息高速发展的社会里，高科技产业成为社会的主导产业，科技人才是经济发展的关键资源，对富有创新意识和创新能力的高素质科技人才的培养是当今知识经济背景下科技进步的要求和科技人才培养的主要目标。

"国家创新体系是与知识创新和技术创新相关的机构和组织构成的网络体系，其主要成分是企业科研机构和高等院校等。"国家创新体系是一个目标明确、组织比较完备的网络系统。这一体系的建设不是一朝一夕的事情，而是一个长期积累发展的过程，需要一代代人的艰辛努力，也需要持续不断的创新型人才，只有这样才能提升国家的科技竞争力，提高国家的综合实力。

创新型人才就是具有强烈的创新精神和创新意识，具有敏捷的创新思维和很强的创新能力，从而能获得创造性成果，成为有所建树的人才。国家自主创新的关键在人才，创新型人才是国家创新体系赖以维系的根源，创新型人才是建设国家创新体系的主导力量和可持续发展的能源，国家创新体系的每个构成要素都需要创新型人才发挥科技中坚力量。因此培养具有创新意识的创新型人才是国家创新体系持续发展和永葆生机的需要。

2. 是高校教育发展的需要

高校的人才质量标准是培养具有创新精神和实践能力的高级专门人才，高校良好的社会声誉要靠自己培养出来的优秀人才和取得的丰硕的科研成果来赢得。高校人才质量的优劣将直接取决于学生创新素质的高低，创新素质的高低直接影响其在未来市场中的竞争力，那些培养出很多高素质竞争人才的高校在社会的声誉与日俱增，学校的生源也就必然会增加，这样必然促进学校的发展。因此，培养具有创新意识的创新人才直接关系到高校的生存与发展。

创新意识和创新能力是一种认识、人格、社会层面的综合体，涉及人的生理、心理、智力、人格等诸多方面，是人的综合素质和全面发展的外在表现。一方面，培养大学生创新意识是高校素质教育的重要内容。人才素质的高低在很大程度上取决于其创新意识和创新能力的高低。创新意识和创新能力是大学生素质中所必备的成分，因此大学生创新意识和创新能力的培养是高校实施素质教育的核心所在。另一方面，培养大学生创新意识是高校思想政治教育的创新。思想政治教育的内容是随着社会和现实需要的发展而发展的，以创新意识和创新能力为核心的创新观是现代思想政治教育内容的时代扩充，因此培养大学生的创新意识是推进高校思想政治教育创新的重要任务和内在要求。

3．是大学生全面发展的需要

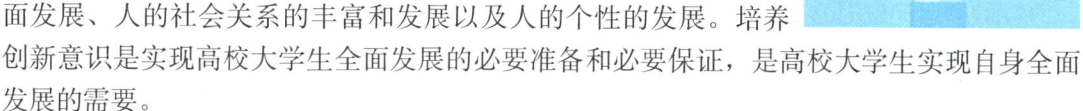

人的全面发展表现为人的能力的全面发展、人的需求的多方面发展、人的社会关系的丰富和发展以及人的个性的发展。培养创新意识是实现高校大学生全面发展的必要准备和必要保证，是高校大学生实现自身全面发展的需要。

在知识经济时代，知识的陈旧周期不断缩短，知识的增长率加快，知识转化的速度迅猛增加，高校大学生想要在这种情况下成才就需要掌握涵盖面广、潜移性强、容纳度高、概括程度高的"核心"知识，需要高校大学生有忧患意识、竞争意识，主动发挥自身的创新意识和创新能力，把自己武装成与众不同的创新人才，提升自身的竞争力。

1.2.6 当代大学生应如何增强创新意识

创新意识从何而来呢？创新意识存在于我们的现实生活中。只要你拥有一点想象力，拥有一颗好奇心，敢于打破思维定势，那么，你就会不断地发现新事物，不断地有新的成就出现，当代大学生如何增强创新意识，我们应从以下几个方面入手。

1．保持强烈的好奇心

创新源于好奇心，因为好奇心可以激发人们的求知欲，强烈的好奇心和求知欲能启发人们独立思考、细致观察，并从常见的现象中发现新问题，进而促使人们突破传统观念的束缚，别出心裁、标新立异地进行新的创造。爱迪生从小就具有极强的好奇心，在他很小的时候，对母鸡孵小鸡十分好奇，于是自己就找来些鸡蛋，趴在上面学起孵小鸡来，就是这种强烈的好奇心，引导着爱迪生去研究、探索、创造和发明。

2．培养丰富的想象力

想象就是人脑在过去感知的基础上，对所感知的形象进行加工、改造、创建出新形象的心理过程。想象是创新的翅膀，这是因为创新活动是从对生活中尚未存在的事物进行想象开始的。爱因斯坦想象人追光速时的情景而创造狭义相对论，又想象人在自由下落的情景中创立广义相对论。他对想象力推崇备至："想象力比知识更重要，因为知识是有限的，而想象力概括世界上的一切，推动着进步，并且是知识的源泉。严格地说，想象力是科学的实在因素。"哲学家康德说得更加明确："想象力作为一种创造性的认识能力，是一种强大的创造力量，它从实际自然所提供的材料中，创造出第二自然。"

3．突破惯性思维障碍

一切创新活动都以创新思维为先导，创新思维是提高创新能力的起点和关键。思维是一种复杂的心理现象，"思"就是思考，"维"就是方向或次序，思维可以理解为沿着一定方向，按照一定次序而进行的思考。客观事物纷繁复杂，大脑思维相对简单，一旦长时间沿着一定方向、按照一定次序思考后，就会形成一种思维惯性。和物理学上的惯性相似，思维惯性也是很顽固的。如果对日常生活中经常发生的事物或自己长期从事的事物产生了思维惯性，并多次以这种惯性来对待客观事物，就形成了思维定势。思维惯性和思维定势合称为"思维障碍"。

思维障碍抑制着我们的创新意识，使我们的创新能力难以得到进一步的提高。要提高创新和创造能力就应该突破思维障碍，而突破思维障碍的关键就是拓宽思维视角，具体方法如下。

（1）改变思考顺序

我们思考问题时常常顺着想，顺着想能使我们较为方便地找到问题的切入点。并且顺着想也的确能帮助我们解决一些问题。但客观事物的发展是千变万化的，凡事都顺着想未必能真实地反映事物的客观规律。一个立志于创新的人，一定要深刻认识顺着想的局限性，改变成事顺着想的惰性，不妨从事物的对立面多考虑考虑。也就是我们说的逆向思维，很多时候逆向思维能将我们带入"山重水复疑无路，柳暗花明又一村"的境界，它站在问题的对立面，使问题解决得干净利索而充满智慧。

（2）转化思维方式

哲学的基本原理告诉我们，世界万物是普遍联系的，这些相互联系的事物是可以转化的。在创新学里我们的转化更多指的是思维方式的转化：将直接转化为间接，将复杂转化为简单，将不可能转化为可能。

【分步训练】

1.3　树立问题意识

问题意识、问题能力可以说是创新意识和创新能力的基础。早在 20 世纪 30 年代，陶行知先生就言简意赅地说：创造始于问题。有了问题才会思考，有了思考，才有解决问题的方法，才有找到独立思路的可能。

问题意识人人都有，所不同的是有强弱之分。问题意识较强的人，经常主动进行提问，努力进行工作改善。而问题意识较弱的人，通常是发发牢骚，或者干脆闭口不语，很少提出建设性的问题。人人都羡慕成功者，而要想成为一个成功的人，则绝不能安于现状，要具有强烈的问题意识，不断地改进自己的缺陷和不足，朝着所设定的目标前进。

【案例剖析】

 邬口关博的奇思异想

【案例描述】

她叫邬口关博，她的偶像是她最崇拜的科学家爱迪生。在她看来，科学就像电灯一样，让人们的生活明亮起来。

当别的孩子疯玩时，她却干出了一连串让人啼笑皆非的事：研究如何在牛奶中加糖、醋、盐，调制怪味牛奶。她那双明亮的眸子始终投射在生活中的难题上，专注于每个细节。小学时，为使校徽不刺伤人，她从文件夹得到启示，发明了一种安全校徽，将针夹牢牢锁住。初中时，她发现了热水器时冷时热，而燃烧器排出的废气温度又很高，于是她在废气上设计了水管，让自来水先在此水管中预热后再进入燃烧器，这样就容易保证水温了。高一时，她从铺位上滚下来扭伤脚，于是从汽车安全带上获得启示，设计了一种不影响睡觉的"防滚带"。她的奇思异想，让她在科学的世界里美丽飞翔。

上海的媒体连续报道了几起交通事故，而其中的"致命杀手"都是司机在急刹车时误踩油门。看着电视上哭天喊地的画面，她的心被一种强烈的悲怆撕裂：血不能少流些吗？她便想为此做些什么，通过思考她有了想法："为什么不发明一种装置来杜绝此类事件的再次发生呢？"

当她确定要解决刹车问题时，她乘车时都要问司机正常的踩油门和误踩刹车有何不同。问了十几次之后，她发现，一般踩油门用时 1.5 秒左右，而踩急刹车仅 0.5 秒甚至更短。在对国内几乎所有型号的汽车进行测试后，她肯定了这个数据的确切性。于是，经过反复实验，经过一个多月的实践，一种以 CMOS 芯片为主的自动判断装置诞生了：如果判断司机属正常操作，则中央控制器不干涉，汽车如同没有装该套装置一样。一旦"发现"司机将油门误踩成刹车，该装置会进行提醒，能自动发出指令，打开气压刹车系统，刹住车轮，同时断开汽车发动机的点火线路。在国家科技部和通用公司共同举办的"中国智能交通系统设计大赛"上，邬口关博和全国的汽车设计专家发表了关于汽车、交通等相关问题的研究成果，而她是唯一被破格允许参赛的中学生。据市场调研，当时我国有 2000 多万辆汽车，即使只有 20% 配备了她的发明，其市场价值也有 60 亿元。她因此荣获教育部颁发的"明天小小科学家"一等奖。对此，她很平静地说："我不知道 60 亿是多大一笔钱，但我却能感受到一个生命有多重。"当人们向她请教如何创造发明时，她说，创新并不神秘，就是见人之所未见，思人之所未思，只要大胆想象，就可以得到意想不到的收获。

【感悟反思】

心理学研究表明，意识到问题的存在是思维的起点，没有问题的思维是肤浅的思维、被动的思维。有了问题，思维才有方向，才有动力；有了问题，才有主动探究的愿望。如果观察到某种事实但并不提出问题，那么无论这类事实被观察过多少次，它们仍然是平凡的事实。

学生如果有问题意识，就会产生解决问题的需要和强烈的内驱力，他们的思维就会为解决某一具体的局部的实际问题而启动，不同层次水平的学生就会采用查找资料、请教师长等手段，在有意或无意之中大大扩充了知识量。因此，培养学生的问题意识，有利于发挥学生的主体作用，有利于激发学生学习的动机，学生只有在不断地试图提出问题、克服一切困难、努力解决问题的过程中，才会具有科学的探索精神和创造品质。

问题意识在思维过程和科学创新活动中占有非常重要的地位，对创新教育教学活动来说，问题意识是培养学生创新精神的切入点。在弘扬创新精神的今天，培养学生的问题意识比任何时候都显得尤为重要，它对于学生掌握较好的学习方法、发挥学生的主体作用、激发学生探究社会现象的本质、培养学生创造意识具有重要意义。

【知识梳理】

1.3.1 问题与问题意识

现代思维科学研究认为，问题是思维的起点，任何思维过程总是指向某一具体问题的。问题是创造的前提，一切创造都是从问题开始的。培养学生的问题意识，提高学生发现问题和解决问题的能力是创造型人才素质的核心。

所谓问题，就是对尚待解决或弄不明白的事实产生的疑点。有关心理学专家根据问题的内容和性质，把问题大致分为呈现型、发现型和创造型三类。呈现型问题又称为低级型问题，它们是一些给定的问题，即由他人呈现的问题，解决的方法是已知的。问题的解决者只需通过记忆去按图索骥，就能得到与标准答案一样的结果。发现型问题是自己发现的，或者由自己提出的，而不是由他人提供的。这些问题有的有已知的答案，有的却可能没有现成的公式、解决办法或答案，要通过思考或创造。这样的问题能引人思考、给人启迪。高层次的发现型问题能导致重大的科学发现。而创造型问题在人们发明、创造出来之前是不存在的，是全新的。它是科学家、艺术家们从事创造活动的基础。

所谓问题意识，是指人们在认识活动中，经常意识到一些难以解决或疑惑的实际问题及理论问题，并产生一种怀疑、困惑、焦虑、探索的心理状态，这种心理又驱使个体积极思维，不断提出问题、分析问题和解决问题。思维的这种问题性心理品质，称为问题意识。问题意识在思维过程和科学创新活动中占有非常重要的地位，对创新教育来说，问题意识是培养学生创新精神的切入点。不重视对学生问题意识的培养而谈创新精神及创新教育，是空洞抽象的，毫无实际意义。

问题意识在思维过程和创新活动中占有非常重要的地位。强烈的问题意识不仅体现了个体思维的活跃性和深刻性，也反映了思维的独立性和创造性。强烈的问题意识，作为思维的动力，促使人们去发现问题、解决问题，直至进行新的发现。

近代英国哲学家波普尔曾说："科学只能从问题开始"，"科学和知识的增长永远始于问题，终于问题——越来越深化的问题，越来越能触发新问题的问题。"事实上，真正的科学发现，真正的创新，往往发轫于提出一个与众不同的、有科学价值的问题。问一个"为什么"，将有效地促使对隐藏在现象背后的规律或缘由的探索；提一个"怎么样"，常常引起对事情过程机理的思考。

一般来说，显而易见的问题无须发现，难以发现的是蕴含在习以为常现象背后让人难以觉察的问题。因此，发现表现为意识到某种现象的隐蔽未解之处，意识到寻常现象中的非常之处。从这个意义上说,发现问题是解决问题的关键,发现问题是创新的起点和开端。

正因为如此,心理学理论中归纳出一个极其重要的观点是:科学上很多重大发明与创新,与其说是问题的解决者促成的,不如说是问题的寻求者促成的。伽利略对亚里士多德"自由落体定理"的科学修正及创新,非常清晰而准确地说明了这一点。因为比萨斜塔上的试验几乎人人可为,但是能意识并发现这一问题存在的仅有伽利略一人。就像时常有人坐在苹果树下,看到有苹果从树上掉下来,但没有人像牛顿那样提问:为什么苹果从树上掉下来,而不是飞上天?正是始于苹果树下的思索,牛顿发现了万有引力。这些理论与实践,非常有力地证明了一个简单却是十分重要的命题:一切创新都始于问题的发现,而发现问题又源于强烈的问题意识。所以没有问题意识,创新精神及创新活动将成为无本之木。

1.3.2 强化问题意识的作用

问题意识在思维活动乃至人的认识活动中占有重要的地位,其重要性早已引起人们的注意。早在2000多年前,孔子就要求自己和学生"每事问",他高度评价问题的价值及提问的意义,认为"疑是思之始,学之端"。生物学家达尔文在提出具有划时代意义的"进化论"之后,对一个问题百思不得其解。他说:"我一直在思索,究竟是什么促使一个人成为尚未发现之物的发现者,这真是一个十分令人困惑的问题。许多人很聪明,比那些发现者要聪明得多,却从没有任何创新之举。"在创造领域,这种现象比较常见。许多比创造者聪明得多的人,却无任何创造成果。究其原因,在于创造成果的产生,不仅需要深厚扎实的知识和较强的能力,而且需要特别的问题意识。强化问题意识的作用主要体现在以下几个方面。

1. 强化问题意识有利于认知水平的发展。
2. 强化问题意识有利于个性特质的形成。
3. 强化问题意识有利于创造能力的培养。

1.3.3 培养和激发好奇心和质疑精神

问题意识是创造的动力,是创新精神的基石,培养创新精神,应始于问题意识。然而问题意识不是天生的,它也需要培养和激发。其中,培养和激发好奇心和质疑精神是重要的举措。

1. 强烈的好奇心能导致问题意识的产生

好奇心既是一种寻根问底的求知情感,也是探索求知奥秘的钥匙,能激发进取的欲望。同时,好奇心还会增强人们对外界信息的敏感性,对眼前出现的新情况和发生的新变化及时作出反应,发现问题,并追根溯源,提出一连串的问题,从而激发思考,引起探索,开始创造活动。许多看似偶然的发现其实都隐含着一种必然:发现者必然具有强烈的好奇心。

瓦特小时候发现当水烧开时壶盖会跳,这引起了他的好奇。为什么壶盖会跳?正是瓦特的这个好奇和提问,以及由此发明的蒸汽机,直接推动了人类社会由农业文明进入工业文明。缺乏好奇心,必然对外界的信息反应迟钝,对诸多有意义的现象熟视无睹,对存在的问题无动于衷,更谈不上创造和发明了。

爱因斯坦有一句反复被人引用的名言:"我并没有什么特殊的才能,我只不过是喜欢寻根问底地追究问题罢了。"大家都把此理解为科学家的谦逊,其实这一语道破了发现和创造的"天机":好奇心、问题意识及锲而不舍的探求是科学研究获得成功的前提。

2. 好奇心与质疑精神有着密切的关系

一般来说,当人们寻求真理的好奇心受到传统习俗或传统科学的压制时,好奇心就马上转化为质疑精神。建立在仔细观察和深刻思考基础上的怀疑精神,是对好奇心的进一步推进。这种质疑精神越深刻、越有力、对探索的目标就越清楚。质疑就是对权威的理论、既有的学说和传统的观念等不是简单地接受与信奉,而是持怀疑和批判的态度。由质疑而求异,才能突破传统观念和思维定势,另辟蹊径、大胆创新。李四光说:"不怀疑不能见真理,所以我希望大家都采取一种怀疑的态度,不要为已成的学说压倒。"这充分肯定了质疑在创新中的重要作用。理学大师朱熹也说:"读书无疑者,须教有疑,有疑者却要无疑,到这里方是长进。"这是对学习中的质疑的科学而辩证的阐述。宋代的著名学者陆九渊的观点更是精辟:"为学患无疑,疑则有进,小疑而小进,大疑而大进。"另一学者张载也讲过:"于无疑处有疑,方是进矣!"这些都是对质疑作用的充分肯定,强调提问对激发问题意识,促进思维,培养创新精神和创新能力的重要性。

在创造过程中,人人常常在模糊不清的黑箱里摸索。为什么会发生这种问题呢?如何解决这一问题?它与创造又有什么关系呢?这种好奇心与怀疑精神常常驱使人们去刨根究底,去搞清事物或事件发生的原因,从而为创造提供基础。

值得提出的是,好奇心与质疑精神可以帮助人们在创造领域内搜索有意义的目标,并编织新事物因果关系的网结,但并不意味着他们一定会创造出奇迹。因为提出问题并不等于解决问题。提出问题只是在满河坚冰上打开窟窿,而解决问题有如破冰远航,还需要克服无数的艰难险阻,才能到达创造的彼岸。但是,不管怎样,奇迹往往属于那些充满好奇心与质疑精神的人们。

【研讨交流】

 案例 1-2　　　　谁是最好的学生

【案例描述】

维特根斯坦是剑桥大学著名哲学家穆尔的学生。有一天,著名哲学家罗素问穆尔:"你最好的学生是谁?"穆尔毫不犹豫地说:"维特根斯坦。""为什么?""因为在所有的学生中,只有他一个人再听课时总是露出一副茫然的神色,而且总是有问不完的问题。"后来,维特根斯坦的名气超过了罗素。有人问:"罗素为什么会落伍?"维特根斯坦说:"因为他根本没有问题了。"

【各抒己见】

(1)结合以下经典名言,分析探讨问题意识在思维过程和科学创新活动中的重要性。

单元1　培养创新意识

英国哲学家培根曾经说过:"如果你从肯定开始,必将以问题告终;如果你从问题开始,必将以肯定结束。"

爱因斯坦曾说:"提出一个问题往往比解决一个问题更为重要,因为解决一个问题也许只是一个数学上或实验上的技巧问题。而提出新的问题、新的可能性,从新的角度看旧问题,却需要创造性的想象力,而且标志着科学的真正进步。"

弗·培根说过:"多问的人将多得。"

古人云:"学贵有疑,小疑则小进,大疑则大进。"

(2)谈谈在学习、生活中是否经常有意识地发现问题,举例说明。

 **案例1-3　世界上没有愚蠢的提问者**

【案例描述】

2004年7月27日《新民晚报》发表了一篇"世界上没有愚蠢问题的提问者"的文章,讲的是四个诺贝尔奖金获得者到北京演讲,每位演讲者发言结束后,都特地留出10分钟时间让听众提问,但让人感到尴尬的是千余名听众竟无一人提问,这些诺贝尔奖获得者充满疑惑:难道我的理论就那么完美无缺,一点问题都提不出来吗?

【各抒己见】

(1)谈谈你对本案例的感想。你认为案例中出现的现象最大问题是什么。
(2)如果你有幸去听一场类似的报告或讲座,你会提问吗,你准备提什么问题。

 【实战训练】

【训练1-1】**如何留住公寓楼里的住户**

在加利福尼亚的洛杉矶,一栋豪华的高层公寓楼里的住户一个接一个地搬走,而大楼的开发商却不明白这是为什么。这栋公寓楼外观漂亮、设备完善、周围环境安全,而且租金相当便宜,那么为什么人们纷纷搬走呢?

于是管理大楼的公司请来一个问题解决小组来揭开谜底。针对这个问题,解决小组访问了现在和以前的住户们,最后得出了结论:原来人们搬走的原因是由于楼里的电梯太慢了。一组问题解决人员马上赶来寻找解决方法,他们考虑了各种方案的人工和工程费用,发现所有方案的成本都太高了。开发商感到灰心丧气,就在他们决定卖掉大楼时,问题解决组中一个年轻的成员想出了一个创造性的解决办法。他认为,真正的问题不是电梯本身,而是住户们厌倦了等电梯的过程。那么他的解决方法是什么呢?

以小组为单位,发挥各自的想象力,展开充分的讨论,提出你认为省时、省钱的解决办法。

【训练 1-2】 灵活处理尴尬的情况

假设在生活、工作中,遇到了以下使人尴尬的情况。
（1）准备了很久的野炊由于一场大雨而不得不中止。
（2）计划租住的公寓被人捷足先登。
（3）向心仪已久的知名公司投递的简历被退回。
（4）计划了一次精彩的演讲,中间需要播放幻灯片,在面对很多观众的时候,您想播放幻灯片时,您的电脑突然死机了。
（5）作为"国际音乐节"的主办方,公司预定了几个外国剧团的节目,因为机场上空天气恶劣,飞机停飞,这些节目在音乐节开始前被取消了。

当出现这些尴尬局面时,你的态度会怎样?你认为这些问题的出现是什么原因造成的?每个小组从上述情况中选择 1～2 个,提出解决问题方法,且制作 PPT 进行汇报。

1.4 培养创新兴趣

【案例剖析】

 乔布斯,创新创业从兴趣开始

【案例描述】

史蒂夫·乔布斯（Steven Jobs）,是美国苹果公司创始人,前 CEO。乔布斯传奇的一生,源于他研发了诸多影响世界的数字产品与技术,如第一代苹果电脑、Macintosh 电脑、第一部全电脑制作动漫、iPad、iPod、iTunes Store、iPhone 等。微软联合创始人保罗艾伦这样评价乔布斯："一个无与伦比的科技潮流先驱和导演者,他懂得如何创造出令人惊叹的伟大产品。"乔布斯的成功在于,他找到了且全身心地投入到自己的兴趣之中。

1. 兴趣是创新的开端

儿时的乔布斯生活在著名的"硅谷"附近,也许受周围环境的影响,他对电子学情有独钟。19 岁时,乔布斯进入了 Reed 大学,但只读了六个月便申请退学了。后来,他在斯坦福大学 2005 年毕业典礼上的演讲中这样说道："我看不到其中的价值所在,我不知道我真正想要做什么,我也不知道大学能怎样帮助我找到答案。……我决定退学。……然后我可以开始去修那些看起来有点意思的课程。"

我国的大学生大多按部就班地走升学就业之路,而忘却寻求自己的兴趣所在和思考事物的真正价值。所以有人为了

上名牌大学而选择完全不喜欢的专业；有人忙于从大学毕业而忘记了最初的学习目的；也有人为了尽快就业或创业而选择毫无兴趣的行业。当他们面对创业时，就会感到毫无头绪。每个人的个性、能力、才华、理想、兴趣是不同的，与大众选择相同的路径不一定能够达到自己的目标。当然乔布斯的退学并不适合每个人去效仿，他的退学，多是经济原因。退学后的乔布斯日子过得很困苦，也曾徘徊迷茫过。这里要说的是，成功人士的创业思路是由兴趣引发的，乔布斯创办苹果公司是源于他从小对电子学的浓厚兴趣。不要盲目地跟从他人，而是要清楚地认识、了解自己的兴趣所在，勇于思考和探究事物价值，保持清晰的头脑，探索出一条适合自己兴趣发展的创业之路。

2. 兴趣是成功的基石

乔布斯说："你在向前展望的时候不可能将这些片断串联起来；你只能在回顾的时候将点点滴滴串联起来。所以你必须相信这些片断会在你未来的某一天串联起来。"乔布斯退学以后，在雅达利电视游戏机公司工作之余，仍然坚持到学校读些感兴趣的课程，与朋友沃兹继续从中学开始就研究的电子学。抱着开发一台自己的电脑的想法，乔布斯和沃兹在自家的小车库中制造出了世界上第一台个人电脑。这台"苹果第一代电脑"让乔布斯发现了商机，在市面上都是商用电脑的状况下，推出个人电脑无疑填补了市场空白。让乔布斯骄傲的是，这台外表简陋的电脑领先设计了漂亮的印刷字体，而这归功于他曾按照自己的兴趣读了 Reed 大学的美术字课程。成功之门总是面向有准备的人敞开，乔布斯与沃兹经过长期对所感兴趣学科的积累而成就了第一代个人电脑从而成立苹果公司；他对美术字的兴趣更改善了世界电脑的印刷字体。这些都在提醒我们：不要忽略你的兴趣，哪怕你现在觉得它微不足道，也许有一天它会给你的人生带来巨大财富。

3. 兴趣是创新创业的动力

乔布斯的事业也不是一帆风顺的，他在而立之年被苹果公司辞退了，这对于任何人来说都是毁灭性的重击，难以走出的逆境。回顾那段痛苦的时期，乔布斯却说："那是他生命中最有创造力的一个阶段。有些时候，生活会拿起一块砖头向你的脑袋上猛拍一下，不要失去信仰。我很清楚唯一使我一直走下去的，就是我做的事情令我无比钟爱。"诚如所言，风靡全球的《玩具总动员》就是那时乔布斯的皮克斯动画制作公司制作的，它是第一部电脑制作的也是首部全 3D 立体动画电影。他还创立了软件公司 NeXT，这使他重回苹果公司。

4. 好奇心是创新的源泉

乔布斯是如何做到先人所想的？是依靠苹果公司详细深入的市场研究分析报告吗？乔布斯认为，"你不能问消费者想要什么，然后再提供产品给他们。等你做出来的时候，他们已经想要新的东西了"。的确，在有 iPhone 之前，你不会想到一部拥有上万个应用程序，电池却用不到一天的手机，会让双卡长时间待机的智能手机一夜之间落伍了；在有 iPad 之后，你发觉没有一个便捷好玩的平板电脑在手就"OUT"了，它甚至可以代替会议的纸制文件资料。在消费者满足于现有的产品，还没有意识到哪里需要或可以改进时，乔布斯就已经洞悉先机并着手改进创新了。这是凭借着乔布斯的直觉吗？用他自己的话来说就是"我跟着我的直觉和好奇心走，遇到的很多东西，此后被证明是无价之宝"。然而并不是每个人都能轻易拥有这般准确的直觉。乔布斯的直觉之所以准确前卫，正是因为他对电子行业的执着与热爱。直觉与好奇心是相辅相成的，好奇心则源于你对兴趣的热情与激情。当你置身于所钟爱的兴趣之中，你就会不断地学习、深入、探索、研究、拓展、创新，抱着一种"求知若饥，虚心若愚"的态度，你自然会先人所想，洞察先机。

乔布斯在电子产品领域有着诸多的新成果，他视自身为最狂热的使用者，更是最为渴望有新突破的电子产品消费者，这促使他不断创新，为自己的兴趣设计研发新产品、新技术。乔布斯凭着对电子行业绝对的激情和狂热，改变了更影响了全世界的手机市场、个人电脑市场乃至整个电子行业。乔布斯让这个被咬了一口的苹果成为时髦的代名词，引领了一场触屏手机和个人电脑的革命。

【感悟反思】

一些刚走出校园的大学生，会以为创业不难。但是慢慢地会发现：选项目、筹资金、选店面、组团队没有一样是容易的。于是，很多人在创业屡屡受创之后，选择了放弃。容易放弃的都不是你所钟爱的，所以开始选项目时就应该选你最感兴趣的，而不是目前看来最赚钱的。只有选准你情有独钟的行业，你才会在遇到困难时坚持不懈地寻找突破口，在遇到瓶颈时去竭力创新。只有这样，你才能在你所选的行业中走得更加长远。创新创业不是容易的事，没有人能随随便便成功，遇到困难阻力在所难免，只有始终坚持自己兴趣的人才能得到胜利女神的青睐。

任何事物对于不同的人而言都有着各自的价值，盲目的效仿并不一定会获得同样的效果。找到自己的兴趣所在并从事它，是迈向成功创业的第一步。不要忽略你的兴趣，哪怕你现在觉得它微不足道，也许有天它会给你的人生带来巨大财富。积累任何与兴趣相关的知识或其他看似不相关的兴趣知识都会成为你创新创业道路上的基石。一个人对某一事物的热爱与好奇，能够促使他探索更多的知识、激发他最大的潜能，从而让他不断改进创新，走在行业的前端。大学生创业也要选择自己最为感兴趣的行业，才有可能迸发出创新创业的激情与无限潜能，早日迈入成功的大门。

世界上有四个苹果，一个给了夏娃，一个给了牛顿，一个给了乔布斯，还有一个，在你的手中。

【知识梳理】

1.4.1 兴趣与创新兴趣

1. 兴趣

兴趣是指以特定活动，特定事物为对象，个人在积极选择的爱好倾向上产生的情绪紧张状态，它是个人积极探索某种事物或从事某种活动的认识或意识倾向，它标志着个人在某方面的积极性。兴趣表现为对某件事、某项活动积极的态度和情绪反应，并且使人对事物给予优先的注意，并且具有向往的心情。

兴趣具有吸引力，有了兴趣，人就会感到满意、快乐、兴奋。只有感兴趣才能自觉地、

主动地、竭尽全力观察它、思考它、探究它，才会努力去实现某一设想，才能最大限度地发挥人的主观能动性。可见，兴趣是一种思维的营养、一种强大的动力，催人奋进，人们对感兴趣的事物总是不满足于肤浅的了解，总是寻根究底地去追求更深层次的东西，促进人们摄取大量的信息。

兴趣是多种多样的，大学生的兴趣受知识和生理等身心发展水平的影响，兴趣表现得比较广泛，兴趣的内容比较明确。归纳起来，大学生兴趣的内容有：专业兴趣，业余（课外）活动兴趣、社会兴趣和物质兴趣。创新的自身特点，需要有明确健康的兴趣，还应有较广泛的兴趣。兴趣是在社会实践中发生、发展起来的，实践活动的丰富性形成人的兴趣的多种多样。

兴趣是在需要的基础上产生和发展的。一个人的社会实践要求反映在头脑中，变成个人的已有需要，并在它的推动下在进行积极的活动中所产生的兴趣才成为具有个性倾向的兴趣。

2．创新兴趣

创新兴趣是对挑战陈规、创造新事物、提出新方法等感兴趣，热衷于从事创新活动。创新本身就是一种强烈的引起兴趣的刺激物。拥有创新兴趣的人，更能全神贯注、积极热情地调动一切潜能进行创新实践，更易于发现问题，探索未知领域，并且感到轻松愉快，不知疲倦地钻研。

1.4.2 兴趣的作用

兴趣鼓舞人从事活动、拓宽视野。我国伟大的教育家孔子说："知之者不如好之者，好之者不如乐之者。"可见他特别强调兴趣的重要作用。兴趣，对于一个人追求事业的成功，及其能力的发展是十分重要的。

1．兴趣可以使人善于创造条件、适应环境，对创新活动充满热情

（1）兴趣可以扩展一个人的眼界，丰富人的心理活动内容，并推动人去积极活动，表现出人的个性积极性，为创新活动去创造条件。

（2）有多方面的兴趣就能在创新中应付多变，甚至与己不利的环境。如环境有变，由于有广泛的兴趣，可以随之变换创新的性质内容，并很快熟悉新的领域的创新，获得创新的内心满足。

2．兴趣对丰富知识，开发智力有重要意义

（1）人的早期兴趣对他的未来活动可以起准备作用，这种最初的兴趣往往为他的进一步学习打下基础，为他的智力发展确立方向。人们熟知的爱因斯坦、爱迪生都是从小爱思考问题，对新奇的事物有浓厚兴趣，华罗庚在初中时对数学产生兴趣，这些都是很有说服力的事例。

（2）兴趣是一种具有浓厚情感的志趣活动，他可以使人集中精力去获得知识，并开始创造活动。古今中外的科学家、发明家，莫不是由于他们创造的兴趣和对事业的责任心所凝成的力量，推动着他们去孜孜不倦地追求创造而获得成功的。

3．兴趣有助于创造成功

（1）创新不仅需要有强烈的创新兴趣，还需要广泛的多样兴趣。王充在《论衡》中说：

"人不博览者，不闻古今，不见事类，不知然否，犹目盲耳聋鼻痈者也。"这是很有道理的，因为多样化的兴趣会使人观点鲜明，能产生创意。而长时间局限一个狭窄的领域，会造成思想闭塞、视界狭小、思维迟钝。

（2）兴趣本身对创造成功的作用。兴趣是一个人对一定的事物所抱的积极态度，是一个人对一定的事物优先发生注意的倾向。如果一个对创新发生了兴趣，那么他在接触创新的过程中，必然会体验到一定的积极性的情感。兴趣总是和注意力及积极性情感相联系的。

1.4.3　创新兴趣的作用

1. 创新兴趣引导着创新目标的确立，创新能力的开发

创新兴趣不仅是人们积极从事科技创新工作的动力之一，而且还能使人在艰辛烦琐的科学研究中体会到快乐，并孜孜以求。创新兴趣引导着创新目标的确立、创新能力的开发，创新方向和创新目标是由创新兴趣引导确定的，人们总优先根据自己的兴趣来选择合适的创新内容和方向。

对一项创新活动只要有了兴趣，就能钻进去，不知疲倦、不畏艰险地去闯。郭沫若说过："兴趣爱好也有助于天才的形成。爱好出勤奋，勤奋出天才。"这就是说，一个人如果被某一件事情或某一种思想完全吸引住的时候，他就会对所有和这种事情或者这种思想相联系的一切产生兴趣。当他被这种兴趣引起的求知直至突破的欲望完全控制了的时候，就到了钻研入迷的程度。培养兴趣、创新入迷、获得成功，这往往是创新成功的三部曲。历史上许许多多的发明创新者，都是沿着这三部曲走向成功的。

2. 创新兴趣是构成创新动机的成分之一

对创新的强烈兴趣，是进行创新活动最重要的心理条件之一，创新兴趣可以激发我们积极的情感，为创新建立良好的心境；可以增强我们克服困难的勇气，形成良好的创新意志品质。

当个体充满兴趣地从事创新活动，各项心理功能都积极地活跃起来，感觉清晰，观察准确，思维敏捷，记忆力牢固，注意力集中而持久，有助于把自己的智慧和能力充分发挥出来。

不过，创新兴趣只是创新活动的开始，也并非所有的创新兴趣都会引发实质性的创新行为。因为创新兴趣有"了解的兴趣"和"理解的兴趣"。"了解的兴趣"只是浅尝辄止的了解阶段，要继续上升到"理解的兴趣"才能真正走上创新之路。所以创新兴趣还存在创新品质的问题，需要培养真正推动创新的兴趣。

【研讨交流】

 案例 1-5　　　兴趣是米利肯成功的阶梯

【案例描述】

诺贝尔物理学奖得主罗伯特·安德罗·米利肯，小时候有一次看到伐木工人飞速跳上木排，把一条跃上水面的鱼轻巧地逮住了，这情景引起了米利肯的兴趣。以后，每逢父亲

把船停在河岸边时,他就在船头和系船的码头之间跳来跳去。一次,他从船上纵身一跳,想跳回到岸上,由于船后退了,结果他摔到河里。父亲赶忙把他救起,给他擦干身上的水渍。米利肯就盯着父亲好奇地问:"爸爸,为什么我向前跳,而船却向后退呢?""那是因为你纵身向前跳时,对船有一种反向推动作用,船在水中就向后移动,这种现象物理学上叫'反冲现象'。由于船向后移,使你跳的速度变小了,所以你就掉进水里了。"听了这番话,米利肯高兴得两眼眯成一条线。多么有趣的"反冲现象",它竟能把人抛到河里去!这对他来说实在是太奇怪了,印象太深刻了。日后回忆起这件事的时候,他风趣地说:"这是我上的第一次'反冲现象'课。"

米利肯8岁那年,父母把这个机灵的孩子带到了费城。对费城的一切,米利肯极感兴趣,而最能引起他兴趣的,就属电话了。当他从父亲那儿听说贝尔公司要举办一个展览会时,就打定主意自己也做个"电话装置"。父亲热情地支持他:"希望你成为一个小小的电话专家!"父亲的赞语,在米利肯的心坎上燃起了强烈的试验的烈焰。他立即做了两个纸筒,在底面糊上纸,然后由纱线代替导线串着,在100米的距离内和邻居的孩子通话。当然,他这部再简单不过的"电话装置"没能运到展览会去展览,但他对科学研究感兴趣的幼芽,由此便一点点萌生,伴随着米利肯从读书到科学研究,从少年时代到青年时代。

【各抒己见】

(1)谈谈兴趣对米利肯成功的作用。另外,米利肯的成功,他的家长起到了什么作用。

(2)一个人聪明能干,再加上对创新的浓厚兴趣,他就有了自觉地、主动地不断追求创新的无尽热情。著名科学家爱因斯坦说:"兴趣是最好的老师。"结合本案例故事,谈谈你对这句话的理解及你自身的体验。

案例 1-6　　整个探索的过程都充满了欢乐

【案例描述】

英国生物化学家弗雷德里克·桑格。1958年,测定出胰岛素的氨基酸排列顺序,首次荣获诺贝尔化学奖。1980年,又发明测定DNA碱基排列的方法,再次荣获诺贝尔化学奖。

弗雷德里克·桑格致21世纪中国青年科学家的一封信中讲述如下。

我很幸运地获得了两次诺贝尔奖。我的工作能得到这么高度的认可,这当然是非常令人激动的,但真正的乐趣却蕴含在工作本身之中。科学研究就像发现新大陆,你不断地尝试以前没有尝试过的新事物。这些尝试中有很多是没有效果的,使你不得不尝试另外一些新的事物。有时,尝试是奏效的,并且告诉你某些新东西,这的确是令人兴奋的。不管怎样,也许一点点新发现就能伟大到足以让人产生"我是知道它的惟一的人"的想法,然后你就会有兴趣思考所发现的东西将指导和决定下一次尝试应是什么。科学研究最大的乐趣之一,就是你总是可以进行一些不同的尝试,它从来不会使人厌倦。事情进展顺利是令人高兴的,事情进展不顺利是令人痛苦的。有些人在遭到困难时就泄气,但我在计划遭受挫折时从来不着急,我会开始设计下一次实验,整个探索的过程都充满了欢乐。

有了新发现,这是非常令人激动的。有的人也许会做一些不可思议的事来宣泄自己的激动，比如驾热气球周游世界或步行到北极。现在，地球上可供人类发现的新地方不多了，但在科学领域却可以发现许多新东西。踏上探索未知领域的征程是相当有意义的，也是相当激动人心的。

有时候我问自己："要获得诺贝尔奖，什么是我必须做的？"

我的答案是"我不知道，我从没试过"。有的人投身于科学研究的主要目的就是为了得奖，而且一直千方百计地考虑如何才能得奖，这样的人是不会成功的。要想真正在科学领域有所成就，你必须对它有兴趣，你必须做好进行艰苦的工作和遇到挫折时不会泄气的思想准备。

【各抒己见】

（1）弗雷德里克·桑格的这些观点主要说明什么道理。
（2）结合本案例谈谈兴趣对于创新的作用。

【实战训练】

【训练1-3】 收集自己最感兴趣的东西

以小组为单位完成以下专题训练。

（1）收集自己最感兴趣话题，并收集相关资料，展开讨论。
（2）收集自己最感兴趣的电子产品（如手机、台灯）的最新信息，包括外观、功能等。
（3）收集自己最感兴趣的事情，如微信的新功能、网上支付的新方式、打车的新方式等，并向其他人展示。

单元 2　训练创新思维

创新思维是创新能力的核心，是创新活动的关键。主动地求异、灵敏地观察、创造性地想象、独有的知识结构加上活跃的灵感，是创新思维的基本特征。创新思维能使学生更好地掌握知识，及时解决产生的新问题，把学到的知识迁移到学习新知识的过程中。因此，尊重学生个体的发展规律，是创新思维能否被正确引导的关键。

【知识探究】

2.1　认知创新思维

2.1.1　思维与创新思维

1. 思维

思维是人脑对客观现实概括的和间接的反映，它反映的是客观事物的本质及其规律性联系。思维是人类认识的高级阶段，它是在感知基础上实现的理性认识形式。例如，通过对人的观察分析得出"人是能言语，能制造和使用工具的高等动物"；根据对水的研究得出水和温度之间的关系，在101千帕下，水的温度降低到0℃，就会结冰，升高到100℃，就会沸腾等。这些都是人脑对客观事物的本质及其规律的认识。人们常说的"考虑"、"设想"、"预计"、"沉思"、"审度"、"深思熟虑"等都是思维活动的表现形式。

2. 创新思维

创新思维是指以新颖独创的方法解决问题的思维过程，通过这种思维能突破常规思维的界限，以超常规甚至反常规的方法、视角去思考问题，提出与众不同的解决方案，从而产生新颖的、独到的、有社会意义的思维成果。

创新思维是人们在全方位、多角度观察问题后，跳出现实的制约，摆脱传统观念的束缚，寻找新的方式，运用新方法分析问题的一个思维过程。创新性思维的关键在于多角度、多侧面、多方向地看待与处理事务、问题和过程。引发出创新性设想的思维形式，主要是指非逻辑思维。

2.1.2 思维的基本特征

1. 思维具有间接性和概括性两个基本特征

（1）间接性

所谓思维的间接性，是指思维能对感官所不能直接把握的或不在眼前的事物，借助于某些媒介物与头脑加工来反映。

（2）概括性

所谓思维的概括性，是指思维通过抽取同一类事物的共同的本质特征和事物间的必然联系来反映事物。由于这一特性，人能通过事物的表面现象和外部特征而认识事物的本质和规律。

2. 思维的间接性和概括性是相互联系的

人之所以能够间接地反映事物，是因为人有概括性的知识经验，而人的知识经验越概括，就越能间接地反映客观事物。内科医生根据概括性的医学理论才能以中介性的检查，经过思考而间接地判断病人的病情。气象工作者根据概括性的气象规律，才能从大量天气资料中，经过思考做出天气预报。

2.1.3 创新思维的形式

创新思维形式是多种多样的，我们只有真正理解、掌握创新思维的多样性，在实践中灵活运用创新思维的多种形式，才能自由地步入创新王国，获取创新的丰硕成果。

创新思维主要形式的说法也是多种多样的，常见的形式通常有以下一些说法。

（1）发散思维（也称为多向思维、扩散思维）；（2）逆向思维（也称为反向思维）；（3）侧向思维；（4）组合思维；（5）联想思维（也称为想象思维）；（6）超前思维（也称为前瞻思维）；（7）聚合思维（也称为收敛思维）；（8）纵向思维；（9）横向思维；（10）立体思维（也称为整体思维或空间思维）。

本单元后面各节主要探讨发散思维、逆向思维、侧向思维、组合思维、联想思维这5种创新思维，这里对超前思维、聚合思维、纵向思维、横向思维、立体思维进行简述。

1. 超前思维

超前思维是在已掌握多方面信息的基础上，根据客观事物的发展规律和发展趋势，对于事物的未来前景及其实现过程的预测、构想或推断的一种思维过程。超前思维是先于客观事物发展变化而出现的一个"对象世界"，它是引导人们面向并积极地开拓未来的一抹曙光。

2. 聚合思维

聚合思维是指从已知信息中产生逻辑结论，从现成资料中寻求正确答案的一种有方向、有条理的思维方式。聚合思维法又称为求同思维法、集中思维法、辐合思维法和同一思维法等。聚合思维法是把广阔的思路聚集成一个焦点的方法。它是一种有方向、有范围、有条理的收敛性思维方式，与发散思维相对应。聚合思维也是从不同来源、不同材料、不同层次探求出一个正确答案的思维方法。因此，聚合思维对于从众多可能性的结果中迅速做出判断，得出结论是最重要的。

3．纵向思维

纵向思维是指在一种结构范围内，按照有顺序的、可预测的、程式化的方向进行的思维形式，这是一种符合事物发展方向和人类认识习惯的思维方式，遵循由低到高、由浅到深、由始到终等线索，因此清晰明了、合乎逻辑。我们平常的生活、学习中大多采用这种思维方式。

4．横向思维

横向思维是指突破问题的结构范围，从其他领域的事物、事实中得到启示而产生新设想的思维方式，它不一定是有顺序的，同时也不能预测。

横向思维是一种打破逻辑局限，将思维往更宽广领域拓展的前进式思考模式，它的特点是不限制任何范畴，以偶然性概念来逃离逻辑思维，从而可以创造出更多匪夷所思的新想法、新观点、新事物的一种创造性思维。

5．立体思维

立体思维也称"多元思维"、"全方位思维"、"整体思维"、"空间思维"或"多维型思维"，是指跳出点、线、面的限制，能从上下左右，四面八方去思考问题的思维方式，也就是要"立起来思考"。其实，有不少东西都是跃出平面，伸向空间的结果。小到弹簧、发条，大到奔驰长啸的列车，耸入云天的摩天大厦，最典型的要数电子王国中的"格里佛小人"——集成电路了。

2.1.4 创新思维的主要障碍

人人都想创新，但是因为我们的思维定势和习惯的思考方式、行动方式，我们又很难突破常规，大胆创新。让我们来看看是什么妨碍了我们创新。

创新思维的主要障碍如下。

1．思维定势　　　　2．权威定势
3．从众定势　　　　4．经验定势
5．书本定势

2.1.5 培养创造性思维的技巧

1．换位思维　　　　2．求同求异
3．跳出定势　　　　4．移植思想
5．形象思维　　　　6．非常规思维
7．分解与综合　　　8．哲学思考
9．增加艺术性　　　10．增加新特征
11．预测未来　　　　12．胡乱联系

13. 行胜于言　　　　　14. 学做有心人

【分步训练】

2.2　突破思维定势

研究表明：左右一个人成功的最关键因素是思维模式，而不是智商的差异，思维和观念才是控制成功的核心密码。

【案例剖析】

 案例 2-1　　考考阿西莫夫的智力　

【案例描述】

世界著名的科普作家阿西莫夫从小就很聪明，在年轻时多次参加"智商测试"，得分总在160分左右，属于天赋极高之列。有一次，他遇到一位汽车修理工，是他的老熟人。修理工对阿西莫夫说："嗨，博士！我来考考你的智力，出一道思考题，看你能不能回答正确。"

阿西莫夫点头同意，修理工便开始说思考题："有一个聋哑人，想买几根钉子，就来到五金商店，对售货员做了这样一个手势：左手食指立在柜台上，右手握拳做出敲击的样子。售货员见状，先给他拿来一把锤子，聋哑人摇摇头。于是售货员就明白了，他想买的是钉子，聋哑人买好钉子，刚走出商店，接着进来一位盲人，这位盲人想买一把剪刀，请问：盲人将会怎样做？"

阿西莫夫心想，这还不简单吗？便顺口答道："盲人肯定会这样"他伸出食指和中指，做出剪刀的形状，听了阿西莫夫的回答，汽车修理工开心地笑起来："哈哈，答错了吧！盲人想买剪刀，只需要开口说'我买剪刀'就行了，他干什么要做手势呀？"

【感悟反思】

思维定势、习惯思维框住了我们的思维，囚禁了我们心灵的拓展空间。年轻的阿西莫夫在获得"聋哑人通过手势买钉子"的思考经验后，想当然地将盲人买剪刀的行为通过手势进行表达，而忽略了盲人可以通过言语表达的能力。这种思维定势表现在人们生活、学习和工作的各个领域，构成了巨大的定势思维障碍。一方面，思维定势使人们的学习、生活、工作

简洁明快，社会高度有序化；另一方面，思维定势往往会形成创造性思维的障碍，极大地影响着人们创造力的发挥。

我们总习惯用一种常规的方式思考问题，长年累月地按照一种既定的模式工作、生活，从而形成思维定势。所以遇到问题时我们不妨换个角度，打破模式，从而获得突破和创新。

【知识梳理】

2.2.1 思维定势的含义

思维定势也称"惯性思维"，就是按照积累的思维活动经验教训和已有的思维规律，在反复使用中所形成的比较稳定的、定型化了的思维路线、方式、程序、模式。在环境不变的条件下，定势使人能够应用已掌握的方法迅速解决问题。而在情境发生变化时，它则会妨碍人采用新的方法。消极的思维定势是束缚创造性思维的枷锁。

思维定势从另一个角度讲，也可以说思维定势是思维的惯性或思维的惰性。在人的思维能力上是一种重要的表现，是人通过不断地学习和实践累积下来的经验及形成自己独有的对世界、对客观认识、认知的规律、途径。所以思维定势具有明显的个体性。

2.2.2 思维定势的作用

1. 思维定势的积极作用

思维定势对于问题解决具有极其重要的意义。在问题解决活动中，思维定势的作用是：根据面临的问题联想起已经解决的类似的问题，将新问题的特征与旧问题的特征进行比较，抓住新旧问题的共同特征，将已有的知识和经验与当前问题情境建立联系，利用处理过类似的旧问题的知识和经验处理新问题，或者把新问题转化成一个已解决的熟悉的问题，从而为新问题的解决做好积极的心理准备。具体地说，在问题解决中，思维定势主要包括以下3个方面的内容。

（1）定向解决问题总要有一个明确的方向和清晰的目标，否则，解题将会陷入盲目性。定向是成功解题的前提。

（2）定向方法是实现目标的手段，广义的方法泛指一切用来解决问题的工具，也包括解题所用的知识。不同类型的问题总有相应的、常规的或特殊的解决方法。定向方法能使我们对症下药，它是解题思维的核心。

（3）定向解决问题是一个有目的、有计划的活动，必须有步骤地进行，并遵守规范化的要求。

思维定势是一种按常规处理问题的思维方式。它可以省去许多摸索、试探的步骤，缩短思考时间，提高效率。在日常生活中，思维定势可以帮助我们解决每天碰到的90%以上的问题。但是思维定势不利于创新思考，不利于创造。

2. 思维定势的消极作用

思维定势对问题解决既有积极的一面，也有消极的一面，它容易使我们产生思想上的惰性，养成一种呆板、机械、千篇一律的问题解决习惯。当新旧问题形似质异时，思维的定势往往会使问题解决者步入误区。

大量事例表明，思维定势确实对问题解决具有较大的负面影响。当一个问题的条件发生质的变化时，思维定势会使问题解决者墨守成规，难以涌出新思维，做出新决策，造成知识和经验的负迁移。

根据唯物辩证法观点，不同的事物之间既有相似性，又有差异性。思维定势所强调的是事物间的相似性和不变性。在问题解决中，它是一种"以不变应万变"的思维策略。所以当新问题相对于旧问题，是其相似性的主导作用时，由旧问题的求解所形成的思维定势往往有助于新问题的解决。而当新问题相对于旧问题，是其差异性起主导作用时，由旧问题的求解所形成的思维定势则往往有碍于新问题的解决。

从思维过程的大脑皮层活动情况看，定势的影响是一种习惯性的神经联系，即前次的思维活动对后次的思维活动有指引性的影响。所以当两次思维活动属于同类性质时，前次思维活动会对后次思维活动起正确的引导作用；当两次思维活动属于异类性质时，前次思维活动会对后次思维活动起错误引导作用。

【研讨交流】

 案例 2-2　　怎样把一个鸡蛋竖立在桌面上

【案例描述】

哥伦布在发现新大陆后，人们为他举行了宴会。有一些参加宴会的贵族认为他发现新大陆完全出于偶然。哥伦布拿出一个鸡蛋说："诸位，你们谁能把这个鸡蛋立在桌子上？"

哥伦布笑着说："问题是你们这些聪明人谁也没有在我之前想起这样做。"我的方法：其实任何鸡蛋的表面都是凸凹不平的，不用任何别的办法，我们只要仔细观察，总可以找到一个平面（实际上可能是三个凸点）将鸡蛋的重心放到上面，这样鸡蛋就立起来了！

所以答案是：不用任何特殊的办法，仔细观察就行。

在场其他人也提出了一些想法：把鸡蛋来回摇晃十分钟左右，用大头立，就把生鸡蛋立起来；在蛋上涂上强力胶，竖直放到桌子上就立起来了；要挑选一头大一头小的鸡蛋，立鸡蛋时将大头朝下，这样重心会比较低，就像不倒翁一样，容易保持平衡；桌面上涂上印泥，再把鸡蛋立在涂有印泥的桌面。

【各抒己见】

案例中所描述立鸡蛋的方法也有其规律可循：能立住的鸡蛋，底部会有一个肉眼很难看清楚的平面，一旦重力作用线能经过这个平面，鸡蛋就能站立起来。另外，生鸡蛋里的蛋黄位置也会影响鸡蛋的站立情况，所以立鸡蛋的手要尽量保持不动，让蛋黄可以慢慢沉

淀到鸡蛋下部，这样重心就能足够低，使鸡蛋保持平衡。

根据上述立鸡蛋的原理，突破案例中所提出的立鸡蛋方法的束缚，经研讨后提出一些新的立蛋方法。

案例 2-3　外婆家："低价"如何实现盈利

【案例描述】

"外婆家"从一家路边店成长为拥有众多连锁分店的杭州餐饮航母。"排队候餐"成为外婆家的品牌标志。当越来越多的人愿意花上一两个小时在外婆家的等位区排队等候的时候，有不少人困惑不解："这么久的等待值不值？"

究竟什么原因让如此多的人心甘情愿地等上一两个小时只为吃顿饭？

外婆家从一开始，就把经营目标定位为居家用餐，锁定了朋友聚会和家庭聚会这个消费人群作为外婆家的顾客。30%的产品+40%的环境+30%的服务，通过价格杠杆调节，实现最佳的性价比。

研究菜单可以发现，外婆家吸引食客的招数首推高性价比。别致的就餐环境、品种丰富的菜肴、良好的服务加上相对低廉的价格，让消费者觉得值。

1元一个茶叶蛋、3元一份麻辣豆腐、琥珀桃浆6元、蓝莓山药12元、15元一份葱花肉、26元一份西湖醋鱼……这不是城乡接合部某个小饭馆的价位，而是位于北京金街王府井购物中心六层外婆家的几道菜品价格。

而且，外婆家的华丽吊灯、藤编木椅、砖墙、鸟笼、装饰画，颇具小资情调。装修如此雅致、文艺的餐厅，价位却与普通餐厅相仿甚至更低，很自然就引发一个问题：外婆家究竟如何盈利？

如果说，性价比是外婆家提供给顾客的价值感，那么支撑外婆家盈利的则是产出比，其实，它是对企业而言的"性价比"。外婆家每桌在正餐时间能相继接待4群不同的顾客，而大部分生意好的餐厅营业系数一般是2。

凡到过外婆家就餐的人都会发现，尽管这些餐厅装修颇有格调，但远没有同档次装修餐厅那种宽敞、私密感。桌与桌之间挨得很近，往往只能容一人通过。这样就能充分利用空间摆放尽可能多的餐位。与陌生人过于接近的座位安排，当然不是为了让大家彼此沟通，而是在暗示顾客不要停留太久，以加快翻台率。细心的消费者还发现，和咖啡馆相比，外婆家的椅子不是很舒服，不便久坐聊天，所以吃完了就撤，无形中也提高了营业系数。

而且，与别家餐馆不同，外婆家的就餐桌是定员的，引入定员服务法，寸土寸金地利用空间经营，严格细分，按客群数量分区经营，每张桌子都规定了就餐人数。而叫号机的应用在带来时尚概念的同时，更大的意义是实现了餐厅的广告效应和人为造成排队的效果。

【各抒己见】

对于餐饮业如何赚钱，最常规的想法是提高菜价，让吃饭的顾客多掏钱，这样餐馆的利润就可以得到保障。而外婆家的管理者却能打破这种思维局限，将"让吃饭的顾客多掏钱"转变为"让更多的顾客来吃饭"，通过提升每

张桌子的产出来保障自己的利润，从而在一定程度上保障自己和顾客的利益，实现双赢。

观察周边"生意火爆"、"排队候餐"的餐馆，分析该餐馆的定位、价格和盈利模式，如果你开办一家特色餐饮，你打算如何定位，如何实现盈利？

【实战训练】

【训练2-1】 突破从众思维，提出一种与众不同的观念

开动脑筋，想出一种与众不同的观念，这种观念也许并不高明，也很难运用推广的价值，那也不要紧，只要它与人们的日常习惯相冲突即可。然后把自己的新观念告诉朋友，或者告诉在公园里或汽车上刚认识的其他人，听听大家会有什么说法。

【训练2-2】 突破权威定势，海豚并不是最聪明的动物

很多年来，人们一直觉得，海豚是世界上最聪明的动物之一。而如今，一些研究人员认为，可能事实并不是这样的。生物学家Justin Gregg和神经行为学家Paul Manger通过多年的研究，它们认为海豚并不是一种聪明的动物，有时候甚至还不如小金鱼。查阅相关资料，然后思考对于这一问题你是相信以前的经验，还是认可研究人员的结论，并说明原因。

【训练2-3】 如何安全过河

有一个人带着猫、鸡、米过河，船除需要人划外，至少能载猫、鸡、米三者之一，而当人不在场时猫要吃鸡，鸡要吃米。试设计一个安全过河方案，并使渡船次数尽量减少。

【训练2-4】 怎样分苹果

篮子里有4个苹果，由4个小孩平均分。分到最后，篮子里还有一个苹果。他们是怎样分的？

2.3 发散思维训练

发散思维是指大脑在思维时呈现的一种扩散状态的思维模式，它表现为思维视野广阔，思维呈现出多维发散状。可以通过从不同方面思考同一问题，如"一题多解"、"一事多写"、"一物多用"等方式，培养发散思维能力。不少心理学家认为，发散思维是创造性思维的最主要的特点，是测定创造力的主要标志之一。

 案例2-4　　　　　明白铅笔的用途

【案例描述】

1983年，一位在美国学习的法学博士普洛罗夫在做毕业论文时发现：50年来，美国纽约里士满区一所学校圣·贝纳特学院出来的学生犯罪记录最低。

普洛罗夫在将近6年的时间里进行调查，问一个问题："圣·贝纳特学院教会了你什么？"共收到了3756份回函。在这些回函中有74%的人回答，他们在学校里知道了一支铅笔有多少种用途，入学的第一篇作文就是这个题目。

当初，学生都知道铅笔只有一种用途——写字。后来都知道了铅笔不仅能用来写字；必要时还能用来替代尺子画线；还能作为礼品送朋友表示友爱；能当商品出售获得利润；铅笔的芯磨成粉后可以做润滑粉；演出的时候可以临时用来化妆；削下的木屑可以做成装饰画；一支铅笔按照相等的比例锯成若干份，可以做成一副象棋；可以当作玩具的轮子；在野外缺水时，铅笔抽掉笔芯还能当作吸管喝石缝中的水；在遇到坏人时，削尖的铅笔还能作为自卫的武器等。

【感悟反思】

圣·贝纳特学校让其学生明白，有着眼睛、鼻子、耳朵、大脑和手脚的人更是有无数种用途，并且任何一种用途都足以使我们成功。

事物的功能性质是方方面面的，不只是日常我们所使用的功能和所认识的性质，还有很多有待发掘、认识的功能性质。发现、认识事物的另一种新的功能性质，能为我们从另一方面、另一角度利用该事物指明方向，引导我们进行新的创造。

 【知识梳理】

2.3.1 发散思维的含义

发散思维，也称为多向思维、扩散思维、辐射思维、放射思维，是指对某一问题或事物的思考过程中，不拘泥于一点或一条线索，打破原有的思维格局，通过联想将思路拓展开来，从已有的信息出发，尽可能向各个方向扩展，而不仅仅局限于已知的或现存的方式、方法、规则和范围等的约束，并且从这种扩散、辐射和求异式的思考中，求得常规的和非常规的多种不同的解决办法，衍生出各种不同的结果。这种思路好比自行车车轮一样，许多辐条以车轴为中心沿径向外辐射。发散思维是多向的、立体的和开放型的。

发散思维是针对一个问题，沿着各种不同的方法去思考，从多方面提出解决方案，寻求各种各样的解决办法，以求得最佳答案解决问题的思维。从定义可知，发散思维是从多方面寻求答案，尽可能多地提出不同的答案，它重视问题所提供的信息与记忆中的各种信息的各种关系，从而产生新的信息。发散思维有助于避免考虑问题的单一性，帮助人们摆脱思维的僵化、刻板和呆滞，获得创造成果。所以说，发散思维是创造性思维的主要构成成分。著名创造学专家吉尔福特说过："正是在发散思维中，我们看到了创造性思维的最明显的标志。"

2.3.2 发散思维的特征与层次

发散思维在人们的言语和行为表达上具有三个明显的特征：流畅性、变通性和独特性。分别代表了发散思维从低到高的三个层次。

1. 流畅性

流畅性就是观念的自由发挥。流畅性是较低层次的发散思维特征，是指针对问题（发散点）从不同角度在单位时间内提出多少个答案的思维特征。流畅性良好的发散思维能在单位时间内提出较多答案、表达尽可能多的思维观念，所以流畅性反映发散思维的速度和数量特征，用在一定时间内的"个数"指标来表示流畅性好坏的程度。虽说流畅性是较低层次的发散思维特征，但流畅性却是其他两个特征的基础，没有流畅性就很难有变通性和独特性。

2. 变通性

变通性就是克服人们头脑中某种自己设置的僵化的思维框架，按照某一新的方向来思索问题的过程。变通性需要借助横向类比、跨域转化、触类旁通，使发散思维沿着不同的方面和方向扩散，表现出极其丰富的多样性和多面性。

变通性是较高层次的发散思维特征，是指针对问题（发散点）从不同角度、用不同方法思考问题，在单位时间内提出多少种不同类型答案的思维特征。变通良好的发散思维能在单位时间内想出较多的不同类型的答案，所以变通性反映发散思维的灵活程度，用在一定时间内的"类型数"指标来表示变通性的好坏程度。变通性是独特性的基础，没有变通性就没有独特性。

3. 独特性

独特性是指人们在发散思维中做出不同寻常的异于他人的新奇反应的能力。独特性是最高层次的发散思维特征，是针对问题（发散点），用前所未有的新角度、新观点去解决问题，提出超乎寻常的新观念、新思维、新方案。独特性良好的发散思维能在单位时间内提出较多的新方案。因此，独特性反映发散思维的本质，在创造思维中所起的作用最为明显，用在一定时间内的"新导数"或"独列数"指标来表示独特性的好坏程度。独特性是发散思维所追求的目的。

发散思维的流畅性、变通性和独特性的三个特征为我们培养和训练发散思维能力指明了方向和目标。从流畅性入手，培养发散思维的速度和数量；然后过渡到思路变换，向多方向思考，培养变通性；最后在变通性的基础上，思路更加开阔，奇思异想不断涌现，提出独特的观点、设想和构思。在逐步提高发散思维水平的过程中，提高创造能力。

2.3.3 发散思维的方法

1. 一般方法

（1）材料发散法：以某个物品尽可能多的"材料"，以其为发散点，设想它的多种用途。

（2）功能发散法：从某事物的功能出发，构想出获得该功能的各种可能性。
（3）结构发散法：以某事物的结构为发散点，设想出利用该结构的各种可能性。
（4）形态发散法：以事物的形态为发散点，设想出利用某种形态的各种可能性。
（5）组合发散法：以某事物为发散点，尽可能多地与别的事物进行组合成新事物。
（6）方法发散法：以某种方法为发散点，设想出利用方法的各种可能性。
（7）因果发散法：以某个事物发展的结果为发散点，推测出造成该结果的各种原因，或者由原因推测出可能产生的各种结果。

2．假设推测法

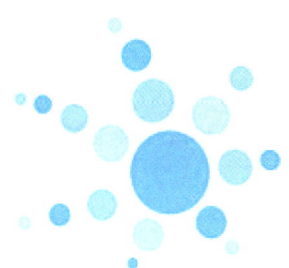

假设的问题不论是任意选取的，还是有所限定的，所涉及的都应当是与事实相反的情况，是暂时不可能的或是现实不存在的事物对象和状态。

由假设推测法得出的观念可能大多是不切实际的、荒谬的、不可行的，这并不重要，重要的是有些观念在经过转换后，可以成为合理的有用的思想。

3．集体发散思维

发散思维不仅需要用上我们自己的全部大脑，有时候还需要用上我们身边的无限资源，集思广益。集体发散思维可以采取不同的形式，如我们常常戏称的"诸葛亮会"。在设计方面，我们通常要采用的"头脑风暴"，每人都说出自己的想法，只要自己能说通，都可以被大家认同，而且被采纳，最后总结出结论，这个方法就叫"头脑风暴"。

2.3.4 发散思维的训练方法

以材料、功能、结构、形态、组合、方法、因果、关系 8 个方面为"发散点"，进行具有集中性的多端、灵活、新颖的发散训练，以培养创造性思维的能力。

1．材料发散　　　　　2．功能发散
3．结构发散　　　　　4．形态发散
5．组合发散　　　　　6．方法发散
7．因果发散　　　　　8．关系发散

2.3.5 使用"图形发散"的方法训练发散思维

视觉图形在创造中有很重要的意义和作用。一个观念、一个思想有时很难用语言简单地表述出来，但用图形却能很简单地表示出来，而且图形能表示出用语言所无法表达的思想。在创造时，动手画画图，能起到使大脑清醒、提高意识功能、促进注意力集中、启发思维等作用。

1．图形意义发散

从一个简单的图形中辨认出所表示的各种实物的名称，这是图形意义发散训练题目的形式。例如，黑板上画一个小粉笔点，它代表什么呢？它代表苍蝇、香烟蒂、米粒、星星、箭头、小石子、猫头鹰的眼睛、蝉螂屎、圆珠笔头、露珠、珍珠、眼泪等。

2. 花边设计发散

花边设计发散是给出一个角、一个点、一条曲线、一个或几个简单图形为元素，要求在允许的时间内设计出尽可能多的不同样式的花边。

例如，以"×"图形为基本元素，在10分钟内设计出尽可能多的花边样式。

设计得到的几个答案如下：

（1）×××××××××××××

（2）×+×+×+×+×+×+×+×+

（3）※※※※※※※※※※※※

3. 组合设计发散

给出几个简单的图形，要求在允许的时间内进行各种各样的组合，并说出组合图形所表示实物名称或意义。

4. 形成图像发散

给出一个图形，要求加上几个线条进行加工形成一定意义的图像，要求在允许的时间内尽可能多地形成各种图像。

2.3.6 使用"事物功能性质发散"的方法训练发散思维

事物的功能性质是方方面面的，不只是日常我们所使用的功能和所认识的性质，还有很多有待发掘、认识的功能性质。发现、认识事物的另一种新的功能性质，能为我们从另一方面、另一角度利用该事物指明方向，引导我们进行新的创造。

1. 物品用途发散

2. 事物性质应用发散

3. 组合发散

2.3.7 使用"语词发散"的方法训练发散思维

思维与语言的关系是很密切的。语词作为语言的载体具有一定的内涵，代表着相应的客观事物，所以人们可以用它为中间媒介进行间接的认识活动，成为思维的工具。语词发散训练是发散思维训练的重要形式。

1. 语词发散

2. 反义词发散

3. 观念发散

2.3.8 使用"分类发散"的方法训练发散思维

归类、分类在科学技术研究中的意义是很大的。科学家们强调，我们不仅要能看出同中之异，而且要能看出异中之同，尤其是发现毫无相同之处的两件东西的相似或相同点，即共同特性。例如，一只猫和一台电冰箱，看起来是两种截然不同的东西。但是，如果我们仔细推敲，其有些共同特征，如都有不同的颜色、都有尾部（冰箱的尾部指冰箱接电源的电源插头线）、都能发出声音等。分类发散训练是训练以多种方式对事物进行分类的能力。人们是根据种种事物所共同具有的属性来对它们进行分类的。

例如，对下列字母进行分组，要求每组至少有3个字母，问可以有几种分法。

B、T、H、S、V、O、N、Z

答案如下：

BSO（曲线），THVNZ（直线组成），HNZ（平行线），THN（竖线）、THZ（横线）、VNZ（斜线）、VNZ（锐角）

2.3.9 使用"语文发散"的方法训练发散思维

1．遣字造句发散　　　　2．关系结构类推发散
3．确定事物关系的发散　　4．构思题目发散
5．因果发散　　　　　　6．情节发散

【研讨交流】

 案例 2-5　*在没见到21号之前别忙着做出决定*

【案例描述】

曾经有个叫佛瑞迪的美国青年去求职。当他赶到报考地点时，已有20位求职者排在前面，他是第21位。怎样才能引起老板的特别注意而赢得唯一的职位呢？佛瑞迪沉思了一会儿，终于想出了一个好主意。他在一张纸片上写了几行字，请人交给了老板。老板看后哈哈大笑起来，并且走到他的面前亲切地拍了拍他的肩。请你们想一想纸片上写的是什么字？纸片上写的是：先生，我排在队伍的第21位。在您看到我之前，请千万别忙着做出决定。

【各抒己见】

佛瑞迪恰当地运用了方法发散思维。方法扩散是以人们解决问题或制造物品的某种方法为发散点，设想利用该种方法的各种可能性。

如果你听人家介绍说，新近出版的某本书很好，觉得这本书对你很有用，有收藏的价值，所以你希望拥有这本书。那么，用什么办法能得到这本书呢？

运用发散思维完成以下任务。

（1）尽可能多地写出（或说出）手机的各种用途。
（2）尽可能多地写出（或说出）砖的各种用途。
（3）尽可能多地写出（或说出）玻璃杯的各种用途。

(4) 尽可能多地写出（或说出）书的各种用途。
(5) 尽可能多地写出（或说出）报纸的各种用途。

【实战训练】

【训练2-5】 尽可能多地写出以字词为元素的各种语词

以"打"为元素的各种语词有：打人、打门、打鼓、打铁、敲打、击打、殴打、攻打、打官司、打交道、打墙、打刀、打卤、打包裹、打毛衣、打格子、打伞、打电话、打酒、打草、打主意、打手势、一打。

(1) 在10分钟内尽可能多地写出以"发"为元素的各种语词。
(2) 在10分钟内尽可能多地写出以"过"为元素的各种语词。

【训练2-6】 运用"分类发散"的方法训练发散思维

分类发散训练是训练以多种方式对事物进行分类的能力，人们是根据种种事物所共同具有的属性来对它们进行分类的。

(1) 对下列词按意义进行分组，要求每组至少有3个词，问可以有几种分法？
A．知更鸟　B．飞机　C．小船　D．鲸鱼　E．黄蜂　F．小刀　G．短鼻鳄鱼
(2) 把下列物件按照性质尽可能分类：
A．鸭　　B．菠菜　C．石　D．人　E．木　F．铁　G．菜油
(3) 使用两个圆、两条直线和两个三角形，可以组成哪些有意义的图案？

2.4 逆向思维训练

【案例剖析】

案例2-6　　　奇特的反复印机

【案例描述】

如今，复印机、激光印表机等已成为日常的办公用品。然而，它却耗费了大量的纸张，既不经济又不符合环保要求。对此，日本理光公司推出了一种"反复印机"，其大小与一台激光印表机差不多，已经复印过的纸张通过它，上面的图文即会消失，还原成为能够多次复印的白纸。如此，一张复印纸可以重复使用10次左右，不仅节约了资源，创造了财富，而且使人们树立起新的价值观念：节俭固然重要，创新更可贵。这种"反复印机"的出现适逢世界各国日益重视保护森林资源，大力提倡节约用纸之时，故而深受用户欢迎，市场前景十分广阔。

【感悟反思】

"反复印机"的发明恰当地运用了逆向思维的方法。逆向思维虽然超常，但不反常；虽然奇特，但不荒唐。它不是毫无根据的胡思，也不是虚无缥缈的乱想，而是一种在解决问题过程中更为艰苦的创造性脑力劳动。它是在一个更为广阔的天地里探求，并在突破常规、与别人完全相反的方向上，思考问题的思维方法。反向思维不受旧观念束缚，积极突破常规，标新立异，表现出积极探索的创造性。反向思维不满足于"人云亦云"，不迷恋于传统看法和惯用做法，这种方法常常使问题获得创造性地解决。

逆向思维对于解决疑难问题或创新思维、标新立异具有特殊意义，往往能做出突破性的贡献。怎样去适应市场和日趋变化的消费需求？开拓"反复印机"的成功事例告诉我们，同类产品并非没有开发的潜力和价值，只要生产经营者肯动脑筋，善于把先进的科学技术运用到老产品的挖潜和革新上，多在产品的款式、用途上下工夫，照样能够生产开发出适应市场需求的好产品来。

 **案例 2-7　　懒马拉车**

【案例描述】

有一位赶马车的马夫，驱赶着一匹马，拉着一板车煤要上一个坡。无奈路长、坡陡、马懒，马拉着车上了整个坡的三分之一就再也不愿意前进了，任其马夫抽打，马只是原地打转。马夫这时招呼同行马车停下，从同伴处借来两匹马相助。按常规的思维方式，一匹马拉不上坡，另两匹马来帮助拉，那肯定是来帮忙拉车的。但马夫并不是把牵引绳系在车上，而是将牵引绳系在自己那匹马的脖子上。这时，只听马夫一声吆喝，借来的两匹马拉着懒马的脖子，懒马拉着装煤的车子，很快便上了坡。对马夫这种做法你可能会感到疑惑，用借来的两匹马拉自己的懒马，其结果仍然是自己的懒马在使劲，另两匹马不但使不上劲，而且还有可能拉伤自己的马。

【感悟反思】

马夫巧妙地运用逆向思维解决懒马问题。这匹马的力量同其他马的力量差不多，车上装的煤也差不多，别的马能上去，这匹马就应当能上去，上不去的原因是这匹马懒惰，也就是说，是态度问题，而不是能力问题。

使用两匹马拉住懒马的脖子，就逼使懒马必须尽最大的力量，拼命拉着煤车前进。否则，脖子就在可能被另外的两匹马拉断。求生欲使得懒马必须积极主动地拉车上坡。

如果让另外两匹马帮助拉车，虽然可以顺利地将车拉上坡。但马尝到偷懒的甜头后，再遇到上坡时一定还会坐等别的马帮忙。而系住它的脖子让另外两匹马教训它一下，则可以使其记住偷懒所吃的苦头，以后上坡时不敢再偷懒，从而根治该马的懒病。

【知识梳理】

2.4.1 逆向思维的含义

逆向思维也称为反向思维、求异思维，是人们重要的一种思维方式。它是朝着事物发展相反的方向去思考问题的，从而提出不同凡响的超常见解的思维方式。

敢于"反其道而思之"，让思维向对立面的方向发展，从问题的相反面深入地进行探索，树立新思想、创立新形象。当大家都朝着一个固定的思维方向思考问题时，而你却独自朝相反的方向思索，这样的思维方式就叫逆向思维。人们习惯于沿着事物发展的正方向去思考问题并寻求解决办法。其实，对于某些问题，尤其是一些特殊问题，从结论往回推，倒过来思考，从求解回到已知条件，反过去想或许会使问题简单化，使解决它变得轻而易举，甚至因此而有所发现，创造出惊天动地的奇迹来，这就是逆向思维的魅力。

与常规思维不同，逆向思维是反过来思考问题，是用绝大多数人没有想到的思维方式去思考问题。运用逆向思维去思考和处理问题，实际上就是以"出奇"去达到"制胜"。因此，逆向思维的结果常常会令人大吃一惊，喜出望外，别有所得。

2.4.2 逆向思维的特点

逆向思维具有如下特点。

1. 普遍性

逆向性思维在各种领域、各种活动中都有适用性，由于对立统一规律是普遍适用的，而对立统一的形式又是多种多样的，有一种对立统一的形式，相应地就有一种逆向思维的角度，所以逆向思维也有无限多种形式。如性质上对立两极的转换：软与硬、高与低等；结构、位置上的互换、颠倒：上与下、左与右等；过程上的逆转：气态变液态或液态变气态、电转为磁或磁转为电等。不论哪种方式，只要从一个方面想到与之对立的另一方面，都是逆向思维。

2. 批判性

逆向是与正向比较而言的，正向是指常规的、常识的、公认的或习惯的想法与做法。逆向思维则恰恰相反，是对传统、惯例、常识的反叛，是对常规的挑战。它能够克服思维定势，破除由经验和习惯造成的僵化的认识模式。

3. 新颖性

循规蹈矩的思维和按传统方式解决问题虽然简单，但容易使思路僵化、刻板，摆脱不掉习惯的束缚，得到的往往是一些司空见惯的答案。其实，任何事物都具有多方面属性。由于受过去经验的影响，人们容易看到熟悉的一面，而对另一面却视而不见。逆向思维能克服这一障碍，往往是出人意料，给人以耳目一新的感觉。

2.4.3 逆向思维法的类型

逆向思维法的常见类型如下。

1. 反转型逆向思维法
2. 转换型逆向思维法
3. 缺点逆向思维法

2.4.4 逆向思维的常见形式

逆向思维的常见形式如下。

1. 原理逆向
2. 功能逆向
3. 结构逆向
4. 属性逆向
5. 方向逆向
6. 状态逆向
7. 因果逆向

【研讨交流】

案例 2-8　　　将坏事变成好事

【案例描述】

1988 年 4 月 27 日，美国阿波罗航空公司一架波音 737 客机起飞后不久，巨大的爆炸便把前舱顶掀开一个足有 6 平方米直径的大洞，机舱里的坡板变形到后舱看不见前舱的严重程度。驾驶员费尽周折，终于将飞机迫降到附近机场。除一位空中小姐被气浪从舱顶抛出不幸殉职外，机内 89 名乘客全部平安生还，无一伤亡。一时间，世界震惊，众说纷纭。

在常人看来，发生这种不幸的事故，将会对波音公司的声誉产生极为不利的影响，实属憾事。但波音公司却认为，这是一次"因祸得福"，进行产品自我宣传的良机，是一则花钱都无法炮制的活广告。于是，他们紧紧抓住这一契机，在全国各大电台及媒介上广进行宣传，称"此次事故系飞机太旧，产生金属疲劳所致。该机已安全飞行了 20 年，起落过 9 万次，大大超过了使用寿命，尚无一名乘客身亡，此乃我们的荣幸"。波音的宣传伴随着 89 名乘客的肯定，让消费者真正感受到了它的真诚可信。飞机质量如何，消费者很自然地就会得出结论。信息很快传遍了世界各地，仅 5 月份一个月，波音公司收到来自世界各地的订货竟高达 70 亿美元，而第一季度全部订货只有 47 亿美元。企业不但没有因此次事故陷入困境，反而名声大振，声誉提高，业绩增加。

飞机失事从哪个方面来说都是件憾事，并且从很多方面都大有反面的文章可作。波音公司为换回影响，保护企业形象，也可以采取若干正面致歉、承诺强化质量管理、加强安全检查等方法。波音公司却"逆向"思维：化弊为利，从事故的结果说明飞机质量的过硬。

【各抒己见】

分析案例事件中正、逆向思维的不同处理方法，可能会带来哪些不同的结果。如果公司出售的产品遇到类似情况，需要将产品召回，你建议如何进行处理。

 案例 2-9　什么样的18层大厦可以在地震中屹立不倒

【案例描述】

1972年12月23日，尼加拉瓜共和国首都马那瓜发生了大地震，一座现代化城市顷刻间变成了一片瓦砾，死亡万余人，震中511个街区的房屋被无情地震毁。令人惊奇的是，一片废墟中唯独18层的美洲银行大厦竟安然屹立，而大厦正前方的街道地面却呈现了上下达1/2英寸的错动！如此奇迹，轰动了全球。

奇迹的创造者就是著名工程结构专家美籍华人林同炎。他在设计美洲银行大厦时，试图设计一座震中不会出现房屋崩裂的大厦，但无论如何都没有办法解决建筑材料在强大外力下不变形、裂开的问题。就在他一筹莫展之际，忽然想到如果不是把思维的重点放在正面（因为放在正面不能彻底解决防震问题），而是把思维着重放在反面呢？

于是，在多方筛选测算后，他采取了框筒结构。这种结构和一般结构不同，具有刚柔相济的特点：在一般受力的情况下，建筑物有足够的刚度来承受外力；而当受到突如其来的强烈外力时，可由房屋内部结构中某些次要构件的开裂使房屋总刚度骤然减弱，从而大大减少主要构件建筑材料承受的地震力。这种以房屋次要构件开裂的损失来避免建筑物倒塌的设计思想突破了一般常规的思维框架，突破了以刚对刚的正面思维模式，从而创造了世界上少有的奇迹。

在这里，林同炎选择了以"逆"保护来保护。保护与破坏是完全对立的，但这不意味着它们不能互补共存。如果不遗余力地保护不能达到"保护"的最终目的，那么用"破坏"来"保护"。使"保护"和"破坏"双方呈现出相互依存的态势，主动设计一些在强地震中会被破坏的东西，恰恰成就了保护的目的。在主要建筑体完好的前提下，次要内部结构的破坏反而使得建筑物避开了强震的摧残。

【各抒己见】

结合本案例，谈谈计算机病毒、中小学生上网等问题的积极因素和不利影响。

 【实战训练】

【训练 2-7】　大爷损失了多少钱

王老板花30元进了一双鞋，零售价40元。一个小伙子来买鞋，拿一张100元人民币，王老板找不开,只能去找邻居换了这 100,然后找给了小伙子 60 元。后来邻居发现这个 100 是假币,没办法王老板又还了邻居 50 元。

这场交易里,王大爷一共损失了多少钱?

【训练 2-8】 猴子采回来多少个桃子

有一只猴子,采回来一堆桃子。第一天吃了一半多一个;第二天吃了剩下的一半多一个;第三天又吃了剩下的一半多一个;接下来的每一天都吃了剩下的一半多一个,到第 10 天的时候剩下一个桃子(第 10 天没有吃桃子)。问这只猴子采回来多少个桃子?

【训练 2-9】 走哪条路你才能生存

假设你是一个求生者,现在面对分岔路口,分别通向生与死。

现在,路口分别站着士兵 A 与士兵 B。

(1)士兵 A 与士兵 B 清楚生与死的方向,但你不知道。

(2)两位士兵其中一位一直讲真话,而另一位一直讲假话。

(3)两位士兵都互相知道谁说真话,谁说假话,但你不知道。

现在只有一次选择机会,选择一个士兵并提出一个问题,由此判断出走哪一条路你才能生存。请说你出你的问题。

2.5 侧向思维训练

在现在的生活中,经常会见到人们在思考问题时"左思右想",说话时"旁敲侧击",这种从旁侧开拓出思路的思维方式就是侧向思维法。它要求思考者尽量利用其他领域的知识,从别人想不到的角度观察、分析,以达到解决问题的目标。

【案例剖析】

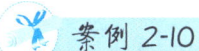    圆珠不坏油先尽

【案例描述】

圆珠笔是美国比罗兄弟在 1934 年发明的,这种笔一问世,由于其具有不用灌墨水,可以复写,使用方便等优点,从而受到人们广泛欢迎。但遗憾的是,每当圆珠笔笔芯写到 2 万字左右时,笔芯上的圆形滚珠就由于磨损而变小,这样油就漏出来了。针对这一漏油问题,圆珠笔制造商投入了大量的人力、物力,进行圆形滚珠耐磨损的研究,在如何延长圆珠的寿命上想办法、找出路,使用更耐磨的金属材料来制造圆形滚珠,从而延长滚珠的磨损寿命。但这样一来就会出现一对矛盾,如果用贵重耐磨金属制造圆

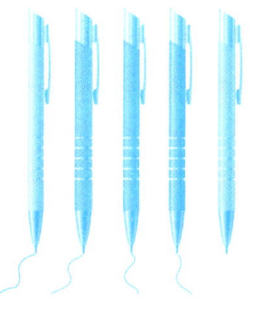

形滚珠，就必然大幅度地提高圆珠笔的生产成本和价格，从而在市场上失去竞争力；而普通的廉价金属耐磨损性又比较差。正因为如此，所以多年来圆珠笔漏油这个看似简单的问题都没有得到很好的解决。正当专家们一筹莫展时，有位叫中田滕三郎的日本年轻人却另辟蹊径，提出了一个绝妙的想法，从控制圆珠笔芯的油量着手，缩短笔芯使用寿命来达到圆珠不坏油先尽的目的，使色油在写到15 000个字左右时正好用完，从而轻而易举地解决了问题。

【感悟反思】

有句成语叫"他山之石，可以攻玉"。当我们在一定的条件下解决不了问题或虽能解决但只是用习以为常的方案时，可以用侧向思维来产生创新性的突破。

很多时候，我们盯住事件本身，也许只能陷入困境，但是侧向思维的恰当运用，会让人以最少的付出达到最大的收益。科学家研究，一个人为某一个问题苦苦思索时，会在大脑里形成一种优势灶，一旦受到其他事物的启发，就很容易与这个优势灶产生相联系的反映，从而解决问题。做有心人，仔细观察，善于思考，捕捉灵感，专心研究，坚持不懈，总会有成功的时候。

本案例巧妙利用逆向思维（从油多逆向为油少）与侧向思维（不从圆珠而从笔芯解决问题）获得成功。

 **案例 2-11　　7天，预购450万台手机**

【案例描述】

7天，预购450万台手机，中兴公司是怎样做到的呢？

2014年2月24日，八核手机中兴青漾2以及6.0英寸大屏手机Memo II在京东商城展开预售。中兴同时联合腾讯微信、京东商城两家互联网巨头，启动了"青漾2百万红包，抢劫京东"活动。中兴为此投入200万现金、京东投入1000万礼券。

据统计数字，在活动的7天时间内，共有294万用户参与抢红包活动，累计互动超过527万次，486万个红包被分享，超过1000万个红包被打开，平均每秒有18个红包被开启，高峰时间段，红包被开启量平均每秒达几十个。京东预购页面（抢红包活动移动客户端）累计曝光超过2206万次，青漾2与Memo II手机通过京东预购已破450万台。

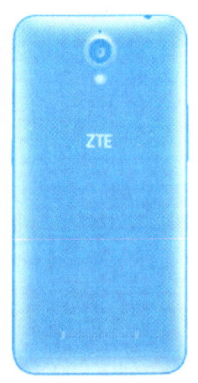

【感悟反思】

对于国内传统手机厂商来说，中兴此次通过"抢红包"营销活动实现互联网与用户互动，是产品和品牌营销的成功案例，值得借鉴与思考。通过200万元的投入，不光青漾2

与 Memo II 手机通过京东预购 450 万台,更是有共有 294 万用参与、累计互动超过 527 万次,中兴品牌的曝光度在目标用户群中得到了广泛传播。而这与动辄上千万、上亿元的明星代言、电视综艺节目冠名等传统方式更为精准有效。

中兴手机借势营销的本质就是非常成功的"微信红包"侧向移入自己的手机销售中,巧妙地将手机销售与抢红包结合在一起,通过鼓励积极分享活动,吸引人的关注和参与,从而促进了手机销量的增加。中兴公司将人们通常思考问题的思路稍加扭转,另辟蹊径,换一个角度,采用被人忽视的方法解决问题。

【知识梳理】

2.5.1 侧向思维的含义

侧向思维又称"旁通思维",是发散思维的又一种形式,侧向思维的思路、思维方向不同于正向思维、多向思维或逆向思维,它是沿着正向思维旁侧开拓出新思路的一种创造性思维。通俗地讲,侧向思维就是利用其他领域里的知识和资讯,从侧向迂回地解决问题的一种思维形式。

侧向思维与正向思维是不一样的,正向思维遇到问题,是从正面去想,但侧向思维是要你避开问题的锋芒,从侧面去想,是在最不打眼的地方,也就是次要的地方,多做文章,把它挖掘出来,并把它的价值扩大。这样往往会有意想不到的效果,会更简单、更方便。

2.5.2 侧向思维的运用

侧向思维的具体运用方式有以下几种。

1. 侧向移入

侧向移入是指跳出本专业、本行业的范围,摆脱惯性思维,侧视其他方向,将注意力引向更广阔的领域或将其他领域已成熟的、较好的技术方法、原理等直接移植过来加以利用;或者从其他领域事物的特征、属性、机理中得到启发,导致对原来思考问题的创新设想。例如,为了减少摩擦,人们一直在不断地改进着轴承。但正常思路无非是改变滚珠形状、轴承结构或润滑剂等,都不能带来大的突破。后来,有人把视野转到其他方向,想到高压空气可以使气垫船漂浮,相同磁性材料会相互排斥并保持一定的距离。于是,将这些新设想移入轴承中,发明了不用滚珠和润滑剂,只需向轴套中吹入高压空气,使旋转轴呈悬浮状的空气轴承,或者用磁性材料制成的磁性轴承。

侧向移入是技术解决技术难题或进行管理创新、产品创新的最基本的思维方式,其应用实例不胜枚举。例如,鲁班由茅草的细齿拉破手指而发明了锯;威尔逊从移入大雾中抛石子的现象,设计了探测基本粒子运动的云雾器;格拉塞观察啤酒冒泡的现象,提出了气泡室的设想等的事例说明,从其他领域借鉴或受启发是创新发明的一条捷径。

2. 侧向转换

侧向转换是指不按最初设想或常规直接解决问题,而是将问题转换成为它的侧面的其他问题，或者将解决问题的手段转为侧面的其他手段等。例如，将洗衣机洗的功能侧向移出到洗齿机、洗碗机、洗地瓜机；将熨斗烫的功能侧向移出到烫发棒；阿基米德将洗澡水溢出的道理侧向移出，测皇冠的体积来判断黄金的真假。

3. 侧面移出

侧面移出是指将现有的设想、已取得的发明、已有的感兴趣的技术和本厂产品，从现有的使用领域、使用对象中摆脱出来，将其外推到其他意想不到的领域或对象上。这也是一种立足于跳出本领域，克服线性思维的思考方式。例如，日本人为改变家用冰箱需求逐渐减弱的事实发明了车载微型冰箱，重新拓宽了市场。

总之，我们要善于观察和思考，特别是留心那些表面上似乎与思考问题无关的事物与现象。这就需要在注意研究对象的同时，要间接注意其他一些偶然看到的或事先预料不到的现象。也许这种偶然并非偶然，可能是侧向移入、移出或转换的重要对象或线索。

侧向思维与逆向思维的区别在于，不是从问题的反面，而是从侧面的某个角度来进行思考。

【研讨交流】

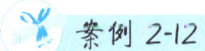 乌鸦杯中取水

【案例描述】

有一年夏天，乌鸦的家乡非常干旱，它到处都找不到水喝。乌鸦决定搬到一个新地方，那里要有清澈的小河。乌鸦飞了很久，也没有看到小河。它觉得好渴呀，真想马上就喝到水。

突然，乌鸦看到地上有个瓶子，瓶子里有一些水。"终于有水喝了！"乌鸦开心地飞到瓶子旁边。乌鸦把嘴伸到瓶子里，可是瓶口太小了，瓶子里的水又太低，乌鸦怎么也喝不着。

乌鸦急得团团转，怎么才能喝到水呢？

乌鸦想："如果瓶口再低一点儿，就能喝到水了。"乌鸦一边想，一边衔起一块石子，准备把瓶口砸掉。"不行，不行，万一瓶子被砸碎了，水就流走了。"乌鸦扔掉小石子，转念一想，"如果能让水升到瓶口，就好了。"

乌鸦拨弄着瓶子旁边的小石子，忽然想出了一个好办法：往瓶子里放一些石子，水就能升高了。乌鸦衔来很多小石子，小心地把它们放进瓶子里，瓶子里的水渐渐升高了。

不一会儿，瓶子里的水就升到了瓶口，乌鸦开心极了。它张开嘴巴，欢快地喝了一大口，凉凉的、甜甜的，真舒服！乌鸦拍着翅膀，大口大口地喝水。喝一会儿，它就往瓶子里放些小石子，然后继续大口喝水。

乌鸦喝完水，感觉自己又有力气了。它要继续向前飞啦！又飞了很久，乌鸦终于到了一个美丽的地方。这里有清澈的小河，还有绿绿的树木、漂亮的花朵，乌鸦开心极了。

【各抒己见】

乌鸦往瓶子里放一些石子，使瓶子里的水渐渐升高，欢快地喝到了水。

一只装满水的杯子，不能倾倒，也不能打碎杯子，如何取出杯中全部的水，请说出你的奇思妙想。

 案例 2-13　　叩诊的发明

【案例描述】

一百多年前，奥地利的医生奥恩布鲁格，想解决怎样检查出人的胸腔积水这个问题，他想来想去，突然想到了自己父亲，他的父亲是酒商，在经营酒业时，只要用手敲一敲酒桶，凭叩击声，就能知道桶内有多少酒，奥恩布鲁格想：人的胸腔和酒桶相似，如果用手敲一敲胸腔，凭声音，不也能诊断出胸腔中积水的病情吗？"叩诊"的方法就这样被发明出来了。

【各抒己见】

奥恩布鲁格将什么移入"叩诊"方法的发明，请收集一些创意来源于侧向思维的发明。

 【实战训练】

【训练 2-10】 一笔连九点

在最短的时间内，一笔将以下九点（三个一排，分三排共九个点）连接起来，必须用直线连接，线条之间必须连贯，不可重复，要一气呵成，总的线条数不能超过四根，完成后并说说这个游戏给您带来什么样的启示？来试试吧。

○　　○　　○

○　　○　　○

○　　○　　○

【训练 2-11】 剪实心圆圈

在 15 分钟内剪下大小不一的 30 个实心圆圈。

2.6 组合思维训练

【案例剖析】

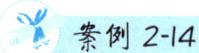 爱迪生组合创新发明留声机

【案例描述】

1877年的一天，爱迪生将一张画着锡纸圆筒、螺旋杆、带有尖针和薄膜的圆头的图纸交给一个工人去制造。这个工人虽然根据要求把爱迪生需要的东西制造出来了，但他不知道这是什么东西。当爱迪生把这台"会说话的机器"带到《科学美国人》杂志编辑部去表演时，各报记者都来观看，盛况空前。

当爱迪生把尖针放在锡纸圆筒上，转动圆筒，发出记录在锡纸上的说话声音时，大家无不热烈欢呼。这就是爱迪生发明留声机的故事，也是爱迪生进行组合思维的结果：几件平凡的东西组合在一起产生了意想不到的效果。

【感悟反思】

组合思维法就是对现有的实物加以组织，以形成形态、功能更优的事物的创新思维方法。在科学界、商业和其他行业都有大量的组合创造的实例。当然组合不是随心所欲地拼凑，必须遵循一定的科学规律的有机的最佳组合。

【知识梳理】

2.6.1 组合思维的含义

组合思维又称"连接思维"或"合向思维"，是指把多项貌似不相关的事物通过想象加以连接，从而使之变成彼此不可分割的新的整体的一种思考方式。例如，鸡尾酒。

组合，不是简单的加法，而是一种创新。它的思维方式是将两个看似不相干的事物进行组合，是"整体具有单个事物所不具备的新质"，增加了新的功能。原来只是一次性的水杯，现在变成茶杯加时刻表了。原来只供喝水用，现在可以边喝茶水边看沿线站名和到站时刻，自己下车的时间就在水杯上，就不用担心坐过站了。而且这种水杯具有新意的情趣，使用起来方便实惠，满足旅客理性需求的"利益点"，带来情感需求的"兴奋点"，大大增强了为消费者服务的能量。

组合是思维的积极发散，不是偶然的巧合。它对对象在空间上进行拓广思考，多方位、

多角度探索组合的可能性。例如，水杯的用途除旅行中方便喝水之外，还能提供点什么其他服务呢？它对对象在时间上进行延伸思考，既看到它的过去（质量可以，杯上印有杂七杂八的画），又看到它的现在（组合后可到千百次列车上去卖，市场宽广），还预测它未来的销售趋势。可见，组合不是偶然巧合，它是以某一对象为中心，思维向上下左右、四面八方散发中探求新思路、新点子的创造性活动。组合从突破思维定势开始。惯常的看法是水杯就是供喝茶水的，列车时刻表就是记载列车到发时刻的，两者似乎风马牛不相及，没想过它们还有什么联系。只有破除这种思维定势，才能察人之未察，组合出前所未有的"时刻表茶水杯"。

2.6.2 组合思维的形式

组合思维的主要形式：同类组合、异类组合、重组组合、共享与补代组合、概念组合、综合。

1. 同类组合　　　　2. 异类组合
3. 重组组合　　　　4. 共享与补代组合
5. 概念组合　　　　6. 综合

2.6.3 组合思维的方法

1. 主体附加法　　　2. 二元坐标法
3. 焦点法　　　　　4. 形态分析法
5. 信息交合法

【研讨交流】

 案例 2-15　　金门大桥堵塞问题的解决

【案例描述】

美国旧金山的金门大桥横跨1900多米的金门海峡，连接北加利福尼亚与旧金山半岛，大桥建成通车后，大大节省了两地往来的时间。但是，新问题随之出现，由于出行车辆太多，金门大桥总会堵车。当地政府为堵车的问题迟迟不能解决感到头疼，如果筹资建第二座金门大桥，必定要耗资上亿美元，当地政府决定以重金1000万美元向社会征集解决方案。最终一个年轻人提出了一个方案：将原来传统的"4+4"车道改成"6+2"车道，即上午左边车道为6道，右边车道为2道；下午则相反，右边为6道，左边为2道。他的方案试行之后，困扰多时的堵车问题迎刃而解。同样是8条车道，"6+2"的效果明显优于"4+4"。当地政府付给了他奖金，并给予高度赞扬。

【各抒己见】

金门大桥堵塞问题的解决，在于成功运用了组合创新的思维方式，通过充分发掘和利用现有资源，科学合理地重组，产生大于原有资源组合的高效益。

请简述药物牙膏、可视电话、无声手枪、电子秤、航空母舰、组合音响、电动自行车、傻瓜照相机、全自动脱干洗衣机是如何应用组合的。

案例 2-16　知识、技术、模式的有机组合

【案例描述】

许多科学家认为知识体系的不断重新组合是人类知识不断丰富发展的主要途径之一，从这一角度看，近现代科学的三次大创造是由三次大组合所带来的。

第一次大组合是牛顿组合了开普勒天体运行三定律和伽利略的物体垂直运动与水平运动规律，从而创造了经典力学，引起了以蒸汽机为标志的技术革命。

第二次大组合是麦克斯韦组合了法拉第的电磁感应理论和拉格朗日、哈密顿的数学方法，创造了更加完备的电磁理论，因此引发了以发电机、电动机为标志的技术革命。

第三次大组合是狄拉克组合了爱因斯坦的相对论和薛定鄂波动方程，创造了相对量子力学，引起了以原子能技术和电子计算机技术为标志的新技术革命。

【各抒己见】

（1）探讨乔布斯如何把世界上最先进的技术进行最优组合，从而达到完美的用户体验，让消费者满意的目标？

（2）探讨腾讯微信组合了哪些技术，是如何将计算机技术、通信技术、金融支付融合，形成 Internet 平台、通信平台、支付平台最优组合。

【实战训练】

【训练 2-12】　主体附加训练

在保留以下器物主体功能不变的情况下，加上其他附加物，以改善或扩大其功能，把结果填入表内。

主体	附加物	改进后的名称
日历	手表	带日历的手表
电视机		
自行车		
钱包		
黑板		
旅行包		
皮靴		

【训练 2-13】 汉字重组训练

请给下面每个字各配一个字,再将两字拆一拆,拼一拼,变成一个常用语。

例：注+（吾）=（主）（语）

勋+（　）=（　）（　）　　汗+（　）=（　）（　）

夯+（　）=（　）（　）　　汕+（　）=（　）（　）

杆+（　）=（　）（　）　　杳+（　）=（　）（　）

柱+（　）=（　）（　）　　洽+（　）=（　）（　）

【训练 2-14】 从洞里怎么掏出铁球

有一棵长在沙丘旁边的大树,树的根部有一个 1 米深的、碗口一般大的洞。一天,几个小孩在树下玩铁球,一不留神,铁球掉进了洞里。小孩们只有一根 1 米长的木棍,此外再没有其他什么可以利用的工具。

如何通过动态组合把掉进洞里的铁球掏出来?如何利用已有的何种信息、资源、条件组合完成?

2.7 联想思维训练

【案例剖析】

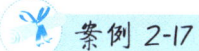 电影《手机》的联想过程

【案例描述】

2003 年岁末,作家刘震云的《手机》和冯小刚导演的同名电影上市,均创造了不菲的业绩,电影的票房收入超过 3500 万。其实,这部电影来自作家和导演的一个偶然的联想。

2003 年 9 月底,刘震云在冯小刚工作室发表"向生活要艺术"还是"向艺术要艺术"的高论时,每个人都不停地在接打手机,且状态各异,冯、刘二人的兴奋点便不知不觉地转移到他们的身上。冯小刚突然说:应该拍一部电影,就叫《手机》,谨以此片献给每一位手机持有者。刘震云一巴掌拍在冯小刚的肩上——这就是"向生活要艺术"！

"手机本来是用来沟通的,但它却使人们变得心怀鬼胎,这时手机就不再是手机了,手机变成了手雷,反过来控制了它的使用者……"刘震云当即当众表示:我愿意写这个剧本,如果你们不做,我就把它写成小说——因为手机的使用极大地改变了汉语的说话习惯,手机连着人的嘴,嘴连着心,心里的秘密源源不断地输入了手机。字掩盖手机里藏着的秘密,人们开始说谎和言不由衷。

【感悟反思】

小说《手机》和电影《手机》诞生的契机,其实就是联想思维所产生的创造性成果。其联想过程是：向生活要艺术—开会解决讨论—与会人员经常接打手机—话语与手机是喧

嚣与助长的关系—写一部表现话语与手机的书—拍一部同样的电影。

联想可以唤醒沉睡在意识底层的记忆,把当前的事物与过去的事物有机地联系起来,产生新观念。联想使我们所学的知识可以由此及彼扩展,举一反三,触类旁通,以至产生认识的飞跃,出现创意的灵感。许多成功的创意或发明是靠联想获得的。例如,瑞士人美斯托拉,有一次从上山打猎回到家里,发现自己的裤子上粘了许多草籽,他灵机一动,能不能人工造出一边是钩形刺另一边是纺织环的东西呢?不久,这种被称为"魔术带"的新鲜玩意儿很快被人们接受,慢慢地演变成今天人们常用的尼龙子母扣。

【知识梳理】

2.7.1 联想思维的含义

联想思维是指在人脑内记忆表象系统中,由于某种诱因使不同表象发生联系的一种没有固定思维方向的自由思维活动。主要思维形式包括幻想、空想、玄想。其中,幻想,尤其是科学幻想,在人们的创造活动中具有重要的作用。

联想思维是指由一个事物外部构造、形状或某种状态与另一种事物的类同、近似而引发的想象延伸和连接;是指联想物和触发物之间存在一种或多种相同而又具有极为明显属性的联想。例如,看到学生想到教室、实验室及课本等相关事物。

联想思维是指由某种事物联想到另一种事物产生认知的心理过程,即由所感知所思事物、概念或现象的刺激而想到其他的与之有关的事物、概念或现象的思维过程。由于有些事物、概念或现象往往在时空中伴随出现,或者在某些方面表现出某种对应关系,这些联想由于反复出现,就会被人脑以一种特定的记忆模式接受,并以特定的记忆表象结构储存在大脑中。一旦以后再遇到其中的一个时,人的头脑会自动地搜索过去已确定的联系,从而马上联想到不在现场的或眼前没有发生的另外一些事物、概念或现象。

2.7.2 联想思维的特征

1. 连续性

联想思维的主要特征是由此及彼,连绵不断地进行,可以是直接的,也可以是迂回曲折的形成闪电般的联想链,而链的首尾两端往往是风马牛不相及的。

2. 形象性

由于联想思维是形象思维的具体化,其基本的思维操作单元是表象,是一幅幅画面。因此,联想思维和想象思维一样显得十分生动,具有鲜明的形象。

3. 概括性

联想思维可以很快把联想到的思维结果呈现在联想者的眼前,而不顾及其细节如何,是一种整体把握的思维操作活动,因此可以说有很强的概括性。

2.7.3 联想思维的作用

1. 在两个以上的思维对象之间建立联系

通过联想,可以在较短时间内在问题对象和某些思维对象间建立起联系来,这种联系,就会帮助人们找到解决问题的答案。

正如《科学研究的艺术》一书的作者贝佛里奇在书中所说，独创性常常在于发现两个或两个以上对象或设想之间的联系或相似点，而原来以为这些对象或设想彼此没有联系。

2. 为其他思维方法提供一定的基础

联想思维一般不能直接产生有创新价值的新形象，但是，它往往能为产生新形象的想象思维提供一定的基础。

3. 活化创新思维的活动空间

联想，就像风一样，扰动了人脑的活动空间。由于联想思维有由此及彼、触类旁通的特性，常常把思维引向深处或更加广阔的天地，导致想象思维的形成，甚至灵感、直觉、顿悟的产生。

4. 有利于信息的储存和检索

思维操作系统的重要功能之一，就是把知识信息按一定的规则存储在信息存储系统，并在需要时再把其中有用的信息检索出来。联想思维就是思维操作系统的一种重要操作方式。

2.7.4 联想思维的类型

1. 相近联想
2. 相似联想
3. 对比联想
4. 因果联想
5. 类比联想
6. 连锁联想
7. 飞跃联想

2.7.5 联想思维的方法

1. 类比法

类比法是把陌生的对象与熟悉的对象、把未知的东西与已知的东西进行比较，从中获得启发而解决问题的方法。

类比法的实施分为：直接类比、仿生类比、因果类比、对称类比。

2. 移植法

移植法是指把某一事物的原理、结构、方法、材料等转到当前研究对象中，从而产生新成果的方法。

移植法的实施分为：原理移植、结构移植、方法移植、材料移植。

【研讨交流】

案例 2-18　　　　　南极输油冰管

【案例描述】

美国的一个南极探险队首次准备在南极过冬时，遇到了这样一个难题：队员们打算把船上的汽油输送到基地上，但由于输油管的长度不够长，当时又没有备用的管子，无法输送。正当大家一筹莫展的时候,队长帕瑞格突发奇想:南极到处都是冰,能不能用冰来做成冰管子呢?由于南极气温极低,屋外能"点水成冰",这个联想并非是不切实际的空想。可以用冰做管子,但怎样才能使冰成为管状又不至于破裂呢?帕瑞格又想到了医疗上使用的绷带,在出发时带了不少这样的绷带,他们试着把绷带缠在铁管子上,然后在上面浇水,让水结成冰后,再拔出铁管子,这样果然就做成了冰管。他们再把冰管子一截一截地连接起来,需要多长就接多长。就是依靠这些冰制的管子,解决了输油管长度不够的难题。

【各抒己见】

想象的力量是巨大的,它往往能超越现实,解决许多事物所不能解决的问题。

(1)人们所熟知的大量西方雕塑都是赤裸的,从中可以体味出人们的阳刚之美或阴柔之美。有没有想过给雕塑穿上衣服?想象一下给雕塑穿上衣服,会是什么不一样的效果。

(2)想象一下如果当代掌握了光速旅行技术,人类社会会在哪些方面发生怎样的变化。

(3)房价居高不下,想象一下有什么办法可以让普通民众都能买上心仪的房子吗?

(4)结合自己所经历的沙尘暴、雾霾等极端恶劣天气,想象一下如果环境进一步恶化,人们的生活将会出现哪些问题。

(5)想象一下,如果温室效使全球气温上升、海水上涨,会带来哪些新的问题。

案例 2-19 "回到1986年":过没有网络、没有手机的生活

【案例描述】

大多数人都无法想象没有智能手机的日子,但加拿大圭尔夫市的有个家庭决定在生活中摒弃所有1986年以后的科学技术,时间为一年,作为一种社会体验。

一切开始于去年,当 Blair McMillan 每次问五岁的儿子想不想去外面玩时,他发现,哪怕是在完美的夏日,孩子也宁愿宅在家里拿个 Pad 玩游戏。他开始回想自己的童年,再想想今天的青少年是如此地依赖现代科技,如电脑、智能手机和网络。这位26岁的有两个孩子的父亲和青少年们谈话,他们中大部分人直言自己无法想象没有那些工具或玩意儿的生活,也会质疑今天的那种鼓励父母每天带孩子室外活动30分钟的公益广告。Blair 记得自己小时候,让孩子们在家里安静地坐上半小时几乎是不可能的。突然他灵光一闪,如果让时光倒流到他的童年时代,让自己的孩子体会下那种生活,将会怎样呢?于是,从4月开始,Blair 一家抛弃了所有现代的科技,回到了1986年的生活(Blair和妻子出生那一年),糟糕的发型、盒式录音带,最重要的是,开始了真实的社会交往。

Blair 一家没有网络,也没有 24 小时的新闻频道。他们只有一台放在木柜里的1980年的老古董电视机和一台播放着怀旧老歌的卡式录音机。他们扔掉了手机,邮寄真实的信件而不是 E-mail,去敲别人家的门而不是在脸书上互粉,使用胶卷照相机,用真实的地图导航而不是 GPS。

Blair 说:"我们以我们曾经被养育的方式来养育自己的孩子一年,看看到底会怎样。我当然不反对科技,它提高了燃油效率和医疗保健水平。我不反科学,只是想体验一下,想让孩子们体验一下如果没有科技会怎样,看我们是否能做到。"

【各抒己见】

（1）想象一下未来网络会有哪些新的功能，对我们的学习、生活、工作会带来哪些变化。

（2）想象一下微信、电子支付未来会有哪些新变化，给人们的生活会带来哪些影响。

（3）想象一下未来购物会有哪些新途径。

【实战训练】

【训练 2-15】 将两个看似不相干的词语建立起联系

将两个看似不相干的词语通过多个步骤的联想建立起联系。例如，高山和镜子是两个风马牛不相及的概念，但是联想思维可以使它们之间发生联系：高山 - 平地，平地 - 平面，平面 - 镜面，镜面 - 镜子。

针对以下各组词语通过多个步骤的联想建立起联系。

（1）足球 - 讲台　（2）汽车 - 绘图仪　（3）发动机 - 台灯　（4）黑板 - 冬天

【注意事项】

① 在读完题目后，要立即进入题目的情境，设身处地地进行联想。虚拟的情境越逼真，效果就越好。

② 开始联想后，每联想到一件事物，就填写在相应的题目后，直到想不出来为止，但不要急于求成。

③ 一般可用 2～3 分钟完成一个问题，完成后，马上转入下一个问题。

【训练 2-16】 辐射式的联想思维

从一滴水置于阳光之下，一下子便干涸，但如果汇入大海就永远存在的角度，联系到个人与集体的问题。从水虽是液体，却能冲决堤围，冲垮桥梁，毁坏公路，其柔弱身躯却有如此力量，联系到柔能克刚的问题。从水的遇冷结成冰，变为冰山；遇热变为水蒸气，变为云霞，甚至变为海市蜃楼联系到善于应变的问题。

对水、船、小草、向日葵等物进行丰富联想，可以想到哪些问题或现象。

单元 3 应用创新技法

如何通过提问题来达到发明创造的目的？这里有个方法和技巧的问题。创新技法的应用既可直接创造成果，同时也可启发人的创新思维，提高人们的创新能力。

如果把创造创新活动比喻成过河的话，那么方法和技法就是过河的桥或船。方法和技巧可以说比内容和事实更重要。法国著名的生理学家贝尔纳曾说过："良好方法能使我们更好地发挥天赋的才能，而笨拙的方法则可能阻碍才能的发挥。"黑格尔说："方法是任何事物所不能抗拒的、最高的、无限的力量。"笛卡儿认为："最有用的知识是关于方法的知识。"

【知识探究】

3.1 认识创新技法

3.1.1 创新技法的含义

创新技法是指创造学家收集大量成功的创造和创新的实例后，研究其获得成功的思路和过程，经过归纳、分析、总结，找出规律和方法以供人们学习、借鉴和仿效。简言之，创新技法就是创造学家根据创新思维的发展规律而总结出来的一些原理、技巧和方法。

3.1.2 创新技法的特点

1. 可操作性

可操作性是人们对创造理论及规律融会贯通并加以具体运用的结果。也可以说，没有创造理论就无法指导进一步的创造实践。然而，理论并不是直接去指导实践的，它需要中间环节。其中一种环节是理论—原则方法（技法）—实践。理论只有变成可操作的方法才能更好地指导实践。

2. 技巧性

技巧是技能的熟练化，它是一种和学习训练有关的活动。技巧可以通过学习而得来，可以通过练习而熟练。熟练的技巧已将一切多余而不必要的操作省去，效率很高。技巧的这一特点决定了创新技法的掌握需要实践，需要多用和多练。

3. 概略性

概略性是指创新技法的运用因人、因地、因事而异，不一定能完全成功、有效。这一特点是由创造活动的本质决定的。创造的规律不很严格，也可以说能很容易地解决一些有效性较高的专业方法解决不了的问题,但使用者又往往说不出其有效性的原因所在。

4. 多样性

创新技法已被越来越多的人重视,也被越来越多的人总结和完善。不同的创造领域、不同的创造阶段、不同类型的创造问题和不同类型的使用者,都有相应的创新技法。创新技法被人们越造越多,有的文献称目前已有340多种,有的文献记载目前世界上至少已有1000余种。可见,多样性永远是创新技法的一大特点。

3.1.3 创新技法的类型

创新技法有很多类型,将这些创新技法总结如下,本单元后面各小节将重点介绍头脑风暴法、奥斯本检核表法、特性列举法、缺点列举法、希望列举法和组合法等常用的创新技法。

1. 研究类
2. 激励类
3. 取向类
4. 组合类
5. 类比类
6. 联想类
7. 设计类
8. 综合类
9. 设问类
10. 系统类

 【分步训练】

3.2 头脑风暴法及其应用

 【案例剖析】

 案例 3-1　　如何清除电线上的积雪

【案例描述】

有一年,美国北方格外严寒,大雪纷飞,电线上积满冰雪,大跨度的电线常被积雪压断,严重影响通信。过去,许多人试图解决这一问题,但都未能如愿以偿。后来,电信公司经理应用奥斯本发明的头脑风暴法,尝试解决这一难题。他召开了一种能让头脑卷起风暴的座谈会,参加会议的是不同专业的技术人员,要求他们必须遵守以下原则。

第一,自由思考。即要求与会者尽可能解放思想,无拘无束地思考问题并畅所欲言,不必顾虑自己的想法是否"离经叛道"或"荒唐可笑"。

第二,延迟评判。即要求与会者在会上不要对他人的设想评头论足,不要发表"这主意好极了!""这种想法太离谱了!"之类的"捧杀句"或"扼杀句",至于对设想的评判,留在会后组织专人考虑。

第三，以量求质。即鼓励与会者尽可能多而广地提出设想，以大量的设想来保证质量较高的设想的存在。

第四，结合改善。即鼓励与会者积极进行智力互补，在增加自己提出设想的同时，注意思考如何把两个或更多的设想结合成另一个更完善的设想。

按照这种会议规则，大家七嘴八舌地议论开来，有人提出设计一种专用的电线清雪机；有人想到用电热来化解冰雪；也有人建议用振荡技术来清除积雪；还有人提出能否带上几把大扫帚，乘直升机去扫电线上的积雪。对于这种"坐飞机扫雪"的想法，大家心里尽管觉得滑稽可笑，但在会上也无人提出批评。相反，有一位工程师在百思不得其解时，听到用飞机扫雪的想法后，大脑突然受到冲击，一种简单可行且高效率的清雪方法冒了出来。他想，每当大雪过后，出动直升机沿积雪严重的电线飞行，依靠调整旋转的螺旋桨即可将电线上的积雪迅速扇落。他马上提出"用干扰机扇雪"的新设想，顿时又引起其他与会者的联想，有关用飞机除雪的主意一下子又多了七八条。不到一小时，与会的10名技术人员共提出90多条新设想。

会后，公司组织专家对设想进行分类论证。专家们认为设计专用清雪机，采用电热或电磁振荡等方法清除电线上的积雪，在技术上虽然可行，但研制费用大，周期长，一时难以见效。那种因"坐飞机扫雪"激发出来的几种设想，倒是一种大胆的新方案，如果可行，将是一种既简单又高效的好办法。经过现场试验，发现用直升机扇雪真能奏效，一个久悬未决的难题，终于在头脑风暴会中得到了解决。

【感悟反思】

自古以来中国民间流传着"三个臭皮匠顶个诸葛亮"的说法，形容在遇到问题时采取集思广益的方式，博采众长。英国学者萧伯纳也说：倘若你有一个苹果，我也有一个苹果，而我们彼此交换这些苹果，那么，你和我仍然只有一个苹果。但是，倘若你有一种思想，我也有一种思想，而我们彼此交流这种思想，那么我们每个人将各有两种思想。头脑风暴法就是基于这个道理产生的。这种技法一方面能够给予与会者的大脑较多的信息刺激，促进与会者的大脑把已有知识和所得信息围绕着要解决的问题重新安排，形成多种新的组合，从而产生大量的新设想；另一方面能够造成一种鼓励与会者大胆思维和提出新设想的氛围，提高与会者的创新积极性。

随着发明创造活动的复杂化和研究对象涉及技术的多元化，单枪匹马式的冥思苦想将变得软弱无力，而"群起而攻之"的发明创造战术则显示出攻无不克的威力。

【知识梳理】

3.2.1 头脑风暴法的含义

头脑风暴法（BS）是世界上最早付诸实施的创新技法。是指利用特定的会议形式，使与会者产生联想和创造性想象，激发灵感，以获得大量的创新性设想的创新技法。

头脑风暴法是由美国创造学家 A.F. 奥斯本于 1939 年首次提出、1953 年正式发表的一种激发性思维的方法。此法经各国创造学研究者的实践和发展,至今已经形成了一个发明技法群,如奥斯本智力激励法、默写式智力激励法、卡片式智力激励法等。

头脑风暴法是一种通过小型会议的组织形式,让所有参加者在自由愉快、畅所欲言的气氛中,自由交换想法或点子,并以此激发与会者创意及灵感,使各种设想在相互碰撞中激起脑海的创造性"风暴"。它适合于解决那些比较简单、严格确定的问题,如研究产品名称、广告口号、销售方法、产品的多样化研究等,以及需要大量的构思、创意的行业,如广告业。

3.2.2 头脑风暴法的优势与局限性

头脑风暴法是一种生动灵活的创新技法,应用这一技法时,完全可以并且应该根据与会者情况及时间、地点、条件和主题的变化而有所变化,有所创新。

头脑风暴法可以让人自由交流,容易撞出四维性的火花,是创新的有效手段。同时,这种方式所诞生的创意往往是由多方面的各行业人士进行完善的,会比单个专家单独思考得出的创意更为全面、合理。

头脑风暴法具有以下优势。

① 极易操作执行,几乎不再有任何难题,具有很强的实用价值。

② 非常具体地体现了集思广益,体现团队合作的智慧。因为良好的沟通氛围,有利于增加团队凝聚力,增强团队精神。可以有效锻炼一个人及团队的创造力。

③ 创造良好的平台,提供了一个能激发灵感、开阔思路的环境。每一个人思维都能得到最大限度的开拓,能有效开阔思路,激发灵感。

④ 在最短的时间内可以批量生产灵感,会有大量意想不到的收获。可以提高工作效率,能够更快、更高效地解决问题。

⑤ 面对任何难题,举重若轻。对于熟练掌握"头脑风暴法"的人来讲,再也不必一个人冥思苦想,孤独"求索"了。

⑥ 使参加者更加自信,因为,他会发现自己居然能如此有"创意"。使参加者更加有责任心,因为人们一般都乐意对自己的主张承担责任。

⑦ 可以发现并培养思路开阔、有创造力的人才。

同时,头脑风暴法也有如下局限性。

① 由于头脑风暴法参与人员过多,层次太杂,一旦涉及意见不能统一时往往会出现少数服从多数的现象。

② 如果是在过程中进行头脑风暴法，在运用时容易扰乱设计者和规划者的思路，而且往往是在会议中做出的一些决定可能不是经过深思熟虑的，头脑风暴也容易造成头脑发热。

③ 参与者可能缺乏必要的技术及知识，无法提出有效的意见。

④ 由于头脑风暴法相对松散，因此较难保证过程的全面性。

⑤ 可能会出现特殊的小组情况，导致某些有重要观点的人保持沉默而其他成员成为讨论的主角。

⑥ 实施成本较高，要求参与者有较好的素质，这些因素是否满足，会影响头脑风暴法实施的效果。

⑦ 头脑风暴不适用于一些具有机密性和高技术含量及专业性问题。

3.2.3 头脑风暴法的组织形式

头脑风暴法通常采用会议形式实施，会议要求参加的人都能尽情地发表意见，充分发挥想象能力，鼓励大家在别人提出设想的基础上进行补充和综合，进一步提出自己的新设想。

（1）参加人数一般为 5～10 人（课堂教学也可以班为单位），最好由不同专业或不同岗位者组成。

（2）会议时间控制在 1 小时左右。

（3）设主持人一名，主持人只主持会议，对设想不进行评论。

（4）设记录员 1～2 人，要求认真将与会者每一设想不论好坏都完整地记录下来。

3.2.4 头脑风暴法的会议类型

1. 设想开发型

这是为获取大量的设想、为研究对象寻找多种解题思路而召开的会议，因此，要求参与者要善于想象，语言表达能力要强。

2. 设想论证型

这是为将众多的设想归纳转换成实用型方案召开的会议，要求与会者善于归纳、善于分析判断。

3.2.5 头脑风暴法的会前准备工作

（1）会议要明确主题。

会议主题提前通报给与会人员，让与会者有一定准备。

（2）选好主持人。

主持人要熟悉并掌握该技法的要点和操作要素，摸清主题现状和发展趋势。

（3）参与者要有一定的训练基础，懂得该会议提倡的原则和方法。

（4）会前可进行柔化训练，即对缺乏创新锻炼者进行打破常规思考，转变思维角度的训练活动，以减少思维惯性，从单调的紧张工作环境中解放出来，以饱满的创造热情投入激励设想活动。

3.2.6 头脑风暴法的会议原则

为使与会者畅所欲言，互相启发和激励，达到较高效率，必须严格遵守下列原则。

（1）禁止批评和评论，也不要自谦。

对别人提出的任何想法都不能批判、不得阻拦。即使自己认为是幼稚的、错误的，甚至是荒诞离奇的设想，也不得予以驳斥；同时也不允许自我批判，在心理上调动每一个与会者的积极性，彻底防止出现一些"扼杀性语句"和"自我扼杀语句"。诸如"这根本行不通"、"你这想法太陈旧了"、"这是不可能的"、"这不符合某某定律"以及"我提一个不成熟的看

法"、"我有一个不一定行得通的想法"等语句，禁止在会议上出现。只有这样，与会者才可能在充分放松的心境下，在别人设想的激励下，集中全部精力开拓自己的思路。

（2）目标集中，追求设想数量，越多越好。

在头脑风暴法实施会上，只强制大家提设想，越多越好。会议以谋取设想的数量为目标。

（3）鼓励巧妙地利用和改善他人的设想。

这是激励的关键所在。每个与会者都要从他人的设想中激励自己，从中得到启示，或者补充他人的设想，或者将他人的若干设想综合起来提出新的设想等。

（4）与会人员一律平等，各种设想全部记录下来。

与会人员，不论是该方面的专家、员工，还是其他领域的学者，以及该领域的外行，一律平等；各种设想，不论大小，甚至是最荒诞的设想，记录人员也要求认真地将其完整地记录下来。

（5）主张独立思考，不允许私下交谈，以免干扰别人思维。

（6）提倡自由发言，畅所欲言，任意思考。

会议提倡自由奔放、随便思考、任意想象、尽量发挥，主意越新、越怪越好，因为它能启发人推导出好的观念。

（7）不强调个人的成绩。

应以小组的整体利益为重，注意和理解别人的贡献，人人创造民主环境，不以多数人

的意见阻碍个人新的观点的产生，激发个人追求更多、更好的主意。

3.2.7 头脑风暴法的会议实施步骤

1. 会前准备
参与人、主持人和课题任务三落实，必要时可进行柔性训练。

2. 设想开发
由主持人公布会议主题并介绍与主题相关的参考情况；突破思维惯性，大胆进行联想；主持人控制好时间，力争在有限的时间内获得尽可能多的创意性设想。

3. 设想的分类与整理
一般分为实用型和幻想型两类。前者是指目前技术工艺可以实现的设想，后者是指目前的技术工艺还不能完成的设想。

（1）完善实用型设想：对实用型设想，再用头脑风暴法去进行论证、二次开发，进一步扩大设想的实现范围。

（2）幻想型设想再开发：对幻想型设想，再用头脑风暴法进行开发，通过进一步开发，就有可能将创意的萌芽转化为成熟的实用型设想。这是头脑风暴法的一个关键步骤，也是该方法质量高低的明显标志。

3.2.8 头脑风暴法的主持人技巧

（1）主持人应懂得各种创造思维和技法，会前要向与会者重申会议应严守的原则和纪律，善于激发成员思考，使场面轻松活跃而又不失脑力激荡的规则。

（2）可轮流发言，每轮每人简明扼要地说清楚一个创意设想，避免形成辩论会和发言不均。

（3）要以赏识激励的词句语气和微笑点头的行为语言，鼓励与会者多出设想，例如说："对，就是这样！""太棒了！""好主意！这一点对开阔思路很有好处！"等。

（4）禁止使用下面的话语："这点别人已说过了！""实际情况会怎样呢？""请解释一下你的意思。""就这一点有用。""我不赞赏那种观点。"等。

（5）经常强调设想的数量，如平均 3 分钟内要发表 10 个设想。

（6）遇到出现参会者才穷计短，出现暂时停滞时，可采取一些措施，如休息几分钟，自选休息方法，散步、唱歌、喝水等，再进行几轮脑力激荡。或者发给每人一张与问题无关的图画，要求讲出从图画中所获得的灵感。

（7）根据课题和实际情况需要，引导大家掀起一次又一次脑力激荡的"激波"。如课题是某产品的进一步开发，可以从产品改进配方思考作为第一激波、从降低成本思考作为第二激波、从扩大销售思考作为第三激波等。又如，对某一问题解决方案的讨论，引导大家掀起"设想开发"的激波，及时抓住"拐点"，适时引导进入"设想论证"的激波。

（8）要掌握好时间，会议持续1小时左右，形成的设想应不少于100种。但最好的设想往往是会议要结束时提出的，因此，预定结束的时间到了可以根据情况再延长5分钟，这是人们容易提出好的设想的时候。在1分钟时间里再没有新主意、新观点出现时，头脑风暴会议可宣布结束或告一段落。

3.2.9　头脑风暴法的成功要点

一次成功的头脑风暴除了在实施步骤上的要求之外，更为关键的是探讨方式，心态上的转变。概言之，即充分、非评价性的、无偏见的交流，具体而言，则可归纳为以下几点。

1. 自由畅谈

参加者不应该受任何条条框框的限制，放松思想，让思维自由驰骋。从不同角度、不同层次、同方位，大胆地展开想象，尽可能地标新立异、与众不同，提出独创性的想法。

2. 延迟评判

头脑风暴，必须坚持当场不对任何设想做出评价的原则。既不能肯定某个设想，又不能否定某个设想，也不能对某个设想发表评论性的意见。一切评价和判断都要延迟到会议结束以后才能进行。这样做一方面是为了防止评判约束与会者的积极思维；另一方面是为了集中精力先开发设想，避免把应该在后阶段做的工作提前进行，影响创造性设想的大量产生。

3. 禁止批评

绝对禁止批评是头脑风暴法应该遵循的一个重要原则。参加头脑风暴会议的每个人都不得对别人的设想提出批评意见，因为批评对创造性思维无疑会产生抑制作用。有些人习惯于用一些自谦之词，这些自我批评性质的说法同样会破坏会场气氛，影响自由畅想。

4. 追求数量

头脑风暴会议的目标是获得尽可能多的设想，追求数量是它的首要任务。参加会议的每个人都要抓紧时间多思考，多提设想。至于设想的质量问题，可留到会后的设想处理阶段去解决。在某种意义上，设想的质量和数量密切相关，产生的设想越多，其中的创造性设想就可能越多。

3.2.10 头脑风暴法应遵循的原则

为顺利实施头脑风暴法，应遵循以下原则。

1. 自由原则
2. 平等原则
3. 不评判原则
4. 数量原则
5. 单一原则
6. 优先原则
7. 综合改善原则
8. 公开原则
9. 奖励原则

 【研讨交流】

 案例 3-2　　　破解城市交通问题

【案例描述】

运用"头脑风暴法"讨论"砸核桃的方法"，以下是讨论的过程和大家提出的方案。

主持人：我们的任务是砸核桃，要求多、快、好，大家有什么办法。

甲：平常在家里用牙磕，用手或榔头砸，用钳子夹，用门挤压。

主持人：几个核桃用这种办法行，但核桃多怎么办？

乙：应该把核桃按大小分类，各类核桃分别放在压力机上砸。

丙：可以把核桃沾上粉末一类的东西，使它们成为一般大的圆球，在压力机上砸，用不着分类。

丁：沾上粉末可能带磁性，在压力机上砸压后，或者在粉碎机上粉碎后，由于磁场作用，核桃壳可能脱掉，只剩下核桃仁。

主持人：很好！大家再想想用什么样的力才能把核桃砸开，用什么办法才能得到这些力。

甲：应该加一个集中的挤压力。用某种东西冲击核桃，就能产生这种力，或者相反，用核桃冲击某种东西。

乙：可以用气枪往墙壁上射核桃，例如，可以用射软木塞的儿童气枪射击。

丙：当核桃落地时，可以利用地球引力产生力。

丁：核桃壳很硬，应该先用溶剂加工，使它软化、溶解……或者使它们变得很脆。经过冷冻就可以变脆。

主持人：动物是怎么完成这一任务的，如乌鸦？

甲：鸟儿用嘴啄……或者飞得高高的，把核桃扔在硬地上。我们应该把核桃装在容器里，从高处往硬的地方扔，比如在气球上、直升机上、电梯上往水泥板上扔，然后把摔碎的核桃拾起来。

乙：可以把核桃放在液体容器里，借助水力冲击把核桃破开。

主持人：是否可使用发现法，如认同、反向……解决问题呢？

丙：应该从里面把核桃破开，把核桃钻个小孔，往里面打气加压。

丁：可以把核桃放在空气室里，往里打气加压，然后使空气室里压力锐减，内部压力就会使核桃破裂，因为内部压力不可能很快减少。或者可以急剧增加和减少空气室压力，这时核桃壳会承受交变负荷。

甲：应该掘口深井，井底放一块钢板，在核桃与深井之间开几道沟槽。核桃从树上掉下来，顺着沟槽滚到井里，摔在钢板上就会摔破。

结果，仅用10分钟就收集了40个想法，经评价后，从中得出参考解决方案。

【各抒己见】

运用"头脑风暴法"，讨论当前或今后城市堵车的解决方案，由每组的代表做主题发言，组内成员可以补充。

案例 3-3　　突破自我，尝试创新

【案例描述】

分析思考以下创新样例。

（1）改变外形

单层公共汽车加倍变成双层公共汽车，轿车加长变成加长汽车，根据运输货物的特殊要求设计其外形，如液罐汽车、冷藏汽车、散装水泥汽车、集装箱汽车。裙子减少长度变成超短裙或比基尼，鲜花弄干变成干花，面包切开变成汉堡包。

（2）寻找替代物

汽车的动力源由车载电源替代燃油，于是产生了电动汽车。用小球替代钢笔尖，于是诞生了圆珠笔。按键拨号替代手摇方式，于是产生了按键电话机。传输方式由无线信号替代有线信号，于是产生了移动电话。使用方式由便携方式替代固定方式，于是产生了笔记本电脑。实时聊天方式替代电子邮件方式，于是产生了QQ聊天工具。

（3）多个元素组合

耳机与收放机组合产生了随身听。尼龙与紧身裤结合产生了连裤袜。电话机与录音机结合产生了录音电话机。"房"和"车"的功能结合就产生了房车。

（4）不断改进

台式电脑改为笔记本电脑，再改为平板电脑。电视机由电子管式改为晶体管式，再改为集成电路式。人们通信方式由通过邮局寄送书信改为发 E-mail，再改为通过QQ或微信实时聊天。白炽灯改为荧光灯，再改为 LED 类。

（5）冲破功能限制

可以将手机变成电脑用，也可以将电脑变成手机用。可以将电视机当作电脑显示器用，也可以将电脑显示器当作电视机用。电梯门口也可以做广告，饭馆内也可以搭台表演节目。塑料纸也可以做成时装，通过QQ也能实现视频电话。

（6）新的组合

一个新想法是旧成分的新组合。所有的色彩都是由3原色组合而成的，所有的音乐都是以未超过12种音调的方式构成的，所有的数字都是以10个符号构成的，神奇的电脑所有的逻辑运算只有两个量：0和1，中文的基本笔画不超过15个，可它们组成了汉字可以描述客观与主观的整个世界。移动电话机与上网功能、多媒体功能、辅助办公功能融为一体就产生了智能手机。

【各抒己见】

采用头脑风暴法说出其他的创新事例或创新设想。把一个组的全体成员都组织在一起，每个成员都毫无顾忌地发表自己的观点。

【实战训练】

【训练 3-1】 讨论旅游活动方案

拟组织一次旅游活动，运用"头脑风暴法"讨论活动方案，包括目的地、费用、时间、交通等方面。以组为单位进行讨论，并阐述各组的活动方案设计。

【训练 3-2】 运用默写式智力激励法解决问题

头脑风暴法虽然能造成自由探讨、互相激智的气氛，但也有一些局限性。如有的创造性强的人喜欢深思，但会议无此条件；表现力强和控制力强的人会影响其他人提出设想；会议严禁批评，虽能保证自由思考，但又难于及时对众多的设想进行评价和集中。针对这些局限性，德国人提出了一种默写式智力激励法。
此法规定：每次会议请6人参加，每人在卡片上默写3个设想，每轮限时5分钟，即默写式智力激励法（也称为635法）。

有1船长和12名水手一起驾船出海，船上有足够的粮食和水，船上还携带了五只鸭子和五只鸡，请问：船长还带了几只羊？运用默写式智力激励法写出自己的答案，即6人一组，每人在纸上默写3个设想，每轮台限时5分钟。

3.3 奥斯本检核表法及其应用

奥斯本检核表法是以该技法的发明者奥斯本命名的，该方法引导主体在创造过程中对照9个方面的问题进行思考，以便启迪思路、开拓思维想象的空间、促进人们产生新设想、新方案的方法。

【案例剖析】

 案例 3-4　　　针对手电筒的创新思路

【案例描述】

运用奥斯本检核表对手电筒进行分析并提出创新思路，如表 3-1 所示。

表 3-1　针对手电筒的创新思路

序号	检核项目	创新思路
1	能否他用	其他用途：信号灯、装饰灯
2	能否借用	增加功能：加大反光罩，增加灯泡亮度
3	能否改变	改一改：改灯罩、改小电珠和用彩色电珠等
4	能否扩大	延长使用寿命：使用节电、降压开关
5	能否缩小	缩小体积：1号电池→2号电池→5号电池→7号电池→8号电池→纽扣电池
6	能否替代	代用：用发光二极管代小电珠
7	能否调整	换型号：两节电池直排、横排、改变式样
8	能否颠倒	反过来想：不用干电池的手电筒，用磁电机发电
9	能否组合	与其他组合：带手电收音机、带手电的钟等

【感悟反思】

奥斯本检核表法有利于提高发现创新的成功率，创新发明最大的敌人是思维的惰性。大部分人思维总是自觉和不自觉地沿着长期形成的思维模式来看待事物，对问题不敏感，即使看出了事物的缺陷和毛病，也懒于去进一步思索，不爱动脑筋、不进行积极的思维，因此难以有所创新。

奥斯本检核表法的设计特点之一是多向思维，用多条提示引导你去发散思考。奥斯本检核表法中有9个问题，就好像有9个人从9个角度帮助你思考。你可以把9个思考点都试一试，也可以从中挑选一两条集中精力深思。奥斯本检核表法使人们突破了不愿提问或不善提问的心理障碍，在进行逐项检核时，强迫人们思维扩展，突破旧的思维框架，开拓了创新的思路。

【知识梳理】

3.3.1　奥斯本检核表法的含义

1941年出版世界上的第一部创新学专著《创造性想象》，在这本专著中奥斯本提出了检核表法，该书的销量4亿册。奥斯本检核表法又称"分项检查法"或"对照表法"。所谓检核表法，是根据需要研究对象的特点列出有关问题，形成检核表，然后一个个来核对讨论，从而发掘出解决问题的大量设想。它引导人们根据检核项目一条条思路求解问题，以利较系统周密地思考。奥斯本检核表是针对某种特定要求制定的检核表，主要用于新产品开发等。

3.3.2 奥斯本检核表法的检查项目与包括的问题

奥斯本检核表共有9类75个问题，如表3-2所示，其实质就是从9个方面的75个角度，启发我们提出问题和思考问题，使思路沿着正向、侧向、逆向及合向发散开来。因此它的侧重点是提出思考问题的角度而不是步骤，它的核心是启发和发挥联想的力量。

表 3-2 奥斯本检核表法的检查项目与包括的问题

序号	检核项目	含 义	包括的问题
1	能否他用	现有的事物有无其他的用途、保持不变能否扩大用途；稍加改变有无其他用途	1-1 有无新的用途 1-2 是否有新的使用方法 1-3 可否改变现有的使用方法
2	能否借用	能否引入其他的创造性设想；能否模仿别的东西；能否从其他领域、产品、方案中引入新的元素、材料、造型、原理、工艺、思路	2-1 有无类似的东西 2-2 利用类别能否产生新观念 2-3 过去有无类似的问题 2-4 可否模仿 2-5 能否超越
3	能否改变	现有事物能否做些改变，如颜色、声音、味道、式样、花色、音响、品种、意义、制造方法；改变后效果如何	3-1 可否改变功能 3-2 可否改变颜色 3-3 可否改变形状 3-4 可否改变运动 3-5 可否改变气味 3-6 可否改变音响 3-7 可否改变外观 3-8 是否还有其他改变的可能性
4	能否扩大	现有事物可否扩大适用范围；能否增加使用功能；能否添加零部件；延长它的使用寿命，增加长度、厚度、强度、频率、速度、数量、价值	4-1 可否增加些什么 4-2 可否附加些什么 4-3 可否增加使用时间 4-4 可否增加频率 4-5 可否增加尺寸 4-6 可否增加厚度 4-7 可否提高性能 4-8 可否增加新成分 4-9 可否加倍 4-10 可否扩大若干倍 4-11 可否放大 4-12 可否夸大

续表

序号	检核项目	含义	包括的问题	
5	能否缩小	现有事物能否体积变小、长度变短、质量变轻、厚度变薄以及拆分或省略某些部分（简单化），能否浓缩化、省力化、方便化、短路化	5-1 5-2 5-3 5-4 5-5 5-6 5-7 5-8 5-9 5-10 5-11 5-12	可否减少些什么 可否密集 可否压缩 可否浓缩 可否聚合 可否微型化 可否缩短 可否变窄 可否去掉 可否分割 可否减轻 可否变成流线型
6	能否替代	现有事物能否用其他材料、元件、结构、力、设备力、方法、符号、声音等代替	6-1 6-2 6-3 6-4 6-5 6-6 6-7 6-8 6-9 6-10	可否代替 用什么代替 还有什么其他的排列 还有什么其他的成分 还有什么其他的材料 还有什么其他的过程 还有什么其他的能源 还有什么其他的颜色 还有什么其他的音响 还有什么其他的照明
7	能否变换	现有事物能否变换排列顺序、位置、时间、速度、计划、型号；内部元件可否交换	7-1 7-2 7-3 7-4 7-5 7-6 7-7 7-8	可否变换 有无可互换的成分 可否变换模式 可否变换布置顺序 可否变换操作工序 可否变换因果关系 可否变换速度或频率 可否变换工作规范
8	能否颠倒	现有的事物能否从里外、上下、左右、前后、横竖、主次、正负、因果等相反的角度颠倒过来用	8-1 8-2 8-3 8-4 8-5 8-6 8-7	可否颠倒 可否颠倒正负 可否颠倒正反 可否前后颠倒 可否上下颠倒 可否颠倒位置 可否颠倒作用
9	能否组合	能否进行原理组合、材料组合、部件组合、形状组合、功能组合、目的组合	9-1 9-2 9-3 9-4 9-5 9-6 9-7 9-8 9-9 9-10	可否重新组合 可否尝试混合 可否尝试合成 可否尝试配合 可否尝试协调 可否尝试配套 可否把物体组合 可否把目的组合 可否把特性组合 可否把观念组合

3.3.3 奥斯本检核表法应用实例

奥斯本检核表法应用实例如下所示。

1. 能否他用的应用实例

2. 能否借用的应用实例

（1）移花接木，借月生辉。

（2）借用紫外线黑光的魔法。

（3）建议的借用。

（4）借力。

（5）物的借用。

3. 能否改变的应用实例

（1）结构变化。

（2）形状、式样变化。

（3）颜色变化。

（4）声音变化。

（5）味道变化。

（6）制造方法变化。

4. 能否扩大的应用实例

（1）附加功能。

（2）添加部件。

（3）强化技术。

（4）增加长度、宽度、厚度。

（5）增加时间。

5. 能否缩小的应用实例

（1）微型化

（2）浓缩化。

（3）拆分化。

（4）简单化。

（5）方便化。

（6）短路化。

（7）自动化。

6. 能否替代的应用实例

（1）材料代替。

（2）方法代替。

7. 能否变换的应用实例

（1）重排位置。

（2）重排时间和布局。

8．能否颠倒的应用实例

（1）里外颠倒。

（2）上下颠倒。

（3）主客颠倒。

（4）因果颠倒。

9．能否组合的应用实例

3.3.4 奥斯本检核表法实施时的注意事项

奥斯本检核表法的实施时应注意以下几点。

（1）要联系实际一条一条地进行核检，不要有遗漏。

（2）要多核检几遍，效果会更好，或许会更准确地选择出所需创新、发明的方面。

（3）在检核每项内容时，要尽可能地发挥自己的想象力和联想力，产生更多的创造性设想。进行检索思考时，可以将每大类问题作为一种单独的创新方法来运用。

（4）核检方式可根据需要，1人核检也可以，3～8人共同核检也可以。集体核检可以互相激励，产生头脑风暴，更有希望创新。

3.3.5 运用奥斯本检核表法进行创新活动的实施过程

运用奥斯本检核表法进行创新活动的实施过程如下。

（1）根据创新对象明确需要解决的问题。

（2）根据需要解决的问题，参照表中列出的问题，运用丰富想象力，强制性地一个个核对讨论，写出新设想。

（3）对新设想进行筛选，将最有价值和创新性的设想筛选出来。

3.3.6 和田十二法及其应用

在长期的实践中，有些创造学家又对奥斯本检核表法进行了改进，这里我们以和田十二法为例，和田十二法是上海市创造学者许立言、张奎福根据上海和田路小学开展创造发明活动所总结的一种创新技法。这种技法通俗易懂、运用简便，非常适合在中小学发明创造活动中使用，被称为创造发明的"一点通"。

简单地说，和田十二法可以归纳为36个字，其操作要点、操作说明及应用实例如表3-3所示。

表3-3 和田十二法的操作要点、操作说明及应用实例

序号	操作要点	操作说明	电风扇的创新应用
1	加一加	这件事物还可以添加点什么	带电脑的风扇
2	减一减	在这件东西上还可以减去点什么	去掉吊杆——吸顶电风扇
3	扩一扩	这件东西在功能、结构上还可以扩展吗	扩大送风角度——全方位电风扇
4	缩一缩	这件东西在功能、结构上还可以减缩吗	婴儿电扇
5	变一变	这件东西在功能、结构、形态方面还可以变化吗	球式电风扇

续表

序号	操作要点	操作说明	电风扇的创新应用
6	改一改	这件东西哪些缺点需要改进	保健电风扇
7	联一联	这件事物与哪些有联系呢	防火、驱蚊风扇
8	代一代	这件事物能用别的事物取而代之吗	木叶片电风扇
9	搬一搬	这件东西搬到别的场合会派上新用途吗	电视机罩内微型电扇：防止电视机过热
10	反一反	将这件事逆反一下会产生什么新的结果呢	无叶片风扇：振动送风、排风扇
11	定一定	为了完善此事还要规定些什么呢	低噪声电风扇
12	用一用	对新技术能不能用上一用呢	太阳能电风扇

【研讨交流】

 案例 3-5 运用奥斯本检核表进行创新设计

【案例描述】

以电风扇以为对象，运用"奥斯本检核表"进行创新设计的设想，如表 3-4 所示。

表 3-4　运用"奥斯本检核表"对电风扇进行创新设计的设想

序号	检核类别	创造性设计的设想
1	能否他用	（1）湿气干燥装置；（2）吸气除尘装置；（3）风洞试验装置
2	能否借用	（1）仿古电扇；（2）借用压电陶瓷制成的无翼电扇
3	能否扩大	（1）可吹出冷风的电扇；（2）可吹出热风的电扇；（3）驱蚊电扇
4	能否缩小	（1）微型吊扇；（2）直流电微型电扇；（3）太阳能微型电扇
5	能否改变	（1）方形电扇；（2）立柱形电扇；（3）其他外形奇异的电扇
6	能否代用	（1）玻璃纤维风叶的电扇；（2）遥控电扇；（3）定时电扇；（4）声控或光控电扇
7	能否调整	（1）模拟自然风的电扇；（2）保健电扇
8	能否颠倒	（1）利用转栅改变送风方向的电扇；（2）全方位风向的电扇
9	能否组合	（1）带灯电扇；（2）带负离子发生器的电扇；（3）对转风叶的电扇

我们来看一款可拆卸的无线电风扇。

电风扇无疑是夏日生活的必备良伴，但电风扇储存时却又往往占据很大的空间，这与其一年中短暂的使用期限显然不成正比。

为解决这一问题，Jiyoun Km 工作室开发了一款"conbox"电风扇，这款风扇不仅将美感与功能性完美结合，可以完全拆卸储存，也可以组装成两种不同高度使用。大大节省了储存空间。不仅如此，"conbox"还支持无线供电，可通过移动应用控制，有多种功能可供选择。

再来看款没有扇叶的风扇。

有一款名叫"Dyson Air Multiplier"的风扇，其最大的特点是没有扇叶，通过高效率的无刷电机使气流增加15倍，以每秒118加仑的速率释放出来。它能产生强有力的凉爽空气，而且安静无声，也比传统电扇安全。清洗起来也比传统电风扇方便得多，扇叶上难以清理的灰尘将成为过去式。

接下来看一款鹦鹉螺型风扇。

这款风扇的设计灵感来自于鹦鹉螺，利用内置的涡轮产生风力，再从剖面的通风口吹出来。它四周的突出的花纹使得这款小巧的风扇可以随意摆放成任何的角度。当然了，也可以随身带着它，不仅会在炎炎夏日给你带来一丝清凉，时尚的外观也可以起到很好的装饰作用。

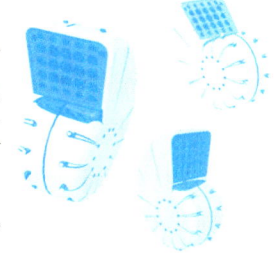

"branch table fan"看着像是一盏台灯，其实它无法为你提供照明，它是一台风扇。

"branch table fan"不为照明却为送风，其风扇头设计小巧，而且非常灵活，类似台灯的设计，任意方向，任意高低，任何角度可以送风，一个人玩玩足矣。

【各抒己见】

运用"奥斯本检核表"进行创新设计或思维。

（1）眼镜、电吹风、水泥、纸张、机关枪等物品能否他用？
（2）超声波、激光、红外辐射等技术能否借用？
（3）在纯牛奶、纯铁、玻璃中增加点什么可提高功能或性能？
（4）衣架、尺子、澡盆、电话机能缩小吗？
（5）热水瓶、算盘、轮胎、自行车能改变吗？
（6）汽车燃料、文字记录能否替代？
（7）车床、刨床的加工方式可否调整？
（8）大炮能否向地下发射？
（9）定时器、程序控制器可与什么物品组合在一起？

【实战训练】

【训练3-3】 运用奥斯本检核表分析优化产品

运用奥斯本检核表对下列产品从9个方面进行分析，并提出相应的优化改进解决方案。
①枕头，②眼镜，③拖鞋，④手机，⑤自动车，⑥空调。
以组为单位进行讨论，并提出各自的优化改进解决方案。

【训练3-4】 优化产品的设计与制造

美国通用汽车公司针对产品生产制造过程进行优化的训练内容如下：

（1）为了提高工作效率，不能利用其他适当的机械吗？
（2）现在使用的设备有无改进的余地。
（3）改变滑板、传送装置等搬运设备的位置或顺序，能否改善操作。
（4）为了同时进行各种操作，不能使用某些特殊的工具或夹具吗？
（5）改变操作顺序能否提高零部件的质量。
（6）不能用更便宜的材料代替目前的材料吗？
（7）改变一下材料的切削方法，不能更经济地利用材料吗？
（8）不能使操作更安全吗？
（9）不能除掉无用的形式吗？
（10）现在的操作不能更简化吗？

德国奔驰公司针对产品设计与制造进行优化的训练内容如下。
（1）增加产品——能否生产更多的产品。
（2）增加性能——能否使产品更加经久耐用。
（3）降低成本——能否除去不必要的部分；能否换用更便宜的材料；能否使零件更加标准化；能否减少手工操作而搞自动化；能否提高生产效率。
（4）提高经销的魅力——能否把包装设计得更引人注意；能否按用户、顾客要求卖得更便宜。

以组为单位到周边企业实地调研一种产品的外观、性能、包装和生产过程，并运用以上两组方法对该产品的设计与制造进行优化。

3.4　特性列举法及其应用

【案例剖析】

 案例 3-6　运用特性列举法对圆珠笔进行特性分析

【案例描述】

运用特性列举法对圆珠笔进行特性分析，可提出许多改进设想。

（1）名词特性

① 部件：笔杆、笔帽、笔夹、笔芯、笔珠、弹簧等。

改进设想：笔杆中能否放置一小卷备用纸；能否将油墨直接灌入笔杆中；笔帽是否可以取消；笔夹是否设计成内嵌式；笔芯是否加粗；笔芯能否重复使用；笔珠能否用其他耐磨材料取代；弹簧非要不可吗。

② 材料：塑料、金属、竹木、油墨等。

改进设想：能否采用其他材料；能否制造一种永不褪色的油墨；能否制造一种可擦写的油墨；能否制造一种定时褪色的油墨。

③ 制造方法：注塑、冲压、装配等。

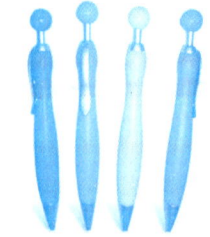

改进设想：能否一次性注塑而成；能否进行流水线作业；能否应用机器人装配；能否生产过程全部自动化。

（2）形容词特性

① 形状：圆柱形。

改进设想：能否采用三棱柱形、头圆尾扁形、鹅毛形、尖刀形、汤匙形；笔杆能否按手指压痕塑造；能否采用动物或植物造型。

② 颜色：白、红、蓝、绿、黑、紫等。

改进设想：能否采用一些淡雅颜色来保护视力；能否在笔上设置一些变幻图案，以吸引消费者。

③ 状态：固定式、活动式、单色笔、双色笔等。

改进设想：能否设计一种可自由弯曲的笔；能否设计一种可折叠的多色笔。

（3）动词特性

① 功能：书写、复写、绘图等。

改进设想：能否制成带磁性按摩器的笔；能否制成带指南针的笔；能否制成带放大镜的笔；能否制成带发光装置的笔；能否制成带计算器的笔；能否制成带反光镜的牙科笔；能否制成涂胶水的笔。

② 作用：文具。

改进设想：能否拓展为工艺精品笔；能否拓展为生肖纪念笔；能否拓展为情侣对笔。

如果将上述的设想进行认真整理，就可筛选出一些创新课题。

【感悟反思】

通过对需要革新改进的对象观察分析，尽量列举该事物的各种不同的特征或属性，然后确定应加改善的方向及如何实施，应用这种方法进行创新可以大大提高创新效率。

【知识梳理】

3.4.1　特性列举法的含义

特性也称为特有属性，是指某类对象都具有，而别的对象都不具有的属性。特性列举法，也称为属性列举法，是一种通过创新对象的特征，包括名词性、形容词性和动词性等一一列举出来，然后分析、探讨能否以更好的特性替代，最后提出革新方案的创新技法。

特性列举法是美国布拉斯加大学教授克劳斯特归纳、总结出来的一种创新技法，他提出用一个词来描述产品的一个特性，这些词分为名词（部件、材料、制造方法等）、形容词（形状、颜色、状态等）、动词（功能、作用等）三大类。然后，逐一思考每个词的替代、修改、取消、补充，只要某一特性得到改进，其整体性能就可能出现质的飞跃。

3.4.2　运用特性列举法进行创新活动的基本原理

运用特性列举法进行创新活动的基本原理有两点。

1. 对物体的特性加以描述

例如，键盘，那么如何来描述键盘的特性呢？可以用形状、颜色、使用功能、使用方法、使用人群等。例如，显示屏，又如何描述呢？可以用材料、尺寸、形状、使用场合、使用人群、质量等，使用这种方法首先要熟悉所要研究的对象，列举出它的特性。

2. 分解

由整体到局部，由大到小，分得细了，容易发现问题和解决问题，当然在分解的同时要考虑此物品的使用环境和使用人群，就更容易发现创新点。

3.4.3 运用特性列举法进行创新活动的一般过程

运用特性列举法进行创新活动的一般过程如下。

1. 确定一个研究对象

一般来说，研究对象宜小不宜大。如果是一个比较大的研究对象，最好分成若干个小对象来进行。例如，汽车这个大的研究对象可以分成发动机、离合器、传动装置、制动装置、车身、底盘、车灯、轮胎等小的研究对象。

2. 将研究对象加以分解

将对象的特性全部罗列出来，并分门别类加以整理。一般事物的特性包括以下4个方面。

（1）名词特性：采用名词来表达的特性。全体、部分、材料、制作方法等，可以是整体的、部分的一些结构的名称，也可以是建造时所用材料的名称以及起其制造方法等。

（2）形容词性：采用形容词来表达的特性。形状、颜色、质量、尺寸等，一般来讲是用来描述事物性质的形容词。

（3）动词特性：采用动词来表达的特性。主要是用来描述使用功能的。例如，扫帚扫东西、刀子割物品等。

（4）类比方式：类比也可分为很多种，如直接类比、幻想类比、对称类比、因果类比等。当然不同类比方式得出来的结果也是不一样的。

3. 按照特性分类加以创新

可以找一找缺点，能否用其他物品代替，怎样更实用等，然后分别记录下来，最后加以筛选获得创新性设计。

运用特性列举法对水壶进行创新设计的示例如下。

（1）名词特性

① 全体：水壶。

② 部分：壶柄、壶盖、蒸汽孔、壶身、壶口、壶底。

③ 材料：铝、铜。

④ 制作方法：冲压法、焊接法。

（2）形容词特性

性质：轻、重。

（3）动词特性

功能：烧水、装水、倒水。

单以壶柄为例，可得到如下启示：金属的壶柄，水烧开后提起时很

烫手，于是就在提手处装上塑料；开始时，塑料捏手做成平的，倒水不方便，后来就在塑料件大拇指着力的地方做出一个合适的突出点，而四指着力的地方则成下凹状；另外，壶柄要烧水的时候搁在壶身上，水烧开后壶柄太烫手，于是就在壶柄上装上支臂活动卡，烧水的时候使壶柄竖着，情况就好多了。

在对研究对象的特性进行列举时，特性分析越详细越好。仍以水壶为例，看看除了壶柄之外的其他特性给人们带来了哪些启示。

① 壶盖：在倒水的时候，壶盖有时会翻落，弄不好会烫伤人。在最初进行改进时，人们以为这是因为壶盖插入壶身的内圈部分太短造成的。于是，就设法使其加长。加长后效果虽然好一些，但有时壶盖还会翻落。如果再加长，开盖又不方便。于是人们又进行了防倾水壶盖的设计。

② 蒸汽孔：蒸汽孔一般开在壶盖的边缘。水烧开后，由于蒸汽向上冒，壶柄被烤得很烫。现在，市场上有一种鸣笛水壶。蒸汽孔设在壶口，水烧开后会自己鸣笛。由于蒸汽直接从壶口跑掉了，壶柄自然就不会烫手。

③ 壶口：开始时，有的水壶壶口设计不合理，在倒水时出水不畅，不仅费力还影响了倒水的速度。后来改进成现在的壶口形状。

④ 壶底：壶底最初是平的。为了使集热效果更好，人们就把水壶底改成了波浪形。有人考虑到水烧开后溢出的水会浇灭煤气，于是就把壶底改为四周向下凸而壶底向上凹。这样，溢出的水就不会浇灭火焰了。

⑤ 从材料和制作方法、性质及状态方面考虑，水壶由用铜制作改为用铝板冲压。这样既轻巧又美观，造价也低多了。

⑥ 从烧水和倒水两方面考虑，人们发明了电热热水瓶。

【研讨交流】

案例 3-7　　运用特性列举法进行创新思维

【案例描述】

当对某一产品进行创新设计时，倘若只是从整体上考虑，由于涉及面较广，很难找出主要矛盾，也难以发掘创新点和得出创新设想。如果先按照产品的属性将该产品化整为零，按组成要素分解并分别进行研究，就比较容易找出问题，得到创新的方案了。

下面以台灯为例说明运用特性列举法进行创新设计的方法。

（1）名词特性

① 整体：台式台灯、挂式台灯、夹式台灯、吊式台灯。
② 部件：灯罩、灯泡、立柱、底座、开关、电源线。
③ 材料：金属、塑料、玻璃、铝合金、钢、棉布、纸、木质。
④ 制造方法：手工制作、机器加工、锻造、铸造。
⑤ 性能：高低、能见度、可调节。

针对名词属性进行思考，改进设想：增加一组？即换用双层灯罩，组成"双层台灯"。开关的改进，可以改成"遥控式开关"或"感应式开关"。

（2）形容词特性

① 外形：圆形、椭圆形、梯形、方形、三角形、多边形、不规则形。

② 颜色：彩色、黑色、白色、蓝色。

针对形容词属性进行思考，改进设想：能否做成"装饰性"式台灯，即日常台灯闲置不用，可以改变其造型的设计，外形设计新颖，灯罩配以各种造型，作为很好的室内装饰品；台灯的灯罩涂色能否多样化，即将单色变为彩色，让其有个性化特点，或者采用变色材料，开发一种"迷幻式台灯"，给人以新的感受。

（3）动词特性

功能：照明、发热、辐射、防近视、清新空气、风扇式。

针对动词属性进行思考，改进思考：防近视灯，能够有效放出可保护眼睛的光，对正在照明的人的眼睛进行"保护"；清新空气灯，具有清新空气的功能，通过发热一段时间挥发作用，来达到清新空气的功能；风扇式台灯，在台灯原有的灯功能下多加一个风扇的功能，两者并用。

【各抒己见】

参考台灯的创新设计方法，针对以下物品进行创新思维与优化设计。

① 枕头，② 空调，③ 拖鞋，④ 手表，⑤ 自行车，⑥ 杯子。

以组为单位进行讨论，并提出各自的优化改进设计方案。

【实战训练】

【训练 3-5】 运用特性列举法进行创新设计

运用特性列举法对以下物品进行创新设计。

① 眼镜，② 帽子，③ 雨伞，④ 香肠，⑤ 手机，⑥ 插座。

各小组选取一种物品，组内运用头脑风暴法进行讨论，从而得到多种设计方案。

3.5 缺点列举法及其应用

【案例剖析】

案例 3-8　　减震网球拍的发明

【案例描述】

日本美津浓有限公司原是一家规模较小的生产体育用品的工厂，为了拓展产品销售市场，将产品销至海外，公司研发人员进行市场调查。在调查过程中，他们了解到，初学网球者在打球时不是打不到球,就是打一个"触框球",把球碰偏了,十分头疼。很多人都想,要是球拍大一点,兴许不会出现上述毛病。国际网联规定,球拍面积必须在710cm² 以下。美津浓有限公司就专门做了一些比标准大30%的初学者球拍。这种球拍一上市果然畅销。

后来,公司研发人员又了解到初学者打网球时,手腕容易患一种称为"网球腕"的皮炎症,这是腕力弱的人打球时因承受强烈的腕震而造成的。于是,该公司又发明了减震球拍。他们用发泡聚氨酯为材料,但经过试验,发现打起球来软塌塌的,很容易疲劳。该公司又重新进行了试验,终于制成了著名的"减震球拍",产品打进了欧美各国。

这里,他们运用了什么技法呢?这种技法叫做缺点列举法。

【感悟反思】

这家公司如何实现缺点列举呢?市场调查,了解消费者需求。

他们针对几个缺点进行改造?两个,一个是对初学者而言球拍太小,一个是对初学者而言球拍造成腕震而导致一种皮炎症。

两次改造,两次都得到了市场的认可。这就是"缺点"对于创新的魅力。

缺点列举就是发现已有事物的缺点,将其一一列举出来,通过分析选择,确定发明课题,制定革新方案,从而获得发明成果的创新技法。它是改进原有事物的一种发明创新方法。在社会生活中各种不方便、不称心的事物到处可见,尽善尽美的东西是不多见的。即便是长处,在它的背后也会有弱点和不足。只要发现使用的物品存在不合理、不习惯、不顺手、不科学的地方,经过认真分析研究,就能从中选出有益的发明课题。由于这时的选题和改进都有比较明确的目的性,所以就有较高的成功率。

缺点列举的实质是一种否定思维,唯有对事物持否定态度,才能充分挖掘事物的缺陷,然后加以改进。因此,运用缺点列举,必须克服和排除由习惯性思维所带来的创造障碍,培养善于对周围事物寻找缺点、追求完美的创新意识。

【知识梳理】

3.5.1 缺点列举法的含义

在创新技法中有一种名为缺点列举法的方法,这是一种易理解、易操作、易见效的改善方法。缺点列举法是指通过发掘现有事物的缺陷,把事物的缺点一一列举出来,然后提出改革或革新方案的一种技法。列举缺点就是发现问题,而创造发明就是要解决现有存在的问题。每发现一个缺点,提出一个问题,也就找到了一个创造发明的课题。

缺点列举是针对一个产品(部件)进行的,任何产品无论它设计得多么合理,制造得如何精致,一旦它交付生产或使用就会显露出某些方面的不足,这是一个客观的规律。所以当我们拿任何一个产品进行分析时，都能很快地找到它的不足之处。例如，钢笔的缺点：不易下水、灌水不方便、刚灌水时字体粗、水快干时字体细、携带不便、易把笔尖摔坏、漏水把手染色、磕碰后笔帽不易拔出、挂不住时污染衣物、写错字不易涂改、钢笔水洇脏纸、长时间不用易堵塞、有油的纸不易写上字、特软的纸无法写字、笔帽易滑落、笔尖只能朝一个方向使用。这种寻找产品在使用中的缺陷的方法就是缺点列举，也许正是由于钢笔存在的上述种种缺陷，现在已基本上被圆珠笔、签字笔所替代。

缺点列举的方法是主动围绕产品的功能、材料、结构、造型、性能、装饰等方面去寻找不足之处。由于人们使用产品时的感受不同，所观察产品的角度也不同，提出的缺点也是五花八门，这样更能全面地看待和分析产品。

自从贝尔1875年发明第一部磁石电话机的一百多年来，随着社会的进步和科学技术的进步，世界各国竞相研制各种新型电话机。从创新的观点看，这些新型电话机的开发，与人们的对已有电话机的"吹毛求疵"有关，在不断地列举已有电话机的缺点的过程中，激发科技人员的创意。也就是说，新型电话机的开发是以现有电话机的缺点作为创造背景的。例如，移动电话机，克服了固定电话机不能移动的缺点；可视电话机，克服一般电话无法看见通话者形象和活动的缺点；防窃听电话机，克服一般电话机能被第三者窃听谈话内容的缺点；声控电话机，用声音识别代替号码盘，克服一般电话机需要拨号的缺点；自动应答电话机，克服普通电话机不能将对方讲话内容记录下来，也不能帮助主人简单应答的缺点；灭菌电话机，克服一般公用电话机送话筒缺少防止病毒传染性能的缺点。

3.5.2 运用缺点列举法进行创新活动的一般过程

运用缺点列举法进行创新活动的一般过程如下。

（1）确定研究对象。

研究对象要相对小一些、简单一些，这样比较容易成功。如果研究对象过大，则可以把它分解开来，就该研究对象的局部进行考虑。

（2）确定与研究对象有关的相关信息种类，如材料、功能、结构等。

（3）根据已确定的信息——列出缺点，分析产生缺点的各种原因。

（4）针对一个或几个缺点提出改进方案。

（5）综合各类解决办法，提出最先解决主要缺点的可操作方案。

运用缺点列举法分析体温表，并提出改进方案。

采用头脑风暴会的形式提出目前国内使用的体温表的缺点如下。

容易碎（表体是玻璃）、使用不方便（要解开衣服放置）、不卫生（消毒后轮流使用）、看不清刻度（要转动表体找刻度）、测试时间长（至少五分钟）、存放不方便、水银有毒（破碎后不好清除）、能够弄虚作假、冬天使用时发凉、只能从一面看刻度（其他角度看不见）、夜间无光线时无法使用、重病人夹持不住、测量精度低、表体太光滑、容易脱落、样式单一、功能单一、易污染环境、使用前要甩动表体（有些人不易掌握该方法）、技术落后（靠液体受热膨胀）、盲人无法使用（无法读数）、测量部位单一、小孩看了害怕等。

根据列举的缺点，逐条找出产生缺点的原因，此阶段不要满足于一一对应的方式，因为形成缺陷的原因往往不是唯一的。

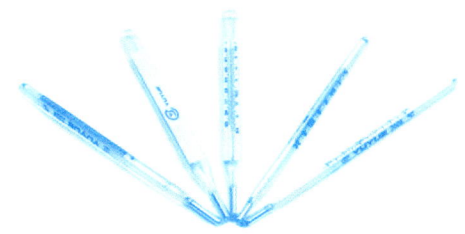

针对产生缺点的原因，提出相应的改进设想或改进的具体方法。列举几条改进设想如下。

（1）为改变易碎、不卫生、使用不方便的缺点，应该设计一种一次性高敏测温纸，贴在身上可测温。纸的颜色可随温度发生变化，类似 pH 试纸，包装可呈卷尺或书本状，用一次撕一条。

（2）测体温元件与手表或手表带组合在一起。制成柔性体温表。

（3）体温表和退烧药物组合在一起。

（4）采用音乐定时。

（5）鸣叫式报体温，供盲人使用。

（6）电子测温表，数字显示、可报时间、测好后鸣叫。

（7）不接触身体的测体温系统。

【研讨交流】

案例 3-9 运用缺点列举法进行创新思维

【案例描述】

从伞的演变，可以清楚地看到人们是怎样——发现缺点并进行改进的。

中国在公元前 11 世纪已发明了伞。伞的主要结构有伞衣、伞柄、伞骨。材料有油纸、油布、竹。功能有遮雨和遮阳等。在千百年的使用过程中，人们根据其存在的缺点一一改进如下。

① 伞衣：油纸不结实，就改用油布。油布太粗糙，就改用细布或尼龙布；单色布不美观，不容易辨认，又改用花布，也有印上十二生肖等图案的。再如撑伞时遇上顶面风，伞撑在前面挡住了视线，撑伞人看不见前面的车辆，很容易造成车祸，于是就有了透明伞和带有观察窗的伞。

② 伞柄、伞骨：竹质不结实，就改用钢质；直柄不能挂，就装上弯把；伞尖太尖，容易刺痛人，就改为圆钝形；伞柄太长，存放不便，就改为缩折型的；伞开合不便，就改为自动开合伞；为了防止"吹伞喇叭"，就装上防吹顶装置。

③ 功能：雨夜赶路，一手持伞，一手握手电筒照明，多不方便！人们就发明了照明伞。另外，还有散热消暑的风扇伞，一物多用的手杖伞、折凳伞等。

④ 种类：有晴雨两用伞，两人合用的椭圆形伞，母子合用的高低伞，不用手持的肩背伞、

帽伞。此外，还有撑在自行车上的自行车伞、不用伞骨的充气伞和伞帽两用的帽伞等。

【各抒己见】

应用缺点列举法提出改进长柄雨伞创新设想。

【实战训练】

【训练3-6】 运用缺点列举法进行创新设计

1. 人员分组

按四种不同用具（剪刀、筷子、削皮器、螺丝刀）分四组，每组选出一名主持人。

2. 准备教具

（1）剪刀组：普通剪刀、头发、纸张、布料、硬纸板、一截软水管。该组的口号为：人生是一把剪刀，应该剪出最美的图案。

（2）筷子组：竹筷、碗、豆腐、花生米、肉、蟹脚、粗粉干、水。该组的口号为：多用筷子，有助心灵手巧。

（3）削皮器：普通瓜果刨、杧果、土豆、南瓜、柿子（水柿）。该组的口号为：去除赖皮，留取精华，演绎精彩生活。

（4）螺丝刀：大小不同的一组螺丝刀，大小不同的螺丝钉、木板、闹钟。该组的口号为：螺丝刀，旋紧人生的每一个接口。

3. 列举生活用具的缺点

给四组学生分别发放活动任务书，分别研究四个用具。各主持人给本组成员分派研究任务，并做缺点记录。本组全体成员认真观察、体验，并结合生活经验，运用头脑风暴法，每人至少说出一个缺点。

（1）剪刀

研究任务：剪一张长2厘米宽10厘米长的纸条，剪大小不同的五角星两个、爱心两个，剪断一把头发，将一个硬纸板对半剪开，剪断一根软水管。

（2）筷子

研究任务：用筷子夹花生米吃完，每吃两口把筷子放下一次；用筷子夹粗粉干；用筷子当工具吃螃蟹脚；用筷子吃豆腐；将一块肉分成两块；吃完以后将筷子碗等装到盒子里。

（3）削皮器

研究任务：刨南瓜皮，刨马铃薯皮，刨芒果皮，刨橙子皮，刨晒干的番薯皮，把马铃薯刨成丝。

（4）螺丝刀

研究任务：将闹钟上的一组螺丝扭出来，再扭进去，保持螺丝离闹钟表面7毫米；将大小不同的螺丝扭进一块木板；将一组小螺丝扭进一个凹槽的一组孔眼里；估算一下扭螺丝刀要多少力。

4. 找出生产缺点的原因

根据列举出的缺点，逐条找出生产缺点的原因，此阶段不要满足于一一对应的方式，因为形成缺陷的原因往往不是唯一的。

5. 提出改进设想或改进方法

针对产生缺点的原因，提出相应的改进设想或改进的具体方法，各小组列举几条改进设想。

3.6　希望列举法及其应用

【案例剖析】

　　设计色盲可辨的信号灯的过程

【案例描述】

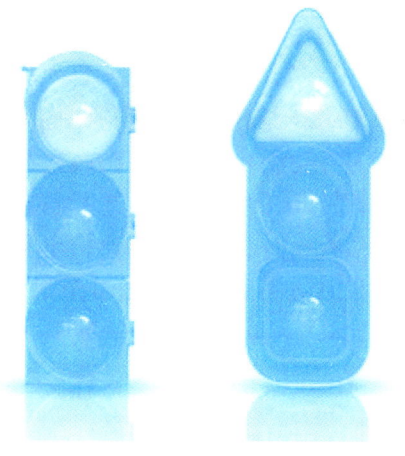

现在，市场上许多新产品都是根据人们的"希望"研制出来的。例如，人们希望茶杯在冬天能保温，在夏天能隔热，就发明了一种保温杯。人们希望有一种能在暗处书写的笔，就发明了内装一节五号电池、既可照明又可书写的"光笔"。在研制一种新的服装时，人们提出的希望有：不要纽扣，冬天暖夏天凉，免洗免熨，可变花色，两面都可以穿，质量轻，肥瘦都可以穿，脱下来可作为提物袋等。现在，这些意愿大多数都在日常生活中变成了现实。

在 1992 年北京国际发明展览会上，有位小学生的参展项目格外引人注目。他为色盲者辨别交通信号灯提供了一个可行方案。由于色盲者只对颜色辨别不清，而对形状的辨别与常人无异。因此，只要将红灯的玻璃罩改为三角形，将黄灯的玻璃罩改为正方形，绿灯的玻璃罩保持原来的圆形。色盲者可从交通信号灯所显示的形状中，间接地获得红、黄、绿的信息。倘若这个方案被交警部门采纳，则可提高色盲者的交通安全。

【感悟反思】

在创造发明活动中，希望是灵感的源泉，通过对研究对象的希望和理想，使问题的本来目的聚合成焦点，再加以考虑的技法，就是希望列举法。

希望列举法是一种启发大家产生新设想的有效工具，它能够在较短的时间里让大家通过使用扩散思维、求异思维、横向思维等思维方法去发现问题和提出问题。这种有意识地使用希望列举法，可以摆脱人们的思维惰性，突破事物的旧框框，提出改进管理、产品、流程、营销的新点子，通常情况下还会使人产生新奇的设想。

【知识梳理】

3.6.1 希望列举法的含义

人们很早以前就有顺风耳和千里眼、上天和入地的"希望"。经过一代又一代人的不懈努力，现在都如愿以偿了：雷达、收音机、电视机就是顺风耳和千里眼，宇宙飞船和探地火箭就是上天和入地。"希望"给人们带来许许多多新的发明。人们希望在暗处能够书写，于是就发明了既可照明又可书写的"光笔"。人们希望揩黑板时没有飞扬的粉笔灰，于是就发明了无尘黑板擦。人们希望削苹果不用手，于是就发明了削苹果机。人们希望钉纽扣不用线，于是就发明了拆装式纽扣等。

常言道"需要为发明之母"，心里想要什么东西，或者希望能有哪些功能的东西，常常是促使你产生解决方法的动机。今日不可行的幻想，或许是明日最成功、最畅销的产品。就某项产品积极地幻想，希望它还能有什么优点（希望点）和期望，不论是否可行、是否天马行空都将之条列出来，过于拘泥于现状或常识，反而成为障碍，而难以自由自在地构思；再根据这些希望点来构思新创意，这种方法称为希望列举法，它与缺点列举法刚好相反，从希望的优点（功能）出发来构思新创意，所产生的创意经常是石破天惊的。希望列举法也是特性列举法的一种，所要列出的属特性是产品的所希望拥有的希望点（功能），要积极地幻想，将不论是否可行、是否天马行空的希望点（功能）都将其列出来，再针对这些希望点（功能）来构思新的改进方案、产生新的创意；换句话说，希望列举法就是对现有产品积极地幻想其他希望点（功能），来拓展产品设计新的构思方向，找出新的创意产品。

从社会需求和个人的愿望出发，通过对某事物的希望，进行一一列举，以实现希望而寻找设计方案的技法称为希望列举法。希望列举法是由Nebrasa大学的克劳福特（Robert Crawford）发明的。这是一种不断提出"希望"、"怎么样才会更好"等的理想和愿望，进而探求解决问题和改善对策的技法。这种方法是通过提出对该问题和事物的希望或理想，使问题和事物的本来目的聚合成焦点来加以考虑的技法。

希望点希望人人皆有，希望点就是指创造性强且又科学、可行的希望。列举法是指通过列举希望新的事物具有的属性以寻找新的发明目标的一种创造方法。

希望列举法的特点是要求运用扩散性想象去发现问题、解决问题。有时非专业人员的参与反而可以起到激发新设想的目的。希望列举法是从发明者的愿望出发提出各种新的设想，可以不受原有物品的束缚。因此，它是一种积极的、主动型的发明方法。

3.6.2 运用希望列举法进行创新活动的一般过程

运用希望列举法进行创新活动的一般过程如下。
（1）确定研究对象。
（2）针对研究对象列出希望点。
（3）制定具体的实施方案。
我们以常用的笔来说明希望点列举法的施行步骤。
（1）确定研究对象和欲改进的目标：改进现有笔的功能。

（2）列出笔的希望点如下。

① 如果能够有好几个颜色可以更换，该多好。

② 如果能够调整笔的粗细，该多好。

③ 如果能够同时具有测电功能，该多好。

④ 如果能够同时具有激光指示的功能，该多好。

⑤ 如果能够长久使用又不会断墨水，该多好。

以上仅列出部分希望点，并未完全列举出来，可依个人主观意念加以列举，接着评估所列出的希望点，构思改进方案，提升笔的功能。

（3）根据这些希望点构思，满足其中一项或多项希望点，构思新的创意，可能的方案如下。

① 利用按钮或旋转来更换笔芯的方法，将笔设计成具有好几个颜色的功能。

② 利用按钮或旋转来更换笔芯的方法，将笔设计成具有不同粗细的功能。

③ 在笔的头部增加测电装置，使之具有测电功能。

④ 在笔的头部增加激光装置，使之具有激光指示功能。

⑤ 将笔的内部挖空并装入大量的墨水，使之长久使用又不会断墨水。

 【研讨交流】

 案例 3-11　　列举物品的希望点

【案例描述】

自从1878年法国发明天然水泥以来，水泥以它独特的性能独占建筑材料的鳌头。为了适应某些特殊工程和特殊环境的需要，人们对水泥提出了更高的要求，也陆续发明了许多新型水泥。

（1）速凝水泥：这种水泥能在短时间内凝固，可在修复飞机跑道、堤坝及水下建筑物等工程的施工中大显身手。

（2）黏接水泥：用来修补断裂的水泥构件，其牢固程度高于原先未损的部分，施工简便，被誉为"焊接水泥"。

（3）弹性水泥：普通的水泥材料抗拉性能极差，倘若泥浆中添加一些细小的强化纤维，其弹力则增加100倍。这种弹性水泥，特别适用于抗弯曲和振动的地方。目前，有些国家甚至制造出水泥弹簧。

（4）变色水泥：掺入少量二氧化钴的水泥具有变色功能，空气干燥时呈蓝色，空气潮湿时变成紫色，下雨时又变成玫瑰色。用这种水泥盖起的房子，等于耸立起一座天然的"气象台"，美化环境的效果也很好。

（5）可加热的水泥：加入一些金属颗粒和纤维的水泥通上电后，水泥就会变热。这种水泥特别适用于铺设寒冷地区的路面和机场跑道，可防止结霜和积雪。

（6）家具水泥：这种特制的水泥板材的性能几乎跟木材一样，可以锯、刨、钉。用它制作的家具，可与木制家具相媲美，是一种便宜又耐用的替代品。

（7）医用水泥：这种可塑性特强的水泥不是用来盖病房的，而是一种新型的补牙填料。

【各抒己见】

尽可能多地把对纸、鞋子、空气净化器的希望列举出来。

【实战训练】

【训练 3-7】 运用希望列举法进行创新设计

(1) 电风扇的希望点如表 3-5 第 2 列所示,针对这些希望点进行创新设计,将创新设想填写在表 3-5 中第 3 列中。

表 3-5　电风扇的希望点与创新设想

序号	希望点	创新设想
1	希望角度不仅仅限制在一定的角度范围	
2	希望不摆头部就能得到不同的风向	
3	希望风吹的范围更大	
4	随意调节风力的强弱,而不用换挡位	
5	希望电扇也像电视一样用遥控器控制	
6	希望风扇能丰富多彩	
7	希望风扇像折扇那样方便随身携带	
8	希望风扇的转叶不会伤到人	
9	希望有一种节约空间的风扇	
10	希望只是调节空气流动的功能	
11	希望更关注健康功能	
12	希望风速根据温度的高低而变化	
13	希望电扇能驱蚊虫	
14	希望在停电时也能享受风扇	
15	希望在电脑前享受舒服的凉风	
16	希望结合空调和风扇的优点	

(2) 塑料曾以结实耐用、易成型、成本低、耐腐蚀等优点,成为人们喜爱的材料。然而,它一旦废弃,便成为不易腐烂的环境污染物。据统计,垃圾中的塑料占 8% 左右,在自然条件下,塑料分解起码需要 100 年的时间。有效地控制和消除塑料这个"白色污染"源,是人类共同的"希望"。科学家们经过多年的研究,终于发明出可降解的塑料。构成塑料的分子链长度是决定塑料强度的关键,分子链一旦断裂,塑料也就变得易碎和易化解了。当塑料中掺入 3% 左右的添加剂(以淀粉为主)后,分子链的长度就会变短,废弃后由细

菌进行生物化解，最后变成对环境无害的水和二氧化碳。塑料的分解速度取决于添加剂的数量。目前，可降解塑料的寿命可控制在 2 个月至 6 年的时间范围内。

"可降解塑料"除了应用于快餐盒外，还可以应用在哪些项目上？

3.7 组合创新技法及其应用

【案例剖析】

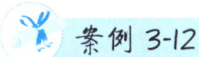　　瑞士军刀的精彩组合

【案例描述】

　　被世界各国视为珍品的瑞士军刀，被认为是迄今为止最精彩的组合。其中被称为"瑞士冠军"的款式最为难得，它由大刀、小刀、木塞拔、螺丝刀、开瓶器、电线剥皮器、钻孔锥、剪刀、钩子、木锯、鱼鳞刮、凿子、钳子、放大镜、圆珠笔等 31 种工具组合而成。携刀一把等于带了一个工具箱，但整件长度只有 9 厘米，质量只有 185 克，完美得令人难以置信。正因为如此，素以苛求著称的美国现代艺术博物馆也收藏了一把瑞士军刀中的极品。美国前总统约翰逊、里根、布什都特地订购瑞士军刀，作为赠送国宾的礼品。瑞士军刀的生产商在国际消费电子展上推出了一款数字版的瑞士军刀，这把军刀集成了一个 32GB 的 U 盘，可支持硬件 256bit 数据加密，并整合了指纹识别认证功能。除此之外，它还集成了蓝牙模块，在连接计算机后，用户可利用刀身上的两个按钮来控制幻灯片播放，并附带了一个演讲中常用的激光灯。当然，作为一把瑞士军刀，它依旧配备了主刀、指甲杜、螺丝刀、剪刀和钥匙圈等工具。

【感悟反思】

　　巧妙地组合就是创新，组合在创新活动中极为常见并被广泛运用。组合创新方法，是以两个或多个事物为基础，按照一定的原理或目的，进行有效组合而产生的创新方法。当今世界，大多数创新成果的获得都是采用组合创新方法取得的，在进行创新时，组合只要合理有效，就是一项成功的创新。

　　"巧妙地组合就是创新"似有夸大其词之嫌，却道出了组合的真谛。组合绝不是各种事物的简单凑合。组合的本质是想象和创新。某些组合看起来不合理，其实，在这不合理中却融进了创造性的想象，在标新立异中开辟出一片新天地。在一定的目标下，把若干事物、元素等按照一定的原则进行组合，生成创新成果。其中，各个组成事物和元素相互协调，有机组合，相互作用。当然，组合创新的事物必须具有创新的特征，组合创新事物的功能之和应大于内部各组成事物、元素的单独功能之和。因此，进行组合创新，找到组合对象

并不难，困难在于找到组合对象后，如何有机地把它们组合在一起。要做到这点，除了要有知识和经验之外，还需要有丰富的想象力。

组合创新方法以组合为核心，把表面看来似乎不相关的事物，有机地结合在一起，合多为一，从而产生意想不到、奇妙新颖的创新成果。组合创新的机会无穷无尽，组合创新方法也多种多样。

创造学研究者认为，创新的实质是信息的截取和处理后的再次结合。在组合创新实践中，把聚集的信息分离开，以新的方式进行组合，就会产生新的事物。组合是对事物的创造性综合，综合的结果是创造出新思想、新概念、新技术、新产品等。参与组合的事物，相辅相成、优势互补，共同发挥作用。组合后不仅是量的叠加，更是质的突变。

【知识梳理】

3.7.1　组合型创新技法的含义

组合型创新技法是指利用创新思维将已知的若干事物合并成一个新的事物，使其在性能和服务功能等方面发生变化，以产生出新的价值。以产品创新为例，可根据市场需求分析比较，得到具有创新性的技术产物，包括功能组合、材料组合、原理组合等。

人类的许多创造成果来源于组合。正如一位哲学家所说："组织得好的石头能成为建筑，组织得好的词汇能成为漂亮文章，组织得好的想象和激情能成为优美的诗篇。"同样，发明创造也离不开现有技术、材料的组合。

3.7.2　组合创新的常见形式

各种各样的事物要素都可以进行组合。例如，不同的功能或目的可以进行组合；不同的组织或系统可以进行组合；不同的机构或结构可以进行组合；不同的物品可以进行组合；不同的材料可以进行组合；不同的技术或原理可以进行组合；不同的方法或步骤可以进行组合；不同的颜色、形状、声音或味道可以进行组合；不同的状态可以进行组合；不同领域不同性能的东西也可以进行组合；两种事物可以进行组合，多种事物也可以进行组合。可以是简单的联合、结合或混合，也可以是综合或化合等。

根据特定的组合法则，运用数学、机械、物理、化学或生物学的手段，在材料、结构和功能等方面，将有关的一群客体进行有目的匹配，以满足某种要求，达到人们预期的效果。按运用的手段来分，组合方法有数学组合法、物理组合法、化学组合法、生物组合法等；按组合对象来分，则有工艺组合、结构组合法、材料组合法等；按所实现的目的又可分为提高效能或综合性能的组合法、完全多效用的组合法、具有最优性的组合法、探索创新的组合法等。组合方法的具体类型有很多，它在工程技术中的应用十分广泛。

组合创新是很重要的创新方法，组合创新的形式主要有以下几种。

1．功能组合　　　　2．意义组合
3．构造组合　　　　4．成分组合
5．原理组合　　　　6．材料组合

【研讨交流】

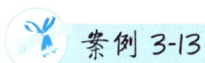案例 3-13　　　　多功能的智能手机

【案例描述】

随着科技的发展与进步，以及人们在通信领域对手机要求的不断提高，手机已经成为大家生活中必不可少的一部分。最初，使用手机只为了打打电话，发发短信，现在，已广泛使用智能手机，智能手机就是一种安装了开放式操作系统的手机。智能手机实际上是结合了传统手机和 PDA（个人数字助理）的一种新兴的科技产品。它不仅具备普通手机的全部功能，而且像一部小型的电脑，比传统的手机具有更多的综合性处理功能。成为一部智能手机所必备的几个条件如下。

第一，具备普通手机的全部功能，能够进行正常通话、发短信等。

第二，具备无线接入互联网的能力。即需要支持 GSM 网络下的 GPRS，或者 CDMA 网络下的 CDMA1X，或者 3G 网络、4G 网络。

第三，具备 PDA 的功能，包括 PIM（个人信息管理）、日程记事、任务安排、多媒体应用、浏览网页。

第四，具备一个开放性的操作系统，在这个操作系统平台上，可以安装更多的应用程序，从而使智能手机的功能可以得到无限扩展。其中，以最后一条最为关键，因为一个好的操作系统直接决定了可以在手机上应用的各种软件的数量和质量。

【各抒己见】

（1）智能手机主要应用了哪种组合创新技法，将手机应用其他形式的创新技法，还可以创新出什么样产品。

（2）对于梳子、水杯、桌子、手机、黑板这几种事物，在保留这些事物主体功能不变的情况下，加上其他附加物，以扩大其功能，描述自己的创新设想。

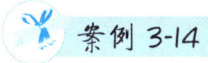案例 3-14　　　　超声波与电动牙刷的组合

【案例描述】

在购物网站上，一种新的超声波电动牙刷很受人们的追捧。它结合了电动牙刷和超声波的功能，清洁效果优于一般的电动牙刷和普通牙刷。超声波牙刷在刷牙时，利用强力的摆动速度，通过流体动力来清洁牙齿，摆动频率每分钟可达 31 000 转，利用共振的原理，产生动态流体强力清洁作用。由于超声波牙刷是利用超声波能量的空化效应达到清除牙周

的病菌和不洁物的目标的，其可以全方位深入手动刷牙根本无法到达的牙缝甚至牙龈内。超声波能量通过刷头的刷毛传递到牙齿和牙龈表面，使菌斑、牙垢和细小的牙石松动，破坏在龈袋及牙面各处隐藏的细菌的繁殖；同时，超声波能量通过触及牙龈的刷毛传递到牙龈表面，并渗透到牙齿内部，作用于细胞膜后，可以加速血液循环，促进新陈代谢，从而抑制牙周炎症和牙龈出血，防止牙龈萎缩。

【各抒己见】

（1）超声波牙刷主要应用了哪种组合创新技法，将牙刷应用其他形式的创新技法，还可以创新出什么样产品。

（2）收录机、电子表笔、闪光装饰品、香味橡皮、音乐贺卡、钢筋混凝土、混纺毛线、玻璃纤维分别由哪些对象组合创新而来。

【实战训练】

【训练 3-8】 运用各种类型的组合创新

先看一款创新产品：打火机与手电筒的完美合体。

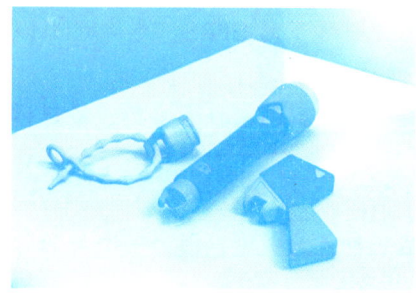

手电筒的主体是由耐用的阳极氧化铝制作而成的，符合人体工程力学的设计，完全符合人的拇指抓力，确保了人们手拿电筒时的舒适度。

打火机的盖子可以用来覆盖等离子打火机，实现火机的"快开快灭"，同时还能够挂在手电筒上变身灯笼。

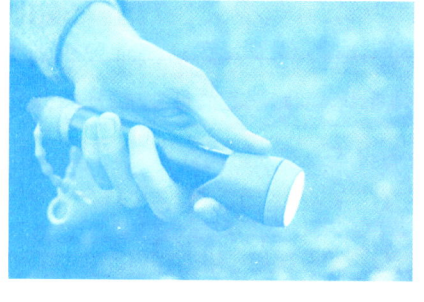

这款打火机充满了高强度的等离子，在任何天气条件下都可以使用，这多亏了里面 3350 毫安的可充电锂电池，能够保证几百次的使用。为了防止不必要的点火，这款打火机还设计有安全装置，使用前需要使用者连续按下按钮三次。

在设计这款"sparkr"的时候，设计师意识到他们可以将相似的功能结合在一款更小的产品之中，打造一款更为实用的生活用品，因此设计了这款"sparkr mini"。

这款设计其功能更像是一款传统的打火机，底部内置有 LED 灯源，可以作为手电筒使用。因此"sparkr mini"呈现了更加经典的外形以及优化后的功能。

（1）列举几种组合创新的物品。
（2）对列举的物品进行甄别，删除不属于组合创新的物品。
（3）围绕以上创新进行新的组合创新，可以异想天开，不考虑能否实施。
（4）讨论新的创新方案，并评选出 3~5 项最佳创意。
（5）选取一项自己最感兴趣的最佳创意。

单元 4　强化创新能力

创新能力是民族进步的灵魂、经济竞争的核心；当今社会的竞争，与其说是人才的竞争，不如说是人的创造力的竞争。创新是一个民族的灵魂，是一个国家兴旺发达的不竭动力。大学生培养创新能力既是实施科教兴国和建设创新型国家的必然要求，也是提高大学生自身综合素质的重要途径。在国家建设创新型国家的总体战略部署下，大学生自我主动培养创新能力势在必行。

企业的竞争归根到底是员工素质的竞争，而核心是员工发现问题、解决问题能力的竞争。只有善于用创新思维发现问题并积极探寻解决问题方法的员工才是企业最需要的员工。因为积极寻找解决问题方法的员工表现出更高的企业忠诚度和职业责任感，能够把企业存在的问题和困难的解决当成自己的使命，能够为企业创造良好的经济效益，从而成为企业生存和发展的可靠基础。企业员工必须立足于岗位，也就是说从解决生产技术难题、攻克生产难关做起，用创新去完善自己的劳动，提升自身劳动价值。

企业中每一个问题的发现和解决的过程都可以说是一个创新的过程。因此，是否能够积极发现问题、解决问题是区分员工优秀与平庸的分水岭，也是衡量员工分析、解决问题能力和创新能力强弱的重要标尺。有探索才会有创新，有创新才会有办法。

创新并不像人们通常想的那样神秘、复杂，伟大的创新往往来自对最简单、最容易被忽略的事实的观察。

【知识探究】

4.1　认知创新能力

4.1.1　创新能力的含义

所谓创新能力是为了达到某一目标，综合运用所掌握的知识，通过分析解决问题，获得新颖、独创、具有社会价值的精神和物质财富的能力；是指人根据一定的目标任务，提出新理论、新构想或发明新技术、新产品，从而创造性地解决问题的能力。

创新能力是指运用知识和理论，在科学、艺术、技术和各种实践活动领域中打破常规与惯例，不断改进工作方法，不断提供具有经济价值、社会价值、生态价值的新思想、新理论、新技术、新方法和新发明，创造成新产品、新成果的能力。

创新能力是人们用已经积累的丰富知识，通过不断地探索研究，在头脑中独立地创造出新的形象、提出新的见解和做出新的发明的能力。创新能力是人们产生新认识、新思想和创造新事物的能力。

对于创新能力的最好诠释，应当推一位著名学者的话："既要异想天开，又要脚踏实地。"是的，创新能力指的不仅是良好的发散思维能力，还指对事物持之以恒的忍耐力。当然更重要的是将这两者有机结合起来的综合能力。

创新能力是人才素质的核心，包括发现问题、提出问题的能力，创造性地分析问题和解决问题的能力，发现规律的能力，发明新技术、创造新产品的能力等，它是由观察敏锐性、记忆保持性、思维灵活性、独立思考能力、创造性思维、创造性想象和创新意识等基本要素构成的。

创新能力是个体的一种创造力，它从来就不孤立地存在于个体的心理活动中，而是与每个人都具有的人格特征紧密相连的。古今中外科学发展史的实践证明，优秀的人格特征是创造力充分发挥的必备心理品质。一般来说，对科技发展和人类进步有突出贡献的科学家都具有优秀的人格特征，其中坚定的事业心、强烈的责任感、勇于探索，敢于创新的精神尤为重要。

4.1.2 培养创新能力的主要方式

我们要培养自己的创新意识，敢于突破思维定势，提高创新能力。创新能力的表现主要有：发现问题的敏锐观察能力、分析问题的思维能力、远见卓识预见未来的能力、拓展思路求索答案的能力、借鉴经验开拓新路的能力等。

培养创新能力的主要方式如下所述。

1．善于思考
2．满怀好奇
3．敢于冒险
4．充满自信
5．具有耐力
6．学习求知
7．付诸实践

4.1.3 大学生主动培养创新能力的途径

当代大学生在学习知识、增强才干的过程中，应同时注重培养想象力和发散思维，通过实践锻炼和经验积累，积极开发个人创新潜能。大学生毕业后，在实际工作中，将会遇到一些前人所从未问津的新课题，有的人能把这些问题进行科学分析，理出头绪、分清主次、抓住本质、提出方案，充分利用自己解决实际问题的能力不断地进行探索研究，得出科学的结论，取得创新的成果。相反，也有的人面对无成规可循的新问题，不知所措、不敢问津，或者乱撞乱碰，费了不少精力和时间，到头来一事无成。这些差异正是由开拓创新能力的不同所致。因此，大学生在学校期间，要不断加强自己的开拓创新能力的锻炼，增强开拓创新意识，为在今后的工作中有所发明、有所创造奠定良好的基础。

著名教育学家陶行知说："处处是创造之地，天天是创造之时，人人是创造之人。"我们当代大学生应该通过各种途径勇于培养自我的创新能力。为此，大学生必须树立创新意识、掌握创新方法、培养创新精神、逐步提高创新能力。大学生主动培养创新能力的途径如下。

1. 勤于实验观察，树立创新意识

大学生应该积极地发现并保护自己的好奇心，激发求知欲，培养创新意识。好奇心是人们对新鲜奇异事物以及纷繁复杂的大千世界进行探究的一种心理倾向，是推动我们主动、积极地去观察生活、观察社会，展开创性思维的内在动因。观察是有目的、有计划的一种思维知觉，是知觉的高级形式。操作实验是锻炼大学生观察能力、培养创新意识的最重要途径。从实验目的的角度讲，实验一般可分为验证性实验和探索性实验两种。对于验证性实验，我们应该注重试验操作步骤的合理性和规范性，培养自己严谨的实验态度和作风；而对于探索性实验，我们应该灵活运用所学的科学知识，对实验过程进行全方位的想象，对多种因素进行取舍，对所得信息进行筛选，有全局观点并善于应变。

2. 努力学习课程知识，掌握创新思维方法

研究表明，人的创新能力来源于创新思维，而创新思维是建立合理的知识结构之上的。因此，培养创新能力，必须从构建良好的知识结构开始。没有扎实的知识基础，创新就成了无源之水、无本之木。扎实学好基础课程知识是大学生培养创新力的基础。通过学习获得的知识和经验越丰富、越扎实，我们就越能观察和发现问题，就越能开阔视野，思路越宽广，越易于产生灵感，找出解决问题的办法。因此，要创新就必须打好学习基础。

对于基础课程的学习要全面系统，扎实掌握基本的内容及原理，这是以后学习的基础；而对于专业课程的学习，在扎实掌握课堂知识的前提下，我们应该理论联系实际，了解行业的发展趋势，勇于发现、思考并解决问题；对于公共选修课程的学习，我们应该根据自己的兴趣以及大学学习规划广泛地展开学习，要敢于跳出主要的专业学科领域，在力所能及的情况下可以参与学习校内或校际间开设的选修课程。

3. 积极参与科研项目，锻炼创新技能

在当今的教育模式下，大学生日常的学习和实践基本上都是验证性的活动，而选择研究课题并参与相关的科研活动，可以使自己在整个科研活动中去发现问题并采用有效的方法和途径去解决问题。参与科研项目，可以培养我们的信息加工能力、动手操作能力、创新技术的运用能力、创新成果的表现能力及物化能力等创新技能，进而提高创新能力。

4. 善始善终参加各种竞赛，培养创新精神

积极进取，努力创新

创新不但需要付出艰苦的思想劳作，更是一种探索、一种尝试，是一种"闯"和"试"。要提高创新能力，我们应该培养坚韧不拔、善始善终的创新精神。积极参加一些创新竞赛活动，可以激发我们的学习兴趣及创新潜力，培养迎难而上、开拓进取的创新精神。

4.2 认知创新途径

4.2.1 创新的 10 种表现形态

创新并非少数天才的专利，一个纪律严明的团队，再加上有效的系统方法，就能更好地实施创新，并取得卓越的业绩。德布林咨询公司在研究了近 2000 个最佳创新案例后，发现历史上所有伟大的创新都是十种基本创新类型的某种组合，并由此开发出"创新的 10 种类型"框架，引领企业向更有序、更可靠的创新迈进了一大步。

创新的 10 种表现形态如下。

1．盈利模式创新　　　　2．网络创新
3．结构创新　　　　　　4．流程创新
5．产品性能创新　　　　6．产品系统创新
7．服务创新　　　　　　8．渠道创新
9．品牌创新　　　　　　10．顾客契合创新

只选择一两种创新类型的简单创新不足以获得持久的成功，尤其是单纯的产品性能创新，很容易被模仿、被超越。企业需要综合应用上述多种创新类型，才能打造可持续的竞争优势。

4.2.2 企业创新能力的表现形态

提起企业创新，人们往往联想到技术创新和产品创新，其实企业创新的形态远不止这些。一般来说，企业创新主要有发展战略创新、产品（或服务）创新、技术创新、组织与制度创新、管理创新、营销创新和文化创新等。

1．发展战略创新　　　　2．产品（服务）创新
3．技术创新　　　　　　4．组织与制度创新
5．管理创新　　　　　　6．营销创新
7．文化创新

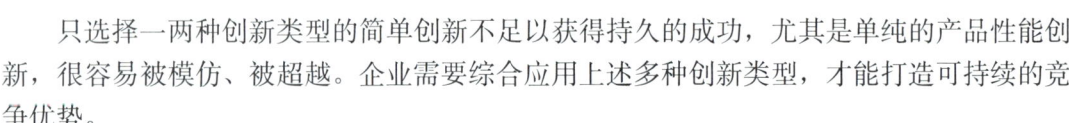

4.3 赏析创新案例

1．光圈扳手

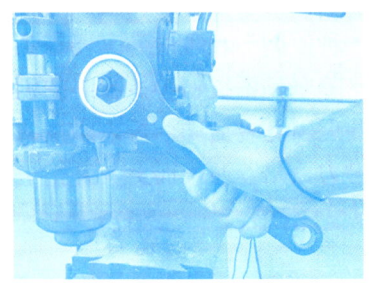

Steranka 是一名资深摄影爱好者，他长期以来一直为光学相机中控制光线进入相机镜头的"光圈"所着迷。于是便有想法将这一模型应用于工业设计中，"Aperture Wrench"光圈扳手的想法由此产生。"Aperture Wrench"这款工具可以让用户随意调整扳手的尺寸大小，大大减少了备用工具的数量。

他利用相机孔径内机械运动的原理，以一把扳手应对不

同直径的螺母。这只扳手的操作十分简单,使用者只需旋转位于工具顶部的红色刻度盘来调整尺寸,直到大小合适,再按下侧面下方的"锁定"按钮便可锁定开口。这只扳手还有一个类似相机的闪光灯,位于光圈结构的下方,按下这个红色的电源按钮,闪光灯可以照亮工作环境。

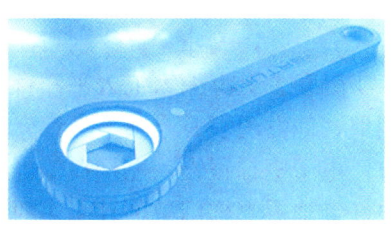 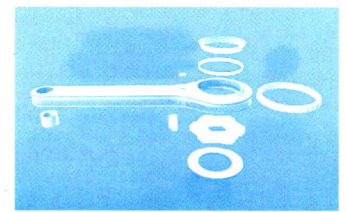

2. 刷牙只需6秒

Blizzident 是一款 3D 打印牙刷,刷牙咬咬即可。这个名为 Blizzident 的 3D 打印牙刷与我们传统的牙刷区别很大,除了它的外形,还有使用方式也很大的不同,它无须刷,放置在牙齿表面,用"咬"即是刷牙,显然简单方便了很多,可在 6 秒时间内彻底清洁牙齿。

Blizzident 采用量身定制的方式,它是由塑料和 400 个软毛构成的,软毛起到清洁牙齿间隙的齿线作用。它的软毛非常柔软,且呈现锥形,可匹配用户的牙齿结构,以 45°清洁牙龈,人们只需咬着这款牙刷大概 6 秒,就能完全清洁牙齿。而且它还是舌苔清洁器,使用过程中可清除舌头上的细菌。

3. 二合一自行车灯

对于爱好骑行的人来说,自行车灯是必备的配件,这件设计是一个二合一可充电的自行车灯。"blink"二合一设计是前照明(白)和后警示灯(红)的结合,可以合在一起成为一个整体,方正圆润的造型方便用户收纳,而且还可以一起充电。

"blink"自行车灯的使用非常方便,只需将底座安装在自行车上即可。接下来将车灯吸附在上面,非常牢固,骑行震动不会掉落。如不使用可直接将车灯取下,不仅方便充电,也不会让他人顺手牵羊。

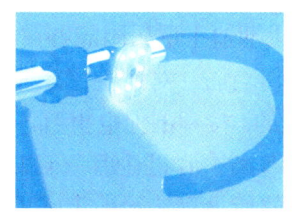 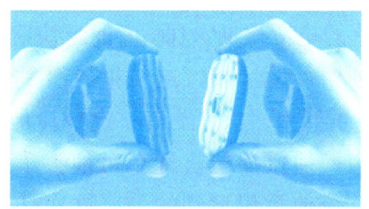

4. 电梯里的创意

江南春,挺诗意的一个名字,分众传媒创始人。2005 年分众传媒在纳斯达克上市,缔造了江南春的财富神话。江南春一夜之间成了亿万富翁。作为新经济的代表人物,江南春的财富神话备受推崇。从一个文学青年到一个商业奇才，江南春用了10年的时间蜕变。江南春如今成了广告界呼风唤雨的巨人，靠的是什么，也许只能用一句话来形容：善于发现，善于开拓创新。

在创立分众传媒前就有了10年的广告经历，也就是说年仅20岁尚是一名在校大学生的江南春就接触了广告。这10年来，是什么让这个生于1973年出身普通的上海人白手起家创造了奇迹？

有一天，江南春去上海徐家汇太平洋百货办事，就在等电梯的一刹那，他发现了一个很多人都会发现但没有认真探究的现象：由于电梯很慢，电梯口等电梯的人很多，这些人都在很好奇地看电梯门上的什么东西。一开始等电梯时他也没怎么注意，等他前面的一拨人走进电梯后，他才看到电梯的两扇门上张贴有广告。这一发现让江南春顿时眼前一亮，大家等电梯时会感到很无聊，这是一个绝佳的宣传广告的好时机。

凭着自己多年从事广告的经验，江南春当时就想，如果说把这里的平面广告换成电视，再播放一些时尚表演穿插广告，这样不仅让那些等电梯的人不觉得电梯速度慢，而且还会有很好的广告效果，一举两得。江南春用"在电梯旁装块电视屏幕卖广告"这一创意开掘了全新的广告市场，短短的几年时间，楼宇电视广告从无到有，很快占领了国内主要城市绝大多数的楼宇电梯，并开始向大卖场、连锁超市等延伸，形成了一个规模颇大的广告媒体平台。

江南春的"电梯广告"之所以能够在很短的时间内盈利，正是靠这份"人无我有，人有我优"的独创性。

5. 迪士尼乐园的路径设计

迪士尼乐园举世闻名，它的设计者是美国哈佛大学建筑学院的院长格罗培斯。他是现代主义大师和景观建筑方面的专家，他从事建筑研究四十多年，攻克过无数个建筑方面的难题，在世界各地留下七十多处精美的杰作。

迪士尼乐园经过三年建设，主体工程已全部完成，即将对外开放，但是，各个景点之间的路径该如何设计还没有具体的方案。路径的设计也是一个非常重要的部分，它更能体现和增添整个乐园的风格。于是，施工部打电报给正在法国参加庆典的格罗培斯大师，请他赶快定稿，以期迪士尼乐园能够按计划竣工和开放。

然而，这次的路径设计却让这位世界级大师大伤脑筋。对迪士尼乐园各景点之间的道路安排，他已修改了五十多次，没有一次是让他满意的。接到催促电报后，他心里更加焦躁。巴黎的庆典一结束，他就让司机驾车带他去了地中海滨。他想整理一下思绪，争取在回国前把方案定下来。令他意想不到的是，这次路途上的所见竟然给他带来了创作上的灵感，问题就迎刃而解了。

汽车在法国南部的乡间公路上奔驰，这儿是法国著名的葡萄产区，漫山遍野，到处都是当地居民的葡萄园。一路上，他看到无数的葡萄园主把葡萄摘下来，提到路边，向过往的车辆和行人吆喝，然而很少有人停车。

可是，当他的车子拐入一个小山谷时，发现那儿停满了车。原来这儿是一个无人看管的葡萄园，你只要在路边的箱子里投入五法郎，就可以摘一篮葡萄上路。据说，这是一位老太太葡萄园，她因年迈无力料理而想出了这个办法。起初，她还担心这种办法是否能卖出葡萄，谁知在这绵延上百公里的葡萄产区，她的葡萄总是最先卖完。她这种给人自由、任其选择的做法使格罗培斯大师深受启发。他下车摘了一篮葡萄，就让司机掉转车头，立即返回了巴黎。

回到住地，格罗培斯立即给施工部发了封电报：撒上草种，提前开放。施工部按照他的要求，在乐园撒下了草种。没过多久，小草长出来了，整个乐园的空地被绿茵所覆盖。在迪士尼乐园提前开放的半年里，草地被踩出许多条小径，这些踩出的路径有宽有窄，优雅自然。第二年，格罗培斯让人按这些踩出的痕迹铺设了人行道。在1971年举行的伦敦国际园林建筑艺术研讨会上，迪士尼乐园的路径设计被评为世界最佳设计。

当人们问他，为什么会采取这样的方式设计迪斯尼乐园的道路时，格罗培斯说："艺术是人性化的最高体现。最人性的，就是最好的。"迪士尼乐园的路径设计独具匠心，充分体现了"人性化"，它的最大特点是"以人为本，顺其自然"。

6. 柯特大饭店的电梯

柯特大饭店是美国加州圣地亚哥市的一家老牌饭店，由于原先配套设计的电梯过于狭小老旧，已无法适应越来越多的客流。于是，饭店老板准备改建一个新式的电梯。他重金请来全国一流的建筑师和工程师，请他们一起商讨，该如何进行改建。建筑师和工程师的经验都很丰富，他们讨论的结论是：饭店必须新换一台大电梯。为了安装好新电梯，饭店必须停止营业半年时间。

"除了关闭饭店半年就没有别的办法了吗？"老板的眉头皱得很紧，"要知道，那样会造成很大的经济损失……"

"必须得这样，不可能有别的方案。"建筑师和工程师们坚持说。

就在这时候，饭店里的清洁工刚好在附近拖地，听到了他们的谈话。他马上直起腰，停止了工作。他望望忧心忡忡、神色犹豫的老板和那两位一脸自信的专家，突然开口说："如果换上我，你们知道我会怎么来装这个电梯吗？"

工程师瞟了他一眼，不屑地说："你能怎么做？"

"我会直接在屋子外面装上电梯。"工程师和建筑师听了，顿时诧异得说不出话来。

很快，这家饭店就在屋外装设了一部新电梯。在建筑史上，这是第一次把电梯安装在室外。

7. 格林斯曼成功的秘诀

格林斯曼是美国一家销售安全玻璃公司的销售员，他的销售业绩一直高居榜首。

在一次颁奖大会上，主持人问他有什么独特的方法。他说："每次我去拜访客户时，都会随身携带几块安全玻璃和一把小铁锤。我会问他：'你相不相信安全玻璃？'如果客户说不相信，我就把玻璃放在他们面前，然后拿锤子往玻璃上一敲。当他们又发现真的没有碎裂开时，他们都会很惊讶。这时，我就趁机问他们：'你想买多少？'最后，买卖往往直接成交，而整个过程还不到一分钟。"

此后，公司几乎所有销售安全玻璃的业务员出去拜访客户时，都会随身携带着许多小块的安全玻璃以及一把小铁锤。但经过一段时间,他们发现格林斯曼的业绩仍然维持第一名,对此,他们觉得很奇怪。

于是,在第二年的颁奖大会上,主持人又问他:"公司大多数的销售员已经做了和你同样的事情,为什么你的销售业绩仍是第一呢?难道你又有了新的推销秘诀?"

格林斯曼笑一笑,说:"我的秘诀仍然是一锤子买卖。只不过,我知道当我上次说完这个点子之后,其他业务员会很快地模仿,所以自那时以后,我到客户那里时,就把玻璃放在他们的桌子上,然后问他们:'你相信安全玻璃吗?'当他们说不相信时,我就把锤子交给他们,让他们自己来砸这块玻璃。"

格林斯曼的成功来源于不断地创新,创新使他与别人的思路、方法产生差异化,这种差异化就使他获得了竞争的优势。

同样是"一锤子买卖",带来的却是两样的结果。如果只是一味地模仿别人的经验和做法,而没有自己的吸收和创新,那就只能永远跟在别人的后面。

8. 微信的创新和未来

2010 年,移动互联网呼啸而来,腾讯在所有互联网巨头中第一个转身。

大象的转身是如此的轻盈而迅速。

从 2011 年 1 月推出到年底,微信在 1 年的时间里更新了 11 个版本,平均每个月迭代一个版本。1.0 版本仅有聊天功能,1.1 版本增加对手机通讯录的读取,1.2 版本打通腾讯微博,1.3 版本加入多人会话,2.0 版本加入语音对讲功能。直到这个时候,腾讯才完成了对竞争对手的模仿和追赶,开始创新之路。

2.5 版本率先引入查看附近的人,正是这个功能的推出,实现了对主要对手米聊的技术创新和用户大爆炸式增长。

3.0 版本率先加入漂流瓶和摇一摇功能,3.5 版本增加英文界面,全面进军海外市场。这个时候的国际市场上,日本的 Line 同时崛起,并且更早一步地开始了对东南亚的占领。

时不我待,机不可失。4.0 版本率先推出相册和朋友圈功能,4.2 版本增加视频聊天插件,4.4 版本增加语音搜索功能,4.5 版本增加多人实时聊天、语音提醒和根据对方发来的位置进行导航的功能。微信的社交平台功能日趋完善,并且一步步向移动智能助手的角色发展。必须说明的是,在视频聊天和智能语音搜索上,微信比 Line 更早了一步,产品体验开始领先。

2013 年 8 月 5 日,微信 5.0 for iOS 上线了,添加了表情商店和游戏中心,扫一扫(简称 313)功能全新升级,可以扫街景、扫条码、扫二维码、扫单词翻译、扫封面,同年 8 月 9 日,微信 5.0 Android 上线。

2013 年 8 月 15 日,微信海外版(WeChat)注册用户突破 1 亿,一个月内新增 3000 万名用户。2013 年 10 月 24 日,腾讯微信的用户数量已经超过了 6 亿,每日活跃用户 1 亿。

2013 年 12 月 31 日,微信 5.0 for Windows Phone 上线了,添加了表情商店、绑定银行卡、收藏功能、绑定邮箱、分享信息到朋友圈等功能。

2014 年 1 月 4 日,微信在产品内添加由"嘀嘀打车"提供的打车功能。2014 年 1 月 28 日,微信升级为 5.2 版本,Android 版界面全新改版。2014 年 3 月, 开放微信支付功能。

2014 年 3 月 24 日,电脑管家牵手微信上线聊天记录备份功能。

2014 年 8 月 28 日,微信支付正式公布"微信智慧生活"全行业解决方案。具体体现在以微信公众号+微信支付为基础,帮助传统行业将原有商业模式"移植"到微信平台。

2015年1月21日,微信在APP Store率先上线了6.1版,新版增加了"附件栏发微信红包"、"更换手机时,自定义表情不会丢失"、"可以搜索朋友圈的内容和附近的餐馆"三大功能。还有安装之后的开场幻灯片——统计你过去一年"送出的赞"以及"收获的赞"。

微信提供的闭环式移动互联网商业解决方案中,涉及的服务能力包括移动电商入口、用户识别、数据分析、支付结算、客户关系维护、售后服务和维权、社交推广等。这也预示着微信再次加大商业化开放步伐,为合作伙伴提供连接能力,助推企业用户商业模式的移动互联网化转型。

通过为合作伙伴提供"连接一切"的能力,微信正在形成一个全新的"智慧型"生活方式。其已经渗透进入以下传统行业,如微信打车、微信交电费、微信购物、微信医疗、微信酒店等。为医疗、酒店、零售、百货、餐饮、票务、快递、高校、电商、民生等数十个行业提供标准解决方案。

2017年2月,Brand Finance发布2017年度全球500强品牌榜单,微信排名第100名。

从全球来看,Line的商业化无疑更早获得成功,国际化的脚步也更快,但腾讯最擅长的就是后来居上:只要方向正确,专注创新,奇迹总会发生。

某一件事,不要因为别人都这样做,我们也一定要这样做;不要因为过去是这样做,现在就得这样做。换一种思路,甚至用完全相反的方法试一下,你会发现问题同样得到解决,但结果可能完全不同。当别人都纵向地将苹果切开,你不妨横着切一次,你会发现苹果里原来还隐藏着那么多美丽的图画。

【分步训练】

4.4　提高问题解决能力

我们在工作、学习、生活中每逢遇到问题,总要"想一想",想到办法后,再进行实际操作、解决问题。它需要经过一系列分析、综合、概括、抽象、比较、具体化和系统化等过程,对感性材料进行加工并转化为理性认识,最后解决问题。

遇到一个问题,无论是工作或生活上的,都能手到擒来、很快解决,工作上,是不是会更快地发展?生活上,是不是会惬意更多一些?

【案例剖析】

案例4-1　　　颐爱派牙膏的"三大武器"

【案例描述】

目前,我国牙膏市场已经进入竞争白炽化阶段而且形成了高度垄断的竞争态势,外资品牌、合资品牌、区域性品牌及新生的各种品牌不断出现。

面对传统巨头咄咄逼人的气势,新兴牙膏品牌该何去何从呢?颇爱派是广州颇爱派生物科技有限公司推出的牙膏品牌,作为国内日化新贵的颇爱派牙膏将怎么扭转这一局面呢?

1. 颠覆性外观设计

该牙膏摒弃了传统牙膏的外观设计,大胆地采用泵头式圆形彩罐设计,让业界和消费者直呼惊喜。传统的牙膏使用烦琐,这一设计彻底重新定义了人类的刷牙程序,让我们习以为常的7步刷牙,变为"打开瓶盖—挤牙膏—盖上瓶盖"的3步极简程序,方便人们生活的同时,绚丽的外形还能为生活加上一抹亮色。不会让本来就紧张的现代生活平添了许多困扰,颇爱派通过创新的设计彻底颠覆消费者的体验。

2. 添加卓效精油

首次上市的四款产品,分别添加三款精油。来自保加利亚的玫瑰精油、来自意大利的佛手柑精油以及来自印度的绿薄荷精油,充分运用精油分子更小、更活跃的优势,让精油分子能够进一步深入基底滋养,渗透到口腔软组织当中,不仅保证了牙齿口腔健康的深层滋养,更是确保了长时间内由天然活性而散发出来的清新气息。

3. 营销先行

市场机会转瞬即逝、营销手段层出不穷。快销品"渠道先行",颇爱派将以线下渠道为核心,着力开发日化店、超市连锁、美容美发店等终端渠道。定价定天下,颇爱派将价格定在60元这个价格区间,直接面对传统高端产品的对抗,"狭路相逢,勇者胜"。颇爱派上市后,已经开展了多场线下体验活动,消费者争先恐后地体验产品,获得了极大的赞誉。

【感悟反思】

颇爱派牙膏致力于做一款有情怀、有灵魂的牙膏。颠覆传统,弃管为罐,成为颠覆牙膏的先驱者。颇爱派自创立之日起就以"因为深爱、所以勇敢,颠覆有理、自成一派"为产品理念,颠覆创新,致力于运用人性科技提升大众口腔健康水平。

现在产品不可能100%没有问题,重要的是发现问题、解决问题。创新就是一个不断解决问题的过程。

如西哲弗兰西斯·培根所言:"如果你从肯定开始,必将以问题告终;如果你从问题开始,必将以肯定结束。"换句话说,当我们没有问题的时候,问题就真正严重了。发现问题,揭开盖子将问题暴露出来,这是个好消息,因为我们可以着手把问题解决,可以将之变成进步和提高的途径。

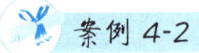 **案例 4-2**　竞争力源自解决问题的能力

【案例描述】

迈克尔·奥利里于1991年接管濒临破产的瑞安航空公司。很快,他就使这家航空公司

成为欧洲旅游业内利润最高的企业之一。1999年当大多数欧洲航空公司都在苦苦挣扎时,瑞安航空公司总收入却高达2.6亿美元,税前利润为5180万美元。

瑞安航空公司能在市场大环境不景气的情况下,取得如此良好的经营业绩,关键在于公司CEO迈克尔·奥利里较早地认识到了航空旅游业存在的问题,并对解决策略进行了系统和理性的分析。

其实,奥利里的管理并不复杂,只是他比一般的管理者更善于发现问题、解决问题。当他发现公司亏损是由于机票价格太高使旅客流失时,便决定改变经营方针。首先,瑞安航空公司开始为一些欧洲机场,例如,瑞典马尔默、伦敦北郊的卢顿和斯坦斯特德提供飞机。另外,奥利里还大幅度降低了机票价格:当瑞安航空公司开通飞往威尼斯航线时,往返票价仅为147美元,而英国航空公司是815美元。

奥利里的目标是使坐飞机成为更多的欧洲人能够负担的交通方式,同时公司还要盈利。1999年,在欧洲航空公司中排名第8的瑞安公司载客量是600万人次。奥利里计划在5年之内使这一数字翻一番。但是一开始,计划实施得并不顺利,因为公司的成本总是居高不下。对此,奥利里没有坐在办公室里发脾气,也没有一味责怪下属,而是亲自下到各个分公司,了解情况。

通过调查研究,奥利里发现公司成本过高的原因是机场收费较高,而要解决这一问题的最佳方法就是逐渐将公司业务转移到英国较小且收费也较低的机场,因为那里的乘客比爱尔兰多。找到问题的症结和解决方案后,奥利里立即实施自己的计划,将业务转移到了英国,约有55%的瑞安航空公司的乘客从英国机场起飞。

在奥利里解决了一系列问题后,瑞安航空公司不仅闯过了危机,而且由此建立了良好的运营机制,公司也逐渐摆脱了困境,走上了健康、良性的发展道路。

【感悟反思】

竞争力来源于解决问题的能力。企业经营的过程就是不断地发现问题、解决问题的过程。企业发展的程度取决于员工解决问题能力的高低。一个员工的智商再高,人际关系处理得再好,如果缺乏解决问题的能力,那也不会受到企业的青睐。企业不会容忍一名不具备解决问题的能力的员工。

企业的持续竞争优势只有通过稀缺的、竞争对手难以模仿的价值创造过程才能获得。传统的竞争优势如自然资源、技术、规模经济等,日益变得易于模仿。只有人才,才是企业取得竞争优势的关键,而人才的价值又体现在解决问题的能力上。一个人才的竞争力必须表现为卓越的解决问题的能力,否则一文不值。因此,优秀员工必须具备解决问题的能力。

【知识梳理】

4.4.1 问题解决能力的含义

问题是指在目标确定的情况下却不明确达到目标的途径或手段。

问题解决是要把问题的给定状态转化为目标状态。在问题解决的过程中,为了达到特定的目标，人们会运用既有的知识、经验、技能，借助于各种思维活动和行动来处理问题，使问题得以解决。问题解决的过程非常复杂，它包括整个认识过程、情绪和意志过程，其中关键性的是思维活动。

问题解决是一个过程或一种活动，在一定的条件和准则制约下，对问题情境或未知因素要求确定出最佳方案或最佳值的活动过程。在一个问题解决活动中，应该包括以下特点。

（1）问题解决者想达成一个目标。
（2）达成这个目标需要一个操作序列。
（3）提出多种方案供选择，并提高从这些方案中选择最有效方案的概率。
（4）需要使用知识、技能来间接地处理问题。
（5）根据此方案所进行的实施过程。

问题解决能力就是一种面对问题的习惯和处理问题的能力。这种能力体现在：一个人在遇到问题时，能自主、主动地谋求解决，能有规划、有方法、有步骤地处理问题，并能适宜、合理、有效地解决问题。

4.4.2 问题解决过程划分的阶段

问题解决能力是一种面对问题的习惯和处理问题的能力，它必定要在问题解决过程中才能展现出来。问题解决过程可以划分为4个阶段。

1. 理解和表征问题阶段

第一步确定问题到底是什么，需要找出相关信息而忽略无关的细节，并准确地表征问题。

2. 寻求答案阶段

如果表征能够使问题解决者联想起一个顿悟式的解决方案，就能使问题被有效解决；反之，就只能遵循寻求解答的路线。寻求解答，可能存在算法式（指对一个问题所有可能的途径都加以尝试）和启发式（凭借经验来解决问题）两种途径。

3. 执行计划或尝试某种解答阶段

当表征某个问题并选好某种能够解决的方案之后，就开始计划和尝试解答问题。如果解答方案主要涉及某些算法的使用，一定要在使用算法的过程中避免产生系统性的错误。

4. 评价结果阶段

评价结果的方法之一就是寻找能够证实或证伪这种解答的证据，对解答进行核查。许多人在这一步完成之前就停止了工作，其实有可能得出的解答只是在一定情况下行得通而已。所以这一步与其他各阶段一样，是应该重视的。

问题解决过程各个阶段之间的界限不一定非常明显，在某些阶段可能存在与其他阶段相区别的鲜明特点，在有些问题情境中我们甚至还能判断出问题可能出在哪个阶段上；但在有些情况下就只能笼统地对整个过程加以评价。

4.4.3 提高问题解决能力从培养四大问题意识开始

工作的过程就是一个不断解决问题的过程，养成以下四大问题意识将会让你从平凡走向优秀，从优秀走向卓越。

1．机会意识　　　　　　2．发现意识
3．解决意识　　　　　　4．预防意识

总之，一个企业的核心竞争力，就是其发现问题和解决问题的能力，而一个员工的核心能力则在于能否用正确的方法把问题解决。问题意识是一个员工的责任心、敬业精神、主人翁意识的综合体现。在工作中，一个细节，业务中任意一个风险点，都是需要我们去逐一发现解决的，一个人面对问题和困难时所表现出来的态度和素质是他走向卓越或平庸的分水岭。

敏锐地发现问题，勇敢地面对问题，冷静地分析问题，积极地解决问题，并超前地预防问题，将会让你从优秀走向卓越。

4.4.4　如何使顿悟经常光顾你的大脑

顿悟是一种重要的创造性思想方式，是指人们对情况的一种突如其来的领悟或理解，也就是人们在不自觉地反复想着某一题目（问题）时，突然跃入意识的一种使问题得到澄清的想法。许多科学家认为，在科学发现的认识阶段，为了解决问题主要是使用灵感或顿悟去提出猜想的。灵感与顿悟是新思想产生的主要途径。生理学家赫尔姆霍茨从他的科学创造活动中认识到存在着科学发现的 3 个阶段：（1）最初的一种持续不断的研究，直至不可能再进行下去；（2）一段时间的休息，然后继续研究；（3）一个突然的、意想不到的答案的出现，这就是直觉、灵感和顿悟。

现代心理学家们发现，任何顿悟必须有明确的思考问题为大前提，同时顿悟必然对此问题经过长期、认真甚至艰苦的思考才可能出现。由此开来，顿悟所产生的灵感也是长期积累的结果。

那么，怎样使顿悟经常光顾你的大脑呢？

（1）对问题和资料进行了长时间的考虑，直至达到思想的饱和，这是最重要的前提。必须对问题抱有浓厚的兴趣，对问题的解决抱有强烈的愿望。

（2）摆脱分散注意力的其他问题或有兴趣的事，特别是有关生活的烦恼，这是一项重要的条件。

（3）另一有利条件是研究不被中断，并摆脱一切使人分心的因素，例如，室内的有趣的对话或突然发出的大声音。

（4）在紧张工作一段时间以后，稍事休息，悠游闲适，更容易产生直觉。

（5）长期思考以后与别人攀谈或浏览一下其他书籍，有利于诱发直觉、灵感和顿悟。

（6）新想法常常瞬间即逝，必须努力集中注意，牢记在心，方能捕获直觉。一个普遍使用的好方法是养成随身携带纸笔的习惯，记下闪过脑际的有独到之见的念头。

4.4.5　问题解决能力的评价

对"能力"内涵解释的方式不同，陈列出的能力内涵指标项也不相同。许多学者都曾试图对问题解决过程中可能运用到的能力加以解释。黄茂在、陈文典在《"问题解决"的能力》一文中认为问题解决过程中各个阶段包含了 20 项不同的能力，如表 4-1 所示。

表 4-1　问题解决过程中所运用的能力

问题解决的过程	相对应的"四阶段"	各阶段运用的能力
发现问题	理解和表征问题阶段	① 对境况的发展能保持正向、积极的心态。 ② 面对问题能够先做合理评估，并具有勇于承担的态度。 ③ 借助批判和想象等思维活动，意识到问题情境中还可能有许多开拓空间
确定问题		④ 能根据情境演变的脉络，确定"问题"的意义。 ⑤ 能准确评估问题的初始状态和预测问题的最终状态。 ⑥ 能洞察问题的各层次结构，并从结构中发现解决问题的关键。 ⑦ 能适当和准确地评估可运用的资源和所受到的限制条件。 ⑧ 能恰当地表述问题
形成策略	寻求答案阶段	① 能借助推论和想象来开拓"问题"的发展空间。 ② 能同时拟定多种解题策略，能合理地决策
执行实现	执行计划或尝试解答阶段	① 能以行动来处理问题，具有动手实做的习惯。 ② 具有行动能力，能控制变量并进行有条理的处理。 ③ 能随机处理预料之外的情境变化，使工作持续地沿主轴推进。 ④ 养成能在过程中随时做好对"要达成的目标"、"活动"和"评价"三者之间进行相互校正的习惯
整合成果	评价结果阶段	① 对所获得的信息，能统合整理出成果，并做出合理的评价。 ② 能根据事件的前因后果，发现其中的意义并做解释。 ③ 能观察到处理问题过程中的不足之处和可以改进的地方
推广应用		④ 体会处理事件过程所产生的影响，并做合理的调节。 ⑤ 了解事件后续的发展，并做适当的处理。 ⑥ 获得经验，并应用于解决其他的问题上

具体使用时，可以参考表 4-1 中列出的指标项来观察。但对如此多的项目在短时间内观测并给出一个对问题解决能力的总体评价仍是很不容易的。《"问题解决"的能力》一文中，黄茂在、陈文典建议改用"面对问题的态度"、"处理问题的方式"、"问题解决的品质"三项来评价，即"三项"评价法。并且为了使评价中的指标项更具可观察性，还将解析出来的三项内涵（"态度"、"方式"及"品质"）加以仔细地界定，如表 4-2 所示。

这里把"问题解决能力"分成三项来评价，只是为了评价时观察的方便。三个评价项目之间的联系是很紧密的，有一项做得好，三项都会有提升；反之亦然。因此，这样的划分对"问题解决能力"的评价并不会有质的影响。

表 4-2　问题解决能力的评分指标

评量的项目：5 等级与精熟度评分指标		所对应的各项能力的表现
面对问题的态度	5级：面对问题能事先评估，觉得合理后能勇于承担责任。 4级：接纳问题，并认真去处理。 3级：承接问题，动手去执行。 2级：承受问题，参与支持性的活动（不去承担责任）。 1级：没有参与的意愿，但尚能敷衍式地参与活动	【正向态度】 ① 对境况的发展能保持正向、积极的心态。 ② 面对问题能先做合理评估，并具有勇于承担的态度。 ③ 养成一种遇到问题时，先行考虑、了解、规划的习惯。 【了解问题】 ① 能根据情境演变的脉络，确定"问题"的意义。 ② 能准确评估问题的初始状态和预测问题的最终状态。 ③ 能洞察问题各层次结构，并从结构中发现解决问题的关键。 ④ 能适当和准确评估可运用的资源和受到的限制条件。 ⑤ 能恰当地表述问题。
处理问题的方式	5级：了解问题并能掌握目标，合理、有效、协调地去推行。 4级：知道问题，并能合理、有效地去执行。 3级：能与人合作，把自己应完成的工作负责努力地完成。 2级：能接受分派到的任务，实地去执行。 1级：未能了解问题，随机反应、盲目尝试，不计后果	【执行实现】 ① 能以行动来处理问题，具有动手实做的习惯。 ② 具有行动力，能控制变因做有条理的处理。 ③ 能随机处理预料之外的情境变化，使工作持续沿主轴推进。 ④ 养成能在过程中随时做好对"要达成的目标"、"活动"和"评价"三者之间进行相互校正的习惯。 ⑤ 能与人分工合作完成工作。 【鉴赏结果】 ① 能由事件的前因及后续发展中看出其意义并做诠释。 ② 对所获得的信息，能统合整理出成果及做合理的评价
问题解决的品质	5级：能经由创造性的工作，获得可信赖的、优良的成果。 4级：能切实有效地执行，获得可信的成果。 3级：能依指示去执行，所得结果符合一般常情。 2级：所依据资料勉强可信，所得结果尚可交差。 1级：处理问题零乱遗落、有始无终	【批判创造】 ① 对所获得的信息，能整理出成果，并做出合理的评价。 ② 能借助推论和想象来开拓"问题"的发展空间。 ③ 能同时拟定多种解题策略，也能合理地进行决策。 ④ 能观察到处理问题过程中的不足之处和可以改进的地方。 ⑤ 了解事件后续的发展，并做适当的处理。 ⑥ 体会处理事件过程所产生的影响，并做合理的调节。 ⑦ 获得经验，并应用于解决其他的问题上。

4.4.6　如何提高自身的问题解决能力

遇到一个问题，无论是工作或生活上的，都能手到擒来、很快解决，工作上，是不是会更快地发展？生活上，是不是会惬意更多一些？答案是毫无疑问的！所以应该提高自身的问题解决能力！

那么如何提高自身的问题解决能力呢？

一般而言，问题解决能力可解构为：预见力、决策力、执行力。

1．预见力

预见力是指以信息为依据预见结果的能力，具体而言，就是在限定的时间内通过采集客观信息，预测结果，并预设高成功率达成结果的路径或解决方案。

我们每天都要面临如何解决问题的困境。在这种情况下，无论在时间上还是在资源上都不允许调查完所有情况后再解答。如果你能在限定的时间内只用很少信息就能找到最佳答案，那么你就能显著提高业务上的成功率。这种能力就是结合你现有经验，通过少量信息进行的结果预测。

2. 决策力

决策力是指根据已掌握的有效信息、高效率做出路径或解决方案的选择决策。具体而言，根据掌握的有限的信息、尽快选出达成预期结果的最优路径或解决方案。

一旦信息过多，就会延误做决策的时机。在做决策时，只有那些可以帮助缩小现有选择范围的信息才有用。

一般而言，许多企业也有这样一个比较强的倾向：在搜集尽可能多的信息后做出决策。遗憾的是很多企业由于在做决策上花的时间过多，进而延误了执行必要措施的时机。或者，有的企业会出现这种情况：在搜寻新信息的过程中致使选项增多或出现了原本不知道的新的实际情况，从而使企业一直瞻前顾后怎么都做不出决策。事实上，很多人都是这么做的：从能想到的各个角度展开调查、分析，再以调查分析结果为基础得到结论。

3. 执行力

根据解决方案制订计划，并保障计划实施和预定目标完成的能力。具体而言，根据解决方案，分解为执行方案，然后以行动能力保障执行方案的执行。

以上对问题解决能力的结构属于概念性知识的一级解构，这种一级解构的价值在于明确了提高自身问题解决能力的3个方向，这3个方向也就构成了问题解决能力的3个子能力系统，我们着力提高这3个方面的能力，从而提高自身的问题解决能力。

这3个子系统在日常问题解决的过程中，一般是从系统的角度出发，落实到不同的职能模块或职能主体之中的，例如，对于企业高层的关键职能在于预见、决策，中层的关键职能在于执行。

4.4.7 提升解决问题能力的5个步骤

步骤1：发现问题

步骤2：设定课题

步骤3：列举并检查替代方案

步骤4：评估替代方案

步骤5：实施解决方案

这5个步骤，最有价值的就是对问题的分类，以及不同类型的问题从哪些方面考虑。

【研讨交流】

 案例4-3　　　小小汤匙的"妙想"

【案例描述】

世界上等待我们去改良的物品用具不知有多少，如果你注意观察、勤于思考，新的创意将会源源不断而来。

大家知道，抚育小孩少不了小汤匙，年轻的母亲要用小汤匙给小孩喂饭、喂汤、喂药，也就是说小汤匙的使用频率是很高的。

美国加州有一家小工厂，专门生产各种汤匙和小勺，经理是一名年轻人。因为资金少，又有实力强大的公司竞争，工厂生产的汤匙销路一直不好。有一天，这位年轻人正在街上行走。突然，一位抱小孩的妇女引起了年轻人的注意。这位妇女正在用小汤匙给婴儿喂汤，一边喂汤一边向汤匙吹气，一边用舌头试探汤的温度，直到温度合适，她才让婴儿喝下。

看到这一情形，这位年轻人灵机一动，心里有了主意。他把温度计装在汤匙上，开发出"温度匙"，非常适合母亲喂婴儿用，这种"温度匙"能够显示匙内物品的温度，有效地避免烫伤婴儿。由于"温度匙"非常实用，特别受母亲们的欢迎，果然，销路很好。

【各抒己见】

想象是一种惊人的思维能力。合理的、科学的想象是指立足已知事实，根据已知的规律充分发挥人的思维潜能，创造性地提出新问题、解决新问题。合理的想象和创造性思维对人们认识世界和改造世界极为有益。在竞争激烈的市场经济条件下，任何人都应该发挥合理的想象和创新精神，破除思想僵化、墨守成规和安于现状的旧观念，不断学习新知识、新技术，这样才能取得新成果。

本案例中的年轻人是如何发现小汤匙存在的不足，又是如何解决问题的呢？

你常用的学习用品、生活用品是否也存在不满意的地方，思考一下，如何解决这些问题？

【实战训练】

【训练 4-1】 移动圆环

图中从左至右依次为B柱、A柱和C柱，B柱上套有1个圆环，A柱套有2个圆环，并且小圆环在上、大圆环在下，C柱套有1个圆环。要求在3步之内，将A柱上的两个圆环移到C柱上去。要求每次仅能从一柱到另一柱移动一只圆环，不能将大圆环放到小圆环上。

【训练 4-2】 测试问题解决能力

问题解决能力测试表如表4-3所示，每个测试项有5个选项，依次为"从不这样（1分）、很少这样（2分）、有时这样（3分）、经常这样（4分）、总是这样（5分）"5个等级。数值越大，代表能力越强。请根据自身相符合的实际程度作答，选择相应的等级选项。注意，每个问题只选一个等级选项。

表 4-3 问题解决能力测试表

序号	测试项	从不这样	很少这样	有时这样	经常这样	总是这样
1	面对问题时，我能很快理解问题是什么					
2	遇到问题时，我能很快确定哪些信息是主要的，哪些是次要的					
3	我能很快地明确解决问题所需要的知识					
4	面对问题时，我能恰当地表述问题内容					
5	我会很快抓住问题的主要信息来进行思考					
6	准确评估问题的初始状态和预测问题的最终状态					
7	洞察问题的各层次结构，并从结构中发现解决问题的关键					
8	清楚地列出需要解决的复杂问题中的要点					
9	清晰地阐述解决问题的过程和结果					
10	清晰而连贯地解释推理过程，其推理过程富有见解					
11	真实的结果常常和我所预测的结果相似					
12	成功解决问题后，我能获得经验，并应用于解决其他的问题上					
13	遇到问题时，我会首先想到寻求他人的帮助					
14	遇到问题时，我经常上网查资料，相信通过自己的能力可以解决问题					
15	我通常用自己想到的第一个方法去解决问题					
16	我使用学科领域的策略、工具和知识来解决问题					
17	解决问题前，我会制定一个具体的目标，以清楚知道自己要完成的部分					
18	我会同时拟定多种解题策略，并合理地进行决策					
19	我会在开始解决问题之前，细心而有步骤地分析问题的所有特征					
20	我会分析并尝试找出哪些是妨碍我成功的因素					
21	遇到问题时，我会尽量想出所有可能解决问题的方法去处理它，直到我无法想出其他的方法为止					

4.5 提高变通能力

变通是一种审时度势的智慧；变通是一种打破常规的勇气；变通更是一种挑战自我的决心。

【案例剖析】

 卖水的淘金者

【案例描述】

19世纪中叶，美国加州传来发现金矿的消息。许多人认为这是一个千载难逢的发财机会，于是纷纷奔赴加州。17岁的亚默尔也加入了这支庞大的淘金队伍，他同大家一样，历尽千辛万苦，赶到了加州。

淘金梦是美丽的，做这种梦的人很多，而且还有越来越多的人蜂拥而至，一时间加州遍地都是淘金者，而金子自然越来越难淘。

不但金子难淘，而且生活也越来越艰苦。当地气候干燥，水源奇缺，许多不幸的淘金者不但没有圆致富梦，反而葬身此处。

小亚默尔经过一段时间的努力，和大多数人一样，没有发现黄金，反而被饥渴折磨得半死。一天，望着水袋中一点点舍不得喝的水，听着周围人对缺水的抱怨，亚默尔忽发奇想：淘金的希望太渺茫了，还不如卖水呢。

于是亚默尔毅然放弃对金矿的努力，将手中挖金矿的工具变成挖水渠的工具，从远方将河水引入水池，用细纱过滤，成为清凉可口的饮用水。然后将水装进桶里，挑到山谷一壶一壶地卖给找金矿的人。

当时有人嘲笑亚默尔，说他胸无大志："千辛万苦地到加州来，不挖金子发大财，却干起这种蝇头小利的小买卖，这种生意哪儿不能干，何必跑到这里来？"

亚默尔毫不在意、不为所动，继续卖他的水。哪里有这样的好买卖，把几乎无成本的水卖出去。

结果，亚默尔却在很短的时间靠卖水赚到一笔非常可观的财富了。

【感悟反思】

淘金场缺水是一个共知的事实，为什么只有亚默尔才能发现其中的利益呢？因为亚默尔知道变通，其他人只知道淘金可以致富，却不知道路的旁边也是路。走向成功的路不止一条，学会变通，当一条走不通时，为何不换一条更加通畅的呢？

将人们通常思考问题的思路稍加扭转，另辟蹊径，换一个角度，采用被人忽视的方法解决问题。

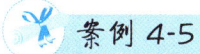 坚守与变通

【案例描述】

从前，有个渔夫，听说市场墨鱼价格高，出海时，便发誓专捕墨鱼。但出海后，遇到的却全是螃蟹。他便空手而归。上岸后，发现螃蟹比墨鱼的价更高。第二次出海时，他又

发誓："此次出海专捕螃蟹。"可这一次遇到的却全是墨鱼。他又空手而归。第三次出海时又发誓："此次出海，墨鱼、螃蟹都要。"可出海后，一只墨鱼、螃蟹也没遇到，遇到的全是马鲛鱼，他又空手而归。没等他赶上第四次出海，就在饥寒交迫中死去了。人生在世，最大的愿望莫过于看到自己的价值，所以人会去不懈地实现自己的价值。

【感悟反思】

　　一路上磕磕碰碰，最终能够到达目的地的人，无疑在坚守着。是的，人需要坚守，坚守"实现自我价值"这一人生信念，坚守骨子里大无畏的那股闯劲，坚守心底里无人能挡的那股冲劲……只有坚守了，人才有成功的可能。

　　但，坚守并不等于死守。

　　可怜的渔夫一次次地发誓要专捕什么，一次次地扬帆出海，却又一次次地空手而归。或许是他太固执，或许是他把生活想得太美好了，以为凡是眼下热门的海鲜他撒网即得。可生活哪会时时处处顺你的意呢？正是因为他将自己的目标守得太死了，所以最终他才落了一个可悲的结局，出人意料又在情理之中啊！坚守，不是选定了一条路就一定要走到底。好比开车子，如果在原定的路线上发生了堵车，难道你会死心塌地地等在那儿、不管车要堵到何年何月？想必不会，你肯定会转动方向盘，寻觅别的捷径。这才是聪明之举！条条大道通罗马，人要坚守的其实是那个"罗马"，就像渔夫坚守的要赚钱的梦想一样。在通往目的地的过程中，我们可不能在一棵树上吊死，不要将自己锁在一个永无尽头的圆圈中，直至转了无数圈之后趴地不起。我们要做的是在圆圈的某个位置偏一个角度、拐出去，那么迎接我们的将是"柳暗花明又一村"。其实，这就是变通。

　　人需要变通。变通正是为了抓住机遇，机遇总是稍纵即逝的，而机遇往往又会给你添加动力。试想：假如那个渔夫在第一次出海时捕回螃蟹，在第二次出海时捕回墨鱼，在第三次出海时捕回马鲛鱼，那么渔夫的命运又将会是怎样的呢？好的机遇总会给你带来一次又一次的惊喜，前提是你能走出那个永无尽头的圆圈，勇敢地伸手抓住机会。

【知识梳理】

4.5.1　变通能力的含义

　　古人云：穷则变，变则通，通则达。这并不是一句无凭无据的空话，而是一个经过实践反复验证了的真理。懂得变通的人才能走出梦想的困境，找到人生的新支点，觅出通向成功的光明大道。鲁迅弃医从文，用脆弱的笔杆直刺敌人的心脏，成就了他"中国的民族魂"的崇高地位；比尔盖茨在看到软件开发的前景后毅然改变读书成才途径，投身商场，终于获得成功。他们的生命因为变通而更加绚丽，他们的梦想因为变通而更加有意义，他们的人生价值也因为变通而得到提升。

　　变通能力是指思维迅速地由一类对象转变到另一类对象的能力。具有变通能力的人，一般都能根据客观情况的变化来解决问题，思维灵活应变，不囿于条条框框，敢于提出新观点，思想活跃。而缺乏变通能力的人，往往机械呆板，墨守成规，没有创新精神，思想陈旧，观点保守。

创新实践表明，凡是在创新上大有作为的人，都思路开通，妙思泉涌。因为创新需要找到不同的应用范畴或新观念。越是能带来重大突破的创新，越是需要借助于其他领域的知识，吸取外来的思想。

创新需要多向思维，仅仅有流畅的思维远远不够，还需要变通的能力。变通性不只反映思维的广度，还反映思维的维度及其多样化。要提高变通能力，就必须克服思维定势，打破传统的思维习惯。

4.5.2 如何提高自己的变通能力

我们每天面对层出不穷的矛盾和变化，是刻舟求剑以不变应万变，还是采取灵活机动的变通方式，这是我们要确立的一种做人、做事的态度。学会变通，是做人、做事之诀窍。我们如何提高自己的变通能力呢？

1. 学会变通要审时度势、打破常规

在生活中总会发现一些人被一些条条框框所框住，让自己变成了一只井底之蛙。常见的一种现象就是：我在工作上只能这样了，好像突破不了了。其实这类型的人内心连想突破一下的想法都没有，又怎么可能实现改变呢。不管是在生活中还是在工作中，一定要做那个善于打破常规的人，因为这样可以为你增加很多解决问题的办法。

2. 学会变通要借助外力为我所用

一个人不管自恃有多大本事，个人的力量毕竟是有限的，但是可以借用外力，使自己强大起来，这也算是一种变通。有一则笑话讲一个大汉在大街上喊："谁敢惹我？"看到这位膀大腰圆的大汉，人们纷纷闪开。这时来了一个更大的大汉。他走了过去，大叫一声："我敢惹你！"原先的大汉沉思了一会儿，便回答说："那好吧，谁敢惹咱俩！"围观的人群本想让两个大汉较量一番，没想到他们竟然联合起来。虽然一台好戏没看成，但大家悟出一个道理，借助别人的力量，自己就可以变得强大起来，这就是借的变通术。

3. 学会变通要有勇气应对变化

勇气是什么？勇气是一个哨音、一声呐喊、一个命令，它的作用就是调动起自己全部的能力去迎接变化和挑战。有一个美国人曾对数百个百万富翁做过一番调查，发现这些百万富翁并非都是名牌大学毕业的，其中不少人是智力平平者，然而他们创新的勇气却大大超过前者。

勇气是人的一种非凡力量，它虽然不能具体地去处理某一个问题，克服某一种困难，但这种精神和心态却能唤醒你心中的潜能，帮助你应对一切变化和困难。

4. 学会变通要有信心开发潜能

所谓信心，就是一种心态潜能。一个人对自己充

满信心的时候,常常就是他获得成功的时候。有一位心理学家指出:"人的天性里有一种倾向:如果将自己想象成什么样子,就真会成为什么样子。"也就是说,如果你是一个充满信心的人,你有信心克服困难,有信心处理问题,有信心获得成功,那么,你身上的一切能力都会为你的信心去努力,你也就有可能成为你希望成为的那样。

5. 学会变通要善于改变自己的思维定势

人的思维方式,常常出现两大定势:一是直线型,不会拐弯抹角,不会逆向思维和发散思维;二是复制型,常以过去的经验作为参照,不容易接受新鲜事物。西方有一句谚语:"上帝向你关上一道门,就会在别处给你打开一扇窗。"只要我们不拒绝变化,并且善于变化自己的思维习惯,善于改变自己的观念,我们就能走出困境,进入新的天地。

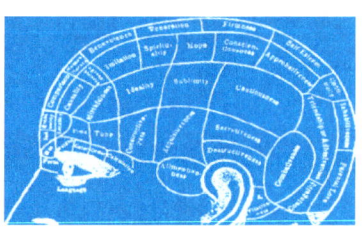

实践证明,不管你是觉察到还是没有觉察到,不管你是愿意还是不愿意,每个人时时刻刻都在寻求变通。所不同的是,善于变通的人越变越好,而不善于变通的人却是越变越差。我们只要掌握了变通之道,就会应对各种变化,在变化中寻找到机会,在变化中取得成功。

【研讨交流】

 案例 4-6　　　　小河流跨越沙漠

【案例描述】

有一条小河流从遥远的高山上流下来,经过了很多个村庄与森林,最后来到了一个沙漠。它想:"我已经越过了重重的障碍,这次应该也可以越过这个沙漠吧!"

当它决定越过这个沙漠的时候,它发现它的河水渐渐消失在泥沙当中,它试了一次又一次,总是徒劳无功,于是它灰心了。"也许这就是我的命运了,我永远到不了传说中那个浩瀚的大海。"它颓丧地自言自语。

这时候,四周响起了一阵低沉的声音,"如果微风可以跨越沙漠,那么河流也可以。"原来这是沙漠发出的声音。小河流很不服气地回答说:"那是因为微风可以飞过沙漠,可是我却不行。"

"因为你坚持你原来的样子,所以你永远无法跨越这个沙漠。你必须让微风带着你飞过这个沙漠,到达你的目的地。只要你愿意放弃你现在的样子,让自己蒸发到微风中。"沙漠用它低沉的声音这么说。

小河流从来不知道有这样的事情。"放弃我现在的样子,然后消失在微风中?不!不!"小河流无法接受这样的概念,毕竟它从未有过这样的经验,叫它放弃自己现在的样子,那么不等于是自我毁灭了吗?"我怎么知道这是真的?"小河流这么问。

"微风可以把水汽包含在它之中,然后飘过沙漠,到了适当的地点,它就会把这些水汽释放出来,于是就变成了雨水。然后这些雨水又会形成河流,继续向前进。"沙漠很有耐心地回答。

"那我还是原来的河流吗?"小河流问。

"可以说是,也可以说不是。"沙漠回答,"不管你是一条河流或是看不见的水蒸气,你内在的本质从来没有改变。你会坚持你是一条河流,是因为你从来不知道自己内在的本质。"

此时在小河流的心中,隐隐约约地想起了自己在变成河流之前,似乎也是由微风带着自己,飞到内陆某座高山的半山腰,然后变成雨水落下,才变成今日的河流的。

于是小河流鼓起勇气,投入微风张开的双臂,消失在微风之中,让微风带着它,奔向它生命中的梦想。

【各抒己见】

南孚电池是中国著名品牌。其广告语大家非常熟悉:遥控车用完,电视机还能接着用。南孚电池也成了我国最早可以二次利用的电池。电池没电的情况时常发生,可为什么只有南孚电池厂家想到了变废为宝呢?这就是学会了创新,学会了灵活变通,最重要的是学会了把它应用到生活中的每一处。

(1)要拧一个螺丝,在一般人的想法里,一定要有扳手,但是,如果当时没有扳手,还有别的应变的方法吗?分组探讨没有扳手拧螺丝的方法。

(2)说说你在学习、生活中曾发生过变通的事例和固执的事例。

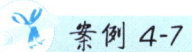 **案例 4-7   金边凤尾裙的变通**

【案例描述】

有一位裁缝在吸烟时不小心将一条高档裙子烧了一个窟窿,这致使其成了废品。这位裁缝为了挽回损失,凭借其高超的技艺,在裙子四周剪了许多窟窿,并精心饰以金边,然后,将其取名为"金边凤尾裙"。不但卖了好价钱,还一传十,十传百,使不少女士上门求购,生意十分红火。

【各抒己见】

变通,变则通,通则达。裁缝的灵通一变,不仅使他的生意红火,还令他的名声一震。因此,我们要学会改变自己的思维,学会变通,走向成功!

如果你遇到这种情形,你会如何变通呢?分组讨论还什么变通方法处理烧了一个窟窿的高档裙子。

 【实战训练】

【训练 4-3】 奇数、偶数报数

将全班人数分为若干小组,所有小组的人都围成一个圆圈,面向内侧坐下。然后以圆圈中央主持人的口令逐次报数。但是和普通的报数不同,以只报奇数或只报偶数的不规则的形态进行。如果主持人说"报奇数",就是1、3、5、7,主持人换成说"报偶数",则

就是接刚才报的 8、10、12、14……如果出错了，就被判出局，必须离开圆圈。玩到最后的人越来越少，当结束游戏时，剩下人较多的组获胜。

【训练 4-4】 车往哪里开

下图中有辆公共汽车，还有 A 和 B 两个车站。请问，公共汽车现在是要驶向 A 车站还是 B 车站。试试看，你能找出正确答案吗？并说明理由。

单元 5　激发创业热情

创业就是发现机会、整合资源,从而创造财富。创业是创业者依自己的想法及努力工作来开创一个新企业,包括新公司的成立、提供新产品或新服务,以实现创业者的理想。

创新和创业是两个既有紧密联系又有区别的概念。两者在某种程度上具有互补和替代关系,创新是创业的基础和灵魂,而创业在本质上是一种创新活动。

【知识探究】

5.1　增强创业意识

5.1.1　创业的内涵

创业是指某个人利用或借用相应的平台或载体,将其发现的信息、资源、机会或掌握的技术,以一定的方式,转化、创造成更多的财富、价值,并实现某种追求或目标的过程。

创业是在动态竞争前提下的机会驱动过程,是创业者在面对大量的不确定性因素时分析、评估机会并进行有选择的投资决策的行动。简单来说,创业是指创办新的企业或开辟新的事业,实践性是创业的标志。

创业是创业者对自己拥有的资源或通过努力对能够拥有的资源进行优化整合,从而创造出更大经济或社会价值的过程。创业是一种劳动方式,是一种需要创业者组织与运用服务、技术、器物作业的思考、推理和判断的行为。

根据杰夫里·提蒙斯(Jeffry A.Timmons)所著的创业教育领域的经典教科书《创业创造》(New Venture Creation)的定义:创业是一种思考、推理结合运气的行为方式,它为运气带来的机会所驱动,需要在方法上全盘考虑并拥有和谐的领导能力。

5.1.2　创业意识的内涵

创业意识是指人们从事创业活动的强大内驱动力,是创业活动中起动力作用的个性因素,是创业者素质系统中的第一个子系统即驱动系统。

创业意识的内容主要包括以下几个方面。

1. 商机意识

真正的创业者，会在他创业前、创业中和创业后，始终面临着识别商机、发现市场的考验。他必须有足够的市场敏锐度，可以宏观地审视经济环境，洞察未来市场形势的走向，以便做出正确的决策来保证企业的持续发展。

2. 转化意识

仅有商机意识是不够的，还要在机会来临时抓住它，也就是把握机会，把商机转化成实实在在的收入和公司的持续运作，最终实现自己的创业梦想。转化意识就是把商机、机会等转化为生产力；把你的才能、你在学校学到的知识转化为智力资本、人际关系资本和营销资本。

3. 战略意识

创业初期给自己制订一个合理的创业计划，解决如何进入市场，如何卖出产品等基本问题。创业中期需要制定整合市场、产品、人力方面的创业策略，转换创业初期战略。需要指出的是，创业战略不只有一种，也没有绝对的好坏之分，关键要适合自己的创业之路。在这条路上应时刻保持着战略的高度，不以朝夕得失论成败。

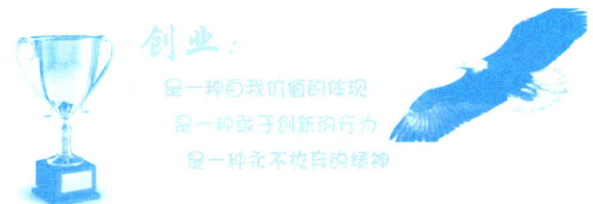

4. 风险意识

创业者要认真分析自己在创业过程中可能会遇到哪些风险，一旦这些风险出现，要懂得应该如何应对和化解。大学生是否具备风险意识和规避风险的能力，将直接影响到创业的成败。

5. 勤奋敬业意识

李嘉诚说："事业成功虽然有运气在其中，主要还是靠勤劳，勤劳苦干可以提高自己的能力，就有很多机会降临在你面前。"大学生创业，一定要务实，要勤奋，不能光停留在理论研究上。可以从小投资开始，逐步积累经验，不能只想着一口吃个胖子。没有资金，没有人脉都不要紧，关键你要有好的思路和想法，有勇气去迈出第一步，才会成功。

5.1.3 创业意识的要素

1. 创业需要

创业需要是指创业者对现有条件的不满足，并由此产生的最新的要求、愿望和意识，是创业实践活动赖以展开的最初诱因和最初动力。但仅有创业需要，不一定有创业行为，想入非非者大有人在，

只有创业需要上升为创业动机时，创业行为才有可能发生。

2．创业动机

创业动机是指推动创业者从事创业实践活动的内部动因。创业动机是一种成就动机，是竭力追求获得最佳效果和优异成绩的动因。有了创业动机，才会有创业行为。

3．创业兴趣

创业兴趣是指创业者对从事创业实践活动的情绪和态度的认识指向性。它能激活创业者的深厚情感和坚强意志，使创业意识得到进一步升华。

4．创业理想

创业理想是指创业者对从事创业实践活动的未来奋斗目标较为稳定、持续的向往和追求的心理品质。创业理想属于人生理想的一部分，主要是一种职业理想和事业理想，而非政治理想和道德理想。创业理想是创业意识的核心。

5.2 分享创业经验

5.2.1 分享马云的创业经验

【创业经历简介】

马云，浙江杭州人，阿里巴巴集团主要创始人之一。曾任阿里巴巴首席执行官，一手缔造了电商帝国，是《福布斯》杂志创办50多年来成为封面人物的首位大陆企业家，曾获选为未来全球领袖。2013年5月10日，马云正式卸任阿里巴巴集团CEO一职，由陆兆禧接任。2014年福布斯中国富豪榜于10月27日发布，马云以195亿美元成为中国内地新首富。

【创业经验分享】

马云，在怀揣创业梦想的年轻人心里就是一个传奇。每个人都希望自己能谱就辉煌，然而，并不是每个人都能够白手起家，建立自己的创业王国。让我们共同学习马云的创业精神，从他身上找到能够促使自己实现梦想的奋斗精神。

1．坚持到最后就会成功

马云认为，创业者既然选择了创业，就必须一直坚持下去。暂时的失败不代表永远的失利；一时的成功也不表示将来的成功。只有树立远大理想，并在理想的道路上坚持下去，才能获得最大的成功。

马云认为"永不放弃"是阿里巴巴取得成功的重要原因，在他看来，"有时候死扛下去就会有机会"。马云的创业人生就是"永不放弃"的最好体现。从他1995年辞去大学教师下海创办"中国黄页"，到后来被迫离开黄页创办阿里巴巴，再到阿里巴巴取得今天的辉煌成就，这一路上马云遭遇的挫折、困难是难以计数的，但马云凭着"永不放弃"的精神坚持了下来。

早在1999年3月，阿里巴巴刚成立的时候，马云就说过："即使是泰森把我打倒，只要我不死，我就会跳起来继续战斗！"

到 2002 年互联网"最寒冷的冬天"，马云对阿里巴巴员工说的是"跪着过冬"，坚持下去，等待"春天"的到来。他说："中国网站 6 个月之内有 80% 会死掉，就像新经济，有 70% 的想法要扔掉，只有 30% 的能实现下去。这时你跟竞争者拼的是谁能活着，谁能专注。不管多苦多累，哪怕是半跪在地上也得跪在那儿。跪着过冬，就是你站不住了也得跪着，不要躺下，不要倒。坚持到底就是胜利。"

最终，阿里巴巴不仅奇迹般地熬过冬天，活了下来，还实现了盈利。

2. 创业者三素质：乐观、自省、坚持

（1）乐观

不管你承不承认，本质上绝大多数的人都是乐观的。我以前没发现自己很乐观，反正从小到大就是失败，也就习惯了，应聘失败我回来觉得也还挺好。学会左手温暖右手，相信明天一定会比今天更好。1999 年创业时，想给中国企业推销用电子商务几乎不可能。我们当时跑了 10 个客户，全被拒绝。后来有一个没拒绝，我们就很高兴，特别高兴。10 年以后，优秀的公司会越来越多，而你还在抱怨。不同阶段有不同的痛苦，以前没人理你，痛苦；现在找你麻烦的人都是关心你的人。

（2）自省

做企业就像打仗，活着回来就是成功。一味说别人错的人，永远不会回来。所以花时间去看别人怎么失败，去检查自己的问题。

（3）坚持

10 多年来，我晚上经常想：不干了，真没意思。早上起来还是继续干了。怕竞争，就别做企业，怕难、怕被人骂，就别创业。梦想和理想的差异在哪里？想当飞行员、当老板、当教授，这叫梦想。理想是什么？是有一个团队，一帮人共同理解支持,理想是要变成现实的。

5.2.2 分享任正非的创业经验

【创业经历简介】

1987 年，43 岁的任正非集资 2.1 万元，在深圳创立了华为公司；次年，任正非出任华为公司总裁。随后 28 年间，任正非凭借持续创新创业的精神，引领华为不断创造商业奇迹，并走出中国，走向世界。如今，华为从一家立足于中国深圳特区的民营企业，稳健成长为世界 500 强公司。华为的电信网络设备、IT 设备和解决方案以及智能终端已应用于全球 170 多个国家和地区。

作为华为创始人，任正非成为中国杰出的企业家之一，曾两度登上美国《时代》杂志全球 100 位最具影响力人物榜单，《时代周刊》曾这样评价他："任正非是一个为了观念而战斗的硬汉。"

【创业经验分享】

任正飞从 1987 年 2 万元到如今的 20 万名员工，到底如何做到的。任正非在中国民企

中是一个十分成功的企业家,那他是如何成功的呢?

任正非说:"什么叫成功?九死一生还能好好地活着,这才是真正的成功!"

1. 从零开始,任正非不惑之年创业
2. "假设"未来的思考者
3. 放眼全球的战略家

"未来将是一个全连接的世界。"这是任正非领导下的华为孜孜以求的信念。20多年来,华为抓住中国改革开放和 ICT 行业高速发展带来的历史机遇,基于客户需求持续创新,赢得了客户的尊重和信赖。华为坚持聚焦战略,对电信基础网络、云数据中心和智能终端等领域持续进行研发投入,以客户需求和前沿技术驱动创新,使公司始终处于行业前沿,引领行业的发展。华为在构建高效整合的数字物流系统,促进人与人、人与物、物与物的全面互连和交融等方面一马当先,推动了行业和社会进步。

5.2.3 分享刘强东的创业经验

【创业经历简介】

刘强东,京东集团首席执行官,1974年出生于江苏省宿迁市,毕业于中国人民大学。

1998年6月18日,在中关村创办京东公司,代理销售光磁产品,并担任总经理。2004年,初涉足电子商务领域,创办"京东多媒体网"(京东商城的前身),并出任 CEO。目前,京东商城已成为中国最大的自营式电商企业,而京东集团的业务也从电子商务扩展至金融、技术领域,拥有近12万名正式员工,跻身全球前十大互联网公司排行榜。2014年5月,京东在美国纳斯达克成功上市。

【创业经验分享】

刘强东曾说:不管是在哪行哪业,一家创业公司能够取得成功,有四点最重要,而且这四点基本能够判断一个全新的商业模式是否有价值。

1. 团队
2. 用户体验
3. 成本
4. 效率

各位创业者在设计自己的公司的时候不妨回答一下这些问题。

- 你的团队有没有比别人强一点?
- 你的用户体验有没有比别人好?
- 有没有降低行业成本?
- 有没有提升行业的效率?

四点都做到了，我告诉你，终究会成功！但是有两点你不仅没做到，而且是比别人成本更高了、效率更慢了，即使你现在发展很快，我也建议你趁能卖掉早点卖掉。

5.2.4 分享马化腾的创业经验

【创业经历简介】

马化腾，1971年10月29日出生，广东汕头人，中国著名企业家，毕业于深圳大学计算机系。1998年11月创办腾讯，现为广东深圳腾讯公司现任董事会主席兼首席执行官，有"QQ之父"之称。

【创业经验分享】

腾讯董事局主席兼首席执行官马化腾在他的微博上发了一篇《创业者写给创业者的一封信》。马化腾在信中总结道，创业者们需要有创新思维、创业精神，并为用户创造价值。

1．创新思维
2．创业精神
3．创造价值

5.2.5 分享俞敏洪的创业经验

【创业经历简介】

俞敏洪，1962年生，江苏江阴人，于1980年考入北京大学西语系，期间患病休学一年，1985年从北京大学毕业，留校担任北京大学外语系教师。1991年9月，俞敏洪从北大辞职，进入民办教育领域，先后在北京市一些民办学校从事教学与管理工作。1993年11月16日，俞敏洪创办了北京市新东方学校，担任校长。2000年，俞敏洪及领导团队成立了东方人投资有限公司，向教育产业化运作迈进了一大步。同年，新东方与联想合作，由联想注资5000万，新东方出品牌资源各占50%股份成立了联东伟业科技发展有限公司，专门从事新东方远程教学。这是新东方与外界第一次的正规合作，新东方的教育理念与教育精神通过现代化科技以更快的速度渗透进社会。2003年成立新东方教育科技集团。俞敏洪现任新东方教育科技集团董事长兼总裁、民盟中央教育委员会副主任、中国青年企业家协会副会长、中华全国青年联合会委员、中国青年企业家协会副会长。俞敏洪领导的新东方教育科技集团目前在全球拥有北京、上海、广州、武汉、西安、天津、南京、成都、重庆、沈阳、深圳、长沙、济南、哈尔滨、襄樊、太原、多伦多、蒙特利尔等地的十八所新东方学校，两家专业研究机构，五家子公司及北美分公司，业务涵盖教育研发、图书杂志出版、在线教育、教学软件开发、文书写作、留学咨询等多个领域。

【创业经验分享】

谈及创业，其实，俞敏洪自己的故事就是一个生动的案例和教材。无论是站在北大的讲台、新东方的讲台还是耿丹学院的讲台上，他都坦诚地分享自己的故事和经验。用俞敏洪的话说，"只要你心理上做好了准备，你就得试一下。"

1．做到不甘平庸

2．关于创要素

（1）相信自己敢于尝试。

（2）小事起步、步步为营。

（3）团队是促进前行的原动力。

3．创业成功要照顾好四类人

4．创业要不怕失败、懂得分享

（1）创业要不怕失败。

（2）创业需要准备期。

（3）创业要懂得分享。

5.2.6 分享雷军的创业经验

【创业经历简介】

雷军，1969 年出生于湖北仙桃，小米科技创始人、董事长兼首席执行官；金山软件公司董事长；中国大陆著名天使投资人。2012 年 12 月，荣获"中国经济年度人物新锐奖"。2013 年 12 月 12 号，再次荣获"中国经济年度人物"及"十大财智领袖人物"。2014 年 2 月，小米创始人雷军首次以 280 亿元财富进入"胡润全球富豪榜"，跃居大中华区第 57 名，全球排名第 339 位。

【创业经验分享】

1．七字诀

专注、极致、口碑和快，这七字是雷军认为的互联网最核心思想，他认为以此做任何一件事情，都会有巨大的效果。这也是雷军的一条做事的普适规则。

（1）专注是前提。

（2）极致是关键。

（3）口碑是核心。

（4）快是保证。

2．创业要乐观　　　　　3．做好减法

4．不要害怕资源少　　　5．从一开始就拧紧发条

6．豁出去创业

5.2.7 分享周鸿祎的创业经验

【创业经历简介】

周鸿祎，1970年生于湖北黄冈，360公司董事长、知名天使投资人。1992年，大学本科毕业于西安交通大学电信学院计算机系。1995年始，就职于方正集团。2004年3月，就任雅虎中国总裁。2006年8月，投资奇虎360科技有限公司，出任奇虎360董事长。2011年3月30日，带领奇虎360在美国纽交所上市。

【创业经验分享】

1．创业者需具备的3个条件

周鸿祎用他自己的创业经历，分享了给年轻人创业必备的三个要素。

（1）创新是几乎所有创业者都要考虑的问题。

（2）周鸿祎提出了两个改变：一是用户习惯的改变；二是企业商业模式的改变。

（3）不要恐惧失败，从哪儿跌倒就要从哪儿爬起来。

2．选择创业者的3个标准

在做天使投资时，周鸿祎对创业者有三个选择标准。

（1）首先创业者得承认自己还不是很牛。

（2）要看创业者有没有开放的胸怀，是否善于跟别人合作。

（3）创业者要有坚韧不拔的精神，有韧性。

3．关于创业的3个寓言故事。

（1）南辕北辙。

（2）守株待兔。

（3）刻舟求剑。

4．创业是一种心态

5.2.8 分享董明珠的创业经验

【创业经历简介】

董明珠，江苏省南京人，女企业家，她是一位中国家电行业的风云人物，一位风口浪尖的商海女性。2016年10月18日，董明珠卸任珠海格力集团有限公司董事长、董事、法定代表人职务。继续担任珠海格力电器股份有限公司董事长、总裁。2017年1月10日，董明珠荣获"2016十大经济年度人物"。

【创业经验分享】

1．珍惜时代给的机会

2．靠别人不如靠自己

3．工作努力做到极致

5.2.9 分享喻渭蛟的创业经验

【创业经历简介】

2000年，喻渭蛟借了5万元钱，带了17名志同道合者到上海创办了圆通速递。如今，圆通速递已名列行业前茅，网络覆盖全国31个省、自治区和直辖市，县市级以上覆盖率接近100%，已经拥有自己的航空公司和飞机，市场占有率名列行业第一，2016年的业务量将接近50亿件，业务收入达到500亿元。"2020年，我们争取进入全球快递业五强"，喻渭蛟踌躇满志。

19岁创业，32岁欠下182万外债。

借5万块钱，再次起航。

【创业经验分享】

1. 打破快递行业常规：全年无休
2. 坚持降价，与淘宝合作，收获颇丰
3. 以变革来顺应市场发展

5.2.10 分享李想的创业经验

【创业经历简介】

李想，"汽车之家"网站创始人，前任"汽车之家"总裁。李想是80后的典型代表，1998年还在上高中的李想就开始做个人网站，2000年注册泡泡网并开始运营，仅凭借着自己对IT产品的一腔热爱和滚雪球式的资本积累，高中学历的李想让泡泡网在中国互联网行业中独树一帜。2005年，李想带领团队从IT产品向汽车业扩张，创建汽车之家网站。2012年年底，汽车之家实现了月度覆盖用户8000万户。2015年7月李想卸任总裁，继续担任董事股东。

【创业经验分享】

1. 用户永远是最重要的
2. 大势不好，再努力也没用
3. 把握用户的要素：需求、频率、信任感

【分步训练】

5.3 培养创业精神

创业本身是一种无中生有的历程，只要创业者具备求新、求变、求发展的心态，以创造新价值的方式为新企业创造利润，那么我们就能说这一过程中充满了创业精神。创业精神是指在创业者的主观世界中，那些具有开创性的思想、观念、个性、意志、作风和品质等。

【案例剖析】

案例 5-1　董明珠的创业精神

【案例描述】

格力电器董事长董明珠说过一句话："我不觉得自己很强大，只是在做一件事而已。但做决定时，果断是不可缺少的。"

进入格力以来，董明珠说她只做了一件事，那就是做"好空调，格力造"。

一谈起空调，从空调各个零部件的成本、各种技术的应用、市场销售价格及对手的价格及销售策略，董明珠都能如数家珍。董明珠从一名普通的销售人员做到拥有8万员工公司的总裁，她自己的经历已然证明了这一点。这就是她身上那股劲儿：只要有目标，就一定会实现。

现在的格力深深打上了董明珠的烙印，强调核心技术，强调工业精神。

在中国，99%的家电业都有与外资合资的背景，将别人的技术转化为自己的产品。格力也曾经持同样的观点。所以在20世纪90年代，董明珠也曾赴日本，希望以最简单的购买方式，直接从日本企业手中换取核心技术，以便在国内的竞争中赢得主动。但是日本人拒绝了格力，"这种技术我们是不会卖的，因为它现在是世界上最先进的技术"。日本人的话点醒了董明珠，让她真正意识到：跟外资合作无非是别人将即将淘汰的技术给你，而他们会有更新的产品、更新的技术与你竞争，而且还能用这些淘汰技术获得另外的收益。"只有走中国创造之路，才能有中国制造的天下"，这让格力在痛定思痛中开展了自主研发之路。为此，格力付出了10年的时间。

2009年，格力反过来再次与日本企业大金空调合作，双方站在了一个完全平等的地位上，并且改变了过去简单购买别人技术的合作方式。合作公司以技术攻关为主业，格力出5.1亿元的资本实现控股，对方出4.9亿元，然后共同研发、共同享用从这家公司中所产生的科技成果。

"格力掌握核心科技"这句话，在格力内部也经历了几个阶段：最早的是"8年不回头"，就是8年消费者不回头；后来格力又推出了"6年免费服务"，强调"没有售后服务的服务才是最好的服务"，这相当于把自己逼到了墙角。"工业精神就是要精益求精。"董明珠说。

在格力的生产车间及实验室里，随处可见体现着"董氏风格"的标语，"绝不拿消费者当实验品"、"创造不需要售后服务的产品才是好产品"、"严禁返修机进入市场"等。

格力研发中心有4个特殊的实验室，分别研究在微生物、雨打、噪声及模拟环境中对空调运作的影响，模拟环境设计了从高温80℃到零下30℃时空调温度、湿度及风速的运转情况。正是有了这种前期准备，格力在新疆克拉玛依市场已经占到了80%以上的市场份额。

而在前几年的南方严寒天气时,格力空调也经受住了考验。

【感悟反思】

从某种程度上讲,董明珠就代表了格力,而董明珠也几乎扛住了各方面的外来压力。在董明珠的强势领导下,格力在强势前行。

这就是董明珠的创业精神,你领悟了多少?

【知识梳理】

5.3.1 创业精神的含义

哈佛大学商学院对其的定义是:"创业精神就是一个人不以当前有限的资源为基础而追求商机的精神。"从这个角度上来讲,创业精神代表着一种突破资源限制,通过创新来创造机会、创造资源的行为,而不是简单地体现在创造新企业或体现在创新上。因此,创业精神可以简洁地概括为:"没有资源创造资源,没有条件创造条件,用有限资源去创造更大的资源。"

创业精神指的是一种追求机会的行为,这些机会还不存在于目前资源应用的范围,但未来有可能创造资源应用的新价值。因此我们可以说,创业精神即是促成新企业形成、发展和成长的原动力。

创业精神类似一种能够持续创新成长的生命力,一般可区分为个体的创业精神及组织的创业精神。个体的创业精神是指以个人力量,在个人愿景引导下,从事创新活动,进而创造一个新企业;组织的创业精神是指在已存在的一个组织内部,以群体力量追求共同愿景,从事组织创新活动,进而创造组织的新面貌。

创业精神有三个层面的内涵:哲学层次的创业思想和创业观念,这是人们对于创业的理性认识;心理学层次的创业个性和创业意志,这是人们创业的心理基础;行为学层次的创业作风和创业品质,这是人们创业的行为模式。

5.3.2 创业精神的特征

创业精神具有以下几个方面的特征。

1. 高度的综合性

创业精神是由多种精神特质综合作用而成的。诸如创新精神、拼搏精神、进取精神、合作精神等都是形成创业精神的特质精神。

2. 三维整体性

无论是创业精神的产生、形成和内化,还是

创业精神的外显、展现和外化，都是由哲学层次的创业思想和创业观念，心理学层次的创业个性和创业意志，行为学层次的创业作风和创业品质三个层面所构成的整体，缺少其中任何一个层面，都无法构成创业精神。

3. 超越历史的先进性

创业精神的最终体现就是开创前无古人的事业，创业精神本身必然具有超越历史的先进性，想前人之不敢想、做前人之不敢做。

4. 鲜明的时代特征

不同时代的人们面对着不同的物质生活和精神生活条件，创业精神的物质基础和精神营养也就各不相同，创业精神的具体内涵也就不同。创业精神对创业实践有重要意义，它是创业理想产生的原动力，是创业成功的重要保证。

5.3.3 创业精神的五大要素

我们经常听那些有名的企业家说起：在他们还没有运作百万美元规模的公司之前，借着在街边售卖饮料、在车库里生产些小玩意儿，他们逐步培养起自己的经商技能。看起来好像每一位成功的大人物都是为了商业而生的。

不过企业家到底有哪些与众不同之处呢？是什么令某些人能够充满自信地积极面对失败挫折，先人一步达成自己的目标呢？

1．激情（Passion）　　　2．积极性（Positivity）
3．适应性（Adaptability）　4．领导力（Leadership）
5．雄心壮志（Ambition）

5.3.4 培养大学生创业精神的基本途径

良好的精神品质是创业成功的前提和条件，一个人对于创业的理解和追求是在后天的生活实践中陶冶训练出来的，高校只要通过正确的途径，创建良好的培养环境氛围，对于大学生创业精神的培养就会起到很好的促进作用。

1. 开展创业思想教育课程

通过理想教育端正创业目标，有目标才有动力，有理想才有追求，可以说创业目标就是人生目标的浓缩，也是人生理想的现实体现。应通过广泛深入地开展创业教育，使大学生树立创业理想，增强大学生的创业意识，使他们愿意创业、乐于创业。

通过创业思想教育帮助大学生端正创业态度，树立正确的人生观、价值观；通过创业理论教育使学生明确创业的目的和意义，从而将创业理想化为自己自觉的行动，积极主动地投身于创业实践；通过创业典型教育激发大学生的创业欲望，让他们创业有动力，学习有典型，追赶有目标。

2. 建设有利于创业的环境

广泛利用广播、电视、校刊、校报、板报等宣传工具，大力宣传创业的重要意义，宣传创业的经验，宣传成功创业的典型，树立勇于创业的榜样，弘扬创业精神，在校园形成讲创业、想创业、崇尚创业，以创业为荣的校园舆论氛围，引导形成鼓励创新、开拓进取、宽容失败、团结合作、乐于奉献的校园创业文化氛围。

3. 树立创业榜样进行引导

榜样的力量是无穷的，他人的创业行为和成就是一笔宝贵的财富，古往今来，创业成功者具有一些共同精神品质：自信、热情、专注、心态积极、意志坚定、不怕挫折、情绪稳定、喜欢独立思考、敢于创新、敢于竞争与冒风险、具有寻根究底的好奇心和探索精神等。

一是借鉴历史上的创业榜样，编选他们创业成功的案例，通过他们明确创业目标，激发创业热情，树立创业志向。

二是学习现实生活中的创业榜样，各行各业的创业典型是大学生学习的活教材，通过"请进来、走出去"的方式，让大学生们耳濡目染，受到熏陶。

三是教师应成为创业的榜样，教师具有创业的成功经历，不但对学生起到示范作用，而且还可以迁移到教学之中，这会给大学生创业者以莫大的启示和感染。

4. 提供创业实践锻炼的机会

良好创业精神品质的形成重在实践训练，积极的实践能带来及时的反馈和成就感，也能带来节节成功的喜悦；切切实实地投入创业实践中去，定能磨炼出坚强的创业心理品质。

一是学校要构建创业实践基地为学生提供创业实践的便利，如创业见习基地、创业实习基地和创业园等，实现产、学、研一体化。

二是社会要为大学生提供更多的创业岗位供学生选择，如勤工俭学岗位、社区服务岗位等，使其经受创业实践熔炉的考验。

三是大学生自己课余主动参与创业实践，从小商品推销到饭店洗盘子，从为人打工到自己开店，熟悉各种职业特点和自己的能力特点，积累创业经验，增长创业才干，减少将来创业的盲目性。只有经受创业实践的锻炼，创业目标才会更加明晰，创业信念才会更加强烈，才会形成良好的创业习惯和人格。

5. 加强创业心理指导

心理指导是在专门人员的指导下，参与者自己练习、实践、锻炼的方法，其实质上是一种特殊的教育过程。

首先，应开设心理课程。如《心理与情商教育》、《大学生创业心理品质的陶冶》等，传授心理知识，将心理知识内化为大学生的心理品质。

其次，开展心理咨询活动，帮助大学生分析创业过程中出现的心理问题，进行咨询指导，助其自助。

再次，进行自我修养指导。如何挖掘和开发自己的心理潜能？如何培养自己的创业心理品质？最关键的还是要通过自我修养才能达到。

古人曾强调要"吾日三省吾身"，就是要对照标准，经常看看自己的心理品质是否符合要求，就是要有一面镜子，时时端正自己，这样持之以恒地坚持下去，终会形成良好的创业心理品质。

5.3.5 创业者必备的优秀品质

纵观所有成功的创业者和企业家，成功的方法各有不同，但他们所拥有的思想观念和精神境界却基本相同。

1. 远大理想——兴奋源泉
2. 坚强意志——成功保障
3. 积极心态——发现机会
4. 敢为气魄——必备品质
5. 诚信态度——精神基石
6. 善于合作——精华所在
7. 承担责任——甘于奉献
8. 超强适应——精神力量

【研讨交流】

案例 5-2　史玉柱的创业精神缔造财富神话

【案例描述】

改革开放以来，我国高速、强劲的经济发展为创业者创造财富的活动提供了丰富的土壤和环境，无数关于冒险、机会、财富创造与成功的故事向人们演绎着一个又一个创业者的传奇，史玉柱就是这些创业家中一个最具传奇色彩的典型人物之一，他的传奇经历，向我们生动地展示了一连串关于创业精神和财富创造的故事，在他身上，我们看到一种不屈的、顽强的精神在熠熠生辉，这就是创业精神——财富创造和经济发展的原动力。

史玉柱曾经是莘莘学子万分敬仰的创业天才，5 年时间内跻身财富榜第 8 位；从一无所有到亿万富翁，他是一个著名的成功者；从亿万富翁到一无所有，他是一个著名的失败者；再从一无所有到亿万富翁，他是一个著名的东山再起者；他创造了一个中国乃至全球经济史上绝无仅有的传奇故事。支持史玉柱东山再起的正是他坚定、不服输的信念以及他的才智与努力。

创业精神之一：机会敏锐，精细过人。

创业家的成功，很大程度上取决于他们对机会具备天生的敏锐感和判断力，正如经济学家柯兹纳所言："机会源于信息不对称"。正是这种"精细和敏锐"使创业家能够抓住眼前稍纵即逝的机会，并且常常先于平常人看到这些机会的苗头，从而为采取行动赢得先机。

在史玉柱身上，我们看到了很多这样的"敏锐"：20世纪80年代末创业初期看准汉字桌面系统软件开发、20世纪90年代初期开发保健品市场、2003年将售出公司拳头保健品产品的知识产权及其营销网络75%的股权转而投资股票市场、2004年进军网络游戏……尽管在这个过程中，史玉柱也有过失误和沉痛的教训，但是，在每一个经济发展时期，他似乎都抓住了熊彼特所说的"具有吸引力"的产业，而且，善于将这些机会与企业资源有效地匹配起来，从而，为他未来的财富帝国找到立足的根基。

创新精神之二：首创精神和冒险精神。

创业家怀揣着一种梦想和意志，企图建立起一个属于自己的"王国"，他们不甘人后，思想和行动常常先于天下，这为创业家们创造财富提供了"先动"优势。冒险精神是创业家身上表现出的突出特质之一，创业家的血液中流淌着对"生意"的激情，他们具有创造的激情，追求成功的激情，施展个人能力和智谋的激情，他们喜欢挑战，迎接变革，敢于冒险去追求成功。在史玉柱的传奇经历中，我们从他创业之初，倾其所有为自己的产品做广告，后来在其产品营销中惯用的"高强度"广告攻势，以及不断探索新的业务领域和经营模式，都充分地体现了这种冒险精神。企业家的冒险是在精心"计算"基础之上的理性决策，他们胆大心细又才智过人，对于这一点，我们在经历了从成功到失败、再从失败到成功的史玉柱身上看到了明显的变化。在控制财务风险、保障企业经营安全、决策科学和完善管理方面，完成资本原始积累的企业需要在这些地方多下工夫。

创新精神之三：不断创新，不断变革。

经济学家威廉。鲍莫尔认为，创新是发现一种有利可图的机会，并且不断地追寻这种机会直到使他们在实践中得到运用；创新就是实现资源的"新组合"，这是创业精神最重要的特征，即以新的形式和方法，把资本、技术等要素有效地组合起来、创造性地应用到企业生产和管理过程中去。史玉柱的创业成功历程就是一个个不断创新行动的联结，也是他传奇式成功最重要的原因。例如，"脑黄金"、"脑白金"、"黄金搭档"准确的产品市场定位；极富创意和人气响应的广告设计；《征途》网络游戏产品设计和销售模式中的诸多创新点；企业不断根据外部环境变化调整、开辟新业务领域，从最早的软件行业到保健品行业、再到资本市场投资及网络游戏行业，都体现出一种极强的应变能力、学习能力和遗忘能力。一个企业如果具备核心力，但缺乏应变和遗忘能力，则可能陷入核心能力僵化陷阱而丧失竞争优势，这正是时下许多大型公司面临的创业难题。

创业精神之四：渴望成功，百折不屈。

熊彼特认为，只有不甘平庸，而且具有强烈"成功欲"的人，才有成为企业家的资格。创业家具有征服的意志，战斗的冲动，证明自己比别人优越的冲动，他求得成功不是为了成功的结果，而是为了取得成功的过程，企业家具有坚韧不拔的毅力，百折不挠战胜困难和失败的勇气和能力。从史玉柱的创业经历中，我们看到，正是在成功和理想驱动下的百折不回的创业精神和永无止境的探索与奋斗，使他从平庸中崛起，从失利与逆境中重新奋起。

作为企业家的史玉柱，带给我们关于创业精神缔造财富神话的诸多思考。

【各抒己见】

（1）史玉柱创业故事，带给我们哪些启发？你认为史玉柱的创业精神哪些值得大学生学习与借鉴。

（2）你认为以下精神：理想主义情怀和精神、坚定的信念和坚持的精神、笃定精神、大胆精神、诚信精神、合作精神哪些是创业者必须具备的精神，大学生在校期间应重点加强哪些精神的培养。

【实战训练】

【训练 5-1】 树立创业精神

纵观成功的创业者多是白手起家、出身草根的，靠的是勇气和智慧，勤奋和执着。创业确实让很多人实现了人生理想，对于创业者来说，既是一件极具诱惑的事，又是一件极具挑战的事。对于创业者来说，既会领略到蓝天白云、风和日现的顺境，也会陷入步履维艰的困境，不是人人都能成功，也并非想象中的遥不可及。一个梦想成功的创业者，只要通过学习创业知识，参加创业培养，树立创业精神，摆脱传统的择业观，克服自身的心理障碍，勇于创新，敢于实践，那么成功将会属于你！

以小组为单位，班内组织一次有关"创业精神"演讲比赛，通过竞赛活动培养创业精神，激发创业热情。

5.4 提升创业素质

【案例剖析】

案例 5-3 马云创业生涯的成功之道

【案例描述】

马云——中国最聪明、最成功的企业家之一，在怀揣创业梦想的年轻人心里，他就是一个传奇，每个人都希望自己也能谱就那样的传奇。然而，并不是每个人都能够从白手起家开始，建立自己的创业王国。那么，成功的创业者究竟应具备些什么条件，你是否具备成为企业家的潜质呢？解析名人的成功之道，可以让我们更清晰地发现成功的奥秘。让我们一同解析马云的创业生涯。

1. 成功创业家的特征

从马云的性格类型及职业锚分析来看，他是典型的具有创业型职业锚的人。创业型的人通常具有领袖的特质。在这些特征里，一大部分是与生俱来的特质，比如永不满足现状，敢于尝试和冒险，善于与不同风格的人打交道，对周围的人和事感觉敏锐等。但也有部分可以后天培养，比如自信和野心，以及丰富的经验。从职业生涯来看，通常有一个共同点，即他们希望用自己的能力去创建属于自己的公司或创建完全属于自己的产品或服务，而且愿意冒风险并克服面临的障碍。

2. 坚定的创业信念

"只要你敢于梦想，一切皆有可能"。——马云

马云在杭州长大，少年时代，他通过收听美国之音广播的方式学习英语。在考入杭州师范学院之前，马云曾两次高考失败。在大学里面，马云的英语成绩相当好。1988年毕业之后，他教了5年的英语。但是，即使他在当老师的时候，马云仍然有成为一名企业家的冲动，他始终坚持有朝一日要创立自己的公司。

创业者们通常在对待一件事情上的信念比他人要强，他们处事坚持，有强烈的自信心，坚信"事在人为"，自己可以支配命运。有时候，这种信念会被认为是我行我素、固执己见，但对于一位有目标的创业者来说，这种坚定的信念能够帮助他们在创业初期面对各种困难时坚持不懈，使企业的战略得以执行，使创业梦想得以延续。

3. 敏锐把握事业方向

"互联网必将改变世界！"——马云

找准事业的方向和突破口是成功的关键。1995年，30岁的马云放弃教师的铁饭碗，开始人生第一次创业，创办了中国第一家商业网站——中国黄页。后曾与杭州电信合作，但因经营思路的分歧不欢而散。1997年，马云离开中国黄页，赴北京加入中国外经贸部，负责开发其官方站点及中国产品网上交易市场。1999年初，马云毅然离开北京，回杭州重新创业，创建电子商务网站——阿里巴巴。

马云之所以创业成功，首先要归功于选对了一个新兴的产业——电子商务。这要追溯到马云1995年去美国时，在朋友的公司偶然"触网"，他发现当时网上没有任何关于中国的资料，出于好奇，便请人帮助做了一个翻译社的网页，没想到3个小时就收到了来自美国、日本、德国的4封邮件，来问翻译价格。马云感到了互联网的神奇，敏锐意识到：互联网必将改变世界！在1995年那个时候，互联网蒸蒸日上，在美国触网的中国人很多。但是一经"触网"就立刻看到了网络改变世界的巨大能量，看到网络背后隐藏着无限商机的人却寥寥无几，而看到未来的商机并立即付诸行动的更是少之又少。这就是马云的过人之处。

成功的创业者们通常都表现出过人的生意头脑，在旁人看来并不起眼或只是刚刚萌芽的新生事物，在他们眼里却是难得一遇的事业机遇，而且，他们还能迅速把握住市场的需求，拿出创业方案。这是一种天生的禀赋，但也是在后天的不断历练、思考、研究中产生的。从马云在1995年首次"触网"，到他1999年创建阿里巴巴，这中间应该是一个创业梦想不断酝酿、成熟的阶段。

很多研究结果都指出，创业者常与一般员工有所不同。通常，创业者在设定目标、善于规划的能力上比一般人要强，他们对于成功的欲望要强烈许多。一旦有机会出现，他们就会果断地抓住、尝试。哪怕是小小的一个成绩，都会带来很大的满足感，有了满足感，就会设定新的目标，更投入、更积极地工作，追求更大的目标。

4. 不怕失败、勇于冒险

"其实我知道，即使24个人都反对，我也会做下去！"——马云

马云1995年在美国触网后，看好互联网的未来，尽管此时的马云已经是杭州十大杰出青年教师，但他毅然下海，开始筹备创业。"当时觉得互联网不错，就找了24个在夜校教书结识的外贸人士到我家里，对着他们讲了2个小时，他们没听懂，我自己也没讲明白，最后说到底怎么样？其中23个人说算了吧，只有一个人说你可以试试看，不行赶紧逃回来。想了一晚上，第二天一早我还是决定继续做，于是成立了中国黄页。其实我知道，即使24个人都反对，我也会做下去！"创建企业黄页网站，每天出门对人讲互联网的神奇，请人家付钱把企业的资料放到网上去。但没有人相信他，1995年的杭州，人们还不知道互联网是什么东西。在那段时间里，马云过的是一种被人视为"骗子"的生活。但是，马云的网站为上网的企业带来了客户，他的网站盈利了。1996年，马云的营业额不可思议地做到了700万元！

冒险精神几乎是所有创业者必备的特质。创业实际上是一种冒险的游戏，因为把资金投进一些没有回报保证的生意上，不是一般人可以做到的事，现在很多以科技概念做生意的人，其冒险程度更高，当然，回报可能也很高。在机会出现的时候，往往不是多数人能够察觉到的，否则成功者就不会成为少数派了，所以在多数人不认为是机会的时候有胆量的人才可以力排众议，也只有这样才能抓住稍纵即逝的机遇。

5. 承受高压、坚持不懈

"把复杂的事情简单化，要用胸怀去对付。男人的胸怀是委屈撑大的。"——马云

创业期间，马云受过多少屈辱，可能连他自己也记不清了。《笑傲江湖》是马云看得最多的金庸小说，在IT业界浪迹多年，马云对"笑傲江湖"四个字有着自己独特的理解：网络即江湖，如何笑傲其间？笑，有眼光，有胸怀，方能坦然面对种种传言和误解，依然豪气千丈，仰天长笑；傲，有实力，有魄力，才可在人云亦云的时候保持清醒的头脑，才可在一片骂声中依然坚持自己的方向，傲视同侪。

一般来说，创业是风险最大的一种职业形态，其间的压力不是常人可以预见的。在创业之路上，荆棘永远与鲜花同在，不能忍受高压中的痛苦，坚持到最后，也就无缘尝到成功的美酒。

【感悟反思】

纵观马云的成长历程，从童年时代身形瘦小却"爱打架"的顽童，到青年时代的三次高考，以及之后多次艰苦创业不言放弃，最终成为一个受人尊敬的成功企业家、一个坚守自己核心价值观和有着强烈使命感的企业领袖，都与其创业型的特质息息相关。此外，还要加上艰苦的努力、长期的坚守与付出。对于意向创业者来说，理性分析个人的性格特征、职业锚、优势劣势，做好自我了解，是创业成功的必备前提之一；盲目创业，结果可能要付出惨重的代价！

马云的创业精神,就是那种敢于干大事、做品牌、闯天下、不走寻常路的精神。

马云他有敏锐的市场意识,善于抓住每一次稍纵即逝的市场机会,不断创造出新的市场。对于每个关乎创业成败与生死存亡的抉择,阿里巴巴都做出了正确的抉择,看似时运的"偶然",实是智慧的"必然"。"观乎天文,以察时变;观乎人文,以化成天下"。只有关乎人文的企业家,才能给经济运行赋予更多的文化内涵,使文化资源转变为更多的经济价值,实现文化与经济的有机融合,做到源于经济又高于经济、源于文化又高于文化,从而不断提升企业的"硬实力"和"软实力"。

多年来,马云最让人们钦佩的不是他的财富,而是他所倡导的社会价值观,企业责任与社会责任的和谐统一。

成大业者必须目光远大、志存高远,但也必须脚踏实地、求真务实。马云为创业者树立了榜样。在"资源有限、创意无限"的创意时代,在以创新为主要推动力的新一轮创业中,我们强烈呼唤马云这种顶天立地的创业品格、创业气度,期待涌现出更多善于把经济文化化、文化经济化的"新儒商"。

【知识梳理】

5.4.1 创业素质的含义

创业素质指的是创业者的心理素质和人格素质。其中心理素质包括要明确目标,要有激情,要有拼搏意识,要明白创业的风险而有失败的心理准备。而人格素质包括坚强的意识品质、坚强的必胜信心、良好的沟通能力、较强的组织管理能力、一定的企业工作或管理经验、良好的交际能力,要公平公正做人、广交朋友,这样才能调动所有人的积极性。

目前关于创业素质的含义有三种有代表性的观点。

(1) 认为"创业素质是指人在后天接受教育和环境影响下形成和发展的,在社会实践活动中表现出来的比较稳定的个性特征"。

(2) 认为"创业素质是指在人的心理素质和社会文化素质基础上,在环境和教育的影响下形成和发展起来的,在社会实践活动中全面地、较稳定地表现出来并发挥作用的身心组织要素、结构及其质量水平"。

(3) 认为"创业素质是以人的先天禀赋为基础,在环境和教育的影响下形成和发展起来的、在创业实践活动中表现出来并相对稳定地发挥作用的身心组织要素的总称"。

由此可见,创业素质的培养,主要依靠后天的教育,在某些特定环境和教育下形成和发展。对于当代大学生的创业素质教育,也离不开这些基础和条件。因此,我们将当代大学生的创业素质的含义概括为:以其时代特点和自身特点为基础,优化整合优质教育资源,通过学校、家庭、企业、社会等多渠道,帮助他们树立创业意识,激发创业激情,掌握创业知识，提高创业能力，进一步培养具有时代特征的创业素质。

5.4.2 提高大学生创业素质的途径和方法

1. 加强职业指导，强化创业知识的培训

创业知识是学生进行创业的基本要素，包括专业技术知识、经营管理知识和综合性知识。专业技术知识对于创业者了解创业现状，明确创业目标有着直接的作用，特别是在一些应用高科技的领域，扎实掌握专业技术知识能够使创业者具有竞争优势。经营管理知识的掌握，可以通过一些针对性地学习，如开设的职业指导课、市场经济和法律课程等，使大学生更好地了解市场运行规律，掌握管理经营企业的知识和谈判技巧。而综合性知识，可以通过开设第二课堂的学习，如模拟经营及其他相关领域课程的学习来获得。总之，只有具备了深厚的专业知识和广博的非专业知识，才能认清形势、抓住机遇、把握全局、实现创业目标。

2. 锻炼创业能力，提高自身综合素质

创业能力是大学生创业素质的一个重要方面，也是多数初入社会的大学生创业者所缺乏的一种综合能力，主要包括以下五个方面。

（1）创新能力

创新能力主要包括制度创新、管理创新、产品创新等能力。创新精神是一个民族发展的灵魂，开拓创新也是创业发展的灵魂和赢得竞争优势的关键。新的管理体制和产品开发要求创业者善于推陈出新，打破传统思维的樊篱。

（2）管理能力

管理能力主要包括决策、组织、计划、控制、领导和协调等能力，还包括经营能力，包括市场调查分析、谈判和推销等能力。管理活动贯穿于组织运行过程的每一个环节。

（3）资源整合能力

创业者在创业之初不可能面面俱到，必须借用外力，利用自身的资源去整合他人资源，最终达到共赢的效果。

（4）语言表达和书面表达能力

创业者必须与投资者、政府部门、客户、消费者进行沟通，其口语表达要求清楚、流畅、准确、简洁、生动。另外，各类创业策划书和投资计划书的写作也对创业者的表达能力提出了较高要求。

（5）人际交往能力

人际交往是创业者同各行业、部门、人员打交道的过程中不可或缺的。因此，大学生在校期间必须有意识地培养与他人的协作能力，获得他人和社会的支持。

3. 塑造创业人格，形成自身人格魅力

阿玛尔·毕海德（Amar V.Bhide）在《新企业的起源与演进》中通过对现有的发展前景的企业分析推论，得出企业家创建有前途的新企业需要一些特殊的品质，起决定作用的重要品质如下。

（1）受家庭背景、文化程度和经验所影响的创业倾向。

（2）适应性调整能力，如果断、开明、控制内心冲突与发现因果关系的能力等。

（3）获取资源的能力，如应变能力、自制力、洞察力和销售技巧等；相比较而言，如承担风险、创造性活动、愿望与远见、雄心壮志、领袖气质、运用权力、管理才能等是次要的品质。

国内也有学者根据对中国创业者的调查，得出成功企业的领导人应具有以下品质。

（1）诚实、谦虚以赢得别人的信任。

（2）克制、忍耐以获得良好的人际关系。

（3）热情、富有责任感以保持克服困难的决心，并感染别人。

（4）积极性的心态和创造精神使创业者充分发挥潜能，不被束缚，开创新局面等。

（5）公道正派、团结协作，具有自信心和较强的适用能力。

5.4.3 创业者最重要的10个素质

1．诚信——创业立足之本

2．自信——创业的动力

3．勇气——视挫败为成功之基石

4．爱心——创业成功的催化剂

5．领导才能——创业的无形资本

6．社交能力——借力打力觅捷径

7．合作能力——趋利避害形成合力

8．创新精神——创业成功的维生素

9．敢于冒险——该出手时就出手

10．敏锐眼光——识时务者终为俊杰

5.4.4 一个成功的创业者应具备的创业素质

创业是极具挑战性的社会活动，是对创业者自身智慧、能力、气魄、胆识的全方位考验。一个人要想获得创业者的成功，必须具备基本的创业素质。

1．强烈的创业意识　　2．自信的创业精神

3．优秀的创业品质　　4．超强的创业能力

5．扎实的创业知识　　6．一定的创业经验

创业素质是一种包括知识、技能或能力、经验和人格在内的复杂结构，一种综合性的主体因素。因此，就提高和增强人们的创业素质而言，主要可以分别从上面所述的6个方面进行。但是，由于知识、技能或能力、经验和人格之间是密切联系的，因此更应该注重对这6个层面的整体把握。

5.4.5 创业者成功创业需具备的五大能力

创业不是一件简单的事情，需要忍受我们平时难以想象的艰难和困苦，因此这也更加考验创业者的能力，拥有过人的能力，可以让创业之路走得更加顺畅一些。

1．决策能力

2．经营管理能力

（1）学会经营

（2）学会管理

（3）学会用人

（4）学会理财

（5）要讲诚信

3．创新能力

4．专业技术能力

5．协调交往能力

5.4.6 无限的激情是创业成功的保障

创业需要梦想，有梦想未来才会异彩纷呈。人生需要激情，创业更需要激情。

马云曾说：创业路上需要激情、执着和谦虚，激情和执着是油门，谦虚是刹车，一个都不能缺少。

1．激情是创业成功的助动剂

激情是一种调动人体每个细胞活跃起来的决定因素。具有激情的人，他将获得无穷的想象力和创造力。激情也最容易使我们在平凡中创造奇迹。我们不论做什么，心中都应该燃烧起一股激情，让它作为一种不断鞭策自我和推动自我的强大动力，使困难和阻碍在激情的面前不堪一击。成功就在前方，看你是否有激情去奋斗，相信命运不会偏袒那些做事半途而废、犹豫不决、胆小怕事、缺乏激情的人，只有那些富有激情，勇于进取的人，才会在创业的大军中脱颖而出。但我们也要明白激情只是一种助动剂，不能说是光有激情你就具备了创业和成功的条件，这还需要我们更为慎重和审时而行，当你已经符合了创业的标准，那么带着激情上路，你将斗志昂扬地开始自己的打拼。

2．激情是创业遭遇逆境和失败时的强心剂

创业是充满美好的，但是，在这条路上你要面对的逆境和失败要比给别人打工时多得多。打工时你可以推卸，即使错了，造成的损失由你的老板负责。但是今天你创业了，你不能推卸责任，你也不希望有损失，因为损失的是自己的。可是，创业难以避免逆境。遇到逆境怎么办？是消极对待，还是充满激情地去解决？答案当然是后者。这时你需要打起精神，告诉自己，没有过不去的坎儿，你要充满激情地积极面对并解决这些问题。

3．激情使创业者高效率、忘我地创业

激情创造事业，事业激发激情，没有激情的创业就是没有效率的创业。当你浑身充满

激情地去为自己创业时,你会感到浑身充满力量,总有使不完的劲儿。你发现你的大脑是如此聪明,你有那么多的智慧。你废寝忘食,你发现你的效率是如此之高。这一切,都源于你的激情。特别是你第一次创业,你会感觉你的效率要比原来上班时高好几倍。

4. 激情激励你的团队和下属

有一句古谚说得好:一头狮子率领的绵羊队伍可以打败一头绵羊率领的狮子队伍。从你开始创业起,只要你身边有一个员工,那么你就是领头的,你是选择做狮子,还是选择做绵羊呢?

狮子的性格在于激情,绵羊的性格在于温和。从一个企业所有制的性质看,你只要是老板或者股份公司的总经理,从那一刻开始你就是这个企业的领头人了。

你要知道你的一言一行影响着整个团队。你选择退,整个团队选择退;你选择前进,整个团队选择前进。你充满激情,团队也斗志昂扬;你满脸愁容,整个团队也阴云密布。你要知道,情绪是会互相感染的,一个士气低落的队伍和一头绵羊带领的队伍是没有什么区别的。兵熊熊一个,将熊熊一窝。一个充满激情的团队焕发出的能量是你孤军奋战的十倍,同样,给你带来的收入自然也能提高十倍,你才是最大的受益者。

在平时生活、工作中,你要在所有的同事和下属面前,永远保持微笑和活力,让他们感到没有能难倒你的事。你是那么自信坚强,有成绩表扬大家,有困难激励大家,你还要把这个状态带给你周围的人。天长日久,你的激情给你带来的收益将超出你的想象,因为每个人都喜欢和有激情、热情开朗的人来往。

5.4.7 如何创业才是成功之道

哈佛大学拉克教授讲过这样一段话:"创业对于大多数人而言是一件极具诱惑的事情,同时也是一件极具挑战的事情。不是人人都能成功,也并非想象中那么困难。但任何一个梦想成功的人,倘若他知道创业需要策划、技术及创意的观念,那么成功已离他不远了。"

创业素质对一个成功的创业者来说十分重要,如果你想成为一个成功创业者就必须做到以下 7 大要点。

1. 制订创业计划书
2. 做好周密的资金运作计划
3. 在创业中不断强化创业能力与知识
4. 培养一个执行力强、效率高的团队
5. 确定企业最终的目标
6. 在失败中寻找经验
7. 在创业中位自己制定一个台阶

【研讨交流】

 案例 5-4　　创业始于梦想，成于坚持

【案例描述】

马云曾说："我觉得创业者第一要有一个梦想，这很重要，你没有梦想的话，为做而做，别人让你做是做不好的，要坚强。第二要有毅力，没有毅力做不好，从我自己的经验，我每次创业的时候，有一个美好设想的过程，但是往往你走到那儿它不一定美好。所以你要告诉自己，自己走的路上面每天碰到的事情特别多。我 1995 年创办黄页，然后又开始创业做阿里巴巴，我觉得自己反正已经倒霉，这个不成，那个也不成，反正再做十年，倒霉也无所谓了，毅力很重要。"

1996 年巨人大厦资金告急，史玉柱决定将保健品方面的全部资金调往巨人大厦，保健品业务因资金"抽血"过量，再加上管理不善，迅速盛极而衰。巨人集团解体后，史玉柱一夜之间身无分文，但是他并没有放弃，而是选择重振旗鼓，东山再起。1998 年，山穷水尽的史玉柱找朋友借了 50 万元，开始运作脑白金。脑白金一炮走红并没有让史玉柱满足。2001 年，黄金搭档上市，并很快走红全国市场。从此，这两个产品，成了保健品市场上的常青树。史玉柱再次成为商界的佼佼者。试想如果没有当初的坚持，怎么会有日后的巨人崛起。

【各抒己见】

（1）大学生创业有哪些优势和劣势。

（2）以下素质你认为哪些是大学生创业者应重点培养的素质，你具备了哪些素质。

自信自立、敢于冒险、善于沟通、团结合作、吃苦耐劳、乐观豁达、诚实守信、把握机遇、创新精神、终身学习、勤奋努力、领导才能、坚忍执着、责任感、勤奋、毅力等。

【实战训练】

【训练 5-2】大学生创业的 SWOT 分析

现在大学生创业是一种趋势，虽然有优势和机遇，但同时也存在劣势和威胁。大学生在创业的同时要根据自己的特点，抓住机遇发挥优势，要找出具体的不足，制定方案解决威胁与困难，从而实现自己的人生目标。

SWOT 分析是指分析优势（Strengths）、劣势（Weaknesses）、机会（Opportunities）和威胁（Threats）四

个方面，参考以下内容试进行大学生创业的 SWOT 分析。

1. 大学生创业的优势

（1）接受新鲜事物快，甚至是潮流的引领者。

（2）思维普遍活跃，不管是敢不敢干，至少是敢想的。

（3）自信心较足，对认准的事情有激情去做。

（4）年纪轻，精力旺盛，故有"年轻是最大的资本"之说。

2. 大学生创业的劣势

（1）缺乏社会经验和职业经历，尤其缺乏人际关系和商业网络。

（2）缺乏真正有商业前景的创业项目，许多创业点子经不起市场的考验。

（3）缺乏商业信用，在校大学生信用档案与社会没有接轨，导致融资借贷困难重重。

（4）心理承受能力差，遇到挫折轻易放弃，有的学生在前期听到创业艰难，没有尝试就轻易放弃了。

（5）整个社会文化和商业交往中往往不信任青年人，俗语说的"嘴上没毛，办事不牢"，很不利于年轻人的创业。

3. 大学生创业的机遇

现在国家政策都鼓励大学生创业，学校也注重培养大学的创业技能，社会也开始逐步承认大学生创业，家庭也开始给予大学生一些创业的资金。大学生创业的环境在逐渐改善。

4. 大学生创业的威胁

人才竞争越来越激烈，大学生毕业走向社会的社会压力越来越大。虽然自己创业，但是市场竞争也很激烈，资金压力也很大。想得到家长和社会的认可，更不容易。一开始的创业虽然解决了就业，但是自己还年轻还想让生活更加充实，想生存得更有尊严。

【训练5-3】 创业素质训练之我见

大学生创业素质训练载体的类型主要包括课堂教学载体、文化活动载体、社会实践载体、管理服务载体等，承载着教授创业知识、训练创业技能、丰富创业经验等功能。

以小组为单位，对所在学校教授创业知识、训练创业技能、丰富创业经验的平台、载体、制度情况进行调查分析，也对学生对创业素质训练方面的需求进行调查分析，然后综合各方面的情况，撰写一份"加强创业素质训练、提升创业能力"的建议书。

单元 6　捕捉创业机会

创业往往是从发现、把握、利用某个或某些商业机会开始的。识别创业机会是创业成功最重要的第一步,好的创业机会是创业成功的一半。创业与一般管理的不同是在创业机会的寻找过程中,它并非一个理性的过程,并非一个求最大值的过程。

【知识探究】

6.1　认知创业机会

6.1.1　创业机会的含义

所谓创业机会,也称商业机会或市场机会,是指有吸引力的、较为持久的和适时的一种商务活动的空间(机会窗口),并最终表现在能够为消费者或客户创造价值或增加价值的产品或服务之中。创业者据此可以为客户提供有价值的产品或服务,并同时使创业者自身获益。所谓机会窗口是指市场存在的发展空间有一定的时间长度,使得创业者能够在这一时间段内抓住机会,创立起自己的企业,并获得相应的盈利与投资回报。

创业机会主要是指具有较强吸引力的、较为持久的有利于创业的商业机会。创业机会是指进行创业活动存在的可能性范围和创业者通过自己的行为影响成功的范围。创业机会是技术、经济、政治、社会及人口环境发生了变化,使新产品、新服务、新原材料和新的组织方式出现了新的情景。

6.1.2　创业机会的基本类型

创业机会产生于一定的环境中,创业机会的发现往往是因为环境的变动,市场的不协调或混乱,信息的滞后、领先或缺乏,以及各种各样的其他因素的影响。也就是说,在一个自由的企业系统中,当行业和市场中存在着变化的环境:混乱、混沌、矛盾、落后、领先、知识和信息的鸿沟及各种各样其他变化,如技术革新、消费者偏好的变化、法律政策的调整等,此时创业机会就产生了。

创业机会主要包括技术机会、市场机会和政策机会三种类型。

1. 技术机会

技术机会是指由于技术变化带来的创业机会，它主要来源于新的科技突破和社会的科技进步。技术上的任何变化或多种技术的组合都可能给创业者带来某种商业机会。

技术机会主要表现为三种形式。

（1）新技术替代旧技术。

（2）实现新功能，创造新产品的新技术的出现。

（3）新技术带来的新问题。

2. 市场机会

市场机会是指富有吸引力的领域能给企业营销活动带来良好机遇与盈利的可能性。市场机会来源于营销环境的变化，表现为市场上尚未满足或尚未完全满足的需求。

市场机会主要有四类。

（1）市场上出现了与经济发展阶段有关的新需求，相应的，就需要有企业去满足这些新的需求，这同样是创业者可以利用的商业机会。

（2）当期市场供给缺陷产生新的商业机会。

（3）先进国家（或地区）产业转移带来的市场机会。

（4）从中外差距中寻找隐含的某种商机。

3. 政策机会

政策机会是指由于政府制定的法律、法规有所变动而带来的新的行业、新的市场、新的创业机会；或是由于政府的国家发展计划重点的转移，原来没有受到重视的区域市场重新受到人们的重视，创业者也跟随政府开发这一没有开发的市场，从中获取新的创业机会。

政策机会主要包括：

（1）法律法规开禁带来的创业机会。

（2）因政府在地区政策上的差异而带来的创业机会。

（3）新政策的实施所带来的创业机会。

6.1.3 创业机会的主要来源

1. 来自问题的存在

创业的根本目的是满足顾客需求。而顾客需求在没有满足前就是问题。寻找创业机会的一个重要途径是善于去发现和体会自己和他人在需求方面的问题或生活中的难处。例如，上海有一位大学毕业生发现远在郊区的本校师生往返市区交通十分不便，于是创办了一家客运公司，这就是把问题转化为创业机会的成功案例。

2. 来自不断变化的环境

变化是创业机会的重要来源，人们通过这些变化，常常会发现新的创业机会。创业的机会大多产生于不断变化的市场环境，环境变化了，市场需求、市场结构必然发生变化，这就会给各行各业带来商机。著名管理大师彼得·德鲁客将创业者定义为能"寻找变化，并积极反应，把它当作机会充分利用起来的人"。这种变化主要来自于产业结构的变动、消费结构升级、城市化加速、人口思想观念的变化、政府政策的变化、人口结构的变化、居民收入水平提高、全球化趋势等诸方面。如居民收入水平提高，私人轿车的拥有量将不断增加，这就会派生出汽车销售、修理、配件、清洁、装潢、二手车交易、陪驾等诸多创业机会。

3. 来自创造发明

创造发明提供了新产品、新服务，更好地满足顾客需求，同时也带来了创业机会。在人类发展史上，每次重大的发明创造都引起了产业结构的重大变革，产生了无数的创业机会。例如，随着计算机的诞生，计算机维修、软件开发、计算机操作的培训、图文制作、信息服务、网上开店等创业机会随之而来，即使你不发明新的东西，你也能成为销售和推广新产品的人，从而给你带来商机。

4. 来自竞争

如果你能弥补竞争对手的缺陷和不足，这也将成为你的创业机会。看看你周围的公司，你能比他们更快、更可靠、更便宜地提供产品或服务吗？你能做得更好吗？若能，你也许就找到了机会。

5. 来自新知识、新技术的产生

新知识可以改变人们的消费观念，新技术可以进一步满足人们的需求，甚至使人们产生新的需求进而引导消费。例如，当生产微型计算机的技术形成后，中国的企业也获得了生产与维护计算机的创业机会，联想等企业抓住了这个机会。

例如，随着健康知识的普及和技术的进步，围绕"水"就带来了许多创业机会，上海就有不少创业者加盟"都市清泉"而走上了创业之路。

6.1.4 创业机会的特征

有的创业者认为自己有很好的想法和点子，对创业充满信心。有想法和点子固然重要，但并不是每个大胆的想法和新异的点子都能转化为创业机会的。创业机会有以下四个特征。

1. 普遍性

凡是有市场、有经营的地方，客观上就存在着创业机会。创业机会普遍存在于各种经营活动过程之中。

2. 偶然性

对一个企业来说，创业机会的发现和捕捉带有很大的不确定性，任何创业机会的产生都有"意外"因素。

3. 消逝性

创业机会存在于一定的时空范围之内，随着产生创业机会的客观条件的变化，创业机会就会相应的消逝和流失。

【分步训练】

6.2 寻找与识别创业机会

创业难,发掘创业机会更难。一般而言,改进现有商业模式比创造一个全新的商业模式更为容易。许多创业者都可以由过去任职公司的经验中,发现大量可以立即改进的缺失,包括未被满足的顾客需求、产品品质上的瑕疵、作业程序上的不经济等。

机会如风,来无影去无踪,但它却经过每一个人的身旁,就看你是否感觉得到。机会在每个人面前都是平等的,有的人总以为机会来临时还要先打个招呼,空等不知错失了多少机会,所以说机会不是等来的。但是机会在等着所有的人,所以机会需要主动去寻找,我们要成为第一个它等到的人。人一生之中能够果断坚定、把握机会,就可能品尝到成功的欢乐;优柔寡断、瞻前顾后,就可能错过很多机会,甚至留下永远的遗憾。

识别创业机会是创业的起点,也是核心。机会识别是创业的开端,也是创业的前提。可以说机会无时不在,无处不在。

【案例剖析】

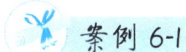 案例6-1　　"牛仔大王"李维斯

【案例描述】

当年李维斯像许多年轻人一样,带着梦想前往西部追赶淘金热潮,一日,突然间他发现有一条大河挡住了他前往西去的路。苦等数日,被阻隔的行人越来越多,但都无法过河。于是陆续有人向上游、下游绕道而行,也有人打道回府,更多的则是怨声一片。而心情慢慢平静下来的李维斯想起了曾有人传授给他的一个"制胜法宝",是一段话:"太棒了,这样的事情竟然发生在我的身上,又给了我一个成长的机会。凡事的发生必有其因果,必有助于我。"于是他来到大河边,"非常兴奋"地不断重复着对自己说:"太棒了,大河居然挡住我的去路,又给我一次成长的机会,凡事的发生必有其因果,必有助于我。"果然,他真的有了一个绝妙的创业主意——摆渡。没有人吝啬一点小钱坐他的渡船过河,迅速地,他人生的第一笔财富居然因大河挡道而获得,一段时间后,摆渡生意开始清淡。

他决定放弃,并继续前往西部淘金。来到西部,四处是人,他找到一块合适的空地方,买了工具便开始淘起金来。在刚到西部的那段时间,他多次被人欺侮,有一次被人打完之后,看着那些人扬长而去的背影,他又一次想起他的"制胜法宝"。终于,他又想出了另一个绝妙的主意——卖水。

西部黄金不缺,但似乎自己无力与人争雄;西部缺水,可似乎没什么人能想到它。不

久他卖水的生意便红红火火。慢慢地，也有人参与了他的新行业，再后来，同行的人已越来越多，竞争越来越激烈。终于有一天，李维斯不得不再次无奈地放弃卖水生意。然而他立即开始调整自己的心态，再次强行让自己兴奋起来，又一次想起他的"制胜法宝"，并开始调整自己注意的焦点。他发现来西部淘金的人，衣服极易磨破，同时又发现西部到处都有废弃的帐篷，于是他又有了一个绝妙的好主意——把那些废弃的帐篷收集起来，洗洗干净，就这样，他缝成了世界上第一条牛仔裤！从此，他一发不可收拾，最终成为举世闻名的"牛仔大王"。

【感悟反思】

"只有愚者才等待机会，而智者则造就机会。"培根的这句话也在启发着我们，创业机会需要我们去创造和发现。只要我们平时时刻注意周围的事情，观察生活中的点点滴滴，勇于开动大脑，找到灵感，我们就能寻找到机遇，然后再为此付出自己的汗水，就一定能开启成功之门。

李维斯是如何选择他的三个创业项目的？前两次为什么失败了？为什么第三次创业成功了？

【知识梳理】

6.2.1 影响创业机会识别的因素

为什么是有些人而不是另外的人看到一个机会？这些看到了机会的创业者有什么独特之处？普遍而言，下面的几类因素，被认为影响创业机会识别的基本因素，也是这些人具备的一些特征。

1. 先前经验

在特定产业中的先前经验有助于创业者识别机会。有调查发现，70%左右的创业机会，其实是在复制或修改以前的想法或创意，而不是全新创业机会的发现。

2. 专业知识

拥有在某个领域更多专业知识的人，会比其他人对该领域内的机会更具警觉性与敏感性。例如，一位计算机工程师，就比一位律师对计算机产业内的机会和需求更为警觉与敏感。

3. 社会关系网络

个人社会关系网络的深度和广度影响着机会识别，这已是不争的事实。通常情况下，建立了大量社会联系网络的人，会比那些拥有少量联系网络的人容易得到更多的机会。

4. 创造性

从某种程度上讲，机会识别实际上是一个创造过程，是不断反复地创造性思维过程。在许多产品、服务和业务的形成过程中，甚至在许多有趣的商业传奇故事中，我们都能看到有关创造性思维的影子。

尽管上述特征并非导致创业成功的必然，但具备了这些特征，往往较其他创业者具有更多的优势，也更容易获得成功。

6.2.2 创业机会的识别过程

创业者从繁杂和梦幻般的创意中选择他心目中的创业机会，随之而来的是组织资源着力开发这一机会，使之成为真正的企业，直至最终收获成功。在这一过程中，机会的潜在预期价值以及创业者的自身能力得到反复权衡，创业者对创业机会的战略定位也越来越明确，这一个过程称为机会的识别过程。

机会识别包括三个截然不同的过程。

（1）感觉或感知到市场需求和尚未利用的资源。

（2）认识和发现在特殊的市场需求和特别的资源之间"相匹配的东西"。

（3）这种"相匹配的东西"以新业务的形式展现出来。

这些过程分别代表了感知、发现和创造，而不仅仅是"识别"。

这一过程分为三个阶段。

1．机会的搜寻

这一阶段创业者对整个经济系统中可能的创意展开搜索，如果创业者意识到某一创意可能是潜在的商业机会，具有现在的发展价值，将进入机会的识别阶段。

2．机会的识别

相对整体意义上的机会识别过程，这里的机会识别应当是狭义上的识别，即从创意中筛选合适的机会。这一过程包括两个步骤。

一是对整体的市场环境，以及一般的行业分析来判断该机会是否在广泛意义上属于有力的商业机会，称为机会的标准化识别阶段。

二是对于特定的创业者和投资者来说，考察这一机会是否有价值，也就是个性的机会识别阶段。

3．机会的评价

实际上机会评价已经带有部分调查的含义了，相对比较正式，考察的内容主要是各项财务指标，创业团队的构成等，通过机会的评价，创业者决定是否正式组建企业，吸引投资。

通常机会识别和机会评价是共同存在的，创业者在对创业机会识别时也有意无意地进行评价活动。在机会活动的初始阶段，创业者可以非正式地调查市场的需求、所需的资源，直到断定这个机会值得考虑或进一步深入开发；在机会开发的后期，这种评价变得较为规范，并且主要集中于考察这些资源的特定组合是否能够创造出足够的商业价值。

6.2.3 发掘创业机会的主要方式

1．分析特殊事件来发掘创业机会

2．分析矛盾现象来发掘创业机会

3．分析作业程序来发掘创业机会

4．分析产业与市场结构变迁的趋势来发掘创业机会

5．分析人口统计资料的变化趋势来发掘创业机会

6．分析价值观与认知的变化来发掘创业机会

7．分析新知识的产生来发掘创业机会

6.2.4 创业机会识别所需的条件

面对具有相同期望值的创业机会,并非所有潜在创业者都能把握。成功的机会识别是创业愿望、创业能力和创业环境等多因素综合作用的结果。

1. 创业愿望是机会识别的前提

创业愿望是创业的原动力,它推动创业者去发现和识别市场机会。没有创业意愿,再好的创业机会也会视而不见,或者失之交臂。

2. 创业能力是机会识别的基础

识别创业机会在很大程度上取决于创业者的个人(团队)能力,这一点在《当代中国社会流动报告》中得到了部分佐证。该报告通过对 1993 年以后私营企业主阶层变迁的分析发现,私营企业主的社会来源越来越以各领域精英为主,经济精英的转化尤为明显,而普通百姓转化为私营企业主的机会越来越少。国内外研究和调查显示,与创业机会识别相关的能力主要有:远见与洞察能力、信息获取能力、技术发展趋势预测能力、模仿与创新能力、建立各种关系的能力等。

3. 创业环境是机会识别的关键

创业环境是创业过程中多种因素的组合,包括政府政策、社会经济条件、创业和管理技能、创业资金和非资金支持等方面。一般来说,如果社会对创业失败比较宽容,有浓厚的创业氛围;政府有各种渠道的金融支持和完善的创业服务体系;产业有公平、公正的竞争环境,那就会鼓励更多的人创业。

6.2.5 如何研究市场动向

能够自己去识别和把握创业机会,根据自己的具体情况找到适合的创业方向,明确了想做什么和能做什么以后,这还不够,还要研究市场。市场需求是客观的,你能够做到的是主观的,主观只有和客观一致起来,才能变成现实,才能有效益。因此,要尽所能,研究市场、捕捉信息、把握商机。机会从来都是垂青有心人的,做一个有心人,就会发现处处有市场,就会发现你拥有的各种资产的最佳用处。所以还应该做以下工作,为更好地创业做铺垫。

1. 研究大家都在做什么、如何做

不妨先向做得好的人虚心学习,学习他们经营的长处,摸清一些做生意的门道,积累必要的经验与资金。学习该行业的知识和技能,体会他们经营的不足之处,在你做的时候力争改进。

2. 研究自己家庭生活经常需要什么商品和服务

研究大众需求从你自己的家庭需要开始,首先研究你家里每天什么东西消费得最多。普通老百姓衣食住行的日常需要是一个稳定而广阔的市场。

3. 研究当前及今后一段时间的社会热点与公众话题

对精明的商人来说,热点就是商机,就是挣钱的项目和题材。抓住热点,掌握题材,

独居匠心就能挣钱。同时，注意潜在热点的预测和发现，在热点没有完全热起来之前，就有所发现，有所准备，在别人没有发现商机时，你能发现商机，就更胜一筹。

4. 研究社会难点，关注社会焦点

只要用心看就会发现我们身边有这样那样小的难点，看看我们能做什么来解决这些"麻烦"，这就是个商机。

5. 研究市场的地区性差异

不同的地区需要不同的产品和市场，地理因素的限制会带来不同地区之间的市场差异。市场的地区性差异是永远存在的，关键在于你能不能发现，发现差异并做缩小差异的工作，就是在满足市场需求，就是挣钱之道。

6. 研究生活节奏变化而产生的市场需求

现代生活节奏越来越快，快节奏的生活方式必然会产生新的市场需求，用金钱购买时间，是现代都市人时髦选择。精明的生意人就会看到这一点，做起了各种各样适应人们快节奏生活需求的生意。

6.2.6 如何筛选创业机会

经过创业机会的识别以后，要进行机会的选择。在现实经济生活中，适于创业的机会并不是很多。创业者需要借助"机会选择漏斗"，经过一层又一层筛选，在众多机会中筛选出真正适于自己的创业机会。

1. 要筛选出优势的创业机会

一般而言，较好的创业机会有五个特点。
（1）在前景市场中，前 5 年中的市场需求会稳步、快速增长。
（2）创业者能够获得利用该机会所需的关键资源。
（3）创业者不会被锁定在"刚性的创业路径"上，而是可以中途调整创业的"技术路径"。
（4）创业者有可能创造新的市场需求。
（5）特定机会的商业风险是明朗的，且至少有部分创业者能够承受相应风险。

2. 要筛选出利己的创业机会

面对较好的创业机会，特定的创业者需要回答四个问题。
（1）创业者能否获得自己缺少但他人控制的资源。
（2）遇到竞争时，自己是否有能力与之抗衡。
（3）是否存在该创业者可能创造的新增市场。
（4）该创业者是否有能力承受利用该机会的各种风险。

6.2.7 如何培养和提高发现创业机会的能力

机会为何总青睐于特定创业者。

虽然大量的创业机会可以经由系统地研究来发掘。不过，最好的创业机会还是来自于创业者长期观察与生活体验。创业者可以在日常生活中有意识地加强实践，培养和提高发现创业机会的能力。

1. 养成良好的市场调研习惯

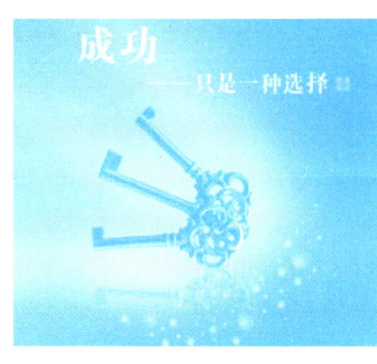

发现创业机会的最根本一点是深入市场进行调研。要了解市场供求状况、变化的趋势，顾客的需求是否得到了满足，竞争对手的长处与不足等。

2. 多看、多听、多想

我们常说见多识广，识多路广。我们每个人的知识、经验、思维以及对市场的了解不可能做到面面俱到。多看、多听、多想能使我们广泛获取信息，及时从别人的知识、经验、想法中汲取有益的东西，从而增强发现机会的可能性和概率。

3. 培养独特的思维

机会往往是被少数人抓住的。我们要克服从众心理和传统的习惯思维的束缚，敢于相信自己，有独立见解，不人人亦之，不为别人的评头论足、闲言碎语所左右，才能发现和抓住被别人忽视或遗忘的机会。

6.2.8 如何把握创业机会

创业者不仅要善于发现机会，评估机会，更需要正确把握并果敢行动，将机会变成现实的结果，这样才有可能在最恰当的时候出击，获得成功。

把握创业机会，应特别注意以下几点。

1. 着眼问题把握机会　　2. 利用变化把握机会
3. 跟踪技术创新把握机会　4. 在市场夹缝中把握机会
5. 捕捉政策变化把握机会　6. 弥补对手缺陷把握机会

6.2.9 把握大数据时代的创业方向与创业机会

1. 大数据时代的创业特征

大数据时代，人们寻找创业机会，最重要的是数据的收集和分析，从数据中找到好点子。

首先，大数据技术在萌芽阶段就是应用开源技术，这会给基础架构硬件、应用程序开发工具、应用服务等各个方面的相关领域带来更多的机会。

其次，创业者不需要统计学家或者数据分析师也可以轻松获取数据，然后凭借分析和洞察力开发可行的产品。

最后，将众多数据聚合，或者将公共数据和个人数据相结合，新数据组合能开辟出产品开发的新机遇。总之，开放数据和开源技术将使创业门槛降低，创业机会大大增加。

2. 大数据时代的创业方向

现有的大数据工具有着技术门槛高、上手成本高、与实际业务结合较差以及部署成本高、小公司用不起等特点。那么新创企业就可以根据以往这些产品的缺陷,来做更适合市场和客户的大数据分析工具和服务。

另外,将大数据工具完整化和产品化也是一个方向。新一代的大数据处理工具应该是有着漂亮 UI,由功能按键和数据可视化等模块组成的完整产品,而不是一堆代码。因此大数据创业的 2B(企业与企业)方向,更多的是做工具和服务,如数据可视化、商务智能、CRM 等。而在 2C(个人与个人)方向,大数据一个很大的作用就是为决策做依据,以前做决定是"拍脑袋"决定,现在,根据数据结果做决定。个人理财(我的钱花哪儿去了,哪些可以省下来)、家庭决策(孩子报考哪所大学)、职业发展/自我量化(该不该跳槽,现在薪水到底合适不合适)以及个人健康都可以用到大数据。

3. 大数据时代的创业机会

大数据在各个行业的垂直特色化应用会更有想象空间,包括金融、电信、健康、媒体广告、零售、交通、政府、智慧城市、房地产和家居家电等行业都会有很多应用机会。

(1)金融

大数据公司专门聚焦在通过大数据进行客户信用评级,并为银行、保险公司或 P2P 平台服务;或者基于大数据挖掘帮助银行进行客户细分、精准营销服务。

(2)电信

这个方向已经有专门为电信企业提供客户生命周期管理解决方案、客户关系管理、精细化运营分析和营销的数据公司;或者基于大数据提供网络层的运维管理和网络优化服务的大数据公司。

(3)健康

未来两三年将会出现一批基于各种可穿戴设备形成的健康云数据,进行深度的数据数据分析和挖掘的企业,帮助人们进行健康预测和预警;未来还可以服务公共卫生部门,打通全国的患者电子病历数据库,快速检测传染病,进行全面的疫情监测,并通过集成疾病监测和响应程序,快速进行响应等。

(4)媒体广告

可以通过大数据实现更科学的媒介选择;或者基于大数据的精准广告投放系统、基于大数据的广告效果监测评估服务、基于大数据的网站分析优化服务以及基于大数据 DMP 数据平台并为 DSP 平台提供精准营销服务等。

(5)零售

大数据公司可以帮助零售企业进行店面选址服务;利用关联规则进行客户购物分析,从而给客户推荐相应的促销活动;基于天气的分析和预期来判断畅销产品以及相应的进货和运营策略,或者把天气数据加入物流预测模型,确保在天气模式没有改变之前,商品能够顺利运送到各商店。

(6)房地产

通过互联网平台的大数据进行购房潜在客户挖掘;或者通过互联网大数据进行潜在装修客户挖掘;通过大数据提供精准的社区 O2O 服务;商业地产通过大数据对商场消费人群进行分析,掌握顾客活动轨迹、消费习惯等,提供定制服务、精准营销服务。

虽然大数据得到政府的大力支持，大数据相关的公司也如雨后春笋般冒出来，但数据行业是慢工出细活的行业，独立第三方数据公司的品牌影响力也需要较长时间的积累，因此不能跟着概念创业，必须从真实需求出发，从企业和用户对数据的需求出发做大数据产品，找准自己的定位是关键。

【研讨交流】

案例 6-2　　　　向前看两年

【案例描述】

1999 年，李彦宏回国准备创业。但是做什么呢？这是首先要解决的问题。当时有三条路摆在李彦宏面前：电子商务、翻译和搜索。那时电子商务刚刚兴起，李彦宏的搭档徐勇就是做电子商务出身的，可以说在电子商务方面具备了天时、地利、人和，非常具有诱惑力。而当时的一些风投公司则建议李彦宏做翻译。

李彦宏到底会选择哪一个呢？这是他创业路上的第一道坎。

李彦宏没有选择当时正火热的电子商务，他说服徐勇说："B2B 虽然很火，但是已经有很多公司在做了，我们现在进去不一定能成功。"他也没有选择似乎有着大好前景的翻译网站，而是果断选择了搜索。

首先，李彦宏本身具有技术优势。在搜索领域，李彦宏不仅在中国算得上是最早的专家，在世界上也已经跻身前列。1996 年，李彦宏发明了"超链分析"，这是在 1999 年之后，世界主流搜索引擎都采用的一种搜索引擎技术。1998 年，在硅谷，李彦宏是第一个将长远分析理论和技术实际运用到搜索引擎的人。那时，谷歌还不是一家主流搜索引擎企业，但已经开始使用这套东西做搜索引擎。2000 年，当李彦宏回国做百度时，谷歌也还不是一个具有巨大影响力的公司。其实，搜索引擎的门槛非常高，不是谁想做就能做的。对于李彦宏而言，与其花大力气在一个并不擅长的领域和强大对手去肉搏，还不如在自己领先的领域集中精力保持领先地位。

还有更重要的一点，那就是李彦宏看准了搜索领域的巨大潜力。在网络技术领域摸爬滚打了这么多年，李彦宏对这个行业的现状和未来走向都有了清晰的认识。在互联网领域，当网页内容还不多时，搜索引擎还可有可无，随着网上内容的丰富，人们对搜索引擎的要求必然会越来越高。搜索引擎的发展潜力巨大。李彦宏记得，在美国留学期间，一次打高尔夫球的间隙，他的导师说了一句漫不经心的话："搜索引擎技术是互联网一项最基本的功能，应当有未来。"导师的话，更坚定了李彦宏的信心。

"向前看两年"的理念，让李彦宏更加坚定了自己的决心——做搜索。李彦宏对徐勇说："国内在搜索引擎方面还是一片空白，尽管现在不热，但是向前看两年，这个市场一定会火起来。"果不其然，百度成立没多久，就开始在市场上崭露头角，成为一匹无人可以争锋的黑马。

选择意味着取和舍，意味着得到和放弃，意味着正确或错误，意味着机会成本。对于商业来说，选择，特别是商业模式的选择，往往决定着成败。能不能做出正确的选择，依靠科学而不是盲目做选择，是商业选择的基本要求。除此之外，选择者也要具备一些独到的性格特质。

李彦宏选择创业之时，正是电子商务最火的时候，当时不知道有多少人疯了似的想要

挤上这趟"网络列车"。但李彦宏认为，这种跟风式的创业，吃到的只能是别人的残羹冷炙。他选择了搜索，是因为他看到了搜索在未来将对这个世界产生的重大作用。如今百度的成功也验证了李彦宏眼光的独到和长远。时至今日，面对跃跃欲试想要创业的年轻人，李彦宏说得最多的就是"一定要有向前看两年的眼光"。

【各抒己见】

（1）关联产业从婴儿潮中受益

据统计，中国2015年每年新出生人口规模在1600万左右，在放开二胎后的4年（2016—2019年）内，中国每年新出生人口估计分别增加到2642万、3424万、2903万和2642万。在仅育一孩妇女释放完累积的生育能力后，根据生育二胎意愿，每年新增出生人口数量估计在480万左右，所以在放开二胎后的第5年（2020年）开始，中国每年新出生人口规模估计在2080万左右。

在我国"放开生育二胎"的背景下，分析儿童玩具、儿童服饰、儿童食品、母婴医疗、教育培训等儿童产业所出现的创业机会。

（2）人口城镇化有效释放消费潜力

2012年，中国城镇化率为52.57%，实际的人口城镇化率仅为35%，远低于2011年世界52%的平均水平。到2020年，人口城镇化率就有可能接近目前的世界平均水平；到2030年，有望进一步提高到65%～70%的峰值，基本实现人口城镇化。未来的20年左右，中国人口城镇化率有望实现倍增。人口城镇化能够有效释放消费潜力并引导相关的投资需求。初步估算，到2020年，中国人口城镇化进程将带来百万亿级别的内需规模，成为7%～8%中速增长的重要支撑。初步测算表明，1.3亿～1.5亿新增农业转移人口如果能顺利实现市民化，到2020年有望释放至少5万亿元的潜在消费需求。此外，人口城镇化的消费需求还能够带来巨大的投资需求。

在我国人口城镇化率稳步提升的过程中，分析旅店业、餐饮业、批发和零售业、交通运输、旅游业、仓储业、租赁业、代理业、计算机服务等服务行业的创业机会。

 案例6-3 来自一份国际电池行业动态的创业灵感

【案例描述】

比亚迪老总王传福的创业灵感来自一份国际电池行业动态，一份简报似的东西。1993年的一天，王传福在一份国际电池行业动态上读到，日本宣布本土将不再生产镍镉电池，王传福立刻意识这将引发镍镉电池生产基地的国际大转移，意识自己创业的机会来了。果然，随后的几年，王传福利用日本企业撤出留下的市场空隙，加之自己原先在电池行业多年的技术和人脉基础，做得顺风顺水，于 2002 年进入了《福布斯》中国富豪榜。

【各抒己见】

在传统的商业观里，只要在繁华地带有个场地，开个衣服店、书店，也许你就能造就一个赢利的企业。

新一轮全球技术革命在移动互联网领域取得了巨大的进展，我国在移动互联网技术的研发特别是应用领域也有不错的表现。根据中国《2016 年通信运营业统计公报》显示，2016 年，全国电话用户净增 2617 万户，总数达到 15.3 亿户。其中，移动电话用户净增 5054 万户，总数达 13.2 亿户，移动电话用户普及率达 96.2 部/百人，4G 用户数呈爆发式增长，全年新增 3.4 亿户，总数达到 7.7 亿户。

随着信息科技的快速发展和时间的推移，曾经的消费人群逐渐老龄化，而 80 后、90 后、00 后正处于消费的增长期，一方面要得益于当今中国教育的发展和普及，使得这三代人的教育水平普遍比较高，同时得益于信息科技的发展，使得这三代人对信息的获取更加便利。

在这样的大环境下，80 后、90 后、00 后的消费需求正在成为主流，50 后、60 后、70 后的消费需求逐渐变得边缘化。而传统企业的消费观念和管理体制，还有产品观念都是非常陈旧的，如过去的时代对产品的追求是"有"就可能满足了市场，"卖出"就代表着产品已经销售等观念还在传统企业里占据着主要地位。因为传统企业的管理者大多是 50 后～70 后，他们无法接受当今 80 后、90 后、00 后这些消费人群的观念，产品也无法契合他们的审美，而新兴的移动互联网企业产品，更加符合年轻人的审美，所以必将赢得 80 后、90 后、00 后的消费需求。

移动互联网对人类的生产生活方式带来了革命性的影响和冲击，在移动互联网颠覆传统领域的背景下，分析基于移动互联网满足 80 后、90 后、00 后的消费需求的创业机会。

【实战训练】

【训练 6-1】 捕捉我国人口老龄化背景下的创业

据统计，2015 年 60 岁及以上人口达到 2.22 亿，占总人口的 16.15%。预计到 2020 年，老年人口达到 2.48 亿，老龄化水平达到 17.17%，其中 80 岁以上老年人口将达到 3067 万人；2025 年，60 岁以上人口将达到 3 亿，成为超老年型国家。考虑到 20 世纪 70 年代末，计划生育工作力度的加大，预计到 2040 我国人口老龄化进程达到顶峰，之后，老龄化进程进入减速期。

彼得·德鲁克认为，创业机会有以下七大来源。
（1）从意外情况中捕捉创新动机。
（2）从实际和设想不一致性中捕捉创新动机。
（3）从过程的需要中捕捉创新动机。
（4）从行业和市场结构变化中捕捉创新动机。
（5）从人口状况的变化中捕捉到创新动机。
（6）从观念和认识的变化中捕捉到创新动机。

(7)从新知识、新技术中捕捉创新动机。

针对我国人口老龄化现象,分析老年医疗、保健护理、老年教育、老年文化、老年卫生、老年体育、老年用品生产经销、社区养老等老龄产业所出现的创业机会。

6.3　评估创业机会

创业机会是通过把资源创造性地结合起来,迎合市场需求(或兴趣、愿望)并传递价值的可能性。创业者对机会的评价来自于他们的初始判断,而初始判断通常就是假设加简单计算。这种直觉的商业判断,有时候是简单有效的。但对于一般创业者而言,这种判断显得有些武断,甚至不够科学。

【案例剖析】

 雾霾背景下创业机会的评估

【案例描述】

我国许多地方深受空气污染困扰,雾霾频频爆发,随着雾霾天气的持续,"PM2.5"成为各大商家的促销热词。口罩、空气净化器大卖,室内健身火爆,清肺防霾医药走俏,躲霾游走红等,数据统计显示,京东一家电商平台曾一天的口罩销售量达到300万只。

由于普通大众对空气质量的重视程度越来越高,激发规模各异的中国企业纷纷推出防雾霾新产品。消费者已经不满足于口罩和空气净化器,他们开始把目光投向了防雾霾的可穿戴设备。这给中国的创业公司带来了新商机。

2015年2月28日,一则由前央视记者柴静自费拍摄一年,聚焦空气污染的深度调查视频《穹顶之下》引发全民刷屏,也引起了全天下父母对雾霾天气孩子健康的担忧。

与柴静同步,三位爸爸也在2014年年初开始为孩子的健康"谋划"着一些事情,但他们选择的是打造儿童专用净化器,让更多的孩子享受到干净的空气,而这款净化器的名字就叫"三个爸爸"。

【感悟反思】

三个爸爸搭乘移动互联网顺风车,精准定位用户,建立社群,用重度垂直的思维和用户进行深入沟通,并提炼出用户的关键痛点,作用于产品设计,从而打造出孩子专用的净化器。同时,三个爸爸利用互联网的方式做营销,用极其少的营销成本,迅速建立口碑和品牌,并创造了中国第一个千万级众筹的纪录。

成功识别创业机会,对创业机会进行科学、理性、系统的评价是创业活动成功的起点和基础。创业导师如何评价创业者的项目选择方向是否正确、是否可行、有多大价值,是创业指导过程中经常遇到的专业问题。蒂蒙斯创业机会评价体系给我们提供了一套系统的评价框架和可量化的指标体系。这个工具可以帮助创业导师和创业者，科学深入地评价创业项目的可行性及其价值性。

【知识梳理】

6.3.1 创业机会的评估准则

所有的创业行为都来自于绝佳的创业机会，创业团队与投资者均对创业前景寄予极高的期待，创业者更是对创业机会在未来所能带来的丰厚利润满怀信心。但是，创业失败的教训也会时常发生。为了尽可能地避免这样的情况，创业者应该先以比较客观的方式进行评估，评估准则分为以下两类。

1．市场评估准则
（1）市场定位
（2）市场结构
（3）市场规模
（4）市场渗透力
（5）市场占有率
（6）产品的成本结构

2．效益评估准则
（1）合理的税后净利
（2）达到损益平衡所需的时间
（3）投资回头率
（4）资本需求
（5）毛利率
（6）策略性价值
（7）资本市场活力
（8）退出机制与策略

6.3.2 蒂蒙斯创业机会评价体系

蒂蒙斯的创业机会评价框架，涉及行业和市场、经济因素、收获条件、竞争优势、管理团队、致命缺陷问题、个人标准、理想与现实的战略差异等8个方面的53项指标，如表6-1所示。通过定性或量化的方式，创业者可以利用这个体系模型对行业和市场问题、竞争优势、财务指标、管理团队和致命缺陷等做出判断，来评价一个创业项目或创业企业的投资价值和机会。

1．蒂蒙斯创业机会评价体系

蒂蒙斯（Timmons）创业机会评价体系具体评价指标如表6-1所示。

表6-1　蒂蒙斯机会评价表

指标类别	具体指标
行业与市场	（1）市场容易识别，可以带来持续收入 （2）顾客可以接受产品或服务，愿意为此付费 （3）产品的附加价值高 （4）产品对市场的影响力高 （5）将要开发的产品生命长久 （6）项目所在的行业是新兴行业，竞争不完善 （7）市场规模大，销售潜力达到1千万～10亿元 （8）市场成长率在30%～50%甚至更高 （9）现有厂商的生产能力几乎完全饱和 （10）在五年内能占据市场的领导地位，达到20%以上 （11）拥有低成本的供货商，具有成本优势

续表

指标类别	具体指标
经济价值	（1）达到盈亏平衡点所需要的时间在 1.5～2 年以下 （2）盈亏平衡点不会逐渐提高 （3）投资回报率在 25% 以上 （4）项目对资金的要求不是很大，能够获得融资 （5）销售额的年增长率高于 15% （6）有良好的现金流量，能占到销售额的 20%～30% 或以上 （7）能获得持久的毛利，毛利率要达到 40% 以上 （8）能获得持久的税后利润，税后利润率要超过 10% （9）资产集中程度低 （10）运营资金不多，需求量是逐渐增加的 （11）研究开发工作对资金的要求不高
收获条件	（1）项目带来附加价值的具有较高的战略意义 （2）存在现有的或可预料的退出方式 （3）资本市场环境有利，可以实现资本的流动
竞争优势	（1）固定成本和可变成本低 （2）对成本、价格和销售的控制较高 （3）已经获得或可以获得对专利所有权的保护 （4）竞争对手尚未觉醒，竞争较弱 （5）拥有专利或具有某种独占性 （6）拥有发展良好的网络关系，容易获得合同 （7）拥有杰出的关键人员和管理团队
管理团队	（1）创业者团队是一个优秀管理者的组合 （2）行业和技术经验达到了本行业内的最高水平 （3）管理团队的正直廉洁程度能达到最高水平 （4）管理团队知道自己缺乏哪方面的知识
致命缺陷	不存在任何致命缺陷
创业者的 个人标准	（1）个人目标与创业活动相符合 （2）创业者可以做到在有限的风险下实现成功 （3）创业者能接受薪水减少等损失 （4）创业者渴望进行创业这种生活方式，而不只是为了赚大钱 （5）创业者可以承受适当的风险 （6）创业者在压力下状态依然良好
理想与现实的 战略性差异	（1）理想与现实情况相吻合 （2）管理团队已经是最好的了 （3）在客户服务管理方面有很好的服务理念 （4）所创办的事业顺应时代潮流 （5）所采取的技术具有突破性，不存在许多替代品或竞争对手 （6）具备灵活的适应能力，能快速地进行取舍 （7）始终在寻找新的机会 （8）定价与市场领先者几乎持平 （9）能够获得销售渠道，或已经拥有现成的网络 （10）能够允许失败

【说明】

（1）该指标体系主要适用于具有行业经验的投资人或资深创业者对创业企业的整体评价。

（2）该指标体系必须运用创业机会评价的定性与定量方法才能得出创业机会的可行性及不同创业机会间的优劣排序。

（3）该指标体系涉及的项目比较多，在实际运用过程中可作为参考选项库，结合使用对象、创业机会所属行业特征及机会自身属性等进行重新分类、梳理简化，提高使用效能。

（4）该指标体系及其项目内容比较专业，创业导师在运用时要多了解创业行业、企业管理和资源团队等方面的经验信息，要掌握这50多项指标内容的具体涵义及评估技术。

2. 蒂蒙斯创业机会评价体系的局限性

（1）评价主体要求比较高

蒂蒙斯的创业机会评价指标体系是到目前为止最全面的评价指标体系，其主要是基于风险投资商的风险投资标准建立的，这与创业者的标准还是存在一定的差异的。这些评价标准经常被风险投资家使用，创业者可以通过关注这些问题而受益。该评价体系运用，要求使用者具备敏锐的创业嗅觉、清晰的商业认知、丰富的管理经验和系统的行业信息，要求比较高。创业导师自己使用一般问题不大，而如果直接给初次创业者或大学生创业者来做创业机会自评，效果不会太好。即使如此，仍然不影响该评价体系作为创业者的项目选择与评价的参考标准。

（2）蒂蒙斯指标体系维度有交叉重复问题

该指标体系的各维度划分不尽合理，存在交叉重叠现象。比如，在竞争优势、管理团队、创业者的个人标准和理想与现实的战略性差异这四个维度中，都存在"管理团队"的评价项目。维度划分标准不够统一。再比如，行业与市场维度中的第11项"拥有低成本的供货商，具有成本优势"，与竞争优势维度中的第1项"固定成本和可变成本低"存在包含关系与重叠问题。这会直接影响使用者的评价难度和考量权重，在一定程度上影响了机会评价指标的有效性。

（3）指标体系缺乏主次，定性、定量混合，影响效度

蒂蒙斯指标体系另外一个比较明显的缺点是：指标多而全，主次不够清晰；其指标内容既有定性评价项目，又有定量评价项目，而且这些项目中有交叉的现象。一方面，评价指标太多，使用不够简便。另一方面，在运用其对创业机会进行评价时，实际上难以做到对每个方面的指标进行准确量化并设置科学的权重，实践效果不够理想。

3. 应用蒂蒙斯创业机会评价体系时的注意事项

（1）影响创业机会评价结果的3个重要因素

① 评价主体的个性特征差异。

由于评价者在信息处理方式和行为决策风格等方面存在显著差异，使得不同评价者在评价同一个创业机会时会出现结果差异。

② 评价主体的工作年限。

蒂蒙斯在研究中指出，企业工作经验对创业者能否做出正确判断有重要影响作用，他认为"具有至少10年或10年以上的企业经验，才能识别出各种商业行为，并获得创造性的预见能力和捕捉商机的能力"。因此，工作年限超过10年的创业者的意见比工作年限较短的创业者和管理者的意见更值得重视，评价结果更为可靠。即对创业导师的工作经验要求比较高。

③ 评价主体的管理经验。

在进行机会评价时，评价者的知识结构、专业技能会起到重要的影响作用。有高管工

作经验意味着其可以掌握更多的决策经验和资源控制能力。因此，在机会评价时，对创业导师的管理经验，尤其是高级管理经验要求较高。

（2）评价创业机会的5项基本标准

无论采用何种评价体系和评价方法，都需要考虑创业机会评价的基本标准。有研究指出，评价创业机会至少有以下5项基本标准。

① 对产品有明确的市场需求，推出的时机也是恰当的。
② 投资的项目必须能够维持持久的竞争优势。
③ 投资必须具有一定的高回报，从而允许一些投资中的失误。
④ 创业者与机会之间必须相互适合。
⑤ 机会中不存在致命的缺陷。

这5项基本标准，为创业导师应用该工具时提供了基本工作准则，以达成评价的预定目标和可靠结果。

6.3.3 创业机会评价体系简化版

囿于蒂蒙斯创业机会评价体系的提出背景与局限，创业导师和创业者在实际进行创业机会评价时，通常会参考该指标体系，筛选出符合国情环境、行业特征与评价者特质的精简化的指标体系。

1. 姜彦福的创业机会评价重要指标序列

创业机会评价的10项重要指标序列是清华大学姜彦福教授的实证研究成果，指标类别与具体指标如表6-2所示。创业导师可以运用姜彦福的评价体系进行打分，以保证评价结果的公正性。

表6-2　姜彦福的创业机会评价重要指标序列

指标类别	具体指标
管理团队	创业者团队是一个优秀管理者的结合
竞争优势	拥有优秀的员工和管理团队
行业与市场	顾客愿意接受该产品或服务
致命缺陷	不存在任何致命缺陷
个人标准	创业者在承担压力的状态下心态良好
收获条件	机会带来的附加价值具有较高的战略意义
管理团队	行业和技术经验达到了本行业内的最高水平
经济因素	能获得持久的税后利润，税后利润率要超过10%
竞争优势	固定成本和可变成本低
个人标准	个人目标与创业活动相符合

2. 中创教育的大学生创业机会评价体系

中创教育通过大学生创业指导的实践研究，提出了一套简单易操作且效果比较好的评价体系，供创业导师作为课堂教学与咨询辅导的工具，如表 6-3 所示。

表 6-3　中创教育的大学生创业机会评价体系

指标类别	具体指标
致命缺陷	不存在任何致命缺陷
行业与市场	（1）顾客可以接受产品或服务，愿意为此付费 （2）市场容易识别，可以带来持续收入
管理团队	创业者团队是一个优秀管理者的结合
个人标准	个人目标与创业活动相符合
竞争优势	固定成本和可变成本低
战略性差异	在客户服务管理方面有先进的服务或运营理念
经济因素	（1）项目对资金的要求不是很大，能够获得融资 （2）能获得持久的税后利润，税后利润率要超过 10% （3）有良好的现金流、能占到销售额的 20% 甚至 30% 以上

创业者可以参考中创教育的创业机会评价体系，运用标准矩阵打分法，确认自己的创业项目优势，完善自己的创业规划。

6.3.4　创业机会评价的两种简便方法

蒂蒙斯创业机会评价体系只是一套评价标准，在进行创业机会评价实践时，还需要科学的步骤和专业的评价方法才能操作。下面介绍两种常用且易操作的评价方法。

1. 标准矩阵打分法

标准打分矩阵是指将创业机会评价体系的每个指标设定为三个打分标准，如最好得 3 分，好得 2 分，一般得 1 分，形成打分矩阵表。在打分后，求出每个指标的加权评价分。

这种方法简单易懂，易操作。该方法主要用于不同创业机会的对比评价，其量化结果可直接用于机会的优劣排序。只用于一个创业机会的评价时，则可采用多人打分后进行加权平均。如果其加权平均分越高，说明该创业机会越可能成功。一般来说，高于 100 分的创业机会可进一步规划，低于 100 分的创业机会，则需要考虑淘汰。

2. 选择因素法

该方法可以看作标准矩阵打分法的简化版。评价者通过对创业机会的认识和把握，按照蒂蒙斯创业机会评价体系的各项标准，看机会是否符合这些指标要求。如果统计符合指标数少于 30 个，则说明该创业机会存在很大问题与风险；如果统计结果高于 30 个，则说明该创业机会比较有潜力，值得探索与尝试。应用该方法时需要注意一点，如果机会存在"致命缺陷"，需要一票否决。致命缺陷通常是指法律法规禁止、需要的关键技术不具备、创业者不具备匹配该创业机会的基本资源等方面的系统风险。

该方法比较适合于创业者对创业机会进行自评。

【研讨交流】

案例6-5　眼镜市场势将风云再起

【案例描述】

据中国、美国、澳大利亚合作开展的防治儿童近视研究项目调查报告显示，中国近视人口占全国总人数的33%，是世界平均水平22%的1.5倍，目前有近4亿的近视人数。据全国学生体质最新调研报告显示：中国青少年近视率高居不下，其中小学生近视发病率为22.7%，中学生为55.22%，高中生为70.34%，大学生更是高达85%。加之中国已经进入老龄化社会，目前全国50岁以上老年人口约有3.2亿，90%以上需要佩戴老花镜。

仅在近视镜和老花镜这两块市场的商机就不可估量，再加上太阳眼镜、司机防护镜、电脑防辐射镜等各种功能智能眼镜也已越来越多地进入了人们的生活，市场前景堪称十分可观。

中国眼镜市场的现状千头万绪，但唯一能让我们笃定的是：中国眼镜市场商业模式亟须创新，势必要给老百姓一个物美价廉的全新体验。

随着现代科技的发展，面对由大数据时代、物联网时代所带来的人性化、智能化的行业变革，Google Glass、联想M100等高科技眼镜的出现更是让传统眼镜市场措手不及，应对无招，本来销售手段就单一的中国眼镜市场若再不进行革新和升级，真的是要在前狼后虎的夹缝中"喘息"了。

面对这一切，要盘活中国眼镜市场，专家指出，并非是举手无措。目前的中国眼镜市场，谷歌眼镜Google Glass的"高大上"着实有点雷声大雨点小，昂贵的价格让众多消费者望镜兴叹。因此，老百姓亟须一款"接地气"人人都消费得起的物美价廉的产品，既符合实际需求，又能跟得上时代发展的潮流。

庞大的市场潜力，引来了大量外资的涌入。在传统和现代之间，我国眼镜市场势将风云再起。专家预测：具备现代化的研发理念、创新的商业模式、接地气的亲民价格等要素构成了中国眼镜市场发展的必备基本条件，创业者应如何把握这难得的创业良机。

【各抒己见】

风云再起的眼镜市场给了创业者难得的创业良机，参考蒂蒙斯创业机会评价体系的标准，运用标准打分矩阵对这一创业机会进行评价。

【实战训练】

【训练6-2】 运用创业机会评价体系进行创业机会评估

以下为大学生创业的推荐领域。

方向一：高科技领域

身处高新科技前沿阵地的大学生，在这一领域创业有着近水楼台先得月的优势，"易得方舟"、"视美乐"等大学生创业企业的成功，就是得益于创业者的技术优势。但并非所有的大学生都适合在高科技领域创业，一般来说，技术功底深厚、学科成绩优秀的大学生才有成功的把握。有意在这一领域创业的大学生，可积极参加各类创业大赛，获得脱颖而出的机会，同时吸引风险投资。

推荐商机：电子商务、软件开发、网站开发、网络服务、手机游戏开发等。

方向二：智力服务领域

智力是大学生创业的资本，在智力服务领域创业，大学生游刃有余。例如，家教领域就非常适合大学生创业，一方面，这是大学生勤工俭学的传统渠道，积累了丰富的经验；另一方面，大学生能够充分利用高校教育资源，更容易赚到"第一桶金"。此类智力服务创业项目成本较低，一张桌子、一部电话就可开业。

推荐商机：家教、家教中介、设计工作室、翻译事务所等。

方向三：连锁加盟领域

统计数据显示，在相同的经营领域，个人创业的成功率低于20%，有的则高达80%。对创业资源十分有限的大学生来说，借助连锁加盟的品牌、技术、营销、设备优势，可以以较少的投资、较低的门槛实现自主创业。但连锁加盟并非"零风险"，在市场鱼龙混杂的现状下，大学生涉世不深，在选择加盟项目时更应注意规避风险。一般来说，大学生创业者资金实力较弱，适合选择启动资金不多、人手配备要求不高的加盟项目，从小本经营开始为宜；此外，最好选择运营时间在5年以上、拥有10家以上加盟店的成熟品牌。

推荐商机：动漫店、快餐业、家政服务、校园小型超市、数码速印站等。

方向四：开店

大学生开店，一方面可充分利用高校的学生顾客资源；另一方面，由于熟悉同龄人的消费习惯，因此入门较为容易。正由于走"学生路线"，因此要靠价廉物美来吸引顾客。此外，由于大学生资金有限，不可能选择热闹地段的店面，因此推广工作尤为重要，需要经常在校园里张贴广告或和社团联办活动，才能广为人知。

推荐商机：高校内部或周边地区的餐厅、早餐店、咖啡屋、美发屋、文具店、书店等。

方向五：技术创业

在校期间精通一门技术，可以让大学生很快融入社会。有一技之长进可开店创业，退可打工积累资本。好酒不怕巷子深，所以有一技之长的大学生在开店创业时，可以避开热闹地段节省大量的门面租金，把更多的创业资金用到经营活动中去。

推荐商机：3D打印、电子产品维修、广告服务、机械产品加工等。

请选择感兴趣的推荐商机运用"中创教育的大学生创业机会评价体系"进行创业机会评估。

6.4 分析客户需求

【案例剖析】

 胡润富豪榜顺势而生

【案例描述】

胡润，1970年出生在卢森堡。就读于英国杜伦大学，专业学的是中文。1990年的时候到中国留学，后来就留在安达信会计师事务所上海分部工作，成为了一名会计师。但是，胡润遇到了一件麻烦事，每次休假回到英国，大家都会很好奇地问他，中国什么样？这个问题看似简单，不过还真是难以回答，关键是没有标准，偌大一个中国，五千年历史，十三亿人口，给你说什么呢？胡润为了这件事特别烦恼，一个在中国留学的人，连这个简单的问题都回答不了，白在中国上学了。每次回国，胡润都要受到这种刺激。1999年，当时正好是中华人民共和国成立50周年，给你介绍50个中国特别成功的人，不就可以让你知道新中国成立50年来的变化吗？基于这样的想法，胡润后来推出了胡润富豪榜。

【感悟反思】

客户是企业最宝贵的资源，企业其他所有资源存在的意义就在于满足客户的需求，否则，将失去存在的价值。因此，满足客户需求是企业生存的唯一目的，利润只是在满足客户需求过程中的结果；社会责任也只能在满足客户需求并创造了利润后才能实现。因此，满足客户需求是在市场经济条件下，企业生存发展的永恒主题。

（1）满足客户对产品的需求

一是满足客户对产品质量的需求，要保证产品的安全和健康。

二是满足客户对产品数量的需求，要保证按时、按计划供给。

三是满足客户对产品个性化的需求，要保证产品的特色。

四是满足客户对产品造型的需求，尤其是高档产品，不但是卖质量，而且是卖品相、卖造型，高档产品的高价格从一定意义上讲主要体现在产品造型的要求上。

（2）满足客户对服务的需求

随着生活水平的提高，人们不仅要购买产品，而且要购买服务；人们在满足生理需求的同时，也要满足心理上的需求。优质服务往往比优质产品更使客户的心理得到满足。因此，营销人员对客户要微笑服务、有求必应、热情主动，帮助客户解决实际问题，用真情和温情打动客户的心，以提高客户的满意度和忠诚度。

（3）满足客户对价格的需求

我们一般比较重视满足客户对产品和服务的需求，而忽视客户对价值的需求，即对产

品价格的需求。其实，我们应该清醒地认识到，之所以研究客户和消费者的需求心理，为客户和消费者提供满意的产品和服务，归根到底是为了让客户和消费者接受我们对产品所制定的价格。如果客户和消费者不接受我们产品的价格，我们在为满足客户对产品和服务的需求上所做出的努力都将付之东流，失去意义。因此，我们制定产品价格一定要以满足客户价值需求为准绳，一定要使客户感到我们所提供产品的价格是物有所值的。因为客户最根本的心理，就是能使自己的消费物有所值。

【知识梳理】

6.4.1 客户群体的类型

站在利润的角度上来看，不同群体的客户都是企业的主要利润来源，他们是企业大力培养的对象，他们都是市场的基石。但是将客户有效的分类，将客户群体归纳，然后进行不同培养，能够对企业利润增长有巨大的帮助。

客户群体主要有4种类型。

1. 老客户、大客户

因为是老客户，他们对企业各个方面的运作非常了解，对企业在政策上面的"花招"非常精通，在他们面前，企业的一般性政策往往失效，激励他们比较难。甚至有人和公司总部高层，有多年私人密切关系，销售代表和他们沟通处在劣势，一般来说，对他们，销售代表把政策一放到底。甚至有人会直接和总公司申请额外政策，还有人会受到总部某人的特殊关照。因为是大客户，企业的很大销量要依靠他们，企业要他们忠诚，投入是少

不了的。他们知道自己是大客户，对企业很重要，要政策也决不手软。综合以上观点来看，企业对这些经销商的投入很大，他们带来的销量也很大，管理得好，企业赚小钱，但他们可以帮企业摊成本和费用。

站在利润的角度上来看，企业要对这些经销商的数量进行控制，不能太多；对他们的规模要控制，不能做得太大。

2. 新客户、大客户

他们是新客户，事先的市场开发需要花费厂家很多"银子"，前期的沟通、培训的代价也不少，而销量能不能上去是个未知数。又因为他们是所在区域的大客户，或者有可能成为厂家的大客户，除非厂家是大品牌，否则是厂家求他们合作。这一个"新"、一个"大"，就要今天花厂家流水一样的费用，来赌明天的成功合作。万一合作失败，万一他们与企业对手合作，企业的底细已经被对方探到了，将来的市场运作将更加被动。这样的客户，前期企业一定赔钱，未来培养成老客户、大客户，企业也没有多少利润，但可以保证销量。

站在利润的角度上来看，这样的客户目前是吃钱的黑洞，今后做大也不会带来很大的利润，而合作的风险很大。所以一定要慎重，全面地考察、详细地计划、小心地防范，才可以合作。

3. 新客户、小客户

一般来说，这样的小客户是自己找来要和企业合作的，企业处在主动选择的地位。企业要看他的表现，政策不大可能一下放到底，来全面扶持，而要表现给企业看。他们也知道，做出业绩才可以说话。因为是新客户，企业有可能先投入做市场，也可能让这些小客户投入做市场，这要看公司的市场政策，要看品牌影响力。一般来说，这样的客户，企业是初期合作赚小钱，起码不赔钱。万一合作失败，即便他投靠对手，在市场上也掀不起什么风浪来。

站在利润的角度上来看，这样的客户是企业未来利润的来源，目前要大胆开发，多多益善，可以多而选优。

4. 老客户、小客户

一般来说，因为是老客户，所以对公司的产品、价格、政策、服务、品牌等都比较认同。很可能是公司一手扶持起来的，可能对公司有感激之情，比较忠诚。他们也知道自己做得小，没有什么谈判的筹码，不够格享受最优政策，对"公开的政策"也比较接受（一般来说，公开的政策是公平的，隐蔽的政策是有差别的）。销售代表在对他们的管理上，会充分利用手中的政策，牵引这些小客户，客户对销售代表也比较重视。企业对他们在销售和市场方面的投入，相对来说较小。但因为他们

是小批量进货，他们总数又比较多，增加了配送等服务费用。综合来看，在这些客户身上，企业是赚钱的，虽然单个的利润不大，但是这样的客户在企业占多数，总利润不小。

6.4.2 消费者对市场的基本期望和要求

1. 期望能在市场上买到称心如意、符合需要的商品

商品的花色品种、规格、式样、数量、质量、包装等都要符合消费者的心意，即能满足消费心理上的要求。

2. 期望商品价格合理，同购买能力相适应

人们在生活上和心理上对物质资料的要求是无止境的，但要受购买力的限制。因此，每个消费者在市场上购买商品时，总是希望在有限制的收入范围内，花费最少的代价得到最大的满足感。

3. 期望购买及时、方便

供应商品的时间、地点和方式方法适应自己的要求。

4. 期望得到良好的市场服务

例如，良好的服务态度和服务质量、优美的购货环境、周到的售货服务等。

以上是消费者对市场的共同要求，也是他们购买商品的一般心理。据此，企业就应在商品的使用价值、价格、供货时间、地点、方式方法以及各种服务工作等方面，做出基本的经营决策，以满足消费者的共同要求。但是，不同的消费者在不同时期、不同地点购买不同商品的具体要求又是千差万别的。因此，企业在经营活动中，除了要掌握消费者的一般心理要求之外，还要灵活地掌握不同消费者的特殊心理要求。

6.4.3 消费者需求的特征

1. 多样性

由于各个消费者的收入水平、文化程度、职业、性别、年龄、民族和生活习惯的不同，自然会有各式各样的爱好和兴趣，对商品和服务的需要千差万别、丰富多彩。例如，对穿用商品，每个人在品种、质量、花色、规格上的需求都不尽相同，对食物的需求也存在着习惯上的差异。这种不拘一格的要求，就是消费者需求的多样性。

2. 发展性

随着工农业生产的发展和消费者人均收入的提高，人们对商品和服务的需求也不断变化。未曾消费过的高档商品进入消费；过去消费少的高档耐用商品现在大量消费；过去质量一般的商品，现在质量有所提高。一种需求满足了，又会产生新的需求。

3. 伸缩性

消费者购买商品在数量、品种等方面往往随着购买力的变化和商品价格的高低而转移。例如，基本的日常生活必需品消费需求的弹性较小，人们对它们的需求是均衡而有一定限度的，不会因为货币收入增多，而使需求急剧增加，或者因销售价格降低而更多地需求。但是，像穿着用品和装饰品，以及中、高档商品和耐用消费品，选择性强，消费需求的伸缩性就比较大。一般地讲，随着货币收入的增多，购买量迅速增加，其需求也会明显增多。

4. 层次性

人们的消费需求是有层次的，虽然各个层次很难截然分开，但在大体上还是有顺序的。一般地说，首先保证满足最基本的生活需求，然后再满足社会性需求、精神需求，即满足对"享受资料"、"发展资料"的需求。

5. 可诱导性

消费者需求是可以引导和调节的。通过工商企业的工作和影响，人们的消费需求可以变化和转移。潜在的欲望可以变为明显的购买行动，未来的消费需求可以成为现实的消费。例如，人们原来并没有准备很快购买某种商品，但由于产品的问世或广告宣传等影响，就会由不准备购买或不准备现在购买，而迅速演变为强烈的购买冲动。因此，工商企业不仅应当适应和满足人们的需求，而且还可以启发、诱导人们的消费需求。

6. 联系性和代替性

消费者需求在某些商品上具有联系性。如消费者在购买皮鞋时，可能附带买鞋油、鞋带、鞋刷等。经营有联系的商品，不仅会使消费者购买方便，还能扩大商品销售额。只要企业及时掌握市场发展趋势，就能更好地满足消费者的需求。

7. 时代性

消费需求常受到时代精神、风尚、环境的影响。时代不同，消费的需求和爱好也会不同。例如，对科技书籍和文化用品的需求日益增多，这就是一种消费者需求的时代性。

6.4.4 少年儿童消费者群体的消费心理特征

少年儿童消费者群体是由14岁以下的消费者群体构成的。这部分消费者在人口总数中所占比例较大。他们一般由父母养育和监护，自我意识尚未完全成熟，道德观念有待完善，缺乏自我控制能力，没有独立的经济能力，因此具有特定的心理和行为。这部分消费者又可根据年龄特征分为儿童消费者群体和少年消费者群体。

1. 儿童消费者群体的消费心理特征

（1）消费需求逐渐由本能的生理性需求发展为有自我意识的社会性需求。
（2）从模仿型消费逐渐发展为带有个性特点的消费。
（3）消费心理从感性消费逐渐发展为理性消费。

2. 少年消费者群体的消费心理特征

（1）要求独立购买所喜欢的商品。
（2）购买行为的倾向性开始确立，购买行为趋于稳定。
（3）消费观念开始受社会群体的影响。

6.4.5 青年消费者群体的消费心理特征

青年是指少年向中年过渡时期的人群，一般指 15～35 岁的人。

1. 青年消费者群体的特点

（1）青年消费者群体人数多，是一支庞大的消费群体。
（2）青年消费者具有巨大的购买潜力。
（3）青年消费者群体的购买行为具有扩散性，对其他各类消费者都会产生深刻的影响。

2. 青年消费者群体的消费心理特征

（1）追求时尚、表现个性。
（2）突出个性、表现自我。
（3）追求实用、表现成熟。
（4）注重感情、冲动性强。

6.4.6 中年消费者群体的消费心理特征

中年消费者群体一般是指 35 岁至退休年龄阶段的人。中年消费者人数众多，大多处于决策者的地位，且购买的商品既有家庭用品，也有个人、子女、父母的穿着类商品，还有大件耐用消费品。因此，了解、把握中年消费者群体的心理特征，对企业进行正确营销决策具有重要的意义。

（1）理智性强，冲动性小。
（2）计划性强、盲目性小。
（3）注重传统、创新性小。

6.4.7 老年消费者群体的消费心理特征

老年消费者一般是指 60 岁以上的人。随着社会生活环境的改善和卫生、保健事业的发展，世界人口出现老龄化的趋势，老年人在社会总人口中所占的比例不断增加。老年人是一个特殊的消费者群体，老年消费者市场是一个全世界都在关注的市场。老年消费者在生理和心理上同青年消费者、中年消费者相比发生了明显的变化。

(1) 消费习惯稳定，消费行为理智。
(2) 商品追求实用性。
(3) 消费追求便利，要求得到良好的售后服务。
(4) 消费需求结构发生变化。
(5) 较强的补偿性消费心理。

6.4.8 大学生的消费心理特征

大学生消费内容表明，他们正朝着追求现实、重视自我，要求个人和社会并重，并呈现如下特点。

(1) 讲究实用性。
(2) 崇尚个性化。
(3) 追求前卫性。
(4) 注重差异性。

6.4.9 女性的消费心理特征

在现代社会，谁抓住了女性，谁就抓住了赚钱的机会。要想快速赚钱，就应该将目光瞄准女性的口袋。在日常的生活中，女性不仅是个人消费品的购买者，也是大多数儿童用品、老年人用品、男性用品的决策者。

女性购物往往受心情主导，随机性很强。调查表明，18～35岁的女性九成以上都有过各种各样的非理性消费行为，也就是受打折、朋友、销售人员、情绪、广告等影响而进行的"非必需品"的感性消费。非理性消费占女性消费支出的比重达到20%。而且，随着女性的经济独立能力越来越强，在家庭中由女性做出购买决定的商品也越来越多。在商家眼里，这意味着无限的商机。

(1) 注重商品的外表和情感因素。
(2) 注重商品的实用性和细节设计。
(3) 注重商品的便利性和生活的创造性。
(4) 消费的攀比心理。
(5) 消费的犹豫心理。

【研讨交流】

 案例 6-7　用社区思维打造一个会沟通的女性品牌

【案例描述】

据报道：范小米和她的团队大概用了8个月的时间，通过卖化妆品赚了三千多万元。这个过程，她的团队从刚起步不到10个人发展到快60人，而她们的社区平台，粉丝量已达120万人。

范小米这个团队里面，几乎没有人具有传统属性。她们的特点是不以产品为导向，而是以人为导向，通过"社区思维"来圈住用户，进而植入产品。

以下来自创始人的自述。

以价值观来提炼用户，用强相互社交沉淀粉丝

我是通过做社区，我有我的目标人群，假定她们是18～30岁这个区间，然后定位她们是高端或者是中高端的客户。我通过圈养这些女性来进行转化，也就是说我不是以产品为导向，而是以人为导向的。我认为，我让她们有了我的群体之后，我可以植入任何的产品，如化妆品，我可以植入任何类型的东西。

我首先提炼用户，这个用户并不一定要求她是80后或90后，当然我们比较偏向80后、90后，这和我们的特点以及产品的特点有关。我们提炼用户是以我们的价值观为导向的，我们所传递的一定是对品牌的一个迷恋，对女性生活解放的向往和时尚女性的一个生活方式。

媒体思维做产品，颠覆传统做营销

我们注重做内容，这和传统的公司设置不一样。传统公司可能比较注重组织架构，一些行政部门，包括HR，这些我们都没有。我们所有的东西都是围绕做内容而生的。因为我们是要圈养住我们社区里的人，所以我们的设计团队很强，这也是我们最重要的一个方面，包括平面设计师、UI设计师、开发师、段子手、文案企划等。我们团队在做内容并传播内容、网络推广方面非常擅长，这也是我们有竞争力的一个地方。另外我们有信息攫取部门、信息转化部门，从陌生人变成粉丝，粉丝变成顾客，从顾客变成代理，我们只需要几个步骤，我已经把这个步骤无限放大，不是我一个人在做项目，我们能够打造100个甚至1000个项目，这就是互联网的去中心化。

产品的研发是以倒推的方式进行的。范小米自主研发的自营品牌，研发团队有上海等地的，也有和国外跨境包括瑞士、日本的研发团队进行合作。我们跟传统是不一样的，传统是先出产品再投放市场，我们是先看市场再投放产品，先让我们的粉丝人群去试用，然后做决定，当然我们可以设计产品导向。

因为我不是传统的，所以没有刻意去寻求怎么将传统转型，甚至没有去考虑传统是怎样，应该怎么去变，然后怎么用互联网思维。我和我的团队本身就是在互联网成长起来的，不存在一个很痛苦的转型。所以我们一开始做的时候，是个自然而然的过程。

我们是有自媒体属性的，自媒体本身就是我们的强项，我们注重做内容，并不总是做产品，我们是媒体思维做产品。因为现在找流量很方便，所有的东西都是透明的，这些小流量聚集起来其实是很简单的，重点是你怎么把你这个流量沉淀下来。其实，方法也很简单，但你得有不同，你的每一次内容的迭代，每一个不同的互动，都是一个变现。也就是说，你要明白自己想抓住的精准的用户是哪类人群。在了解这些人的特征以后，所有的一切都是围绕她生活的方方面面形成的，不是单纯为了切入产品而切入产品，而是先切入她的生活，占有了她整个生活的方方面面之后，再往里面植入东西、植入产品，如化妆品甚至更多的东西。

总的来说，范小米是通过强相互社交解决客户体验和信任的问题，用优质内容打造平台和社区，以颠覆性的营销思维强化用户黏度和复购率。而在商业模式和盈利模式方面，范小米想做的是通过人与闲置空间加上电商平台的互动，从而打造一个互联网物流。

【各抒己见】

本案例销售的产品满足了哪些客户群体的哪些消费需求，是通过什么方式了解与满足消费需求，哪些方面值得广大创业者学习和借鉴。

【实战训练】

【训练6-3】 满足客户个性化的需求

随着拥有汽车的族群越来越年轻化，特别是女性车主特别青睐有个性的车贴，如何美化装饰自己的爱车已成为当前有车一族的热门话题。车贴就是一种最为直观、醒目、实惠的车身外部装饰方式。分析特色车贴满足了客户的哪些需求。

目前人们所饮用的水以酸性为主，导致人们体内酸碱不平衡，营养成分缺失严重。市场中各种相关健康水产品存在一定的不足，如矿泉水，虽然可以补充人体所缺的各种矿物元素，但由于水分子团比较大，不易被人体吸收；纯净水，虽然能够调节人体内的酸碱平衡，但缺少各种微量元素。如何使普通自来水优化，弥补现有产品的不足，满足大众化的健康需求？

6.5 选择创业项目

"创业做什么好？"创业前，应该有不少创业者因为寻找创业项目的问题而苦恼、纠结。但其实选择创业项目并不难，一看社会的发展方向，二看人们的具体需求，从这两点着手，从中选出一个自己感兴趣或者在某方面有优势的项目就行了。

【案例剖析】

案例6-8 满足个性化需求的创业项目选择

【案例描述】

随着生活水平的提高，人们在吃、穿、用方面基本已得到了满足，这时，彰显个性就成为了当下的市场主流。例如，很多人尤其女性都不希望在街上碰到有人和自己穿一样的衣服、拿一样的包包。买手机的时候，都不愿意选择人人都用的"街机"，还得给自己买一个好看的"外套"。因此，人们对个性化的不断追求，也就促成了当下一个巨大的商机。

时下的很多行业，因为竞争的加剧，盈利空间都在不断缩小，老老实实做传统零售的空间已十分有限，一些聪明的商家便开始不断追求个性化，从万千商家中脱颖而出，吸引消费者挑剔的眼光，在减少竞争的同时开拓发展空间。

那么，创业者应该如何做到个性化呢？或者说，有哪些行业是符合个性化市场需求的呢？这里，就将个性化概念分为两种情况进行说明。

一种是商品的个性化，抓住消费者标榜时尚个性的需求，提供独一无二的个性化商品或服务。比如手机美容、汽车美容等，根据顾客的需求，让他们的手机或爱车充满个性；又比如DIY产品，如DIY巧克力、DIY植物等，将传统巧克力或植物经过DIY变成个性化商品；另外，还有如个性名片，为个性化商品提供必要技术支持的行业，也同样是符合个性化市场的不错的商机。

另一种则是店铺个性化。比如强调咖啡文化的星巴克，通过一种文化理念博得消费者认同，彰显个性。

【感悟反思】

个性化需求是建立在市场的基础之上的，虽然与众不同，但不代表创业者个人标新立异的需求，需要创业者把握好个性与实用性之间的尺度。同时，由于个性化产品的流行时限不长，就要求创业者在进货、销售时，都要随时保持其独特性。

未来对生活的追求将是从生存型走向所谓的享受和发展型，品质、体验、服务、个性化这些关键词在各个场合，在各自企业实践中都能感受到。在这样几个词所构建的趋势下，我们要注意用户在发生什么样的变化。工业社会，用户叫生产者，我们只是生产东西，基本上是卖方市场，你能够买到符合你基本生活的产品已经非常幸运了。今天更多是消费者在买一些消费品，买一些供需之外的服务。到今天，用户变成了创造者，他在买你的产品，但在这种产品中，没有他的思想，没有他的价值主张，他是不会购买的。

互联网时代，用户逐渐年轻化，80后、90后已成为互联网主力消费人群。如何把握用户特性，满足他们个性化的需求？

【知识梳理】

6.5.1 选择创业项目的原则

很多创业者选择创业项目都不知如何入手，从而盲目选择创业项目，导致创业失败。那么到底如何正确选择创业项目呢？选择创业项目有哪些原则呢？

1. 因时而动

正确选择创业项目要看两个时间段的市场行情。

当前，看当前的市场需求、市场空白和市场上畅销的产品，看行业今后长远的发展前景，是否符合国家产业政策，是否适应人们的消费发展趋势。选择当前畅销的产品项目，要注意冷静分析，弄清畅销的真正原因。

想要开创自己的一番事业，就必须先要知道国家目前在扶持鼓励哪些行业发展，哪些行业是允许创业，哪些行业是限制的。创业者在选择国家政策扶持鼓励行业，对于日后企业发展将起到不可估量的作用。

2. 因需而动

不少创业者只是认为，办企业、办公司就是为了赚钱，哪些行业火热哪些赚钱就做哪个,其实这种想法是不对的。创业必须树立一个"企业是为解决客户需求才存在"的观点,才能确保企业长盛不衰。创业项目的选择是以市场为导向的,投资什么项目不是凭空想象出来的,必须从社会需求出发。要想知道社会需求,就必须做调查,特别是第一次创业者就必须对市场做出详细的调研报告。

3. 因人而异

市场就好比一个汪洋大海,创业老前辈都称之为下海。创业者好比沧海一粟,但每一个人都有自己的长处和优势,当你对某一行业、某一领域感到熟悉时,又在技术上有所专长,这就是自己行业长处之一了。切记,能充分发挥自己的长处和优势,并且选择自己有兴趣、熟悉的行业,创业就成功一半了。

一般所说的好的创业项目,是说目前市场行情总体看好,大部分从业人员有利可图。但产业市场行情看好的,也不见得人人都能发展。再好的项目,如果不适合自己,也有可能亏损。反之,大家都认为行情不好、不愿意去投资的冷门产业,如果自己有优势,也可以尝试去做。

6.5.2 选择投资项目的路径

按照以下4个步骤来确定选择投资项目路径

1. 排除一大片,知道什么事情是不可以做的
2. 画出一个圈,知道哪些事情是能长期做的
3. 列出一个序,把可能做的事情排列起来
4. 切入一个点,把想法变成做法

人生的命运,都是自己选择的结果。运用选择的力量,做自己命运的船长、灵魂的舵手。

【研讨交流】

 案例6-9　运用孙正义选择项目的标准选择创业项目

【案例描述】

孙正义是日本软银公司的创始人,也是互联网产业的超级投资人,孙正义年轻时的创业道路,居然是一条可以复制的创业道路。

孙正义在美国上大学时,为了获得创业的第一桶金,他想出了一套构思发明、研发专利、销售专利的赚钱方法。于是,他每天固定花一定的时间,构思发明的设想,用了大约一年的时间,积累了200多个发明的点子。最后选定

一个"会发音的多国语言翻译机"的发明方案。然而由于一没钱,二没技术,孙正义又想出一个办法:对一系列的教授进行推销说服,说服他们接受先进行研制,然后等卖出专利,拿到专利费后,才支付报酬的方案。终于有一个教授同意了他的方案。接着,经过几个月

的共同奋战，研制出专利样品。最后，孙正义回到日本，向许多企业推销，经过艰苦努力，终于将专利卖给了夏普公司；并且卖了1亿日元，挣到了人生的第一桶金。

大学毕业后，在如何选择自己的事业方向的问题上，孙正义又想出了一套办法。

首先设定若干项事业选择标准，如行业前景、是否创新、入行门槛、竞争情况、个人兴趣等标准，其次再把自己认为有前途的几十个领域或相关项目找出来，并对这些项目做长达一年的认真的市场调查和经营计划，并在调查研究的基础上，写出了几尺厚的资料，根据选择标准，终于选择了最符合条件的"软件流通事业"（即软件批发业），从而全力以赴地投入此行业，并获得了巨大的成功。从此走上了一条成功的人生道路。

【各抒己见】

运用孙正义选择项目的标准，从以下列举的项目方向中选择5个项目，并进行调查研究，最终确定拟创业的项目。

（1）指甲美容店，（2）绿色干洗店，（3）男士饰品店，（4）清洁洗涤店，（5）个性车贴店，（6）礼品代理店，（7）花泥画廊，（8）鲜花食庄，（9）特色伞店，（10）新奇特玩具店，（11）宠物写真馆，（12）个性纪念品店，（13）社区小厨房，（14）鲜亮啤酒屋，（15）家庭小菜园。

【实战训练】

【训练6-4】 选择拟创业项目与SWOT分析

如今，越来越多的大学生毕业后选择直接创业，或者在校期间就开始创业实践。不论你的具体情况怎样，如果你要创业，首先要选择好创业项目。以下项目方向为大学生创业通常考虑的项目意向。

（1）选择个人有兴趣或擅长或从事人员少的项目。

（2）选择市场消耗比较频繁或购买频率比较高的项目。

（3）选择投资成本较低的项目。

（4）选择风险较小的项目。

（5）选择客户认知度较高的项目。

（6）可先选择网络创业（免费开店）后进入实体创业项目。

（7）选择民生行业进行创业。

（8）选择教育行业进行创业。

（9）选择加盟项目。

（10）选择新兴的行业。

（11）选择可以在家里创业的项目。

（12）选择没有在市场上出现的商机，或者是在你的生活范围内没有大幅度覆盖的商业。

请结合以上项目意向，从以下列举的项目方向中选择 6 个拟创业的项目。

（1）教育培训，（2）餐饮服务，（3）DIY 创意，（4）推销服务，（5）设点摆摊，（6）图文设计，（7）网店微店，（8）加盟连锁，（9）中介服务，（10）咨询服务，（11）化妆护理，（12）瘦身减肥，（13）特色便利店，（14）婴幼儿用品专买，（15）服饰专买。

最后综合考虑各方面因素确定一个拟创业项目，并运用 SWOT 分析法，对拟创业项目进行分析，找出优势、劣势，其中 S 代表 Strengths（优势）、W 代表 Weaknesses（劣势）、O 代表 Opportunities（机会）、T 代表 Threats（威胁）。将表 6-4 填写完整。

表 6-4 拟创业项目的 SWOT 分析

	内部自身优势（S）	内部自身劣势（W）
内部条件（自身条件）		
	社会环境机会（O）	社会环境威胁（T）
外部环境（社会因素）		

单元 7　塑造创业团队

无论多优秀的个体，必须与合适的团队相融合，才能发挥最大价值。如果没有共同的方向、没有共识、不懂协同，无论多少个优秀的个体，都不会成就一支强有力的团队，绝不会有成大事的机会。

今天的职场，无论你从事什么工作、处于什么环境，都无法脱离其他人对你的支持，靠个人单打独斗已经很难赢得胜利，只有通过团队的力量才能提升自我的竞争力。可以说，随着竞争的日趋激烈，团队精神已经越来越为企业和个人所重视，因为这是一个团队的时代。

【知识探究】

7.1　认知创业团队

7.1.1　团队与创业团队的含义

不同的学者从不同的角度界定了团队（Team）的定义。

路易斯（Lewis，1993）认为，团队是由一群相互认同并致力于达成共同目标的人所组成的，这一群人相处愉快并乐于在一起工作，共同为达成高品质的结果而努力。在这个定义中，路易士强调了三个重点：共同目标、工作相处愉快和高品质的结果。

盖兹贝克和史密斯（Katezenbach and Smith，1993）认为一个团队是由少数具有"技能互补"的人所组成的，他们认同于一个共同目标和一个能使他们彼此担负责任的程序。盖兹贝克和史密斯也提到了共同目标，并提到了成员"技能互补"和分担责任的观点，同时还指出团队是个少数人的集合，保证相互交流的障碍较少，比较容易达成一致，也比较容易形成凝聚力、忠诚感和相互信赖感。但是，团队必定是以达到一个既定结果为最终目标的，共同的目标是团队区别于群体的重要特征。

因此，团队可以定义为是由少数具有技能互补的人组成的，他们认同于一个共同目标和一个能使他们彼此担负责任的程序，并相处愉快，乐于在一起工作，共同为达成高品质的结果而努力。团队就是合理利用每一个成员的知识和技能协同工作，解决问题，达到共同的目标的共同体。

创业团队是由一群具有技能互补、责任共担的创业者组成的，他们为了实现共同的创业目标和一个能使他们彼此担负责任的程序，共同为达成高品质的结果而努力的共同体。

创业团队是两个或两个以上具有一定利益关系、拥有所创建企业所有权或处于高层主管位置，并共同承担创建和领导新企业责任的人所组成的工作群体。

7.1.2 创业团队的组成要素

创业团队一般具备五个重要的团队组成要素，称为5P。

1. 目标（Purpose）

创业团队应该有一个既定的共同目标，为团队成员导航，知道要向何处去，没有目标这个团队就没有存在的价值。目标在创业企业的管理中以创业企业的远景、战略的形式体现。

2. 人（People）

人是构成创业团队最核心的力量。3个及3个以上的人就形成一个群体，当群体有共同奋斗的目标就形成了团队。在一个创业团队中，人力资源是所有创业资源中最活跃、最重要的资源。应充分调动创业者的各种资源和能力，将人力资源进一步转化为人力资本。

目标是通过人员来实现的，所以人员的选择是创业团队中非常重要的一部分。在一个团队中可能需要有人出主意，有人定计划，有人实施，有人协调不同的人一起去工作，还有人去监督创业团队工作的进展，评价创业团队最终的贡献，不同的人通过分工来共同完成创业团队的目标。在人员选择方面要考虑人员的能力如何，技能是否互补，人员的经验如何。

3. 创业团队的定位（Place）

创业团队的定位包含两层意思。

（1）创业团队的定位。创业团队在企业中处于什么位置，由谁选择和决定团队的成员，创业团队最终应对谁负责，创业团队采取什么方式激励下属。

（2）个体（创业者）的定位。作为成员在创业团队中扮演什么角色，是制订计划还是具体实施或评估。是大家共同出资，委派某个人参与管理；还是大家共同出资，共同参与管理；或是共同出资，聘请第三方（职业经理人）管理。这体现在创业实体的组织形式上，是合伙企业或是公司制企业。

4. 权限（Power）

创业团队当中领导人的权力大小与其团队的发展阶段和创业实体所在行业相关。一般来说，创业团队越成熟领导者所拥有的权力相应越小，在创业团队发展的初期阶段领导权相对比较集中。

5. 计划（Plan）

计划有两层含义：（1）目标最终的实现，需要一系列具体的行动方案，可以把计划理解为达到目标的具体工作程序；（2）按计划进行可以保证创业团队的工作进度，只有在计划的操作下创业团队才会一步一步地接近目标，从而最终实现目标。

7.1.3 创业团队的类型

从不同的角度、层次和结构，可以划分为不同类型的创业团队，而依据创业团队的组成者来划分，创业团队大体上可以分为3种：星状创业团队（Star Team）、网状创业团队（Nesh Team）和从网状创业团队中演化来的虚拟星状创业团队（Virtual Star Team）。这和网络拓扑结构极其相似。

1. 星状创业团队

星状创业团队也称核心主导创业团队。一般在团队中有一个核心主导人物（Core Leader），充当了领军的角色。这种团队在形成之前，一般是核心主导人物有了创业的想法，然后根据自己的设想进行创业团队的组织。因此，在团队形成之前，核心主导人物已经就团队组成进行过仔细思考，根据自己的想法选择相应人物加入团队，团队的其他成员在企业中更多时候是支持者的角色（Supporter）。

这种创业团队有几个明显的特点。

（1）组织结构紧密，向心力强，主导人物在组织中的行为对其他个体影响巨大。

（2）决策程序相对简单，组织效率较高。

（3）容易形成权力过分集中的局面，从而使决策失误的风险加大。

（4）当其他团队成员和主导人物发生冲突时，因为核心主导人物的特殊权威，使其他团队成员在冲突发生时往往处于被动地位，在冲突较严重时，一般都会选择离开团队，因此对组织的影响较大。

2. 网状创业团队

网状创业团队也称为群体性创业团队。这种创业团队的成员主要来自于因为经验、友谊和共同兴趣的关系而结缘的伙伴。一般都是在交往过程中，共同认可某一创业想法，并就创业达成了共识以后，开始共同进行创业。在创业团队组成时，没有明确的核心人物，大家根据各自的特点进行自发的组织角色定位。因此，在企业初创时期，各位成员基本上扮演协作者或者伙伴的角色（Partner）。

这种创业团队有几个明显的特点。

（1）团队没有明显的核心，整体结构较为松散。

（2）组织决策时，一般采取集体决策的方式，通过大量的沟通和讨论达成一致意见。因此组织的决策效率相对较低。

（3）由于团队成员在团队中的地位相似，因此容易在组织中形成多头领导的局面。

（4）当团队成员之间发生冲突时，一般都采取平等协商、积极解决的态度消除冲突。团队成员不会轻易离开。但是一旦团队成员间的冲突升级，使某些团队成员撤出团队，就容易导致整个团队的涣散。

3. 虚拟星状创业团队

虚拟星状创业团队是由网状创业团队演化而来的，基本上是前两种的中间形态。在团队中，有一个核心成员，但该核心成员地位的确立是团队成员协商的结果，因此核心人物某种意义上说是整个团队的代言人，而不是主导型人物，其在团队中的行为必须充分考虑其他团队成员的意见，不像星状创业团队中的核心主导人物那样有权威。

7.1.4 创业团队必备的组成成员

一个强大的创业团队必备核心领军人物和核心成员。

1. 核心领军人物

大学生创业团队组建时经常忽视团队领军人物的个人创业素质与能力，多数情况下，以出资多少、年长、关系远近或者最早识别到商机的发起人确定为创业团队领军人物，过于简单、过于依赖情感关系，这样导致企业在成长过程中一旦遇到重大问题时，没有核心人物迅速做出决策，凝聚团队成员共识，并带领团队走出困境。

团队核心领军人物需要具备以下要素：勇敢、无私、担当、胸怀和魅力……然而勇敢是第一位的。任何一支团队都会不断面临新目标、新挑战，尤其在创业公司，很少人能看清未来，找到真正可持续的赢利点。在这种巨大的不确定性面前，其他成员甚至包括领军人物本身，都难免会彷徨、挣扎、犹豫。所以作为领军人物必须足够勇敢，关键时刻能够站出来打破僵局，喊一嗓子：就这么干！

团队核心领军人物能将团队利益放在第一位，能与真正有贡献的人分享财富，信任并给予团队成员适当的权责。妥善处理各种权力和利益关系，了解团队成员的需求，识别并尊重团队成员之间的差异，制定合理的团队管理规则，并使所有指标尽可能地量化。

2. 充分共识基础上的三五个核心成员

几乎所有成功的创业团队，都有三五个核心成员作为支撑。柳传志、雷军、周鸿祎等创业成功人士都曾在不同场合阐述过核心班子的重要性。柳传志一直将"搭班子"放在首位，然后才是定战略、带团队。雷军在做小米初期，最大的精力就用在招揽七位核心成员了。周鸿祎更是推崇乔布斯那一套理论：大部分的成功在于找到真正有天分的人才。

因此，一旦你有条件成为领军人物并组建一支团队，首要任务就是"搭班子"，投入一切能投入的精力去网罗核心人才。这些人才不仅要互补，更要在意愿上达成充分共识。如果时机等不了，而且眼前的团队还凑合，那就边干边找。

7.1.5 团队领头人的必备素质

创业的成功首先是模式的成功，然后是服务和品牌，最后才是技术。不管是模式、服务、品牌还是技术，都是人去执行，归根到底成功的关键还是在于团队。一个优秀的团队最显著的特征是有一个强有力的核心，这个核心就是团队领头人。

1. 团队领头人要具有前瞻性
2. 团队领头人对市场要相当的敏感
3. 团队领头人要有超人的胆识
4. 团队领头人要有非凡的毅力

7.1.6 一个团队必备的5个基本要素

搭建一支优秀的创业团队对任何创业者而言，都是一项至关重要的工作。创业者之所以多遭破产厄运,最主要的原因在于他们缺少一支优秀的创业团队。力是相互的,人与人之间的关系也是,扯皮、争斗,只能是两败俱伤,唯有互相配合,团队合作,方能共同繁荣!

可以说,失败的创业者从创业一开始,就奠定了创业失败的命运。想要打造一支优秀的创业团队,先来看看你们有没有具备这些要素。

一个团队必备的 5 个基本要素如下。

1．信任
2．换位
3．沟通
4．谨慎
5．快乐

7.1.7 创业团队的互补

1．创业团队互补的含义

创业团队的互补是指由于创业者知识、能力、心理等特征,以及教育、家庭环境方面的差异,对创业活动产生的不利影响,通过组建创业团队来发挥各个创业者的优势,弥补彼此的不足,从而形成一个知识、能力、性格、人际关系资源等方面全面具备的一个优秀创业团队。

2．建立优势互补的创业团队

从人力资源管理的角度来看,建立优势互补的创业团队是保持创业团队稳定的关键。研究表明,大多数创业团队组成时,并不是考虑到成员专业能力的多样性,大多是因为有相同的技术能力或兴趣,至于管理、营销、财务等能力则较为缺乏。因此,要使创业团队能够发挥其最大的能量,在创建一个团队时,不仅要考虑相互之间的关系,最重要的是考虑成员之间的能力或技术上的互补性,包括功能性专长、管理风格、决策风格、经验、性格、个性、能力、技术以及未来的价值分配模式等特点的互补,以此来达到团队的平衡。太阳微系统公司就是一个非常值得借鉴的例子,创业初期维诺德·科尔斯勒找来的 3 个人分别是软件专家、硬件专家和管理专家,太阳微系统公司的创业团队非常稳定,稳定的团队为其带来了稳定的发展。

创业团队由很多成员组成,那么这些成员在团队里究竟扮演什么角色,对团队完成既定的任务起什么作用。团队缺少什么样的角色,拟聘人员擅长什么,欠缺什么,什么样的人与团队现有成员的个人能力和经验是互补的,这些都是必须首先界定清楚的。这样,我们就可以利用角色理论挑选和配置成员,所挑选出的成员,才能做到优势互补,用人之长。因为创业的成功不仅是自身资源的合理配置,更是各种资源调动、聚集、整合的过程。

3．不同角色对团队的贡献

不同角色在团队中发挥着不同的作用,因此,团队中不能缺少任何角色。一个创业团队要想紧密团结在一起,共同奋斗,努力实现团队的远景和目标,各种角色的人才都不能或缺。

(1) 创新者提出观点

没有创新者,思维就会受到局限,点子就会匮乏。创新是创业团队生产、发展的源泉。企业不仅开发要创新,管理也需要创新。

(2) 实干者运筹计划

没有实干者的团队会显得比较乱,因为实干者的计划性很强。"千里之行始于足下",

有了好的创意还需要靠实际行动去实践。而且实干者在企业人力资源中应该占有较大的比例,他们是企业发展的基石。没有执行就没有竞争力。只有通过实干者踏实努力的工作,美好的远景才会变成现实,团队的目标才能实现。

(3) 凝聚者润滑调节各种关系

缺少凝聚者的团队,人际关系会比较紧张,冲突的情形会更多一些,团队目标完成将受到很大的冲击,团队的寿命也将缩短。

(4) 信息者提供支持的武器

没有信息者的团队会比较封闭,因为不知道外界发生了什么事情。当今社会,信息是企业发展必备的重要资源之一。世界是开放的系统,创业团队要在社会中生存和发展,没有外界的信息交流,企业就成了一个自给自足的封闭小团体。而且,当代创业团队的成功更需要正确的、及时的信息。

(5) 协调者协调各方利益和关系

没有协调者的团队领导力会削弱,因为协调者除了要有权力性的领导力以外,更要有一种个性的号召力来帮助领导树立个人影响力。从某个角度说管理就是协调。各种背景的创业者凝聚在一起,经常会出现各种分歧和争执,这就需要协调者来调节。

(6) 推进者促进决策的实施

没有推进者效率就不高,推进者是创业团队进一步发展的"助推器"。

(7) 监督者监督决策实施的过程

没有监督者的团队会大起大落,做得好就大起,做得不好也没有人去挑刺,这样就会大落。监督者是创业团队健康成长的鞭策者。

(8) 完美者注重细节,强调高标准

缺少完美者的团队,线条会显得比较粗,因为完美者更注重的是品质、标准。但在创业初期,不能过于追求完美;在企业的逐渐成长过程中,完美者要迅速地发挥作用,完善企业中的缺陷,为做大、做强企业打下坚实的基础。现代管理界提出的"细节决定成功"观点,进一步说明完美者在企业管理和发展中的重要作用。

(9) 专家为团队提供一些指导

企业缺少专家,其业务就无法向纵深方向发展,企业的发展也将受到限制。

在了解不同的角色对于团队的贡献以及各种角色的配合关系后,就可以有针对性地选择合适的人才了,通过不同角色的组合来达到团队的完整。并且由于团队中的每个角色都是优点和缺点相伴相生的,领导者要学会用人之长、容人之短,充分尊重角色差异,发挥成员的

个性特征,找到与角色特征相契合的工作,使整个团队和谐,达到优势互补。

优势互补是团队搭建的根基,找到优势互补的合作伙伴,是创业成功一半的保证。当代社会,社会分工越来越细,最专业的事情就要交给最专业的人去做,胜算才会更大;也只有优势互补的团队才能充分发挥其组合潜能,也肯定优于个人创业的单打独斗。

在一个创业团队中,成员的知识结构越合理,创业的成功性越大。纯粹的技术人员组成的公司容易形成技术为主、产品为导向的情况,从而使产品的研发与市场脱节;全部是

由市场和销售人员组成的创业团队缺乏对技术的领悟力和敏感性,也容易迷失方向。因此,在创业团队的成员选择上,必须充分注意人员的知识结构——技术、管理、市场、销售等,充分发挥个人的知识和经验优势。

7.1.8 高效团队的主要特征

高效团队是指发展目标清晰,团队成员在有效的领导下相互信任、沟通良好、积极协同工作的团队。

1. 明确的目标 2. 互补的技能
3. 相互的信任 4. 一致的承诺
5. 高度的责任感 6. 良好的沟通
7. 合适的领导

7.2 认知团队精神

团队中的每个成员,若想把工作做好,想获得成功,首先就要有团队精神。在现代组织中,"善于与他人合作,具有团队精神"已成为衡量员工的一项重要标准。在组织中,优秀员工的能力不一定是最强的,可一定是最具有团队精神、能够融入整个团队之中的人。

一滴水只有融入大海才能生存,才能掀起滔天大浪。同样一个人,只有融入团队,才能更好地生存成长。

俗话说:"一根筷子轻轻被折断,十双筷子牢牢抱成团。"团队意识的重要性对于任何组织来说都是无与伦比的,小到公司,大到国家,都需要每个成员具有团队精神。

7.2.1 团队精神的含义

团队精神是一种集体意识,是团队所有成员都认可的一种集体意识。团队精神是高绩效团队中的灵魂。简单来说,团队精神就是大局意识、服务意识和协调意识"三意识"的综合体。反映团队成员的士气,是团队所有成员价值观与理想信念的基石,是凝聚团队力量,促进团队进步的内在力量。

团队精神是大局意识、协作精神和服务精神的集中体现,团队精神的基础是尊重个人的兴趣和成就,核心是协同合作,目的是最大限度地发挥团队的潜在能量,反映的是个体利益和整体利益的统一,并进而保证组织的高效率运转。团队精神强调的是组织内部成员间的合作态度,为了一个统一的目标,成员自觉地认同肩负的责任,并愿意为此目标共同奉献。

团队精神尊重每个成员的兴趣和成就,要求团队的每一个成员,都以提高自身素质和实现团队目标为己任。团队精神的形成并不要求团队成员牺牲自我,相反,挥洒个性、表现特长保证了成员共同完成任务目标,而明确的协作意愿和协作方式则产生了真正的内心动力。团队精神是组织文化的一部分,良好的管理可以通过合适的组织形态将每个人安排至合适的岗位，充分发挥集体的潜能。如果没有正确的管理文化，没有良好的从业心态和奉献精神，就不会有团队精神。

所以说，团队精神是一种精神力量，是一种信念，是一个现代企业不可或缺的精神灵魂。而良好的企业团队，来自正确的管理文化，没有良好的从业心态和自我牺牲的精神，就不会有坚实的团队精神。

7.2.2 团队协作能力的含义

团队协作能力是指建立在团队的基础之上，发挥团队精神、互补互助以达到团队最大工作效率的能力。对于团队的成员来说，不仅要有个人能力，更需要有在不同的位置上各尽所能、与其他成员协调合作的能力。

我们是一个整体，我们要共同面对困难，一起分享成功，时刻记住团队的利益与自己息息相关。在实现共同目标的过程中，对于失败我们应坦然面对，在困境中绝不放弃，面对失败，从不退缩、屈服，想尽一切办法达成目标。

7.2.3 团队精神的基本要素

1．团队精神的基础——挥洒个性
2．团队精神的外在形式——奉献精神
3．团队精神的核心——协同合作
4．团队精神的最高境界——团结一致

7.2.4 团队精神建设的重要性

1．团队精神能推动团队运作和发展

在团队精神的作用下，团队成员产生了互相关心、互相帮助的交互行为，显示出关心团队的主人翁责任感，并努力自觉地维护团队的集体荣誉，自觉地以团队的整体声誉为重来约束自己的行为，从而使团队精神成为企业全面发展的动力。

2．团队精神培养团队成员之间的亲和力

一个具有团队精神的团队，能使每个团队成员显示高涨的士气，有利于激发成员工作的主动性，由此而形成的集体意识，共同的价值观，高涨的士气、团结友爱，团队成员才会自愿地将自己的聪明才智贡献给团队，同时也使自己得到更全面的发展。

3．团队精神有利于提高组织整体效能

通过发扬团队精神，加强团队建设进一步节省内耗。如果总是把时间花在怎样界定责任，应该找谁处理，让客户、员工团团转，这样就会减弱企业成员的亲和力，损伤企业的凝聚力。

7.2.5 团队精神的功能

如今的职场，团队成为企业生存和发展的不可或缺的重要因素，个人独闯天下的成功机会微乎其微。而要建立一个强有力的团队，每一个员工必须树立团队精神、统一思想、团队合作、步调一致、以团队和企业利益为重。只要团队成员精诚合作，定能战胜困难、摆脱险境、创造奇迹。

1. 目标导向功能
2. 团结凝聚功能
3. 促进激励功能
4. 实现控制功能

7.2.6 如何培养团队的协作能力

团队合作对个人的素质有较高的要求，除了应具备优秀的专业知识以外，还应有优秀的团队协作能力，这种合作能力有时甚至比你的专业知识更加重要。

1. 有明确的团队目标
2. 团队成员之间有开放地交流
3. 团队成员之间无条件地团结和忠诚
4. 善于学习
5. 正确激励
6. 强有力的领导
7. 高效的工作程序

【分步训练】

7.3　组建与管理创业团队

【案例剖析】

案例 7-1　雁行千里排成行，团结协作齐飞翔

【案例描述】

秋去春归的大雁在飞行时总是结队为伴，队形一会儿呈"一"字形，一会儿呈"人"字形，一会儿又呈"V"字形。大雁为什么要编队飞行呢？

一群编成"人"字队形飞行的大雁，要比具有同样能量而单独飞行的大雁多飞行 70% 的路程，也就是说，编队飞行的大雁能够借助团队的力量飞得更远。其原因是：大雁以"人"字形飞行，为首的雁在前头开路，它能帮助左右两边的大雁形成空气流动，减少飞行的阻力，使每只大雁都能够顺利到达目的地。

大雁的叫声热情十足，能给同伴鼓舞，大雁用叫声鼓励飞在前面的同伴，使团队保持前进的信心。当一只大雁脱队时，会立刻感到独自飞行的艰难迟缓，所以会很快回到队伍中，继续利用前一只大雁造成的浮力飞行。

一个队伍中最辛苦的是领头雁。当领头的大雁累了，会退到队伍的侧翼，另一只大雁会替代它的位置，继续领飞。当有的大雁生病或受伤时，就会有两只大雁来协助和照料它飞行，日夜不分地伴随它的左右，直到它康复或死亡，然后它们再继续去追赶前面的队伍。

如雁一般，无论在困境或顺境时都能彼此维护、互相依赖，再艰辛的路程也不惧怕遥远。在雁阵中的每一只雁都会发出"呱呱"的叫声，鼓励领头的雁勇往直前。在旅程中遭尽坎坷，可能还会失败，但只要团队相互鼓励、坚定信念，终究还是能够成功的。

【感悟反思】

一个由相互联系、相互制约的若干部分组成的整体，经过优化设计后，整体功能能够大于部分之和，产生"1+1>2"的效果。

雁群飞行的阵势，向我们揭示了一个深刻的道理：不能没有团队精神，因为成功在于合力，在于协作。一盘散沙难成大业，捂紧拳头出击才有力量。任何一支团队，成员之间必须团结一致，大家心往一处想，劲往一处使，才能无往而不胜。团队行动的速度有多快，并不是取决于团队中走得最快的那个人，而是最慢的那个人。正如我们所熟悉的"木桶"原理一样，一个木桶的容量多少是由木桶中最短的那块木板的长度决定的。

启示1：与拥有相同目标的人同行，能更快速，更容易地到达目的地，因为彼此之间能互相推动。

启示2：如果我们与大雁一样聪明的话，我们就会留在与自己目标一致的队伍里，而且乐意接受他人的协助，也愿意协助他人。

启示3：在从事困难的任务时，轮流担任与共享领导权是有必要的，也是明智的，因为我们都是互相依赖的。

启示4：我们必须确定从我们背后传来的是鼓励的叫声，而不是批评的叫声。

启示5：如果我们与大雁一样聪明的话，我们也会互相扶持，不论在困难的时刻或在坚强的时刻。

【知识梳理】

7.3.1 创业团队组建的基本原则

1. 目标明确合理原则

目标必须明确，这样才能使团队成员清楚地认识到共同的奋斗方向是什么。与此同时，目标也必须是合理的、切实可行的，这样才能真正达到激励的目的。

2. 互补原则

创业者之所以寻求团队合作，其目的就在于弥补创业目标与自身能力间的差距。只有当团队成员相互间在知识、技能、经验等方面实现互补时，才有可能通过相互协作发挥出"1+1>2"的协同效应。

3. 精简高效原则

为了减少创业期的运作成本、最大比例的分享成果，创业团队人员构成应在保证企业能高效运作的前提下尽量精简。

4. 动态开放原则

创业过程是一个充满了不确定性的过程，团队中可能因为能力、观念等多种原因不断有人离开，同时也有人要求加入。因此，在组建创业团队时，应注意保持团队的动态性和开放性，使真正完美匹配的人员能被吸纳到创业团队中来。

7.3.2 创业团队组建的主要影响因素

创业团队的组建受多种因素的影响，这些因素相互作用共同影响着组建过程并进一步影响着团队建成后的运行效率。

1. 创业者

创业者的能力和思想意识从根本上决定了是否要组建创业团队、团队组建的时间表以及由哪些人组成团队。创业者只有在意识到组建团队可以弥补自身能力与创业目标之间存在的差距，才有可能考虑是否需要组建创业团队，以及对什么时候需要引进什么样的人员才能和自己形成互补做出准确判断。

2. 商机

不同类型的商机需要不同类型的创业团队。创业者应根据创业者与商机间的匹配程度，决定是否要组建团队以及何时、如何组建团队。

3. 团队目标与价值观

共同的价值观、统一的目标是组建创业团队的前提，团队成员若不认可团队目标，就不可能全心全意为此目标的实现而与其他团队成员相互合作、共同奋斗。而不同的价值观将直接导致团队成员在创业过程中脱离团队，进而削弱创业团队作用的发挥。没有一致的目标和共同的价值观，创业团队即使组建起来，也无法形成有效发挥协同作用，缺乏战斗力。

4. 团队成员

团队成员的能力的总和决定了创业团队整体能力和发展潜力。创业团队成员的才能互补是组建创业团队的必要条件。而团队成员间的互信是形成团队的基础。互信的缺乏，将直接导致团队成员间协作障碍的出现。

5. 外部环境

创业团队的生存和发展直接受到了制度性环境、基础设施服务、经济环境、社会环境、市场环境、资源环境等多种外部要素的影响。这些外部环境要素从宏观上间接地影响着创业团队的组建。

7.3.3 创业团队的组建程序及其主要工作

创业团队的组建是一个相当复杂的过程，不同类型的创业项目所需的团队不一样，创建步骤也不完全相同。企业团队组建的主要工作如下。

1. 明确创业目标
2. 制订创业计划
3. 招募合适人员
4. 划分职权
5. 构建创业团队制度体系
6. 团队的调整融合

7.3.4 创业团队的风险控制

1. 选择合理的团队成员

建立优势互补的创业团队是保持创业团队稳定性的关键,也是规避和降低团队组建模式风险的有效手段。在团队创建初期,人数不宜过多,能满足基本的需求即可。在成员选择上,要综合考虑成员在能力和技术上的互补性,基本保证具备理想团队所需的几种角色。而且,成员的能力和技术应该处于同一等级,不宜差异过大。如果团队成员在对项目的理解能力、表达能力、执行能力、社会资源能力、思维创新能力等方面存在较大的差异性,就会产生严重的沟通和执行障碍。

此外,在选择成员时还要考虑创业激情的影响。在企业初创期,所有成员每天都需要超负荷工作,如果缺乏创业激情和对事业的信心,不管其专业水平多高,都可能成为团队中的消极因素,对其他成员产生致命的负面影响。

"携程网"的成功,除了抓住互联网快速发展的契机,有一个良好的创业团队是关键。"携程网"的团队成员来自美国甲骨文公司、德意志银行和上海旅行社等,是技术、管理、金融运作和旅游的完美组合。大家共同创业,分享各自的知识和经验,避开了很多创业"雷区"。

2. 确定清晰的创业目标

创业团队在实践中要不断总结和吸取教训,形成一致的创业思路,勾画出共同的目标,以此作为团队努力的目标和方向,鼓励团队成员积极掌握工作内容和职责,竭诚与他人合作交流、贡献个人能力。

创业团队的目标必须清晰明确,能够集中体现出团队成员的利益,与团队成员的价值趋向一致,并保证所有团队成员都能正确理解,这样才能发挥鼓励和激励团队成员的作用。此外,创业团队的目标还必须切实可行,既不应太高也不应太低,而且能够随着环境和组织的变化及时更新和调整。

3. 制定有效的激励机制

正确判断团队成员的"利益需求"是有效激励的前提。实际上,不同类型的人员对于利益的需求并不完全一样,有些成员将物质追求放在第一位,而有些成员则是希望能够获得荣誉、发展机会、能力提高等其他利益。因此,创业团队的领导者必须加强与团队成员的交流,针对各成员的情况采取合理的激励措施。

创业团队的利润分配体系必须体现出个人贡献价值的差异,而且要以团队成员在整个创业过程中的表现为依据,而不仅是某一阶段的业绩。其具体分配方式要具有灵活性,既包括诸如股权、工资、奖金等物质利益,也包括个人成长机会和相关技能培训等内容,并且能够根据团队成员的期望进行适时调整。

腾讯公司马化腾的创业团队多年来十分稳定,与其利润分配机制的有效性是分不开的。虽然腾讯公司的股权多次转让,但是它的5位创办人一直共同持有公司的大部分股份。公司的上市更是使得创业团队的5位成员成为了亿万富翁。

7.3.5 创业团队工作沟通的 7 个原则

每一位管理者，都是从管理菜鸟起步的。管理的每一项经验，都来自于痛苦的经历。

1. 沟通的唯一原则——工作目标
2. 沟通的 3 种方式——用态度沟通、用方法沟通、用工具沟通
3. 上下级沟通原则——最小化可执行
4. 会议沟通的核心原则——一切围绕中心展开
5. 不同岗位间的沟通原则——找准接口
6. 部门间的沟通原则——均衡利益
7. 合伙人间的沟通原则——相互理解、相互约束、相互帮助

7.3.6 如何组建优秀的创业团队

企业管理之神杰克·韦尔奇告诉我们："优秀的领导者应当像教练一样，培育自己的员工，带领自己的团队，给他们提供机会去实现他们的梦想。"企业的成长是人才成长的一个集中体现，创业者能否走得更远，取决于创业者和创业团队的基本素质。

企业的成功也是人才的成功。搭建一支优秀的创业团队对任何创业者而言，都是一项至关重要的工作，它决定着创业的成败。优秀团队的标准是高度责任感、成功的行业经验、合作的心态。那么，我们怎样才能组建一支优秀的创业团队呢？

1. 扬长避短，恰当使用
2. 既要讲独立，也要讲合作
3. 志同道合，目标明确
4. 知己知彼，百战不殆
5. 完善股权，利益共享
6. 相互补充，相得益彰
7. 心胸博大，宽厚待人
8. 坦诚相待，相互尊重

7.3.7 组建创业团队时不可或缺的几类人

创业是企业发展中一个非常特殊的阶段，对团队工作效率要求尤其高，因此，创业团队中考虑下面几类能力的人。

1. 战略意识强的人
2. 执行力强的人
3. 号召力强的人
4. 激情四射的人
5. 思维缜密的人
6. 沟通能力强的人
7. 保守谨慎的人
8. 踏实平凡的人
9. 不同思维的人
10. 敢于向权威挑战的人
11. 综合能力很强的人

每个人的脸上都没有标签，人的性格也是复杂、多变的，这需要创业管理者去认真分析、细心挑选。西游记中的唐僧师徒四人就是一个最佳的组合：师傅唐僧富有号召力，取经的意志最为坚定；孙悟空执行力强，是降妖除怪的主要战斗力；猪八戒常偷懒耍滑，善泼冷水，

却不失为团队润滑幽默的联络人；沙僧踏实平凡，理当是最合适的看家人。

7.3.8 创业初期创业团队需要注意的几个问题

大学生在创业初期往往会遇到各种问题，屡屡受挫、举步维艰。更有甚者，创业团队中的成员因种种原因纷纷辞职，退出团队，导致公司受到严重打击。

在创业初期创业团队需要注意以下问题。

1. 做好市场需求调研

创业初期进行市场需求调研，可以对整个市场有一个比较清楚的认识，了解企业的需求，发现机会、捕捉商机，并利于结合自身实际情况推出相应的产品和服务。同时又可避免自己陷入激烈行业的竞争中去。而且创业团队刚起步，资金和人才又有限，因此做一个市场需求调研是十分必要的。

2. 制定好公司发展的目标

创业团队要制定一个发展目标，根据公司的现状进行细化分解。让每个团队成员都明白自己公司的发展方向，明确目标、统一思路、兄弟齐心、其利断金，即便在日后公司运营出现问题，团队成员能够齐心协力去解决问题。

3. 团队分工要明确

创业初期往往因为资金和人手不够，导致每个团队成员的工作量多而杂，效率很低。所以准确的自身角色定位，是团队建设的重要砝码。事实上，一个企业、一个部门想要共同创造出优良绩效，首先要明确工作的流程和基本的工具，对每个个体做出一个准确的定位。而最终导致绩效不佳的原因在很大程度上是由于成员对自身在组织中的定位缺乏认识，以至于定位不准、不足、不对，最终没能发挥应有的作用，没能尽到应尽的职责，反而起到了不够积极的效果。因此，现实工作中的角色定位，一定要让团队成员更为清醒地认识自己，这样不仅有利于发展、培养、锻炼自己的所长，更能充分提高团队的综合实力。

4. 制定好公司的管理制度

任何公司一开始创业不可能有完善的制度，也做不到这一点，但不能没有管理战略框架。创业公司第一阶段都是全力以赴做业绩，使公司生存下来，等公司到了一定规模后开始抓管理，但有的转型成功，有的转型失败，纵观下来，转型成功的企业都是开始虽然没有完善、详细的制度，但其制定了管理战略框架；转型失败的企业，虽然也制定了制度，但肯定没有制定管理战略框架，结果不是分家就是制度派与自由派天天内部斗争。所以创业团队在公司成立初期就要制定一个合理的公司管理制度，让公司朝着良性方向发展。

5. 建立好良好的沟通机制

创业过程中充满了不尽的、不确定的性挑战与艰险，为了创业成功，创业团队需要将成员的力量协同最大化，所谓集思广益、群策群力，心往一处想，劲往一处使。这就需要创业团队成员的自动自发主动地去参与大大小小的事务中。建立一个良好的机制，能够遇到问题和矛盾后马上提出来大家商量解决，不让小小问题越积越大，最终闹到不可调和的地步。

6. 制定合理的利益分配制度

创业伊始，每个人都豪情万丈、意气风发。当取得一定的成绩，便坐享其成，得其所得，分了蛋糕好享受，却未曾想蛋糕是否够大，蛋糕还能做得更大，还可以有更多的蛋糕。蛋糕分完了，团队也就该散了，创业的梦做到此便已结束，虽然在创业初期大家没怎么想过能赚多少钱，但目的就一个，那就是赚钱。未雨绸缪，为了避免后期团队成员在利益分配上产生争执，在创业初期就制定一个合理的利益分配制度是非常有必要的。

总之，创业路上，苦乐相伴，最需要的是信念、耐心和恒心。

【研讨交流】

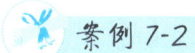 唐僧师徒团队

【案例描述】

《西游记》里的唐僧师徒4人（唐僧、孙悟空、猪八戒和沙僧）一起去西天取经，他们性格迥异，各有优缺点，但共同的理想将他们联系在一起，一路虽多有冲突、险象环生，但终能同心协力、各显神通，历经千山万水，不惜跋山涉水，终于完成取经大任，并获得个人事业的成功，修成正果。

在取经团队中，4个人是相互依存、缺一不可的。唐僧虽然既非擒妖能手，又不会料理行程上的事务，但是他能把握大局，信念坚定，得到上司的直接授权，又有广泛的社会资源。唐僧得到唐太宗的直接任命，被授以袈裟和金碗，又得到以观音为首的各路神仙的广泛支持和帮助，起到了凝聚和完善的作用，是团队的核心人物。孙悟空本领超强，冲锋陷阵，不拘小节，起着创新和推进的作用，是实现组织目标的关键人物。猪八戒虽然本事稀松，组织纪律性不强，好吃懒做，但具有乐观主义精神，能屈能伸、能说会道，在项目组中承担了润滑油的作用，并起到信息沟通和监督的作用。沙和尚言语不多、任劳任怨，承担了挑担等粗笨的工作，起到了协调和实干的作用。

师徒几人的技能相互补充、相得益彰，这是团队成功的关键。

唐僧是那种"完美型"的人，崇向美德，喜欢探索人的心灵世界，追求至善至美的艺术品位，严肃认真、注重细节、执著追求真理，一直遵循着"既然值得去做，就应该做到最好"的信念；孙悟空是那种"力量型"的人，永远充满着活力，勇于超越自己，崇向行动，无坚不摧，在意工作的结果，对过程和人的情感漠不关心，有时也会显得霸道和冷酷无情；猪八戒是那种"活泼型"的人，崇向乐趣、情感外露、热情奔放，对生活充满热爱，与他在一起永远也不会无趣，但有时会好逸恶劳、缺乏责任心；沙僧是那种"和平型"的人，崇向低调，情绪过于内敛，喜欢随波逐流，习惯既定游戏规则，听天由命，但有时会没有主见，缺乏对生活的热情，比较马虎和懒惰。这4个人各有各的性格特点，而我们也应该感叹为什么4个人不同的性格特点，可以组成一个团队，能够成功地取到经？每个团队成员都会有个性，这是无法也无须改变的，而团队的艺术就在于如何发掘成员的优缺点，

根据其个性和特长合理安排工作岗位，使其达到互补的效果。

从他们不同的性格特点，也给了我们一个启示，就是一个成功的团队不都需要每一个人都是很优秀、性格一样的人，比如一支足球队，除了需要前锋来负责进球外，也需要后卫和门将来负责防守，这样才能在防住对方的同时，还可以取得进球，拿到比赛的胜利。一个团队也如此，需要形形色色的人，不同性格特点的人，这样才会让一个团队变得更加具有战斗力和合作力。

一个坚强的团队，应有4种人：德者、能者、智者、劳者，德者领导团队，能者攻克难关，智者出谋划策，劳者执行有力。唐僧是一个目标坚定、品德高尚的人；孙悟空有个性、有想法、执行力很强；猪八戒有乐观主义精神、能屈能伸、能说会道、尊敬唐僧；沙僧任劳任怨、忠心耿耿。总的来说，唐僧师徒团队各个成员能够优势互补、目标一致，每个人都能发挥自己的效用，所以形成了一个越来越坚强的团队。

【各抒己见】

（1）剖析唐僧师徒4人的性格特点，试解读个人性格与团队建设之间的关系。
（2）分析一个优秀创业团队的构成要素，如何让一个团队变得具有战斗力和合作力。
（3）一个创业团队应如何充分发挥团队力量，谈谈你的观点。

 案例7-3　　阿里巴巴创业团队："十八罗汉"

【案例描述】

阿里巴巴集团的飞速发展与财富数量令人惊叹不已，而创始人马云和"十八罗汉"志同道合、并肩创业的那段美丽的传奇经历是令人叹为观止。"十八罗汉"作为创造阿里巴巴这样一个商业传奇的创始人团队，在众人的眼中多少有一点奇幻色彩，但事实上，十多年前，他们也只是一群用青春、梦想和激情赌未来的年轻人，只是因为志同道合的友谊才让他们走到了一起。

1999年2月21日，在杭州市区一个名为"湖畔花园"的小区，18位年轻人聚在一起开了一个动员会。马云将手一挥，说："从现在起，我们要做一件伟大的事情。我们的B2B将为互联网服务模式带来一次革命！因为失败可能性极大。我们必须准备好接受'最倒霉的事情'。但是,即使是泰森把我打倒,只要我不死,我就会跳起来继续战斗!至于将来具体要做什么,我自己还不知道,我只知道我要做一个全世界最大的商业网站。"

他们将成立一家新的公司,启动资金是 50 万元,18 个人纷纷凑份子掏钱,各自占了不同的股份。办公室设在马云家里,最多挤过 35 个人。在随后的很长时间里,这些人每个月拿 500 块钱的工资,10 个月内没假期,在湖畔花园附近租房子住,有两三人一起合租,有人租了农民房。他们自嘲地称自己为"十八罗汉"。而在那部记录马云早期创业经历的纪录片《扬子江大鳄》中,阿里巴巴最困难的时期,一度发不出员工工资,不得不让员工自掏腰包来渡过难关。阿里巴巴十八罗汉为今日的"阿里帝国"立下了汗马功劳。

创业的艰苦很多,这不足为怪,但是阿里巴巴的这十八个人却可以在那样艰苦的岁月里玩命工作,同时没有失去快乐的生活态度,这一点却不是所有人都可以做到的。可以说,那段日子,他们是冒着风雨、哼着小曲过来的。

如今,他们中的每个人也许已经成为了亿万富翁。在公司十周年庆典的晚上,这 18 位创始人向马云辞去了创始人的身份,从零开始。用马云的话说,阿里巴巴进入合伙人的时代。

马云认为:"判断网络公司好坏的依据有 3 个:第一是团队,第二是技术,第三是观念。一个公司是不是优秀,不要看它里面有多少名牌大学毕业生,而要看这帮人干活是不是发疯一样,看他们每天下班是不是笑眯眯地回家。"

【各抒己见】

(1)阿里巴巴创业团队体现了一个优秀创业团队的哪些要素。
(2)阿里巴巴之所以能够创业成功,你认为关键要素是什么。
(3)阿里巴巴创业团队的创业故事给了我们哪些启发。

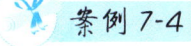 **案例 7-4** 腾讯五虎将:难得的黄金创业团队

【案例描述】

腾讯的马化腾创业 5 兄弟,堪称难得,其理性堪称标本。12 年前的那个秋天,马化腾与他的同学张志东"合资"注册了深圳腾讯计算机系统有限公司。之后又吸纳了 3 位股东:曾李青、许晨晔、陈一丹。这 5 个创始人的 QQ 号,据说是 10001~10005。

为避免彼此争夺权力，马化腾在创立腾讯之初就和4个伙伴约定清楚：各展所长、各管一摊。马化腾是CEO（首席执行官），张志东是CTO（首席技术官），曾李青是COO（首席运营官），许晨晔是CIO（首席信息官），陈一丹是CAO（首席行政官）。

之所以将创业5兄弟称之为"难得"，是因为直到2005年时，这5个人的创始团队还基本是保持这样的合作阵形，不离不弃。直到腾讯做到如今的帝国局面，其中4个人还在公司一线，只有COO曾李青挂着终身顾问的虚职而退休。

都说一山不容二虎，尤其是在企业迅速壮大的过程中，要保持创始人团队的稳定合作尤其不容易。在这个背后，工程师出身的马化腾从一开始对于合作框架的理性设计功不可没。

从股份构成上来看。5个人一共凑了50万元，其中马化腾出了23.75万元，占了47.5%的股份；张志东出了10万元，占20%；曾李青出了6.25万元，占12.5%的股份；其他两人各出5万元，各占10%的股份。

虽然主要资金都由马化腾所出，他却自愿把所占的股份降到一半以下，47.5%。"要他们的总和比我多一点点，不要形成一种垄断、独裁的局面。"而同时，他自己又一定要出主要的资金，占大股。"如果没有一个主心骨，股份大家平分，到时候也肯定会出问题，同样完蛋。"

保持稳定的另一个关键因素，就在于搭档之间的"合理组合"。

马化腾非常聪明，但非常固执，注重用户体验，愿意从普通用户的角度去看产品。张志东是脑袋非常活跃，对技术很沉迷的一个人。马化腾技术上也非常好，但他的长处是能够把很多事情简单化，而张志东更多的是把一个事情做得完美化。

许晨晔和马化腾、张志东同为深圳大学计算机系的同学，他是一个非常随和而有自己的观点，但不轻易表达的人，是有名的"好好先生"。而陈一丹是马化腾在深圳中学时的同学，后来也就读深圳大学，他十分严谨，同时又是一个非常张扬的人，他能在不同的状态下激起大家的激情。

如果说，其他几位合作者都只是"搭档级人物"的话，只有曾李青是腾讯5个创始人中最好玩、最开放、最具激情和感召力的一个，与温和的马化腾、爱好技术的张志东相比，是另一个类型。其大开大合的性格，也比马化腾更具备攻击性，更像拿主意的人。不过或许正是这一点，也导致他最早脱离了团队，单独创业。

后来，马化腾在接受多家媒体的联合采访时承认，他最开始也考虑过和张志东、曾李青3个人均分股份的方法，但最后还是采取了5人创业团队，根据分工占据不同的股份结构的策略。即便是后来有人想加钱、占更大的股份，马化腾说不行，"根据我对你能力的判断，你不适合拿更多的股份"。因为在马化腾看来，未来的潜力要和应有的股份匹配，不匹配就要出问题。如果拿大股的不干事，干事的股份又少，矛盾就会发生。

当然，经过几次稀释，最后他们上市所持有的股份比例只有当初的1/3，但即便是这样，他们每个人的身价都还是达到了数十亿元人民币，是一个皆大欢喜的结局。

可以说，在中国的民营业中，能够像马化腾这样，既包容又拉拢，选择性格不同、各有特长的人组成一个创业团队，并在成功开拓局面后还能依旧保持着长期默契合作，是很少见的。而马化腾成功之处，就在于他从一开始就很好地设计了创业团队的责、权、利。能力越大，责任越大，权力越大，收益也就越大。

【各抒己见】

（1）分析腾讯创业团队中的五虎将在性格、特长等方面的互补性，各代表了创业团队哪种类型的人。

（2）你认为腾讯创业团队最成功之处是什么。

（3）腾讯创业团队的创业经历给了我们哪些启发。

【实战训练】

【训练7-1】 扑克分组

【训练目的】培养个人的团队精神及顾全大局的精神，实现组织内部的信息共享。

【训练时间】30～40分钟。

【训练教具】对开白纸1张（事先就固定在白板或教室墙上），双面胶1卷（事先就裁成40厘米左右、每组一条，由上而下间隔地粘贴在白纸上），普通扑克牌1副（抽去大小王），一共为52张，红色白板笔1支。

【训练过程】

（1）分发扑克牌。

每人从52张扑克牌随机抽取一张牌，未得到开始指令时，不许看牌。

（2）在3分钟之内，每人将自己摸到的一张扑克牌去与另外的4张（或5张或6张）牌组合成一副牌组，要力争最快地组成优胜牌组。优胜规则如下。

① 按照同花顺子、同花、杂花顺子方式组合的，依次为第2、3、4优牌组。

② 由若干对子组成的杂花牌组中，对子数少者（如一组5张的牌中3+2相比2+2+1；6张的牌中3+3相比2+2+2）为第5优牌组。

③ 如果出现含炸弹的牌组，则化腐朽为神奇，一跃成为所有牌组中第1优牌组。

④ 某一组合类型中若出现两个以上同类牌组，则先组合成功（先上交）者为本类组合之优。

⑤ 各牌组中如果出现了一副没有一条符合上述标准的最差的牌组，则表明了整个牌局的失败。

（3）宣布开始。

密切观察参与者表现，催促大家及时将组合好的牌组交来，分别放好。

（4）公布成绩。

收齐各副牌后，依照交来的时间先后，依次将各牌组中的每张牌有规律地粘贴在一条双面胶上，按照规则评出各牌组的位次，将其标注在各牌组旁。可以向最优牌组颁发小奖品。如果出现最差牌组，则宣布本次组合失败。

【训练点评】

在整个游戏过程，单张扑克牌无论是好牌还是差牌，只有在组合后，才能实现其价值，才能发现是优胜牌组还是最差牌组。个人的价值是无法单个显现出来的，只有在群体中，个人的价值才可能得到证实或显现。例如，孤立的一张K，或者一张5，是无所谓谁大谁小的，只有在组合后其价值才能得到最大实现,组成优胜牌组,或者最差牌组。其次,在组合牌组时,也有可能出现这样的问题,如有无可能适当调动若干张牌,以消灭最差的牌组,或若提升优胜位次较低的牌组,从而使整个大牌局改观。

【思考讨论】

(1)单个的牌有没有最好和最差的。

(2)怎样才能实现组合的最优化。你所在的小组获胜了吗?你认为获胜的关键是什么。

(3)在游戏过程中,你是积极寻找还是等别人来找你。

(4)该游戏给你的什么启示。

【训练7-2】 疯狂的设计

【训练目的】锻炼大家的反应协调能力,增强组员的团体合作能力。

【训练时间】30分钟。

【训练教具】包含单个字母的纸片、包含单词的纸片。

【训练过程】

(1)第一轮:每个小组派一个代表从字母纸片中随机抽取1张,然后小组成员用最短的时间摆出这个字母。

(2)第二轮:每个小组派一个代表从单词纸片中随机出取1张,然后小组成员用最短的时间摆出这个单词。

7.4 设计创业企业的组织结构

【案例剖析】

 分析广告公司的组织结构

【案例描述】

华恒广告有限责任公司的组织结构图如图7-1所示。

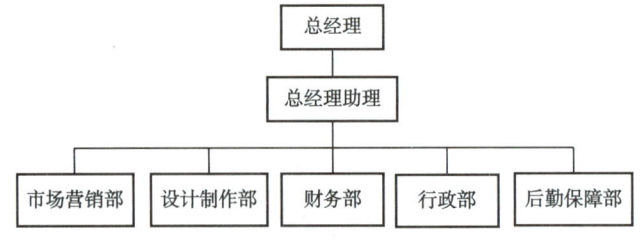

图7-1 华恒广告有限责任公司的组织结构图之一

该公司实行总经理领导下的五部门平行的直线职能制形式,各岗位或部门的职责如下。

（1）总经理

负责公司的全面管理，着重负责公司重大决策、人事、财务和人员任免等事项。

（2）总经理助理

负责建立并完善公司全套管理制度和流程，协助总经理对外公关和日常管理沟通、监督运营计划的执行、进行项目管理和资源配合、全方位改善公司整体绩效等。

（3）市场营销部

负责公司市场推广、客户信息收集与管理、广告业务洽谈、合同签订、客户意见回馈、公司对外宣传以及公司营销长远规划等方面。

（4）设计制作部

根据客户需求和市场调研情况进行广告的创意设计，制作符合客户要求的广告产品。

（5）财务部

负责资金结算、物资采购、财务管理、成本核算控制以及员工薪金的发放等。

（6）行政部

负责公司的制度建设、工作协调、考核管理以及公司的发展规划等。

（7）后勤保障部

负责各种物资的保管发放、广告产品的运输安装、员工住宿安排等。

随着华恒公司业务量的扩大、人员的增加、竞争力的提升，拟对创业初期的公司组织结构进行优化，初步优化方案如图7-2所示，增加人力资源部，对原市场营销部和设计制作部进行重新整合，分别成立媒介代理部、平面创作部和广告制作部，各业务部的市场营销、广告策划、设计制作和对外宣传自行负责。

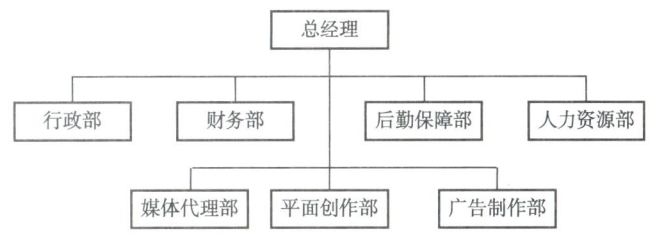

图7-2 华恒广告有限责任公司的组织结构图之二

【感悟反思】

公司组织结构是否合理，对于企业的发展与生存起着至关重要的作用。对于各层管理人员来说，在一个结构设计良好的公司工作，能保持较高的效率，并且能充分显示其才能。而在一个结构紊乱，职责不明的公司工作，其工作绩效就很难保持在一个较高的状态，由于职责不清，管理人员无所适从，对公司产生失望乃至不满情绪，最终是公司效率低下，人员纷纷离开。

在大多数情况下，公司效益低并非由于没有一个正式的结构，而是由于采用了僵化的、不适合本公司的特点和其他客观要求的组织结构形式。不论是紊乱的还是不合理的组织结构，都会导致公司的低效益。

适当的公司组织结构可以使公司的各项业务活动更顺利地进行,可以减少矛盾与摩擦,避免不必要的无休止的协调,也才能提高公司的效率。

组织机构的合理设置,能保证整个组织分工明确、职责清晰,保证每一个部门工作的正常运行,同时保证整个组织管理流程的畅通。避免职责不清造成吃大锅饭的局面,避免出现责任问题时相互推诿的现象。

对于大多数刚刚创立的企业来说,由于其规模较小且资产配置较单一,所以管理一般呈现随意性。因为在公司创业初期,企业还没有必要在管理上花费太多的成本,他们应该把更多的精力主要集中在财务管理、生产管理、营销管理方面。在财务上重点为融资业务资金;在生产上主要是生产设备、生产工艺的调试、生产过程的控制、各种标准的制定;在营销上主要是如何进行市场定位,做好市场开发。对处在这一生命进程阶段的企业,由于各种生产要素及契约关系简单,高度集权、粗放型的管理制度是比较有效的。

然而,随着企业的进一步发展壮大,企业在有形资产稳步增长的同时,包括品牌、技术、商誉等无形资产开始逐步在总资产中占有较大比例时,企业便开始进入成长期。刚刚进入成长期的企业通常都已建立大部分的规章制度,但是缺乏系统性、科学性。工作职责和程序类制度比较缺乏,规章制度中的大部分为纪律性要求,员工对制度执行的自觉性不足。这个阶段的企业人才流动率很大,优秀人才更不愿长期服务。员工工作效率较低,客户满意度不高,企业总体竞争力较弱。而在成长期的后期,企业内各个领域都已建立系统化、规范化现代企业制度,战略目标明确,组织架构合理,工作流程清晰,分工职责明了,同时,信息化运用广泛,效果显著。这类企业员工工作主动性、积极性处于较高层次,拥有较为齐全的优秀人才,客户和员工满意度较高,竞争力较强,年度销售额一般为正增长。处在成长期的企业,财务管理、生产管理和营销管理仍然是企业管理的重点,但与创业初期相比又各有侧重,比如,财务管理上融资成本管理的重要性渐渐凸显,生产管理上主要是生产的规范化、批量化、规模化,而营销管理上则更多地关注品牌和开拓新市场的问题。

当企业进入成熟期时,企业资产达到一定规模后保持相对稳定,各种无形资产在资产配置中占有相当大的份额,其数值也趋于稳定,资产结构趋于科学合理。经过初生期、成长期的发展历程,企业也积累了比较丰富的管理经验,并且独特的企业文化这时也初露端倪。但同时,成熟期的企业往往表现出组织机构臃肿、组织结构庞大复杂等特点,这时的企业管理往往集中在营销方面,其内容重点主要是保证比较稳定的市场份额。衰退期的到来使企业感到了未来发展的危机,企业在经营战略、市场营销、生产运作、财务成本、人力资源等方面都可能出现了问题,使得企业在管理的各个方面开始进行全面重新审视。

在企业的不同发展阶段,应适时地对公司组织结构做出调整和优化,使组织结构适用企业的发展,保证企业在激烈的市场竞争中立于不败之地。

【知识梳理】

7.4.1 组织结构设计的含义

所谓组织结构设计,是指建立或改造一个组织的过程,即对组织活动和组织结构的设计和再设计,是把任务、流程、权力和责任进行有效的组合和协调的活动。

7.4.2 组织结构设计的程序

企业内部的部门是承担某种职能模块的载体，按一定的原则把它们组合在一起，便表现为组织结构。

（1）分析组织结构的影响因素，选择最佳的组织结构模式。

① 企业环境

企业面临的环境特点，对组织结构中职权的划分和组织结构的稳定有较大的影响。如果企业面临的环境复杂多变，有较大的不确定性，就要求在划分权力时给中下层管理人员较多的经营决策权和随机处理权，以增强企业对环境变动的适应能力。如果企业面临的环境是稳定的、可把握的，对生产经营的影响不太显著，则可以把管理权较多地集中在企业高层管理人员手里，设计比较稳定的组织结构，实行程序化、规模化管理。

② 企业规模

一般而言，企业规模小，管理工作量小，为管理服务的组织结构也相应简单。企业规模大，管理工作量大，需要设置的管理机构多，各机构间的关系也相对复杂。可以说，组织结构的规模和复杂性是随着企业规模的扩大而相应增长的。

③ 企业战略目标

企业战略目标与组织结构之间是作用与反作用的关系，有什么样的企业战略目标就有什么样的组织结构，同时企业的组织结构又在很大程度上对企业的战略目标和政策产生很大的影响。企业在进行组织结构设计和调整时，只有对本企业的战略目标及其特点，进行深入的了解和分析，才能正确选择企业组织结构的类型和特征。

④ 信息沟通

信息沟通贯穿于管理活动的全过程，组织结构功能的大小，在很大程度上取决于它能否获得信息、能否获得足够的信息以及能否及时地利用信息。

总之，组织结构设计必须认真研究上述 4 个方面的影响因素，并与之保持相互衔接和相互协调，究竟主要应考虑哪个因素，应根据企业具体情况而定。一个较大的企业，其整体性的结构模式和局部性的结构模式可以是不同的。例如，在整体上是事业部制的结构，在某个事业部内则可以采用职能制的结构。因此，不应该把不同的结构模式截然对立起来。

（2）根据所选的组织结构模式，将企业划分为不同的、相对独立的部门。

（3）为各个部门选择合适的部门结构，进行组织机构设置。

（4）将各个部门组合起来，形成特定的组织结构。

（5）根据环境的变化不断调整组织结构。

7.4.3 组织结构设计的基本原则

在长期的企业组织变革的实践活动中，西方管理学家曾提出过一些组织设计基本原则，例如，管理学家林德尔·厄威克曾比较系统地归纳了古典管理学派泰勒、法约尔、马克思·韦伯等人的观点，提出了 8 条指导原则：目标原则、相符原则、职责原则、组织阶层原则、管理幅度原则、专业化原则、协调原则和明确性原则。

美国管理学家哈罗德·孔茨等人，在继承古典管理学派的基础上，提出了健全组织工作的 15 条基本原则：目标一致原则、效率原则、管理幅度原则、分级原则、授权原则、职责的绝对性原则、职权和职责对等原则、统一指挥原则、职权等级原则、分工原则、职能明确性原则、检查职务与业务部门分设原则、平衡原则、灵活性原则及便于领导原则。

我国的企业在组织结构的变革实践中积累了丰富的经验，也相应地提出了一些设计原则，现可以归纳如下。

1．任务与目标原则
2．专业分工和协作的原则
3．有效管理幅度原则
4．集权与分权相结合的原则
5．稳定性和适应性相结合的原则

7.4.4 创业企业的组织架构设计

企业的组织架构设计是创业企业由小变大的过程中必须经历的一个环节。企业的组织架构有很多种分类方式，但常见的有 3 种形式：职能型组织结构、事业部型组织结构、矩阵型组织结构。

1．职能型组织结构

职能型组织结构是企业在实践过程中"最简单"的组织形式，从总体而言，职能型组织更加侧重于集中现有具有统治地位的核心业务。但随着企业业务活动差异性变大，特别是产品、市场和客户的差异性越大，职能型组织结构的管理优势越难实现，而且职能型组织容易阻碍企业业务的多元化，随着企业的多元化发展，企业组织容易变得官僚化和松散化。

职能型组织结构是一种高度集权的，以职能为中心的组织结构，其特点是管理层级的集中控制，因此总部的战略决策可以在下属公司中得到较好的贯彻执行，管理控制严格，组织效率高。这种结构适用于规模较小、产品品种较少、生产连续性强和专业性强的企业集团，如矿业、能源、物流类企业等。

2．事业部型组织结构

在单纯的事业部组织结构下，企业管理的第二个层次是事业部而没有职能性部门。事业部型的组织结构侧重于通过更大的自主权和清晰的目标界定来进行激励，能够减轻最高管理层的负担，能够清晰地划分各个领域的职责，并且能够根据各个事业部的特性来调整决策。但是，事业部的自主权越大，则对集团公司总体协调的要求越高，以  避免产生"离心"的倾向。而且这种组织形式的缺点在于职能型成本过高，并且往往会因强调各个事业部的利益而忽视整个企业集团的总体利益。

事业部型组织结构就是母子公司结构，这种结构分权程度较高，母公司一般专注于战略管理，而子公司负责具体产业的生产经营活动，具有较大的经营自主权，在财务上具有独立性。事业部型组织结构适用于规模较大、产业相关性不强的多元化控股公司。

3. 矩阵型组织结构

建立矩阵型组织结构的目的在于解决过度的事业部化而产生的问题，矩阵型组织结构是职能型和事业部型组织结构发展和演变的产物，是集权与分权管理相结合的产物，这种结构强调集团企业整体的协调功能和效应，适合于多元化控股公司。这种组织结构实现了集权和分权的适度结合，既调动了各事业部发展的积极性，又能通过统一协调与管理，有效制定和实施集团公司整体发展战略，能做到上下联动，互相有效配合，反应速度更加敏捷。矩阵型组织结构的核心优点是：能够通过多角度来考虑总体利益，从而提高决策的质量；能够避免以各部门自身利益为导向的思维模式；能够公开处理冲突，并且具有很强的适应能力。但是矩阵型组织结构也存在一定的问题，这种组织结构很容易产生很大的冲突，并难于管理，而且如果产生过多的内部摩擦，则会导致对外部变化的反应迟缓，从而导致组织内部倾向于保守。

这3种基本的组织结构已经在世界范围内得到广泛的应用，但从目前世界上的一些大公司的管理模式发展变化来看，使用矩阵型组织结构的比例不断增加，而使用职能型组织结构的比例不断减少，使用事业部型组织结构的比例略有减少，这说明矩阵型组织结构更具有生命力。

组织架构设计的目的是规划组织的人员管理，最大限度地发挥组织效能，最有效地利用组织资源，实现组织经营目标。为实现经营目标，职能部门在进行组织设计时，要引进经营目标、设计参数、设计模式等概念，运用有机组织结构体系，参照程序化的模式，尽可能减少经验数据在管理中的负面影响，形成目标体系的管理模式。

企业进行组织构架设计，以达到企业总体业务分工的目的，组织构架设计的成功与否，关键是能否体现组织管理的协同性和集中性，企业成长的不同阶段，需要适时调整企业构架，以灵活应对企业现实存在情况。

7.4.5 创业企业组织架构设计应避免的问题

对于创业企业，组织架构从无到有，就更会面临一系列复杂的问题。由于创业企业的特殊性，创业企业组织架构的设计应注意避免以下问题。

1. 组织构架设计过于细化
2. 构架设计过于扁平化，缺乏层次性
3. 权、责、利不一致问题
4. 管理幅度与构架层次问题
5. 组织构架设计的均衡性与制衡性
6. 管理的重叠与空白

7.4.6 德鲁克提出的5种组织架构模式

关于企业的组织架构模式，彼得·德鲁克提出了5种组织架构的模式。

1. 功能式的组织架构　　2. 工作小组模式
3. 联邦式的组织架构　　4. 虚拟的分权化的组织架构
5. 系统结构模式

企业应该如何选择一种组织架构模式呢？因为它们各有各的优点，各有各的限制，也各有各的特色。企业应该根据企业的任务、目的去选择，或者说，去调整。

【研讨交流】

案例 7-6　建立直线制的组织形式

【案例描述】

好家智能家居公司创业初期拟采取直线制的组织形式，公司组织结构图如图 7-3 所示。

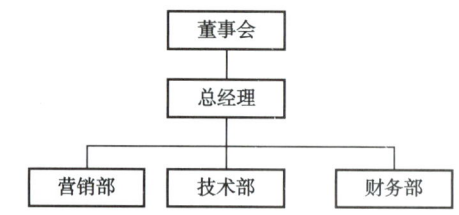

图 7-3　好家智能家居公司的组织结构图

公司各岗位或部门的主要职责如下。

（1）董事会

公司的股东代表组成，属于决策层，负责制定公司的总体发展战略，决定总经理的人选。

（2）总经理

负责公司各方面的经营管理，对董事会负责，决定副总经理和部门经理的人选，制定和监督企业战略实施。

（3）营销部

负责公司总体的营销活动，决定公司的营销策略和措施，并对营销工作进行评估和监控，包括市场分析、广告、公共关系、销售、客户服务等。

（4）技术部

负责产品的研发工作，拓展产品线的广度和深度。处理与产品有关的技术问题，并负责知识产权的具体管理。

（5）财务部

负责资金的筹集、使用和分配，如财务计划和分析、投资决策、资本结构的确定、股利分配等；负责日常会计工作与税收管理。

【各抒己见】

日丰装修公司为一家创业公司，创业初期人员较少，也准备采用直线制的组织形式，参考好家智能家居公司的组织结构图和岗位职责，确定该公司的组织结构和岗位职责。

【**实战训练**】

【训练 7-3】 因地制宜优化公司的组织结构

唯美广告公司管理幅度是一对五，就是一个总经理，管理五个职能部门，其组织结构图如图 7-4 所示。

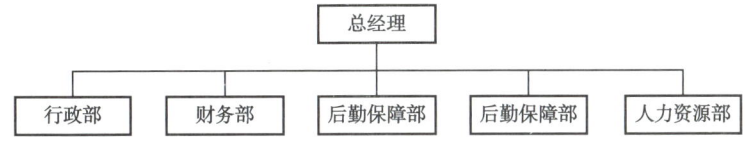

图 7-4　唯美广告公司组织结构图

（1）如果创业初期唯美广告公司的业务量不大，人员也不多，其管理幅度是否合理。从公司的业务量、利润率、核心业务、公司规模（人数）等因素进行分析后，给出各部门层级横向管理范围的建议。

（2）试为各部门拟定相关职责。

（3）如果公司规模小，从节约人力资源成本方面考虑，公司拟将业务部分拆分别并入市场部，财务部和行政部予以合并，分析其优化后的组织结构的合理性。

（4）随着公司的发展，业务量逐步增大，人员也逐步增加，应如何优化组织结构，提出改进方案，并阐明优化改进的理由。

单元 8　启动创业计划

创业计划是创业者叩响投资者大门的"敲门砖",一份优秀的创业计划往往会使创业者达到事半功倍的效果。创业计划是创业者计划创立的业务的书面摘要,它用以描述与拟创办企业相关的内外部环境条件和要素特点,为业务的发展提供指示图。通常创业计划是市场营销、财务、生产、人力资源等职能计划的综合。

8.1　创业环境与优惠政策

良好的创业环境,对创业企业的成长和发展具有推动和促进作用;反之,则限制和阻碍其发展。因此,大学生创业时,应重视创业环境的研究,有效应付各种外部环境的变化,充分把握由环境所提出的挑战和环境所提供的创业时机。

党的十八大报告中明确指出:"牢牢把握发展实体经济这一坚实基础,实行更加有利于实体经济发展的政策措施,推动战略性新兴产业、先进制造业健康发展,加快传统产业转型升级,推动服务业特别是现代服务业发展壮大,支持小微企业特别是科技型小微企业发展。"报告同时指出:"要贯彻劳动者自主就业、市场调节就业、政府促进就业和鼓励创业的方针,实施就业优先战略和更加积极的就业政策。鼓励多渠道多形式就业,促进创业带动就业。加强职业技能培训,提升劳动者就业创业能力,增强就业稳定性。"

8.1.1　创业环境的含义

创业环境是指创业者周围的境况,是在创业者创立企业的整个过程中,围绕着创业企业生存和发展变化,对其产生影响或制约创业企业发展的一系列外部因素及其所组成的有机整体,是创业者及其企业产生、生存和发展的基础,是创业活动的基本条件。

创业环境是指开展创业活动的范围和领域,是创业者所处的境遇和情况。它是对创业者创业思想的形成和创业活动的开展能够产生影响和发生作用的各种因素和条件的总和。

这里反映了创业环境内在的 3 个含义。

(1)创业环境是创业活动的领域。所有的创业活动都是具体的、现实的,都要有一个明确的方向和目标。在哪个行业里创业,创什么样的业,都要从实际出发,受环境的支配,不能随心所欲。创业环境在很大程度上规定了创业的性质和活动范围。

（2）创业环境是创业者面临的处境。环境在本质上是一个动态系统，具有较大的不确定性。创业环境始终处于不断的发展变化过程中，使创业者不断面临新的情况，解决新的问题，这就决定了创业是一项变革和创新的活动。

（3）创业环境是创业活动的基本条件。环境是一种客观存在，存在是决定意识的。创业环境对创业活动的决定性作用在于它能为人们的创业活动提供各种精神的或物质的条件，能从各个方面影响着创业活动的进程，决定着创业活动的成败。

创业环境是指那些与创业活动相关联的因素的集合，包括宏观环境、中观环境和微观环境。

8.1.2 创业环境的表现形式

创业环境总是以多姿多彩的形式来表现自己的内涵的。对创业环境的观察角度不同，其表现形式也就不同，具体说来，创业环境大致有以下几种表现形式。

1．社会环境与自然环境　　2．内部环境与外部环境
3．融资环境与投资环境　　4．合作环境与竞争环境
5．生产环境与消费环境

上述各种形式的创业环境相互交织，构成了完整的创业环境。创业者只有全面认识和把握自身所处的环境的基本构成，熟悉各种环境所内含的共同趋向和基本要求，才能够切中时代的脉搏，进行卓有成效的创业活动。

8.1.3 创业政策汇总

近年来，国务院办公厅、国家各个部委、各省市都陆续出台了各类有关促进大学生就业与创业的政策文件，如表8-1所示。从简化注册程序、提供资金扶持，鼓励学校创新创业教育，提供创业服务等方面进行了积极的推动。

表8-1　创业政策汇总表

颁发部门	政策文件
国务院	（1）国务院关于印发"十三五"国家战略性新兴产业发展规划的通知（2016年11月29日） （2）国务院关于促进创业投资持续健康发展的若干意见（国发〔2016〕53号） （3）国务院关于进一步做好新形势下就业创业工作的意见（国发〔2015〕23号） （4）国务院关于加快构建大众创业万众创新支撑平台的指导意见（国发〔2015〕53号） （5）国务院关于积极推进"互联网+"行动的指导意见（国发〔2015〕40号） （6）国务院关于进一步做好新形势下就业创业工作的意见（国发〔2015〕23号） （7）国务院关于大力推进大众创业万众创新若干政策措施的意见（国发〔2015〕32号）
国务院办公厅	（1）国务院办公厅关于深化高等学校创新创业教育改革的实施意见（国办发〔2015〕36号） （2）国务院办公厅关于发展众创空间推进大众创新创业的指导意见（国办发〔2015〕9号） （3）国务院办公厅关于支持农民工等人员返乡创业的意见（国办发〔2015〕47号） （4）国务院办公厅关于同意建立推进大众创业万众创新部际联席会议制度的函（国办函〔2015〕90号） （5）国务院办公厅关于促进以创业带动就业工作的指导意见（国办发〔2008〕111号）

续表

颁发部门	政策文件
教育部	（1）高等职业教育创新发展行动计划（2015—2018年） （2）教育部关于大力推进高等学校创新创业教育和大学生自主创业工作的意见（教办〔2010〕3号） （3）教育部关于做好2016届全国普通高等学校毕业生就业创业工作的通知（教学〔2015〕12号） （4）教育部关于做好2017届全国普通高等学校毕业生就业创业工作的通知（教学〔2016〕11号） （5）教育部办公厅关于印发《促进高等学校科技成果转移转化行动计划》的通知（教技厅函〔2016〕115号） （6）教育部办公厅关于报送深化创新创业教育改革实施方案的通知（教高厅函〔2015〕59号） （7）教育部办公厅关于召开深化高校创新创业教育改革经验交流会的通知（教高厅函〔2016〕81号）
国家发展和改革委员会	（1）国家发展改革委办公厅关于进一步做好支持创业投资企业发展相关工作的通知（发改办财金〔2014〕1044号） （2）国家发展改革委办公厅关于做好2015年全国大众创业万众创新活动周组织筹备工作的通知（发改办高技〔2015〕2576号） （3）关于促进东北老工业基地创新创业发展打造竞争新优势的实施意见（发改振兴〔2015〕1488号）
人力资源和社会保障部	（1）人力资源社会保障部办公厅关于进一步推进创业培训工作的指导意见（人社部发〔2015〕197号） （2）人力资源社会保障部关于贯彻落实《国务院关于进一步做好新形势下就业创业工作的意见》的通知（人社部发〔2015〕42号） （3）人力资源社会保障部关于做好2016年全国高校毕业生就业创业工作的通知（人社部函〔2016〕18号） （4）关于举办中国农业科技创新创业大赛的通知
财政部、国家税务总局	（1）财政部 国家税务总局关于进一步扩大小型微利企业所得税优惠政策（财税〔2015〕99号） （2）财政部 国家税务总局关于小型微利企业所得税优惠政策的通知（财税〔2015〕34号）
科技部	（1）科技部关于进一步推动科技型中小企业创新发展的若干意见（国科发高〔2015〕3号） （2）科技部关于印发《发展众创空间工作指引》的通知（国科发火〔2015〕297号）
共青团中央办公厅	（1）共青团中央办公厅关于高校共青团积极促进大学生创业工作的实施意见（中青办发〔2015〕2号） （2）共青团中央关于印发《关于加强共青团促进青年创业就业服务体系建设的实施意见》的通知（中青发〔2014〕1号）
多个部委联合	（1）财政部等四部委关于支持和促进重点群体创业就业税收政策有关问题的补充通知（财税〔2015〕18号） （2）国土资源部等六部委关于支持新产业新业态发展促进大众创业万众创新用地的意见（国土资规〔2015〕5号） （3）五部门关于推动小型微型企业创业创新基地发展的指导意见（工信部联企业〔2016〕394号） （4）人力资源社会保障部等九部门关于实施大学生创业引领计划的通知（人社部发〔2014〕38号）

8.1.4　大学生自主创业的相关优惠政策

按照《国务院关于进一步做好新形势下就业创业工作的意见》（国发〔2015〕23号）、

《国务院办公厅关于深化高等学校创新创业教育改革的实施意见》（国办发〔2015〕36 号）等文件规定，高校毕业生自主创业优惠政策主要包括以下内容。

1．贷款、税收、收费方面的优惠政策

（1）注册资金（本）的优惠政策。

（2）企业所得税征收的优惠政策。

（3）自主创业贷款的优惠政策。

（4）税收的优惠政策。

（5）创业担保贷款和贴息的优惠政策。

（6）免收有关行政事业性收费的优惠政策。

（7）社会保险补贴的优惠政策。

2．创业服务、培训方面的优惠政策

（1）享受培训补贴。

（2）免费提供创业指导服务。

（3）享受创业指导与扶持政策。

（4）取消高校毕业生落户限制。

3．创新创业教育教学方面的优惠政策

（1）创新人才培养。

（2）开设创新创业教育课程。

（3）强化创新创业实践。

（4）改革教学制度。

（5）完善学籍管理规定。

8.1.5　SWOT 分析法

SWOT 分析法又称态势分析法，它是由旧金山大学的管理学教授于 20 世纪 80 年代初提出来的，是一种能够较客观而准确地分析和研究一个企业现实情况的方法。SWOT 四个英文字母分别代表：优势（Strengths）、劣势（Weaknesses）、机会（Opportunities）、威胁（Threats）。所谓 SWOT 分析，即态势分析，就是将与研究对象密切相关的各种主要内部优势、劣势和外部的机会和威胁等，通过调查列举出来，并依照矩阵形式排列，然后用系统分析的思想，把各种因素相互匹配起来加以分析，从中得出一系列相应的结论，而结论通常带有一定的决策性。

从整体上看，SWOT 可以分为两部分：第一部分为 SW，主要用来分析内部条件；第二部分为 OT，主要用来分析外部条件。利用这种方法可以从中找出对自己有利的、值得发扬的因素，以及对自己不利的、要避开的东西，发现存在的问题，找出解决办法，并明确以后的发展方向。根据这个分析，可以将问题按轻重缓急分类，明确哪些是目前急需解决的问题，哪些是可以稍微拖后一点的事情，哪些属于战略目标上的障碍，哪些属于战术上的问题，并将这些研究对象列举出来，依照矩阵形式排列，然后用系统分析的思想，把各种因素相互匹配起来加以分析，从中得出一系列相应的结论，而结论通常带有一定的决策性，有利于领导者和管理者做出较正确的决策和规划。

运用这种方法，可以对研究对象所处的情景进行全面、系统、准确的研究，从而根据研究结果制定相应的发展战略、计划及对策等。SWOT 分析法常常被用于制定企业发展战略和分析竞争对手情况，在战略分析中，它是最常用的方法之一。进行 SWOT 分析时，主要有以下几个方面的内容。

1．分析环境因素
2．构造 SWOT 矩阵
3．制订行动计划

【分步训练】

8.2　选择商业模式

商业模式创新是当今企业获得核心竞争力的关键。马云凭淘宝横扫了零售界，乔布斯把通信功能摁在电脑上，顺便就把诺基亚干沉了，佳能、尼康这些后生小辈，拿着数码相机几乎就把百年柯达送进了火葬场！

柯达公司是数码相机的发明者，诺基亚公司对智能手机的关注和研发远远早于苹果公司。数码相机发明人萨森曾经效力于柯达公司的应用研究实验室，他获得一项新任务：研究一种名为"电荷耦合器件"的新技术，一年之后，数码相机在他的手下诞生了。数码影像技术改变了整个行业，但萨森没想到的是，它同时让全球最大的影像公司之一柯达开始陨落。柯达最核心的商业模式是售卖胶卷，有了数码相机，谁还会买胶卷呢？于是，柯达冷藏了这项技术。萨森说，在过去许多年里，柯达向数码影像领域投入了几十亿美元的资金，但是最终遭遇了一个无法逾越的障碍："柯达转换商业模式变得很困难，从某种意义上说，新技术吞噬掉了一家曾经利润丰厚、品牌家喻户晓的企业。"

同样的案例是，诺基亚最先关注和研究了智能手机，但最后，却被苹果用"智能"击溃。转换商业模式甚至远比科技创新困难，这意味着传统的盈利渠道要被放弃或削弱，即使是它正在为你贡献利润。原有的组织结构要被打破，原有的资源配置要被重组，原有的利益机制要重新分配……这意味着，一个商业组织，既要耐心等待消费者消费习惯的转变，又要承受组织内部既得利益者的压力，甚至要同时承受资本的压力，熟悉的、利润丰厚的领域被抛弃，新的产品或服务暂时还没有占领市场，这中间必然会造成利润下滑等一系列问题。

【案例剖析】

案例 8-1　　剖析"e袋洗"的商业模式设计

【案例描述】

张荣耀在 20 世纪 90 年代初创立了荣昌公司，做皮货洗染，后来进入洗衣行业，成立了"荣昌洗衣"，20 多年发展了 1000 多家连锁店。

传统的洗衣行业表面风光，毛利挺高，其实净利润很低，因为房租占了很大一块儿，而且还在不断上涨。随着竞争加剧，行业发展面临困境，同时用户的痛点非常突出。

于是，张荣耀决定创新商业模式，于2013年创立e袋洗，基于移动互联网，以O2O模式提供洗衣服务。e袋洗上线不到半年，在北京地区粉丝突破10万人，日单突破1000单。2015年4月份日订单突破10万，创造了行业记录。2014年获得腾讯的投资，估值2亿美元，2015年获得百度等投资，估值10亿美元。

下面梳理一下e袋洗商业模式的设计。

1. 用户痛点

传统洗衣行业，到店洗衣是一件很麻烦的事情。首先要自己上门到洗衣店，到店后要一件一件清点、填单，洗好后还要自己去取，非常麻烦。用户有时间时，洗衣店可能关门了，好不容易到了洗衣店往往停车难。

时间问题、堵车问题、停车难问题、营业时间不能满足用户的取送需要，且价格高、服务不标准化，这些用户痛点再加上自身经营面临的困境，使张荣耀在很多年前就开始思索转型。

2. 价值主张

e袋洗的价值主张非常清晰：基于移动互联网的"O2O在线洗护平台"。这是对荣昌洗衣自身的彻底革命，把自己原来的1000多家店全部关掉，完全变成一个线上服务的O2O公司。传统企业二次创业发新芽，长出新锐的互联网家政行业标杆品牌。

为了解决用户痛点，张荣耀最先做的转型探索不是做e袋洗，而是用更现代化的方式洗衣服。他2000年开始和新浪合作，通过新浪网给洗衣店导流，这让他意识到，他的行业不仅是洗衣服，而是经营数据的行业，拥有庞大的用户数和频次。

2004年张荣耀对荣昌洗衣进行信息化改造，通过"一带四"、"联网卡"，在一家洗衣店周边设立四个收衣点，消费者用一张"联网卡"就能在其所有的洗衣门店使用。这次信息化改造虽然不属于重大的战略调整，但是为后来的e袋洗的推出打下了很好的基础。

3. 解决方案

（1）产品与服务

先看e袋洗的产品和服务，即创造了什么样新的用户体验。

传统洗衣店是按件收费的，e袋洗则是按袋计费，给你一个专业的帆布袋收取衣服，装多少都行，e也是"1"的意思，一袋99元（原价158元）。用户通过微信下订单，2小时内有人上门取件，一分钟完成交接、封袋，拿回去清洗，72小时以内送回，用户体验非常好。e袋洗将衣服分类、检查，全程高清视频监控，洗衣过程可跟踪。用户体验不只是省心，服务也更好，管理更规范，性价比高。

e袋洗迅速从北上广深拓展到省会城市，发展非常快。由于订单量太大，还是经常有用户投诉，e袋洗拿出足够的资金和诚意，对用户做出快速反馈，让有意见的用户重新建立好感。

（2）渠道与传播

再看渠道与传播。原来的渠道是终端的洗衣店，e袋洗去中介化，直接通过O2O完成，房租和中间环节都没有了，1000多家店全部关掉，把所有的洗衣业务搬到手机上完成。

用户体验的渠道变成手机，代表了移动互联网的特质。e袋洗制定了O2O在线洗衣行业的标准，通过微信预约，去掉烦琐的流程，去掉纸质衣物明细单，变为微信推送。

清洗选择专业的洗衣工厂，清洗、消毒、熨烫。服务时自动推送，全程跟踪，每个环节都可在微信上与用户保持互动。

（3）交易结构

再次是交易结构，即生态圈。e袋洗采用"众包+外包"的模式。

所谓外包，就是把洗衣工厂外包给其他厂商，与传统的洗衣店、洗衣工厂合作。张荣耀在洗衣行业做了二十多年，对行业的品牌非常了解，知道哪个品牌的洗衣工厂更靠谱。行业的洗衣成本只占10%，房租、人工和设备折旧等占90%，所以选择高端与低端店面合作成本差别不大。为了保证洗衣品质，e袋洗只与一线品牌洗衣工厂合作。e袋洗制定了一套严格的标准，对合作的洗衣工厂的资质、品牌、店面面积、技术、员工数量、清洗流程等都严格把控和考核，以确保清洗的品质。

所谓众包，即以社区为单位招募配送人员，如社区内退休的老大妈，让这些老大妈配送，用户感受很亲切。由于取送衣服的半径不能太远，所以取送衣服的人员需求量非常庞大。e袋洗通过共享经济促进中老年人再就业，创造了社会价值。

（4）盈利模式

如果在传统洗衣店，99元一袋肯定亏死了，根本无法维持，在线上运作则可把中间的成本砍掉，线上下单形成规模效应，边际成本递减，把节省下来的成本让利给消费者，消费者得到好处，自然会自发传播e袋洗。

【感悟反思】

通过e袋洗这个案例，启发大家思考从找用户痛点到提出价值主张，再到提出解决方案，如何设计商业模式。

1. 设计商业模式的基本逻辑

设计商业模式的"三部曲"。

第一步，找到用户痛点。

商业模式设计最根本的切入点是用户的痛点，而不是怎么赚钱、能否上市等。用户的痛点，也可以泛化为行业的痛点和社会的痛点。例如，食品安全问题、婴儿奶粉问题、环境问题等。当很多国人到境外疯狂买东西，奶粉问题和食品安全问题不是明摆着的行业痛点和社会痛点吗？

痛点就是商机，痛点有多大，商机就有多大。逐利是商人的本性，多数人做生意的出发点就是赚钱，而不是用户的痛点。卢梭说："企业家就是愿意被社会驱赶的驴子。"企业家一定要找到用户痛点，痛点在哪里，商机就在哪里。

第二步，提出价值主张。

价值主张就是聚焦具体的一个点来凸显自己的核心价值，根据自身的情况决定聚焦什么痛点，然后面向社会提出自己的承诺。定位也好，品牌也罢，都不离开清晰的价值主张。什么是品牌，品牌就是承诺，就是承诺我能解决什么问题。价值主张梳理清楚了，战略方向就比较清晰了。

第三步，提出解决方案。

价值主张要落到解决方案。解决方案是一个系统，至少包括以下4个方面。

（1）产品与服务

能不能给用户新的体验、更舒服的体验，让用户的痛点有极大改善或者消失，如果能做到的话，那么你的产品与服务就有杀伤力。

（2）渠道与传播

渠道与传播是市场营销层面的问题。互联网时代，产品即渠道、产品即传播，原来产品和渠道是分离的，现在的消费者既是购买者也是传播者。

（3）交易结构

商业模式的本质是交易结构，即确定和政府、供应商、渠道及相关联企业之间的关系，构建企业生态圈。例如，企业与企业之间的合作、加盟，包括外包、众包、众筹等。

（4）盈利模式

盈利模式即收入来源，怎么赚钱。狭义的商业模式就是盈利模式。有的商业模式设计很有创新性和颠覆性，但问题是盈利模式没有设计好，企业长期不赚钱，不断融资烧钱，最后还是死掉了。

2．商业模式设计的几点思考

（1）理念的创新

像e袋洗这些成功的商业模式，首先都是敢于在理念上大胆创新，具有一定的超前性，捕捉时代的趋势，针对用户的关键痛点下手，抓住机会建立自己新的企业定位和商业模式。

而如何做到理念创新呢？我们在设计商业模式时首先要跳出来，特别是很多传统制造业的企业家朋友，长期在自己固化的行业和圈子里，如果老是不能跳出来，理念就很难创新，商业模式也就很难突破。

（2）适度超前

理念创新有一定的超前性，但过度超前就是找死。我们在设计商业模式时，不能过于理想化和超前。

比如说e袋洗，之所以在今天突然获得成功，其实它是厚积薄发。张荣耀积累了多年的行业经验，特别是在十多年前就进行了信息化改造，这些基础工作非常重要。而跟e袋洗同时起步的其他一些O2O洗护平台公司，有很多不到一年就死掉了，烧了很多钱但仍未存活下来。因为有些东西严重超越了他们能力驾驭的范畴，他们可能对互联网、大数据、微信传播等都非常熟悉，但对线下的、对行业最基本的理解和管理能力不够，再好的商业模式最终也离不开产品。

张荣耀从1990年开始创业，经历了两三个发展阶段，2013年创立e袋洗时，一切都已经准备好了。这个准备不仅是对行业的准备，还包括他的团队，比如说，他从百度挖来了陆文勇来担任CEO，还有很多环节他都聘用了顶尖的高手，在做了充足的准备之后，他才正式创立了e袋洗。

对于商业模式的创新，很多人急于求新、过度超前，不是跳起来摘苹果，而是跳起来摘星星。甚至有些人痴迷于乔布斯、马云等明星企业家，扬言要在互联网时代用新的商业模式颠覆世界，他们往往会制定出过度超前的、不成熟的商业模式而把自己搞死。

（3）顺带赚钱

商业模式设计的原点不是为了有更高的行业利润，要先把盈利模式放到后面，放在最前面的是用户的痛点,是我能帮用户和社会解决什么问题,能提供怎样的用户体验,设计什么样的交易结构,最后才是盈利模式的问题。

恰恰很多人设计商业模式时,太过急功近利,把赚钱放到最首要的位置,这类商业模式在资本市场和投资人那里行得通,但最终市场并不买单,因为没有真正解决用户的痛点。如果没有解决用户的痛点和需求,一时博眼球是可以的,但没有抓住根本问题。

(4) 不断迭代

商业模式没有一成不变、一劳永逸的,任何商业模式都是阶段性的,要不断迭代、持续创新,不然就会被出局。

商业模式严格地说应该叫"经营方式",方式是持续创新、不断变化的,一旦说成"模式"就固化了,在哪里成功往往最终也会在哪里失败。很多模式不是一下子设计出来的,很多都是在过程中不断完善、进化迭代、微创新、逐步成熟的。

特别是互联网时代的创业有个特点,很多模式考虑到七八分成熟时就可以启动了,这得益于资本市场,一些风险投资愿意对尚未完全成熟的商业模式进行投资,但前提是从用户的痛点出发,梳理出你的价值主张,提出一个初步可行的解决方案。

解决方案包括4个方面:产品与服务、渠道与传播、交易结构、盈利模式,这4个方面可能只考虑清晰两三个方面,可能盈利模式还不太清晰,但有些人就已经敢干了。

例如,美国有一家利用太阳能的公司,叫太阳城公司。这家公司起步时做屋顶太阳能的设备,成本比较高,而且美国人经常搬家,太阳能设备移动不方便,所以产品推广起来很吃力。

这家公司的发展是典型的摸着石头过河、不断迭代的过程,当它发展到相当规模时仍然不盈利,因为前期一次性投资于太阳能发电设备和安装费用,而收费模式是租赁,收取租金回报非常慢,属于长投短收,这种盈利模式显然是有问题的。

后来,太阳城公司终于完善了商业模式,建立起一个宏大的交易结构,一方面绑定政府,因为太阳城公司有了众多的用户和订单之后,就以这些订单为筹码跟地方政府谈合作,之后再去对接资本市场(如基金、财团等),建立起灵活的融资方式。这样,太阳城公司终于解决了盈利模式问题,公司开始盈利,并迅速甩开竞争对手,成为美国太阳能领域的领导者。

案例 8-2 剖析聚美优品的商业模式

【案例描述】

聚美优品的前身是团美网,2010年3月由陈欧、戴雨森、刘辉三人创立于北京。它是中国第一家专业化妆品团购网站,也是中国最大的化妆品团购网站。在2010年9月,为了进一步强调团美网在女性团购网站领域的领头地位,深度拓展品牌的内涵与外延,团美网正式全面启用聚美优品新品牌,并且启用Jumei全新顶级域名。2011年,聚美优品优雅转身,自建渠道、仓储和物流,自主销售化妆品。以团购形式来运营垂直类女性化妆品,打造另类的时尚购

物平台。

聚美优品是一家专业的垂直类团购网站，垂直类团购网站被誉为未来团购网站的三大趋势之一；垂直类团购容易做到服务标准化，更容易吸引忠诚的客户。

聚美优品的商业模式是团购类的 B2C 模式。创始人陈鸥说聚美优品的目标就是打造一个化妆品行业的网上精品店。聚美优品作为国内第一家化妆品行业的团购类网站，成立以来发展迅速，一直在行业里是领头羊的地位。2011 年的目标是将商品扩大到所有与女性美丽相关的产品。聚美优品关爱女性，以女性需求为主导，来锁定具体的团购项目。目标用户为广大女性。专业为女性的美丽提供服务。

1. 产品与服务方面

聚美优品是专业的垂直化团购网站，所提供的产品是各类化妆品，还提供团购信息，为客户免费提供美容知识，提供在线付费模式。从控制进货渠道、与供应商和代理商的紧密合作，物流输送，到售后服务，确保用户的体验。聚美优品超越自我，提出化妆品行业前所未有的最高售后标准——30 天拆封无条件退货。

2. 盈利模式

聚美优品是一个利用团购形式来做 B2C 业务的，聚美优品就是一个大大的网店，是一个专业的女性化妆品网站，所以它的盈利模式与一般网站相似。它的盈利模式分为直接销售商品带来的收入：聚美优品有自己的货源、仓库及物流渠道；合作商家的广告收入：合作商家在网站上面做广告，以赢取广告收入；交易抽取的佣金。

3. 核心能力

聚美优品是国内领先的女性时尚限时折扣购物平台，它自建渠道、仓储和物流，自主销售化妆品。以团购形式来运营垂直类女性化妆品 B2C，打造另类的时尚购物平台。与兰蔻、雅诗兰黛等国际品牌合作，通过官方认证确保进货渠道正规；通过申请试用体验装，切身了解新产品的功效。完备的客户服务，针对女性特点设计了一系列的客户服务模式，更显亲和力。

4. 经营模式

（1）每日多团

聚美优品从刚开始的每日一团到现在的每日多团，增加了客户的选择，同时也吸引了更多的女性。

（2）以女性为主打客户

聚美优品网站专注于服务女性，根据女性的特点来设计整个网站，比如网站的界面采用粉色，即代表着高雅、温柔、甜美可爱的形象，是众多女性喜欢的颜色，同时粉色也有舒缓精神压力的作用，让女性顾客一边浏览商品，一边放松心情。而且网站还有一些男性的化妆用品，这也很好地展示了女性顾客顾家的形象，关爱自己的同时，也不忘关心家人。

（3）推广渠道的多样性

① 娱乐营销，利用明星代言推广。

突破传统 IT 行业的营销定位，以娱乐时尚的形象从众多电子商务网站中脱颖而出。

② 博客、微博推广。

聚美优品有自己的官方博客，顾客可以在上面自由评论，了解一些品牌的知识及聚美优品创业以来的历程，拉近与客户的距离。通过微博发布一些团购信息，并为粉丝提供关于美容与健康的信息,保持了与顾客很好的互动。

③ 奖励会员推广。

聚美优品的会员如果成功地邀请到一个人注册会员将获得一定的奖励。

④ 利用其他媒体进行推广。

聚美优品一直与媒体保持着密切的关系,也要被众多媒体报道。聚美优品创始人陈鸥曾是《非你莫属》的嘉宾,他出众的表现也为网站赢得了很好的声誉。

⑤ 增加分享。

聚美优品上的商品信息可以分享到QQ空间、人人网、新浪微博、MSN、腾讯微博、开心网、网易微博、搜狐微博、腾讯朋友、百度贴吧、豆瓣、百度收藏等网络平台上。

⑥ 口碑传播。

聚美优品有一个口碑报告栏目,顾客在这里可以分享自己购买及使用商品的感受,通过这种方式来与其他人进行沟通,写得好的顾客还有一定的奖励。通过口碑中心把顾客在使用商品的感觉全部写出来,效果好的与大家分享,效果不好的提醒他人,这种方法提高了顾客的忠诚度。

【感悟反思】

聚美优品一直在走自己的路,一直在摸索着更适合女性化妆品市场的模式,在团购的模式下进行传统的B2C业务,做最大的化妆品的网店,率先推出"假一赔三、30天无条件退换货、全程保障"三大政策,树立了行业标杆;从一开始就坚持信誉为先,做100%正品团购,在支付上进行突破,简化了程序等。

聚美优品一直维持着与顾客的良好关系,除了信誉安全方面,聚美优品在其他方面的设置也很符合女性心理,如界面设计、在商品里加入男性用品、客户信息的保密以及自由度,在与顾客的在线沟通及留言沟通时用更具有亲和力的语言。

团购市场是一个很有潜力的市场,但同时又有很多的不足之处。未来团购网站将向专业化、地方化、垂直化发展,这又是市场新的争夺领域,聚美优品从一开始就抓住了专业化、垂直化的网站发展方向,希望未来能走得更好、更远。

 案例 8-3 剖析四川航空免费大巴的共赢商业模式

【案例描述】

在成都机场的出口处,有120辆涂着特别颜色的免费接送乘客的大巴整齐地排列着。只要你买的是四川航空五折以上的机票,大巴免费把你拉到成都市区的任何一个地方。

一辆免费大巴连接着四方利益体:航空公司、汽车公司、乘客、大巴司机,构建了一套各方共赢、皆大欢喜的商业模式。

在成都机场,150辆大巴昼夜不停地免费接送天南海北的旅客。免费中,旅客省下150元从机场到市区的打车费;免费中,司机每载一个乘客,获得四川航空公司给付的25元劳务费;免费中,大巴制造商风行汽车公司每年省下了超过200万人次受众群体的广告费;免费中,四川航空公司每年获利上亿元。

真的有这样"天上掉馅饼"的好事吗？且看四川航空公司构建的各方共赢的商业模式路线图。四川航空公司一次性从风行汽车公司订购150辆风行菱智MPV休旅车，用于搭载来往于机场和市区的旅客，每辆车原价14.8万元，四川航空公司只花9万元购得，仅此一笔交易，四川航空公司就节省了870万元。四川航空公司转手以17.8万的价格将车卖给司机，每辆车赚8.8万元，150辆就赚1320万元。

但四川航空公司也不是吃独食的，司机每搭载一名旅客，该公司付给司机25元工钱。对于司机而言，花17.8万元买辆风行菱智MPV休旅车，可获得机场到市区的专线特许经营资格，还不用再缴杂七杂八的管理费，一门心思为四川航空公司服务。

旅客乘坐四川航空公司提供的大巴车可省下150元打车费，还可以享受免费上门接送的待遇，还有乘机5折的优惠。

而风行汽车公司得到的好处是，四川航空公司必须指令司机在载客途中向乘客详细介绍这辆车子的性能、结构、油耗、性价比等资料，为风行汽车公司做活广告，做汽车义务销售员，为乘客提供体验式服务。而每辆车可搭载7名乘客，按每天跑3个来回计算，150辆车带来的广告受众人数是：$7×3×2×365×150≈230$万，如此庞大的亲历体验的受众群体，其宣传效果可想而知。

【感悟反思】

不难看出，四川航空公司的这一商业模式以免费大巴为"诱饵"，实现利益链上四方共赢。运用之妙，存乎一心。四川航空公司这一商业模式，构思缜密，真正用心到家，有3个特点。

（1）找更多的人结成利益共同体

四川航空公司找来风行汽车公司、出租车司机、旅客结成利益联盟，不吃独食，有舍才有得。四川航空公司让司机当起了风行汽车公司的业务员，让乘客在免费乘坐后成为风行汽车公司的潜在消费者，也成为四川航空公司的"回头客"。值得特别强调的是，四川航空公司也不是空手套白狼，它为利益各方提供了周到的服务，比如为风行汽车公司做广告，给司机提供稳定的收入，为旅客乘坐提供免费服务。四川航空公司把各方的利益整合到免费大巴上，四方的利益都得到妥善照顾，各取所需，只不过是四川航空公司在利益链上得大头而已。

（2）找更多的人为自己支付成本

四川航空公司买了150辆风行菱智MPV休旅车免费接送乘客，很明显，成本是由风行汽车公司和司机分担的，风行汽车公司将车便宜卖给四川航空公司，司机高价购买四川航空公司转手"倒卖"的汽车。乘客表面上看是免费乘车，实际上也在分担四川航空公司的成本，即口碑成本。众多合作伙伴的加入，摊薄了四川航空公司的分担成本。

（3）找更多的人为自己创造利润

一个好的商业模式必须寻求众多利益关联方，为自己创造利润，实现自身利益最大化。四川航空公司为旅客提供免费班车，旅客自然会替四川航空公司说好话，势必给四川航空公司带来巨大的客源，利润当然会滚滚而来，该公司已实现连续12年盈利。

从四川航空公司的案例不难看出，商业模式就是打造一个极致的商业平台，想办法用特殊的方式盈利，并且实现利润的最大化，而免费大巴只是其中的一个环节，只不过是四川航空公司将其"卖点"放大而已。

需要特别指出的是，四川航空公司的"免费午餐"并非消费陷阱，这与眼下商界司空见惯的免费骗局有着本质的区别。时下，免费赠送、免费护理、免费试吃、免费试穿……越来越多的免费项目成为商品或服务的一种促销手段，充斥着这个市场，冲击着我们的眼球。比如某地区电信免费套餐，存入5000元话费，白送一部3G手机，可是那庞大的流量消费，让消费者惊呼上当，"白送"的3G手机成了一个烫手的山芋。在这里，免费是在挖坑，诱使消费者往里跳。

而四川航空公司的免费只是营销中的一个环节，其"免费"成本是由其他利益关联方分担的，消费者毫发不损（当然了，必须是五折以上机票），反而得到实实在在的免费乘车实惠。

营销的本质是"利益交换"，四川航空公司的免费大巴商业模式是一个整合式的营销策略，形同一个互利的"交换体系"。这种整合以互利互惠为目的，其架构是一条互为利益支撑点的商业链条。而真正的共赢，是商业链条上每一个环节的利益都能得以实现。

在共赢中寻求自身利益最大化，这就是四川航空公司免费大巴的秘诀所在。

案例 8-4　剖析滴滴打车的商业模式

【案例描述】

滴滴打车的商业初衷很简单，这也是其商业模式，就是整合线下出租车资源，将打车的消费者整合到一个平台上，为他们提供打车和接送服务，其现在发展的主要业务有顺风车、快车、出租车、专车服务。

1. 推广模式

首先，滴滴打车软件在刚上线的推广过程中，采用样板案例和样板市场为案例推广，主要靠地推团队向出租车公司推广安装滴滴打车软件，虽然期间经历几次失败，但在北京它还是拿下了北京昌平地区的一家出租车公司，并以此作为市场推广样板大势推广。

其次，滴滴打车、快的、优步甚至其他移动端公司都一样，他们的策略都是培养消费者的习惯，而培养消费者的习惯就是补贴，如打车车费补贴，培养消费者支付习惯就用支付补贴，如用微信支付立减10元等；开拓司机市场采用的也是补贴形式，以抢占市场出租车或司机数量。

最后，线上+线下推广，2014年3月3日，嘀嘀打车宣布与湖北卫视《我为喜剧狂》开启快乐营销，该节目从2014年2月13日播出以来，即以"黑马"的姿态稳步爬升，创下连续八周全国省级卫视晚间节目收视率与市场份额双料冠军的佳绩。这一跨界联合足以让竞争对手措手不及，双方宣布合作后，即在三八节期间推出了"打车找乐"联合活动，将电视、手机APP、微博、微信多平台互通，让人眼前一亮。随后在愚人节期间，嘀嘀打车与《我为喜剧狂》在继续合作"打车找乐"活动的同时，还在北京、上海、武汉、深圳四大城市推出了"狂笑总动员"落地活动，将线上热度成功延伸到了地面，开创了电视节目与打车软件"线上+线下"深度合作的新模式，既强化了品牌的关联度，又直观地向目标人群传递了有效信息，大大提升了跨界合作的附加值。

随后，这种开创性的跨界模式得到嘀嘀打车推崇，俨然成为其营销"新宠"。乐视TV就紧随《我为喜剧狂》之后，在2014年3月底联合嘀嘀打车发起了一场"打车送电视"活动，与前者线上活动合作创意如出一辙。2014年4月2日，嘀嘀打车再与百丽旗下优购商城合作，推出"用嘀嘀添新衣"活动,实行"补贴+购物卡"的奖励模式。打车软件营销转型的路径日渐清晰。

综上,可以看出滴滴打车的营销推广模式都是围绕着"钱"来推广的,采用的就是烧钱营销模式。

2. 盈利模式

滴滴打车前期无任何盈利,主要是培养用车市场的习惯,以补贴的策略来培养客户打车习惯,同时也是为了发展用户数据,提升市场占有率;其后期的盈利模式主要可以分为以下几个方面。

(1)界面广告的收入。

在APP上插入广告界面和链接页面,客户点击即收取相关费用。

(2)信息挖掘服务。

收集用户的地理位置信息补上即时定位信息的短板,同时还可以提供各城市实时路况信息,目前很多打车软件和地图公司合作,这也是未来的盈利点。

(3)收取交易手续费。

当消费者打车成为习惯后就可以向出租车收取交易费用了,比如说广州2万辆出租车,每车每天800元收入,其中20%为电招收入,一天就有320万元,按照1%的交易手续费,一天就有3.2万元,一个月就有96万元;全国共有70个大中城市,那么一个月收入有6720万元,一年就有8.064个亿元(这个还不包含三线城市)。

(4)精准营销。

腾讯只有少量的即时定位信息,而滴滴打车可以补齐短板,自从腾讯入股大众点评和京东商城后,就可以预期这些客户用户信息,给其带来大量流量,从而提高转化率。

(5)抢占支付市场。

(6)互联网金融。

滴滴打车宣布独家接入微信,可以烘托微信叫车和支付。

(7)预定专车服务,从乘客的车费中抽取部分佣金或全部费用。

【感悟反思】

滴滴打车就是依靠商业模式发家的,而戴尔、宜家、亚马逊等也都是一批优秀的商业模式的代表。成功的企业都有它赖以成名的商业模式,那么这些商业模式都有哪些可遵循的特征呢?成功的商业模式都有哪些不同于其他企业的独特性呢?

商业模式就像球鞋,一穿上就知道适合不适合自己。无论王健林和马云的"对赌",还是董明珠与雷军的"悖论",都是多样化的商业环境中的不同商业模式代表,不在同一频道而已。

案例8-5　　剖析苹果公司的商业模式

【案例描述】

2003年,苹果公司推出iPod与iTunes音乐商店。这场便携式娱乐设备的革命,创造了一个新市场,并使苹果公司成功转型。短短3年内,iPod-iTunes组合为苹果公司赢得了近100亿美元,几乎占到公司总收入的一半。苹果公司的股票市值一路飙升,从2003年的50亿美元左右,升至2007年的1500多亿美元。

苹果公司的成功众所周知,但很多人却不知道,苹果并非第一家把数字音乐播放器推向市场的公司。1998年,一家名为"钻石多媒体"(Diamond Multimedia)的公司推出MP3随身听Rio。2000年,另一家叫Best Data的公司推出了Cabo 64。这两款产品性能均优良,既可随身携带,又时尚新颖。但最后获得成功的为什么是iPod,而不是Rio或Cabo 64呢?

这是因为苹果公司不仅为新技术提供了时尚的设计,而是把新技术与卓越的商业模式结合了起来;而且,苹果公司真正的创新是让数字音乐下载变得简单便捷。为此,公司打造了一个全新的商业模式,集硬件、软件和服务于一体。这一模式的运行原理与吉列公司著名的"刀片+剃刀"(Blades-and-Razor)模式正好相反:吉列公司是利用低利润的剃须刀来带动高利润刀片的销售,苹果公司却是靠发放"刀片"(低利润的iTunes音乐)来带动"剃刀"(高利润iPod)的销售。这一模式以全新方式对产品价值进行了定义,并为客户提供了前所未有的便捷性。

【感悟反思】

企业产品与服务的更新换代实际上是商业模式的推陈出新。面对自由市场的竞争,所有的企业,不管是传统的还是现代的,是在创业起点还是在腾飞过程,都将面临残酷的考核。而一旦它们创造了独具价值的模式,就有可能领一代风骚,成为时代标杆。成功的企业都有它赖以成名的商业模式,每一个成功的模式都有它价值创新的核心链条。

【知识梳理】

8.2.1 商业模式的含义与组成

奥斯特沃德(Osterwalder)和图斯(Tucci)提出的定义为:商业模式是一种包含了一系列要素及其关系的概念性工具,用以阐明某个特定实体的商业逻辑。商业模式描述了公司所能为客户提供的价值以及公司的内部结构,合作伙伴网络和关系资本等用以实现(创造、营销和交付)这一价值并产生可持续、可盈利性收入的要素。

按照IBM商业研究所和哈佛商学院克利斯坦森(Christensen)教授的观点,商业模式就是一个企业的基本经营方法。它包含4部分:用户价值定义、利润公式、产业定位、核心资源与流程。

(1)用户价值定义

用户价值定义是为目标用户群提供的价值,其具体表现是给用户提供的产品、服务及销售渠道等价值要素的某种组合。

(2)利润公式

利润公式包括收入来源、成本结构、利润额度等。

（3）产业定位

产业定位是企业在产业链中的位置和充当的角色。

（4）核心资源与流程

核心流程包括企业的生产和管理流程，而核心资源则是企业所需的各类有形和无形的资源。

8.2.2 商业模式的特征

商业模式具有以下两个特征。

（1）商业模式是一个整体的、系统的概念，而不仅是一个单一的组成因素。如收入模式（广告收入、会员费、服务费）、向客户提供的价值（在价格上竞争、在质量上竞争）、组织架构（自成体系的业务单元、整合的网络能力）等，这些都是商业模式的重要组成部分，但并非全部。

（2）商业模式的组成部分之间，必须有内在联系，这个内在联系把各组成部分有机地关联起来，使它们互相支持、共同作用，形成一个良性的循环。

8.2.3 商业模式的作用

（1）一个好的商业模式可以促使创业者全面思考市场需求、生产、分销、企业能力、成本结构等各方面的问题，将商业的所有要素协调成一个有效、契合的整体。

（2）一个好的商业模式可以使顾客了解企业可能提供的产品和服务，实现企业在顾客心目中的目标定位。

（3）一个好的商业模式可以使员工全面理解企业的目标和价值所在，从而调整自己的行动与企业的目标达到和谐。

（4）一个好的商业模式可以使股东更清晰、方便地判断企业的价值及其在市场中的地位变化。

8.2.4 商业模式的构成要素

商业模式主要由4个密切相关的要素构成，这4个要素互为作用时能够创造与实现价值。

1．客户价值主张

2．盈利模式

盈利模式包括以下构成要素。

（1）收入模式。

（2）成本结构。

（3）利润模式。

（4）利用资源的速度。

3．关键资源

4．关键流程

上述4个要素是每个企业的商业模式的构成要素。客户价值主张和盈利模式分别明确

了客户的价值和公司的价值；关键资源和关键流程则描述了如何实现客户价值和公司价值。

这一框架看上去再简单不过了，其力量蕴藏于各部分之间复杂的、相互依靠的关系。4个要素中的任何一个发生大的变化，都会对其他要素和整体产生影响。成功企业都会设计一个比较稳定的系统，将这些要素以连续一致、互为补充的方式联系在一起。

8.2.5 商业模式创新的方法

商业模式创新就是对企业的经营方法进行变革。一般而言，有4种方法。

1．改变收入模式

2．改变企业模式

3．改变产业模式

4．改变技术模式

当然，无论采取何种方式，商业模式创新需要企业对自身的经营方式、用户需求、产业特征及宏观技术环境具有深刻的理解和洞察力，这才是成功进行商业模式创新的前提条件，这也是最困难之处。

8.2.6 5种常见的电子商务模式对比

电子商务模式是指企业运用互联网开展经营取得营业收入的基本方式，也就是指在网络环境中基于一定技术基础的商务运作方式和盈利模式。目前，常见的电子商务模式主要有 B2B、B2C、C2B、C2C、O2O。

1．B2B 模式

B2B（Business to Business），是指商家与商家建立的商业关系。

2．B2C 模式

B2C（Business to Consumer），就是我们经常看到的供应商直接把商品卖给用户，即"商对客"模式，也就是通常说的商业零售，直接面向消费者销售产品和服务。

3．C2B 模式

C2B（Customer to Business），比较本土的说法是要约，由客户发布自己要些什么东西，要求的价格是什么，然后由商家来决定是否接受客户的要约。

4．C2C 模式

C2C（Customer to Consumer），是客户自己把东西放到网上去卖，是个人与个人之间的电子商务。

5．O2O 模式

O2O（Online to Offline），是将线下商务的机会与互联网结合在一起，让互联网成为线下交易的前台。

8.2.7 当下3种最赚钱的商业模式

如今，商业模式研究已经成为企业界中最热闹的话题。在商业模式中，又属盈利模式最为重要。以下3种模式，是商业中最快圈钱的模式。

1．免费模式　　　　　　　　2．招商加盟连锁模式
3．O2O 模式

当然，任何一个成功的商业模式都有其不可复制性，如果一味地"生搬硬造"可能会使企业陷入"困境"，模仿加创新才是我们创业企业制定自己的商业模式的正道。正如有哲人曾经说过这样的一句话："善学者，学根本，是为胜；不善学者，学皮毛，必败无疑也。"模仿别人商业模式的本质，在其基础上创新，制定出适合自己的新的商业模式。

8.2.8 "互联网+"时代的六大商业模式

现代管理学之父彼得·德鲁克说："当今企业之间的竞争，不是产品之间的竞争，而是商业模式之间的竞争。"

"互联网+"企业四大落地系统：商业模式、管理模式、生产模式、营销模式，其中最核心的就是商业模式的互联网化，即利用互联网精神（平等、开放、协作、分享）来颠覆和重构整个商业价值链，目前来看主要分为 6 种商业模式。

1．工具+社群+商业模式　　2．长尾型商业模式
3．跨界商业模式　　　　　　4．免费商业模式
5．O2O 商业模式　　　　　　6．平台商业模式

8.2.9 创业企业的十大创新商业模式案例

在互联网思维被赋予多重定义的时代，商业模式和传统的商业模式最大的区别在于，不再是关于成本和规模的讨论，而是关于重新定义客户价值的讨论。商业模式就是如何创造和传递客户价值和公司价值的系统。可见，客户价值及客户价值主张的重要性非同一般。

2015 年是万众创业年，众多创业企业爆发，各种各样的创新型商业模式出现在市场中。这里精选了 2015 年各行各业创业企业中具有代表性的创新商业模式案例，供中小型创业企业参考。

1．滴滴巴士——定制公共交通
2．百度度秘——表面它陪你聊天，其实你"赔"它消费
3．干净么——餐饮界的 360，免费还杀毒
4．人人车——"九死一生"的 C2C 坚挺地活了下来
5．e 袋洗——力图用一袋衣服撬动一种生态
6．实惠 APP——团购不彻底，直接免费
7．不久的将来给小费将成为常态
8．多点（Dmall）——不是多点少点的问题，而是快点
9．云足疗——上门服务中的垂直环节
10．大疆——消费级无人机市场的霸主

对上述商业模式进行梳理不难发现:"成功商业模式"可进一步划归为"基于技术突破与创新"和"主要依托产业价值链融合与分解"两类,并在不同的领域与产业价值链条上做出了不同程度的创新。

这表明,成功的商业模式"非常一样"而又"非常不一样"。"非常一样"是创新性地将内部资源、外部环境、盈利模式与经营机制等有机结合,不断提升自身的盈利性、协调性、价值、风险控制能力、持续发展能力与行业地位等。"非常不一样"是在一定条件、一定环境下的成功,更多的具有个性,不能简单地复制,而且必须通过不断修正才能保持企业持久的生命力。

想要创新商业模式只研究商业模式是远远不够的,不懂经济法则、不懂社会潮流、不懂人文需求,还是不能创新模式。借鉴基础上的创新永远是商业模式中商业智慧的核心价值。

8.2.10　10个传统行业的未来商业模式分析

在移动互联网的冲击下,各个传统行业都将发生显著的商业模式改变,"价值重塑战略"将越来越成为传统企业的必然选择。

1. 快餐等服务业的价值重塑:高品质化 + 客户聚焦 +O2O
2. 家电业的价值重塑:低价化硬件 + 可运营生态链 + 大数据服务
3. 教育业的价值重塑:平台化 + 免费服务圈地 + 增值服务收费
4. 音乐业的价值重塑:遴选好的原创音乐为核心 + 生态体系延伸
5. 医疗业的价值重塑:智能健康终端 + 云服务 + 创新型运营企业
6. 鞋服业的价值链重塑:商品智能化 + 店面智能化 + 用户社群化 + 大数据挖掘
7. 招聘等人力资源服务行业的价值重塑:基于大数据的智能中介服务
8. 证券业的价值重塑:互联网免费模式 + 增值服务获利
9. 保险业的价值重塑:互联网低成本渠道 + 产品创新 + 大数据服务
10. 基金业的价值重塑:反向基金产品C2B+ 提升高附加值服务 + 优化客户体验

8.2.11　颠覆未来的11种最佳免费商业模式

企业之间的较量,具体的战场体现在营销上。追究营销问题的源头,是"供求关系"之间的失衡。简单地说,就是我们的供应远远超出了市场的需求。产能过剩,产品过剩,也成了我们这个时代的烙印与标志。

如何改变供求之间的关系,如何让供在短期内小于求,如何获得更多的客户,这是多数企业家每天不得不面对的问题。在竞争与思索中,诞生了一种全新的营销模式——免费模式。

免费模式是在这种矛盾下应运而生的新型模式。免费模式在未来的几年中,将会不断地渗透到各个行业中,这不单单是加速了行业内部的洗牌速度,更是加速了行业之间的洗牌速度。

未来,免费模式会让行业之间的界限变得更加模糊,尤其是边缘行业之间。随着时间的推移，它会彻底颠覆我们对原有行业的认知。有人说它是一个天使，也有人说它是一个魔鬼，但不论如何，它已悄然而至，而你我要做的就是快速适应它的变革。

免费模式的核心是"设计企业隐性的利润空间"，即延长企业的利润链条，通过设计免费的项目，最大限度地吸引客户，而后在下一个阶段实现企业的盈利。

免费模式根据性质与行业的不同，可以分为以下的11种模式。

1．体验型模式　　　　2．第三方付费模式
3．产品型模式　　　　4．客户型模式
5．时间型模式　　　　6．功能型模式
7．空间型模式　　　　8．跨行业型模式
9．耗材型模式　　　　10．增值型模式
11．利润型模式

【研讨交流】

 案例 8-6　　判断一个商业模式是否有价值

【案例描述】

京东集团首席执行官刘强东认为：判断商业模式能否成功也有一套规律，叫"一托三"，凭借这四点基本上能够判断一个商业模式是否有价值。

一是团队。人永远是最重要的。京东制定了一个"倒三角"的管理模型，最底下的基础是团队。大部分企业死掉是因为团队跟不上发展的节奏。

二是用户体验、成本、效率。

（1）用户体验

不管做产品还是做服务，是在互联网还是传统行业，最核心比拼的是你的用户体验。微软如此，苹果公司更是如此。

（2）成本

在京东，成本比毛利更重要，只有成本降低，才有持续的能力为消费者提供低价，如果成本没有下降，只是为消费者提供一个低价，最后注定是死路一条。

（3）效率

看一家零售公司的效率，最核心的数据是库存周转天数。京东在库管理200多万个品种，库存周转天数仅30多天。

因此，创业公司在团队优秀的基础之上，在用户体验、成本或者效率三者之中，至少做到一点，同时另外两点又没有减损，基本上就能成功。

【各抒己见】

运用刘强东判断商业模式能否成功的"一托三"规律，判断以下两个公司的商业模式是否有价值，根据你的分析判断该商业模式能否成功。

1. 倍智测聘网络科技股份有限公司（测聘网）

测聘网通过4C人岗匹配专利技术，结合大数据分析，解决双向精准匹配的问题，在成立一年内已进驻企业用户近2万家，为超过30万求职者提供最精准的应聘体验。

传统的第一代和第二代招聘产品已经无法满足应聘者和企业的双向需求，"测+聘"的招聘模式是智能招聘的开始。测聘网采用"测+聘"的智能招聘模式，以"人才测评技术"关注个人职业发展路径，给供需双方造就了招聘及求职信息的匹配，实现了测评技术与招聘渠道的结合。这种"测+聘"智能招聘模式，实际上是为企业岗位进行预筛选，同时根据求职者测评结果推荐合适的岗位信息，从而有效实现人岗匹配，人力资源优化配置。该模式不仅从根本上避免了求职者盲目应聘、招聘企业面对海量简历无从筛选的混乱状态，也克服了高端人才被动应聘、招聘企业缺乏人才评估标准和工具的窘境，在帮助企业快、准、狠地招到合适候选人的同时，在一定意义上促进了人力资源市场的良性循环和可持续发展。

2. 广州市爱沐餐饮有限公司（爱沐影院）

移动互联网+私人影院，颠覆了传统影院，让电影可以定制，可以社交。私人影院的理念逐步走进人们的生活，能够追求高质量的观影效果又可以写影评，这对电影发烧友来说未尝不是个好的选择。

爱沐影院是O2O电影社交平台，线下以小包厢大片库的方式提供私人观影空间，线上以小圈子大平台的方式提供兴趣交友社区。

爱沐影院目前有8家连锁私人影院实体店，具备私密空间、个性点播、随时观看、爽快吃喝、社交互动、文艺创作的特点，整体盈利状况良好。

【实战训练】

【训练8-1】 下个"风口"见社群新商业模式

社群经济作为一种未来核心商业的新模式，社群关注度不断提高。2015年8月6日，由腾讯公司举办的以"有群，有趣"为主题的中国互联网移动社群大会在北京国际会议中心盛大召开，腾讯QQ对外正式宣布社群体系全面开放，依托"QQ群、兴趣部落、QQ微信公众平台"打造全新的移动社群生态。

目前国内的社群模式取得成功的案例有：小米手机、逻辑思维，颠覆式创新研习社等。由于这些案例的成功，掀起了一股社群经济的"热潮"。所以传统企业想借助社群转型，互联网企业想借助社群革新，社群模式越来越受到企业的重视。

社群按照传统的理解，就是以血缘与地理位置

划分的一种传统人际关系结构。而互联网带来了超越地域的联系与连接，社群成为一种拥有强关系、相同兴趣、爱好或者价值认同感的人共同组成的一个群体。

社群的火热让很多企业蠢蠢欲试，目前我国较成功的社群有以下几类模式。

1. 产品型社群
2. 自媒体社群
3. 女性自组织社群
4. 学习型社群

社群的类别远不止以上几种，还有如品牌型社群、兴趣型社群等。

分析社群商业模式有哪些新特点，需要具备哪些关键因素才能做成一个社群呢？

8.3 设计企业名称

【案例剖析】

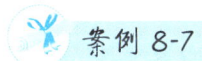 释义国际品牌名称

【案例描述】

国际品牌要在全球范围内营销，必须跨越种种文化障碍，如语言差异、消费习惯差异、宗教信仰差异、制度差异等。因此，国外品牌打入我国市场，必须慎重考虑命名问题。那么国际著名品牌取中文名是如何取的呢？

1. 餐饮品牌的起名

麦当劳：蕴含多层意义。

麦当劳，英文名称是"McDonald's"，它由店主人名字的所有格形成。西方人习惯以姓氏给公司命名，像爱迪生公司、迪斯尼公司、福特公司。但中国人则比较喜欢以喜庆、兴隆、吉祥、新颖的词汇给商店命名，如"百盛"、"大润发"、"好来顺"、"全聚德"、"喜来登"等。McDonald是个小人物，他比不上爱迪生，人家是世界闻名的大科学家，也不如迪斯尼，因为迪斯尼成了"卡通世界"的代名词，所以如果老老实实地把"McDonald's"译成"麦克唐纳的店"，就过于平淡，而"麦当劳"就非常成功，具体表现在以下几个方面。

（1）大致保留了原发音。
（2）体现了食品店的性质。
（3）蕴含着"要吃麦就应当劳动"的教育意义。
（4）风格既"中"又"洋"，符合华人的口味。

2. 饮料品牌的起名

可口可乐：绝妙之译。

众所周知，"可口可乐"就是"Coca Cola"，但很少有人追问一句：那是什么意思？原来Coca和Cola是两种植物的名字，音译为"古柯树"和"可乐树"，古柯树的叶子和可乐树的籽是该饮品的原材料，

古柯叶里面含有古柯碱，也叫可卡因（有时用作麻醉药）。这样枯燥乏味甚至有点可怕的名字居然被翻译成"可口可乐"，真是让 Coca Cola 公司"化腐朽为神奇"。"可口可乐"译名的成功之处如下。

（1）保留了原文押头韵的响亮发音。

（2）完全抛弃了原文的意思，而是从喝饮料的感受和好处上打攻心战，手段高明。

（3）这种饮品的味道并非人人喜欢，很多人甚至觉得它像中药，但它却自称"可口"，而且喝了以后还让人开心。善于进行自我表扬，讨好大众。

上述两例是保留原品牌名称发音，而改变原意的成功范例。再例如译为"奔驰"的名牌汽车，原文"Mercedes Benz"是该汽车公司老板爱女的名字，译为"奔驰"是删除了复杂的 Mercedes，简洁而响亮。

3. 家居品牌的起名

"Ikea"译为"宜家"是高招。

"Ikea"家具品牌，即便在瑞典也很少有人知道它的意思，是聪明的中译者赋予它"宜家"这美好的含义。实际上，Ikea 是该品牌的创始人 Ingvar Kamprad 和他的农场名 Elmtaryd 及村庄名 Agunnaryd 的词首字母组合。

有的品牌名称只进行音译，如"麦斯威尔"咖啡，仅是"Maxwell"的发音而已。由于它的诉求对象是白领阶层，尤其是"外向型"白领，因此这个名字是成功的。但如果想让广大华人买账，就不如"雀巢"。在雀巢咖啡刚进入中国大陆时，听村里的农民议论："雀巢"咖啡就是"鸟窝"咖啡。即使没文化的人也会对它产生兴趣，可见名称的戏剧性效果非常有利于提高品牌的知名度。

名牌手机"诺基亚"，芬兰文原名"Nokia"，是生产厂家所在小镇的名字，很显然，译文比原文更富有高科技感，好像还有点"承诺亚洲"的味道。

【感悟反思】

一个好的名字是一个企业、一种产品拥有的一笔永久性的精神财富。

名称对于一个企业的发展、兴衰起着至关重要的作用。企业拥有一个好名字，产品获得一个好品牌，是世界公认的"无形"资产。俗话说得好：名利，名利就是有名才有利。

名字不单纯是一个符号，在其背后有着思想的寓意、文化的背景、理想的存在，个人与企业实力的展示。事业的成功虽不完全取决于名字的好坏，但名字无疑是影响事业发展的重要因素。

一个成功的企业，要创造出自己的名牌，首先必须打出自己响亮的名称。公司的名称好比一面旗帜，它所代表的是公司在大众中的形象问题。这是一个公司走向成功的第一步。名字响亮能让更多的人识别企业，了解产品；公司和产品有广泛的知名度和良好的信誉，才能吸引更多的客户，产生更大的效益。

一个企业，只要其名称、商标一经登记注册，就拥有了对该名称的独家使用权。一个好名字能时时唤起人们美好的联想，使其拥有者得到鞭策和鼓励。

以中国体操王子李宁的名称命名的"李宁牌"体育用品系列，寄寓了企业要以李宁的拼搏精神改变中国体育系列用品落后的局面，追求世界一流产品的企业精神。"李宁牌"

对于他们来说，与其说是一个商标，不如说是一个企业精神的缩略语。

【知识梳理】

8.3.1 公司名称对企业的重要性

创业者在企业正式成立之前，必须进行企业名称设计，人们对一个企业的记忆和印象直接来自名称，企业的名称对企业形象有重大的影响。

在新成立的公司或企业，投资者往往对公司起名十分重视，不惜花重金只为求得一个好名字。一个吉祥的公司名称可以给企业带来好的开始；朗朗上口、响亮、好记和好听，可以让自己的客户在最短的时间内记住自己公司的名称，从而为公司的长远发展奠定良好的基础；可以帮助公司快速向上发展，成为公司最好的广告；可以为自己企业发展提供更多的助力。

1．公司名字是企业形象的化身
2．公司名字是企业资产
3．一个好的公司名字是聚宝盆
4．打响公司知名度，在于巨额广告费，更在于好的公司名字
5．公司名字是市场竞争的有力武器
6．公司名字是老板身价与实力的载体

8.3.2 公司起名的基本原则

公司名称字虽不多，但意义万千，它远远超越了几个字的框架。作为企业字号，它体现了企业的信任度、核心竞争力、商誉，以及名称寓意和它未来发展的健康性。

不少国际知名品牌进入中国市场时，既保留了原品牌名称的精华，又兼顾了中国消费者的文化、生活习惯和审美心理，深具文化内涵。例如，宝洁公司将中华文化的内涵全部融入品牌，创出了具有中国文化风格的"飘柔"、"潘婷"、"海飞丝"、"舒肤佳"、"汰渍"、"玉兰油"等好听、好记、意蕴丰富的名称；爱立信刚进入大中华区时，品牌名称直译为"埃瑞克森"，后采用中国营销专家建议改用"爱立信"，被赋予了深厚的中国文化背景，为爱立信这一洋品牌实现中国本土化、塑造美誉立了不少功。还有像可口可乐、宝马、奔驰等都是洋品牌中文俗译的神来之笔，起到了诠释品牌个性与文化内涵的作用。

公司起名的设计要遵循以下几个原则。

1．公司起名易读易记原则　　　2．公司起名暗示产品属性原则
3．公司起名支持标志物原则　　4．公司起名启发消费者联想原则
5．公司起名适应地域文化的原则 6．公司起名合法性原则

8.3.3 公司起名的基本要求

1．名副其实
2．名称有亲和力
3．寓意美好
4．与众不同
5．字义和谐、易读易记
6．便于设计
7．注重天时、地利、人和
8．要凸显个性

8.3.4 公司名称的法律规定

公司名称是指一个企业的全称，企业名称即企业的名字、字号，是企业区别于其他企业或其他社会组织、被社会识别的标志。

在我国，有关公司名称的法律规定主要包括在《公司法》、《公司登记管理条例》、《企业名称登记管理规定》3个法律文件中。可以根据以下规定重新审视自己的公司名称，然后再提交给工商部门。

1．《公司法》对公司名称的要求
2．《公司登记管理条例》对公司名称的规定
3．《企业名称登记管理规定》对公司名称的规定

8.3.5 公司起名的常见类型

1．以地名作为企业名
2．以吉祥和社会喜爱之物作为企业名
3．选用富贵气派类字作为企业名
4．选用传统商业味极浓的名称作为企业名
5．选用现代意味的名字作为企业名
6．使用奇异、幽默或逆反等别名俗语作为企业名

8.3.6 公司起名的常见"门派"

（1）植物学派：蘑菇街、荔枝FM、土豆、IT桔子。
（2）动物学派：功夫熊、小猪短租、小马购车、土巴兔、考拉FM、蜻蜓FM、企鹅吃喝指南、搜狗、搜狐。
（3）数字学派：51信用卡、58同城、59store。
（4）叠字学派：陌陌、探探、抱抱、人人、脉脉。
（5）字母学派：YY、QQ、JJ棋牌、KK唱响。
（6）拟声学派：滴滴、么么搜、嘟嘟美甲。
（7）实物学派：豆瓣、穿衣助手、饭本、觅食、团车、爱屋吉屋、药给力。
（8）创意学派：拉勾网、3W咖啡、喜马拉雅、黄油相机、面包旅行、雪球、斗鱼。
（9）国学学派：凤凰网、知乎、金箍棒、榫卯。
（10）洋气学派：TCL、LG、UCloud、OneAPM、MONO、EMIE、Yahoo、ebuy。

（11）衍生学派：找钢网、找塑料、找叉叉。
（12）同业学派：易果生鲜、一米鲜、每日优鲜、爱鲜蜂。
（13）游戏学派：三国叉叉、萌叉叉、全民叉叉。

【研讨交流】

 赏析公司名称

【案例描述】

（1）华为

公司名字取义"中华之作为"，由一家成立于中国大陆本土的民营企业，成长为现在为世界各地通信运营商及专业网络拥有者提供硬件设备、软件、服务和解决方案的企业。

（2）百度

百度在取名之时，同谷歌所见略同，都围绕核心业务——搜索上做文章。"众里寻他千百度"是对于公司核心业务的最好诠释了。

（3）Google

谷歌作为搜索巨头，其名称和搜索也颇有关系。Google 来源于数学词汇"googol"，表示 10 的 100 次方。创始人 Page 和 Brin 认为比较符合 Google 业务，寓意着通过谷歌的搜索引擎可以获取很多信息。

（4）外婆家

外婆家是一个知名的餐饮连锁机构，成立于1998年。从外婆家第一家开张时就已经明确了自己的定位，而这个定位一直坚持到现在。取名外婆家，顾名思义，小时候在外婆家吃饭既热闹又好吃，一家人格外亲切。

（5）上好佳

风靡全国的 Oishi 上好佳系列膨化食品是 LIWAYWAY 与上海食品杂货总公司合作、于1994年投入生产，至今的几年时间内，已开发了 100 多种品味。以优良的品质、中等价位和优秀的服务，使上好佳系列休闲食品畅销全国各大中心城市，深受消费者的青睐。

Oishi 在日语中是"美味"的意思，"上好佳"在中文里则是"最好"的意思。用这个词为企业和产品命名，蕴含着上好佳希望所有产品都能表现出非凡的品质，上好的口味，被广大消费者所钟爱、接受的美好愿望。

【各抒己见】

（1）试分析"华为"、"百度"、"Google"、"外婆家"、"上好佳"这些著名公司的名称是否符合公司起名的基本原则。

（2）找几个大家都熟悉的公司名称，分析其寓意。

【实战训练】

【训练8-2】 给创业公司起个美名

（1）拟创立一家定制化家政服务公司，如打扫卫生、维修家电等，帮助客户解决家政服务的难题，而且提供远程服务，这些服务可以通过移动APP轻松搞定。请代为该创业公司起个美名。

（2）拟创立一家出租高端服装公司，为他人创造一个"灰姑娘时刻"，为女性提供一些尝试体验自己不常穿的服装品牌的机会，让客户穿上梦寐以求的服装。让客户以名牌服装售价10%～15%的价格，租赁衣服出席重要场合的活动，从而解决大多数女性一直以来所面临的"满柜子衣服却发现无衣可穿"的难题。请代为该创业公司起个美名。

（3）拟创立一个专买零食的购物网站，把健康的零食直接送到人们的家门口，让那些爱吃零食的人感到无比幸福。请代为该创业公司起个美名。

8.4 拟订创业计划

【案例剖析】

案例 8-9 初识快递服务创业计划书

【案例描述】

明德快递服务公司创业计划书

一、项目介绍及分析

创建一家以校园快递业务为主，以 Romantic Mail（校园慢递业务）为特色的快递服务公司，公司名称暂定为"明德快递服务公司"。

（一）校园快递业务

1．业务介绍

2．市场分析

3．可行性分析

（二）Romantic Mail（明德学院慢递业务）

1．业务介绍

2．市场分析

  3．可行性分析

二、经营战略

  1．经营理念

以最快的速度收送快件，以最负责的态度邮递慢件，以最诚信的心态构建共赢。

  2．战略目标

  3．竞争策略

本着人无我有，人有我优的原则。诚信经营，热忱服务。

  4．营销策略

三、初期运作

  1．公司选址

  2．店面设计

  3．准备工作

四、财务预算

  1．经费筹措

  2．销售预算

  3．前期投入

五、组织结构

本公司采用经理负责制，创业初期暂设业务部、财务部，各部设主管1名，经理直接管理2个部门的主管。

六、风险管理

  1．风险分析

  2．风险预防

【感悟反思】

  常言道，兵马未动，粮草先行。创业计划书除了可以对项目进行深刻分析外，还能够解决的关键问题就是让合作伙伴知道一起合作的生意是什么，准备要怎么做，发展前景如何等信息。而且，拥有一份优秀的创业计划书，融资之路也会变得宽广很多。

  如果有了一份详尽的创业计划书，就好像有了一份业务发展的指示图一样，它会时刻提醒创业者应该注意什么问题，规避什么风险，并最大限度地帮助创业者获得来自外界的帮助。因此，创业计划书有着非常重要的作用。

【知识梳理】

8.4.1 创业计划书的含义

创业计划书可以意指为商业计划书，是创业者在初创企业成立之前就某一项具有市场前景的新产品或服务，向潜在投资者、风险投资公司、合作伙伴等游说以取得合作支持或风险投资的可行性商业报告，用来描述创办一个新企业时所有的内部和外部要素：从企业成长经历、产品服务、市场、营销、管理团队、股权结构、组织人事、财务、运营到融资方案。只有内容翔实、数据丰富、体系完整、装订精致的创业计划书才能吸引投资商，让他们看懂你的项目商业运作计划，才能使你的融资需求成为现实，创业计划书的质量对创业者的项目融资效果至关重要。

创业计划书的起草与创业本身一样是一个复杂的系统工程，不但要对行业、市场进行充分的研究，而且还要有很好的文字功底。对于一个发展中的企业，专业的创业计划书既是寻找投资的必备材料，也是企业对自身的现状及未来发展战略全面思索和重新定位的过程。一份高质量的创业计划书是基于产品分析，把握行业市场现状和发展趋势，综合研究国家法律法规、宏观政策、产业中长期规划、产业政策及地方政策、项目团队优势等的基本内容，着力呈现项目主体现状、发展定位、发展愿景和使命、发展战略、商业运作模式、发展前景等，深度透析项目的竞争优势、盈利能力、生存能力、发展潜力等，最大限度地体现项目的价值。

创业计划书的编写一般是按照相对标准的文本格式进行的，是全面介绍企业或项目发展前景，阐述产品、市场、竞争、风险及投资收益和融资要求的书面材料。

8.4.2 创业计划书的作用

一般而言，创业计划书具有如下3个方面的作用。

1．使创业者整体把握创业思路，明确经营理念
2．帮助创业者凝聚人心，有效管理业务
3．宣传本企业，并为融资提供良好的基础

一份完美的创业计划书不但会增强创业者自己的信心，也会增强风险投资家、合作伙伴、员工、供应商、分销商对创业者的信心。而这些信心，正是企业走向创业成功的基础。

书面的创业计划书是创业企业的象征和代表，它使创业者与企业外部的组织及人员得以良好的沟通，是企业进行对外宣传的重要工具。

8.4.3 创业计划书的组成结构与主要内容

一般来说，创业计划书的具体内容一般包括以下各个方面。

1．封面

封面的设计要有审美观和艺术性，一个好的封面会使阅读者产生最初的好感，形成良好的第一印象。

2. 创业计划摘要

创业计划摘要列在创业计划书的最前面，它浓缩了创业计划书的精华。创业计划摘要涵盖了计划的要点，以求一目了然，以便读者能在最短的时间内评审计划并做出判断。

创业计划摘要一般包括公司介绍、管理者及其组织、主要产品和业务范围、市场概貌、营销策略、销售计划、生产管理计划、财务计划、资金需求状况等。摘要要尽量简明、生动。特别要说明自身企业的不同之处以及企业获取成功的市场因素。

在介绍企业时，首先要说明创办企业的思路，新思想的形成过程以及企业的目标和发展战略。其次，要交代企业现状、过去的背景和企业的经营范围。在这一部分中，要对企业以往的情况做客观的评述，不回避失误。中肯的分析往往更能赢得信任，从而使人容易认同企业的创业计划书。最后，还要介绍一下创业者自己的背景、经历、经验和特长等。创业者的素质对企业的成功往往起关键性的作用。在这里，创业者应尽量凸现自己的优点并表示自己有强烈的进取精神，以给投资者留下一个好印象。

在创业计划摘要中，企业还必须回答下列问题。

（1）企业所处的行业，企业经营的性质和范围。
（2）企业主要的产品服务是什么。
（3）企业的市场在哪里，谁是企业的顾客，他们有哪些需求。
（4）企业的合伙人、投资人是谁。
（5）企业的竞争对手是谁，竞争对手对企业的发展有何影响。

摘要要尽量简明、生动。特别要详细说明自身企业与同类企业的不同之处，以及企业获取成功的市场因素。如果创业者了解他所做的事情，摘要仅需 2 页纸就足够了。如果创业者不了解自己正在做什么，摘要就可能要写 20 页纸以上。因此，有些投资家就依照摘要的长短来"把麦粒从谷壳中挑出来"。

3. 企业介绍

企业介绍这部分内容的目的不是描述整个计划，也不是提供另外一个概要，而是对你的企业做出介绍，因此重点是你的企业理念和如何制定企业的战略目标。

4. 行业分析

在行业分析中，应该正确评价所选行业的基本特点、竞争状况以及未来的发展趋势等内容。关于行业分析的典型问题如下。

（1）该行业发展程度如何，现在的发展动态如何。
（2）创新和技术进步在该行业扮演着一个怎样的角色。
（3）该行业的销售总规模有多大，收入总规模为多大，发展趋势怎样。
（4）价格趋向如何。
（5）经济发展对该行业的影响程度如何，政府是如何影响该行业的。
（6）是什么因素决定着它的发展。
（7）竞争的本质是什么，你将采取什么样的战略应对竞争。
（8）进入该行业的障碍是什么，你将如何克服，该行业典型的回报率有多少。

5. 产品介绍

在进行投资项目评估时，投资人最关心的问题之一就是创业企业的产品、技术或服务能否以及在多大程度上解决现实生活中的问题，或者创业企业的产品能否帮助顾客节约开支、增加收入。因此，产品介绍是创业计划书中必不可少的一项内容。产品介绍主要包括以下内容。

（1）产品或服务的名称、特性及性能用途，产品或服务及对客户的价值。

（2）对产品或服务的研究和开发过程，同样的产品是否还没有在市场上出现，为什么。

（3）产品或服务处于生命周期的哪一段。

（4）产品或服务的市场前景和竞争力如何。

（5）产品的品牌和专利情况。

（6）产品或服务的技术改进和更新换代计划及成本，利润的来源及盈利模式等。

在产品介绍部分，创业者要对产品做出详细的说明，说明要准确，也要通俗易懂，使不是专业人员的投资者也能明白。一般来说，产品介绍都要附上产品原型、照片或其他介绍。产品介绍必须回答以下问题。

（1）顾客希望企业的产品能解决什么问题，顾客能从企业的产品中获得什么好处。

（2）企业的产品与竞争对手的产品相比有哪些优/缺点，顾客为什么会选择本企业的产品。

（3）企业为自己的产品采取了何种保护措施，企业拥有哪些专利、许可证，或者与已申请专利的厂家达成了哪些协议。

（4）为什么企业的产品定价可以使企业产生足够的利润，为什么用户会大批量地购买企业的产品。

（5）企业采用何种方式去改进产品的质量、性能，企业对发展新产品有哪些计划？

产品介绍的内容比较具体，因此写起来相对容易。虽然夸赞自己的产品是推销所必需的，但应该注意，企业所做的每一项承诺都是"一笔债"，都要努力去兑现。要牢记，创业者和投资家所建立的是一种长期合作的伙伴关系。空口许诺，只能得意于一时。如果企业不能兑现承诺，不能偿还债务，企业的信誉必然要受到极大的损害。

6. 人员及组织结构

有了产品之后，创业者第二步要做的就是结成一支有战斗力的管理队伍。企业管理的好坏，直接决定了企业经营风险的大小。而高素质的管理人员和良好的组织结构则是管理好企业的重要保证。因此，风险投资家会特别注重对管理队伍的评估。

社会发展到今天，人已经成为最宝贵的资源，这是由人的主动性和创造性决定的。企业要管理好这种资源，更是要遵循科学的原则和方法。企业的管理人员应该是互补型的，而且要具有团队精神。一个企业必须具备负责产品设计与开发、市场营销、生产作业管理、企业理财等方面的专门人才。

在创业计划书中，必须对主要管理人员加以阐明，介绍他们所具有的能力，他们在本企业中的职务和责任，他们过去的详细经历及背景。此外，在这部分创业计划书中，还应对公司结构做一简要介绍，包括公司的组织机构图，各部门的功能与职责，各部门的负责人及主要成员，公司的报酬体系，公司的股东名单（包括认股权、比例和特权），公司的董事会成员，各位董事的背景资料等。

7. 市场预测

当企业要开发一种新产品或向新的市场扩展时，首先就要进行市场预测。如果预测的结果并不乐观，或者预测的可信度让人置疑，那么投资者就要承担更大的风险，这对多数风险投资家来说都是不可接受的。市场预测首先要对需求进行预测：市场是否存在对这种产品的需求，需求程度是否可以给企业带来所期望的利益，新的市场规模有多大，需求发展的未来趋向及其状态如何，影响需求都有哪些因素；其次，市场预测还要包括对市场竞争的情况，即对企业所面对的竞争格局进行分析：市场中主要的竞争者有哪些，是否存在有利于本企业产品的市场空当，本企业预计的市场占有率是多少，本企业进入市场会引起竞争者怎样的反应和这些反应对企业会有什么影响；等等。

在创业计划书书中，市场预测应包括以下内容。

（1）需求预测。

（2）市场预测。

（3）市场现状综述。

（4）竞争企业概览。

（5）目标顾客和目标市场。

（6）本企业产品的市场地位。

（7）市场区隔和特征等。

创业企业对市场的预测应建立在严密、科学的市场调查基础上。创业企业所面对的市场，本来就有更加变幻不定的、难以捉摸的特点。因此，创业企业应尽量扩大收集信息的范围，重视对环境的预测和采用科学的预测手段和方法。创业者应牢记的是，市场预测不是凭空想象出来的，对市场错误的认识是企业经营失败的最主要原因之一。

8．营销策略

营销是企业经营中最富挑战性的环节，影响营销策略的主要因素如下。

（1）消费者的特点。

（2）产品的特性。

（3）企业自身的状况。

（4）市场环境方面的因素。

最终影响营销策略的则是营销成本和营销效益因素。

在创业计划书中，营销策略应包括以下内容。

（1）市场机构和营销渠道的选择。

（2）营销队伍和管理。

（3）促销计划和广告策略。

（4）价格决策。

对创业企业来说，由于产品和企业的知名度低，很难进入其他企业已经稳定的销售渠道中去。因此，企业不得不暂时采取高成本、低效益的营销战略，如上门推销，大打商品广告，向批发商和零售商让利，或者交给任何愿意经销的企业销售。对于发展企业来说，它一方面可以利用原来的销售渠道，另一方面也可以开发新的销售渠道以适应企业的发展。

9．生产制造计划

创业计划书中的生产制造计划应包括以下内容。

（1）产品制造和技术设备现状。

（2）新产品的投产计划。

（3）对技术提升和设备更新的要求。

(4) 质量控制和质量改进计划。

在寻求资金的过程中，为了增大企业在投资前的评估价值，创业者应尽量使生产制造计划更加详细、可靠。一般来说，生产制造计划应回答以下问题：企业生产制造所需的厂房、设备情况如何；怎样保证新产品在进入规模生产时的稳定性和可靠性；设备的引进和安装情况如何；谁是供应商；生产线的设计与产品组装是怎样的；供货者的前置期和资源的需求量如何；生产周期标准的制定以及生产作业计划的编制，物料需求计划及其保证措施，质量控制的方法是怎样的；相关的其他问题。

10．财务规划

财务规划需要花费较多的精力来做具体分析，其中就包括现金流量表、资产负债表及损益表的制作。流动资金是企业的生命线，因此企业在初创或扩张时，对流动资金需要有预先周详的计划和进行过程中的严格控制；损益表反映的是企业的盈利状况，它是企业在一段时间运作后的经营结果；资产负债表则反映在某一时刻的企业状况，投资者可以用资产负债表中的数据得到的比率指标来衡量企业的经营状况及可能的投资回报率。

财务规划一般要包括以下内容。

(1) 创业计划书的条件假设。

(2) 预计的资产负债表、预计的损益表，现金收支分析、资金的来源和使用情况等。

可以这样说，一份创业计划书概括地提出了在筹资过程中创业者需做的事情，而财务规划则是对创业计划书的支持和说明。因此，一份好的财务规划对评估创业企业所需的资金数量、提高创业企业取得资金的可能性是十分关键的。如果财务规划准备得不好，会给投资者以企业管理人员缺乏经验的印象，降低创业企业的评估价值，同时也会增加企业的经营风险，那么如何制定好财务规划呢？这首先要取决于创业企业的远景规划：创业企业是为一个新市场创造一个新产品，还是进入一个财务信息较多的已有市场。

着眼于一项新技术或创新产品的创业企业不可能参考现有市场的数据、价格和营销方式。因此，它要自己预测所进入市场的成长速度和可能获得的利润，并把它的设想、管理队伍和财务模型推销给投资者。而准备进入一个已有市场的创业企业则可以很容易地说明整个市场的规模和改进方式。创业企业可以在获得目标市场信息的基础上，对企业头一年的销售规模进行规划。

企业的财务规划应保证和创业计划书的假设相一致。事实上，财务规划和企业的生产计划、人力资源计划、营销计划等都是密不可分的。要完成财务规划，必须明确下列问题。

(1) 产品在每一个期间的发出量有多大。

(2) 每件产品的生产费用是多少。

(3) 每件产品的定价是多少。

(4) 使用什么分销渠道，所预期的成本和利润是多少。

(5) 需要招聘哪几种类型的人。

(6) 招聘人员何时开始，工资预算是多少。

(7) 什么时候开始产品线扩张。

11．风险与风险管理

详细说明项目实施过程中可能遇到的风险，提出有效的风险控制和防范手段，包括技术风险、市场风险、管理风险、财务风险及其他不可预见的风险等，主要明确以下问题。

（1）创业企业在市场、竞争和技术方面都有哪些基本的风险。
（2）准备怎样应对这些风险。
（3）创业企业还有一些什么样的附加机会。
（4）在创业企业现有资本基础上如何进行扩展。
（5）在最好和最坏情形下，创业企业的五年计划。

对于创业计划书的各项数据估计，如果不那么准确，应该估计出误差范围到底有多大。如果可能的话，对关键性参数做最好和最坏的设定。

8.4.4 创业计划书的检查

创业计划书写完之后，创业者最好再对创业计划书检查一遍，看一下该计划是否能准确回答投资者的疑问，争取投资者对本企业的信心。通常，可以从以下几个方面对创业计划书加以检查。

（1）创业企业的创业计划书是否显示出你具有管理公司的经验。如果你自己缺乏能力去管理企业，那么一定要明确地说明，你已经聘了一位经营大师来管理你的企业。
（2）创业企业的创业计划书是否显示了你有能力偿还借款。
（3）创业企业的创业计划书是否显示出你已进行过完整的市场分析。要让投资者坚信你在计划书中阐明的产品需求量是可信的。
（4）创业企业的创业计划书是否容易被投资者所领会。创业计划书应该备有索引和目录，以便投资者可以较容易地查阅各个章节。
（5）为了保持投资者的兴趣，计划摘要应写得引人入胜。
（6）创业企业的创业计划书是否在文法上全部正确。如果你不能保证，那么最好请人帮你检查一下。创业计划书的拼写错误和排印错误能很快就使投资的机会丧失。
（7）创业企业的创业计划书能否打消投资者对产品/服务的疑虑。如果需要，可以准备一件产品模型。

创业计划书中的各个方面都会对筹资的成功与否有影响。因此，如果你对你的创业计划书缺乏成功的信心，那么最好去查阅一下创业计划书编写指南或向专门的顾问请教。

8.4.5 创业计划书的评价

由于选择产品的不同，创业环境的优劣、创业人员能力的差异等区别，所以要对一个创业计划书的优劣进行评价是一件非常困难的事情。目前，投资人员和创业大赛的评审者多采用量化打分制来评定创业计划书之间的差异。

参考表8-2所示的创业计划书评价标准对创业计划书进行自评。

表8-2　创业计划书的评价标准

评价指标	评价标准	创意可行性	商业计划	总计
执行概要	简明、扼要、具有鲜明的特色。重点包括对企业及产品的介绍、市场概况、营销策略、生产销售管理计划、财务预测；指出创业思路的形成过程和企业发展目标的展望；介绍创业团队的特殊性和优势等	2.0%	2.0%	4.0%

续表

评价指标	评价标准	创意可行性	商业计划	总计
产品	如何满足关键用户需要；进入的策略和市场开发的策略；说明其专利权、著作权、政府批文、鉴定材料等；指出产品目前的水平是否处于领先地位，是否适应市场的需求，能否实现产业化	7.5%	5.0%	12.5%
市场	市场容量与趋势、市场竞争状况、市场变化趋势及潜力，细分目标市场及描述客户，估计市场份额和销售额。市场调查和分析应当严密科学	5.0%	2.5%	7.5%
竞争	包括企业的商业目的、市场定位、全盘策略及各阶段的目标等，同时要有对现有和潜在的竞争者进行分析，对替代品竞争、行业内原有竞争进行分析。总结本企业的竞争优势且研究战胜对手的方案，并对主要的竞争对手和市场驱动力进行适当分析	10.0%	5.0%	15.0%
营销	阐述如何保持并提高市场占有率，把握企业的总体进度，对收入、盈亏平衡点、现金流量、市场份额、产品开发、主要合作伙伴和融资等重要事件有所安排，构建一条畅通合理的营销渠道和与之相适应的新颖而富有吸引力的促销方式	8.0%	2.0%	10.0%
经营	原材料的供应情况，工业设备的运行安排，人力资源的安排等。这部分要求以产品或服务为依据，以生产工艺为主线，力求描述准确、合理、可操作性强	2.5%	2.5%	5.0%
组织	介绍管理团队中各成员有关的教育和工作背景、经验、能力、专长等。组建营销、财务、行政、生产、技术团队。明确各成员的管理分工和互补情况、企业组织结构情况、领导层成员、创业顾问及主要投资人的持股情况。指出企业股份比例的划分	10.0%	5.0%	15.0%
财务	包含营业收入和费用、现金流量、盈亏能力和持久性、固定和变动成本；前两年财务月报，后三年财务年报。数据应基于经营状况和未来发展的正确估计，并能有效反映出企业的财务绩效	8.0%	5.0%	13.0%
总体评估	表述应避免冗余，力求简洁、清晰、重点突出、条理分明和清晰；专业语言的运用要准确和适度；相关数据科学、实事求是、翔实；计划书总体效果好	12.0%	6.0%	18.0%
合计		65.0%	35.0%	100%

【研讨交流】

案例 8-10　　　　　　　　评析悠闲居创业计划书

【案例描述】

悠闲居创业计划书

一、执行总结

1.1 公司宗旨

1.2 公司简介

1.3 场地与设施

1.4 产品与服务

1.5 公司组织结构

二、市场分析
2.1 行业背景
2.2 目标市场
2.3 竞争分析

三、风险分析及对策
3.1 市场风险及对策
3.2 财务风险及对策
3.3 管理风险及对策
3.4 盈利模式风险及对策

四、市场与销售
4.1 市场开拓
4.2 营销策略
4.3 定价策略
4.4 市场联络

五、财务分析
5.1 投资结构表
5.2 成本计算
5.3 销售额预测
5.4 利润预测
5.5 资产负债表
5.6 现金流量表预测
5.7 收益预测表
5.8 筹资来源

六、公司发展战略
6.1 公司战略
6.2 未来规划

【各抒己见】

运用表8-2所示的创业计划书评价标准及权重值，对本案例展示的创业计划书进行评价，计算评价得分。

【实战训练】

【训练8-3】 优化完善快递服务创业计划书

对案例8-9展示的明德快递服务公司创业计划进一步优化完善，使之成为一份优秀的创业计划书，并形成一份独立的文档。

具体要求如下。

1. 创业计划书的格式要求
（1）字型：大标题用 2 号黑体，中标题用 3 号黑体，小标题用 3 号楷体，正文用 4 号宋体。
（2）纸型：统一用 A4 纸，左侧装订。
（3）页边距：上 2.6cm、下 2.6cm、左 3.0cm、右 2.0cm。
（4）行距：1.5 倍行距
（5）结构层次序数："一"、"（一）"、"1."、"（1）"。

2. 创业计划书的摘要
创业计划书摘要的篇幅控制在两页纸内。
摘要内容参考如下。

（1）公司基本情况：主要包括公司名称、成立时间、注册地区、注册资本，主要股东、股份比例、主营业务，公司的地点、电话、传真、联系人等。

（2）主要管理者情况：主要包括姓名、性别、年龄、籍贯、学历/学位、毕业院校、政治面貌、行业从业年限、主要经历和经营业绩等。

（3）产品/服务描述：主要包括产品/服务介绍、产品技术水平、产品的新颖性、产品的先进性和独特性、产品的竞争优势等。

（4）研究与开发：主要包括已有的技术成果及技术水平，研发队伍技术水平，竞争力及对外合作情况，已经投入的研发经费及今后投入计划，对研发人员的激励机制等。

（5）行业及市场：主要包括行业历史与前景，市场规模及增长趋势，行业竞争对手及本公司竞争优势，未来 3 年市场销售的预测等。

（6）营销策略：主要包括在价格、促销、建立销售网络等各方面拟采取的策略及其可操作性和有效性，对销售人员的激励机制等。

（7）产品制造：主要包括生产方式、生产设备、质量保证、成本控制等。

（8）管理：主要包括机构设置、员工持股、劳动合同、知识产权管理、人事计划等。

（9）融资说明：主要包括资金需求量、用途、使用计划、拟出让股份、投资者权利、退出方式等。

（10）财务预测：主要包括未来 3 年或 5 年的销售收入、利润、资产回报率等。

（11）风险控制：项目实施可能出现的风险及拟采取的控制措施等。

创业计划书摘要根据不同项目的实际情况，可以适当进行删减或补充。

3. 创业计划书的组成结构及主要内容
创业计划书组成结构、主要内容以及写作要求的参考模板如下。

一、公司基本情况

1. 公司的宗旨
2. 公司的名称、公司的结构
3. 公司经营策略

在这里用最简洁的方式，描述公司的产品服务；准备解决什么样的困难；准备如何解决；公司是否是最合适的人选。

4．相对价值增值

说明公司的产品为消费者提供了什么新的价值。

5．公司设施

需要对计划中的公司设备详细加以描述。

（1）公司的生产设备及厂房主要集中于哪些方面。

（2）增加生产设备，并努力提高生产和研究能力以便满足日益提高的客户需求。通过大规模的促销攻势提高公司产品服务的销售量。

二、产品和服务

这里用简洁的方式，描述公司的产品与服务。注意不需要透露公司的核心技术，主要介绍公司的技术、产品的功能、应用领域、市场前景等。

说明公司的产品是如何向消费者提供价值的，以及所提供的服务方式有哪些。公司的产品填补了哪些急需补充的市场空白。可以在这里加上公司的产品或服务的照片。主要描述以下内容。

（1）产品优势，产品的独特性。

（2）技术描述：独有技术简介、技术发展环境。

（3）研究与开发情况。

（4）将来的产品及服务。

说明公司的下一代产品，并同时说明为将来的消费者提供更多的服务是什么。

（5）服务与产品支持

产品是否经过政府或行业有关部门鉴定（提供资料）；产品获得过何种奖励或荣誉；产品是否申请过知识产权保护（专利、商标、版权）等情况也可适当加以说明。

三、公司的管理

公司的组织结构（画出结构图）；公司主要管理者的性别、年龄、学历、学位、毕业院校、工作年限、在目前行业的工作年限、获得的成就等；公司对主要管理和技术人员采取的激励机制；公司是否聘请外部管理人员（会计师、律师、顾问、专家）；说明公司对知识产权、专有权、特许经营权等情况；说明公司的商业机密、技术机密等保护措施；说明公司是否存在关联经营和家族管理问题。

四、行业及市场分析

简要叙述公司处于什么样的行业、市场及什么区域。市场的特征是什么，公司的分析与市场调查机构和投资分析有什么不同。分析是否有新生市场，将如何发展这个新生市场。

1．市场描述

公司计划或正在×××行业竞争。这个市场的价值大约有×××，我们相信，整个行业的主要发展趋势将向着（环境导向型、小型化、高质量、价值导向型）发展。

市场研究表明（引用源）到20××年该市场将（发展或萎缩）到×××。在这段时期里，预计公司力争的细分市场将（成长、萎缩、不发展）。改变这种情况的主要力量是什么，这个行业最大的发展将达到×××。公司可能独一无二地将产品服务和××公司同级别的公司的现行业务合并。而当今的类似××公司正面临着诸如逐步提高的劳动力成本等困难。

2．目标市场

公司将目标市场定义为A、B、C。现在，这个市场由×个竞争者分享。

公司的产品拥有以下优势：高附加值、出色的表现、高品位（为公司的量体裁衣突出个性）。

3．目标消费群

是什么因素促使人们购买公司的产品，公司的技术、产品对于用户的吸引力在何处，人们为什么选择公司的产品/服务等。

4．销售战略

公司的市场营销部门计划能动用不同的渠道销售自己的产品。

公司之所以选择这些渠道因为：

（1）季节变化引起的消费特点。

（2）资金的有效运用。

（3）可以利用市场上现有产品的销售渠道。

针对每一个分销渠道，确定一个五年期的目标销售量以及其他假设条件。

五、市场竞争及营销策略

描述以下内容：公司产品所在的市场范围里有哪些竞争对手，它们占市场份额是多少，公司的市场份额是多少；与竞争对手产品相比，公司产品有哪些独特之处，这些独特之处对客户是否有用；公司产品的独特之处能否被竞争对手效仿，公司是否采取实际措施保护自己的产品特点；如果公司产品与竞争对手产品相比没有技术上、设计上或其他方面的独特之处，公司采取哪些有效手段与对手竞争，竞争的结果能否提高公司产品的市场份额，预计经过竞争公司的份额能提高到多少；公司产品的客户是哪些人，以及他们的分布情况，他们怎样知道公司的产品；公司采取哪些市场营销手段（广告、展销会、培训班、直销、电话销售、上门直销、分销网、零售网、邮购）；简述销售过程和步骤；营销成本；准备拓展哪些新市场；推出新产品的市场准备；现有有几家大客户。

（一）市场竞争

告知分别根据产品、价格、市场份额、地区、营销方式、管理手段、特征以及财务力量划分的重要竞争者。

1．竞争描述

2．竞争战略市场进入障碍

描述进入公司细分市场的主要障碍及竞争对手模仿公司的障碍。

（二）营销策略

1. 营销计划

描述公司所希望进行的业务是如何的，以及公司所希望进入的细分市场。曾经使用的分销渠道，如零售、对商业机构的直接销售、OEM 及电子媒介等。还要描述公司所希望达到的市场份额。

2. 销售战略

描述公司进行销售所采取的策略：包括如何促销产品，通过广告、邮件推销、微信推销、电台广播或是电视广告等方式。

3. 分销渠道及合作伙伴

4. 定价战略

5. 市场沟通

公司的目的是加强、促进并支持公司的产品能更好地满足消费者需求的热点。唯一的原则就是寻找一切可能的有利途径进行沟通。

六、产品研发

描述以下内容：公司现有技术开发人员的数量，公司有哪些开发设备；公司现有产品的技术水平（国内、国际先进、领先情况）；技术负责人的技术水平和管理能力；与同行业其他企业相比，公司技术人员的收入水平；公司采取哪些措施保护关键技术；计划公司每年的技术开发投入占销售收入的百分比。

七、产品生产过程

描述以下内容：生产地点；是委托生产还是自己生产；是否能够保证原材料的供应，选择了几家供应商；生产设备性能质量如何；生产设备的最大生产能力能否满足市场增长的需要；交通运输条件是否方便；周边生产配套情况；采取了哪些生产管理制度，是否完善，执行情况如何；检测设备；产品的成品率、返修率、废品率等情况。

八、资金需求情况及融资方案

1. 资金需求计划

为实现公司发展计划所需要的资金额，资金需求的时间性。

2. 资金用途

详细说明资金用途并列表。

3. 融资方案

公司所希望的投资人及所占股份的说明。

4. 资金来源

资金来源包括创始人自有资金、银行贷款、风险投资等。

九、项目实施进度

描述以下内容：项目实施的计划进度及相应的资金配置、进度表。

十、财务分析

描述以下内容：第 1 年的 12 个月每月销售收入预测；3～5 年销售收入预测；未来 3 年成本预测与盈利情况预测；实际回款预测；上述月份和年份的销售费用预测；上述月份和年份的财务费用预测；上述月份和年份的管理费用预测；上述月份和年份的其他费用预测；第 1 年的 12 个月每月现金流量表；3 年现金流量表；3～5 年的资产负债表；投资回收期计算；盈亏平衡计算；结论；等等。

十一、风险分析

描述以下内容：项目实施过程中可能遇到的风险：技术风险、市场风险、管理风险、财务风险、其他不可预见的风险，有效的风险控制和防范手段。

十二、投资者退出方式

1．股权回购

依照对商业计划的分析，公司对实施股权回购计划应向投资者说明。

2．利润分红

投资商可以通过公司利润分红达到收回投资的目的，按照本商业计划的分析，公司对实施股权利润分红计划应向投资者说明。

3．股票上市

依照商业计划的分析，对公司上市的可能性做出分析，对上市的前提条件做出说明。

4．股权转让

投资商可以通过股权转让的方式收回投资，公司需对投资商进行股权转让进行说明。

十三、其他

描述以上 12 个方面没有涉及的其他内容。

本创业计划书模板仅供参考，可以根据实际需求进行适度删减或补充。

单元 9 开办创业企业

近年来大数据、云计算和移动互联网的快速发展，使创业、创新活动变成了社会大众人人可及的事情，众创、众包、众扶、众筹等一批集众人之智、汇众人之财、齐众人之力的创意、创业、创造与投资如雨后春笋般应运而生，使得那些有梦想、有意愿、有能力的人，无论是受到高校教育的科技工作者、大学毕业生，还是普通农民、家庭妇女、退役军人、失业人员等都可以参与进来，都可找到"用其智、得其利、创其富"的机会和空间。随着电子商务的快速发展，"淘宝网"等平台凭借技术难度小、进入门槛低、初始资金需求量少等优势，帮助千百万普通民众实现了创业梦想，在中国城乡地区形成了极强的示范和带动效应。

"三证合一、一照一码"商事制度改革简化了企业注册程序，极大激发了创业者的创业热情和市场活力，特别是为大学生创新创业"添柴加火"，有效推动了大众创业、万众创新。

【知识探究】

9.1 认知创业企业

9.1.1 创业企业及其特征

创业企业是指处于创业阶段、高成长性与高风险性并存的创新开拓型企业。创业活动作为经济发展的一支重要力量，在科学技术转化为现实生产力方面起着重要的作用。各界对创业企业的重视和研究不断深入。相比处于成熟阶段的企业而言，创业企业体现出以下显著特点。

1. 创新性

企业通过创新发掘其他人或其他企业没有发现或开发的机会，进入新市场，获得新客户，或者用新的方式配置资源。创新性体现了企业参与新的想法、实验、创造性过程的倾向，并由此产生了新的产品、服务或技术过程。

2. 机会导向性

创业活动表现出的识别机会、利用机会、开发机会并产生经济成果的行为的特点，或者将好的创意迅速变成现实。

3. 创业活动的动态性

一方面企业的创业精神会促使创业行为随着企业的成长而延续并强化；另一方面对机会发现和利用是一个动态的过程。

9.1.2 创业企业的发展阶段

创业企业通常会经历以下 3 个发展阶段。

1. 种子期

这个时期的企业只有很少的人,这些人几乎全部是企业的股东,大家拿着很少的资金,仅凭一个想法在做。这个时期如果你加入他们企业,你可以得到期权,薪资待遇低于其他企业。这个时期的企业看的是你这个人而不是你的技术。

2. 成长期

这个时期的企业是最不稳定的,企业高速发展有可能带来企业文化的流失,团队不再和谐,开始体会到上下级的差别。工资待遇一般比其他企业要高,招聘人员一定要那种来了就能做事的人。

3. 成熟期

企业这个时候形成了一套切实可行的管理办法和盈利模式。企业管理趋于正规化,但是我国很多成熟期的企业在企业文化方面仍显得不够成熟。企业的工资待遇处于市场的正常水平,因为企业有了知名度,招聘人员相对容易一些。

9.2 企业注册登记

2014年可以说是中国的创业元年,因为在这一年,国家出台了很多刺激全民创业的政策,包括新的企业注册不再需要注册资金、不必再找第三方机构验资、一个地址可以注册多个企业、工商税费优惠减免、大学生创业最高可获得10万元创业基金、失业人员可获得最高8000多元的税费减免等政策。

9.2.1 "三证合一"后企业注册流程

1. "三证合一"登记制度

"三证合一"登记制度是指将企业登记时依次申请的,分别由工商部门核发的营业执照、质监部门核发的组织机构代码证、税务部门核发的税务登记证,改为一次申请,由工商部门核发一个加载统一社会信用代码的营业执照,即"一照一码"营业执照。"一照一码"营业执照就好比企业的"身份证",企业凭执照可以在政府机关、金融、保险机构等部门证明其主体身份,办理刻章、纳税、开户、社保等事务,相关部门都予以认可,且全国通用。

2. 公司"三证合一"注册登记制度的重要意义

全面推行"三证合一"登记制度改革,是贯彻党的十八大和十八届二中、三中、四中全会精神,落实国务院决策部署,深化商事登记制度改革的重要举措。加快推进这一改革,可以进一步便利企业注册,持续推动形成大众创业、万众创新热潮。这是维护交易安全、消除监管盲区的有效途径,是推进简政放权、建设服务型政府的必然选择,对于提高国家治理体系和治理能力现代化水平,使市场在资源配置中起决定性作用和更好发挥政府作用,具有十分重要的意义。

3. "三证合一"后企业注册的基本基本流程

"三证合一"后企业注册的基本流程如表9-1所示。

表 9-1 "三证合一"后企业注册的基本流程

序号	步骤名称	需提交材料	说明
1	办理企业名称核准	（1）《企业名称预先核准申请书》（2）指定代表或共同委托代理人授权委托书（3）法人身份证复印件（4）代理人身份证复印件	第一步：按照企业名称结构规定给企业取名，最少取5个以上的名称，名称结构包含这几部分：行政区划、字号、行业、组织形式。第二步：咨询后领取并填写《名称（变更）预先核准申请书》、《投资人授权委托意见》，同时准备相关材料。第三步：递交《名称（变更）预先核准申请书》、投资人身份证、备用名称若干及相关材料，等待名称核准结果。第四步：由工商局上网（工商局内部网）检索是否有重名，如果没有重名，就可以使用这个名称，就会核发一张《企业名称预先核准通知书》。核名通过后，领取《企业名称预先核准通知书》
2	网上预审	《企业设立登记申请书》，房屋租赁合同复印件，房产证复印件，企业章程，《企业名称预先核准通知书》，股东资格证明、指定代表或共同委托代理人授权委托书，经营范围涉及前置许可项目的，应提交有关审批部门的批准文件	登录工商局网站，注册登录账号，把准备好的PDF电子版的资料按提示提交并填写相关内容，完成材料提交。材料提交后会有大概5个工作日的审核，如果材料有问题，那么会通知你修正再次提交。如果审核通过后，就可以在工商局网站跟其约定提交书面材料的时间
3	向工商部门提交预审后的书面资料	《企业设立登记申请书》，房屋租赁合同复印件，房产证复印件，企业章程（提供全体股东亲笔签名的打印件一份，有法人股东的，要加盖该法人单位公章），《企业名称预先核准通知书》，股东资格证明、指定代表或共同委托代理人授权委托书、法人身份证、代理人身份证	按照预约的时间带着书面材料去提交，一般情况是当时提交当时受理登记
4	领取营业执照	等工商部门通知去工商局拿营业执照	"三证合一"登记制度改革后新办理的营业执照，承载了原来的工商营业执照、组织机构代码证和税务登记证的功能。工商部门通过实时、自动、即时赋码的方法，按照核准的先后顺序，对新设立企业、变更企业发放加载全国唯一、终身不变的统一代码的营业执照。自2015年10月1日起，"三证合一、一照一码"登记制度改革在全国范围全面实施后，不再发放企业的组织机构代码证和税务登记证
5	篆刻公章备案	凭营业执照、法人身份证到公安局指定的专业刻章公司篆刻本企业公章、合同章、财务章	正规的章需到公安部门备案才有法律效力

续表

序号	步骤名称	需提交材料	说明
6	税务备案，打印三方协议	带所在企业房屋租赁合同并加盖公章、营业执照及全部公章去税务备案，打印三方协议	质监、国税、地税并联审批
7	开立银行基本账户	带上营业执照及企业公章、合同章、财务章和法人的身份证原件，房屋租赁合同一份并加盖公章去银行开立银行基本账号	可以选择企业注册所在地的商业银行开立银行基本账号，费用是500~3000元不等，各大银行的扣费标准和扣费时间不一样，有的是在账户中扣除，有的是开户时就预交。相关费用有：小额存款费、回单箱费、网银使用费、年费等

4. 开办企业注册工本费

以下费用标准仅供参考，各地收费标准有所不同。

（1）企业名称核准：免费。

（2）验资费用：0元

2014年3月1日，实行注册资本认缴登记制，放宽注册资本登记条件。由企业股东（发起人）自主约定认缴出资额、出资方式、出资期限等，记载于企业章程，并承担缴纳出资不全的法律责任，注册企业不占用资金，不需要验资费用。

（3）营业执照：以当地收费标准为准。

（4）银行询证费：0元（认缴制不需要）。

（5）验资报告：0元（认缴制不需要）。

（6）刻章：600~900元。

（7）开立银行基本账户：800~1500元（各个银行收费不一样）

（8）注册地址（商务挂靠地址）：1000~1500元/年。

9.2.2 大学生自主创业的市场主体类型及注册流程的简化

大学生自主创业可采用的市场主体类型主要有：个体工商户、个人独资企业、合伙企业、农民专业合作社和有限责任公司等，创办不同类型的市场主体，需要准备的材料和办理流程有所不同。

凡高校毕业生（毕业后两年内，下同）申请从事个体经营或申办私营企业的，可通过各级工商部门注册大厅"绿色通道"优先登记注册。其经营范围除国家明令禁止的行业和商品外，一律放开核准经营。

对限制性、专项性经营项目，允许其边申请边补办专项审批手续。对在科技园区、高新技术园区、经济技术开发区等经济特区申请设立私企业的，特事特办，除了涉及必须前置审批的项目外，试行"承诺登记制"。

申请人提交登记申请书、验资报告等主要登记材料，可先予颁发营业执照，让其在3个月内按规定补齐相关材料。凡申请设立有限责任公司，以高校毕业生的人力资本、智力成果、工业产权、非专利技术等无形资产作为投资的，允许抵充40%的注册资本。

9.2.3 个体工商户注册时需要准备的材料和办理流程

1．需准备的材料

（1）经营者签署的个体工商户注册登记申请书。

（2）委托代理人办理的，还应当提交经营者签署的《委托代理人证明》及委托代理人身份证明。

（3）经营者身份证明。

（4）经营场所证明。

（5）申请前已经办理名称预先核准的要提交《个体工商户名称预先核准通知书》。

（6）申请登记的经营范围中有法律、行政法规和国务院规定必须在登记前报经批准的项目，应当提交有关许可证书或者批准文件。

（7）申请登记为家庭经营的，以主持经营者作为经营者登记，由全体参加经营的家庭成员在《个体工商户开业登记申请书》经营者签名栏中签字予以确认。提交居民户口簿或者结婚证复印件作为家庭成员亲属关系证明，同时提交其他参加经营家庭成员的身份证复印件。

（8）国家工商行政管理总局规定提交的其他文件。

2．办理流程

第 1 步：申请

（1）申请人或者委托的代理人可以直接到经营场所所在地登记机关登记。

（2）登记机关委托其下属工商所办理个体工商户登记的，到经营场所所在地工商所登记。

（3）申请人或者其委托的代理人可以通过邮寄、传真、电子数据交换、电子邮件等方式向经营场所所在地登记机关提交申请。通过传真、电子数据交换、电子邮件等方式提交申请的，应当提供申请人或者其代理人的联络方式及通信地址。对登记机关予以受理的申请，申请人应当自收到受理通知书之日起 5 日内，提交与传真、电子数据交换、电子邮件内容一致的申请材料原件。

第 2 步：受理

（1）对于申请材料齐全、符合法定形式的，登记机关应当受理。

申请材料不齐全或者不符合法定形式，登记机关应当当场告知申请人需要补充的全部内容，申请人按照要求提交全部补充申请材料的，登记机关应当受理。

申请材料存在可以当场更正错误的，登记机关应当允许申请人当场更正。

（2）登记机关受理登记申请，除当场予以登记的外，应当发给申请人受理通知书。

对于不符合受理条件的登记申请，登记机关不予受理，并发给申请人不予受理通知书。

申请事项依法不属于个体工商户登记范畴的，登记机关应当即时决定不予受理，并向申请人说明理由。

第 3 步：审查和决定

登记机关对决定予以受理的登记申请，根据下列情况分别做出是否准予登记的决定。

（1）申请人提交的申请材料齐全、符合法定形式的，登记机关应当当场予以登记，并发给申请人准予登记通知书。

根据法定条件和程序，需要对申请材料的实质性内容进行核实的，登记机关应当指派两名以上工作人员进行核查，并填写申请材料核查情况报告书。登记机关应当自受理登记申请之日起 15 日内做出是否准予登记的决定。

（2）对于以邮寄、传真、电子数据交换、电子邮件等方式提出申请并经登记机关受理的，登记机关应当自受理登记申请之日起 15 日内做出是否准予登记的决定。

（3）登记机关做出准予登记决定的，应当发给申请人准予个体工商户登记通知书，并在 10 日内发给申请人营业执照。不予登记的，应当发给申请人个体工商户登记驳回通知书。

9.2.4 个人独资企业注册时需要准备的材料和办理流程

1．需准备的材料

2．办理流程

9.2.5 合伙企业注册时需要准备的材料和办理流程

1．需准备的材料

2．办理流程

9.2.6 农民专业合作社注册时需要准备的材料和办理流程

1．需准备的材料

2．办理流程

9.2.7 有限责任公司注册时需要准备的材料和办理流程

1．需准备的材料

2．办理流程

9.2.8 2014 年商事改革后企业注册的问题解答

1．需要具备什么条件才可以注册企业

2．注册企业有没有注册资金限制，要不要实际出资，什么是注册资本认缴制

3．商事改革后，营业执照上面的注册资金和经营范围如何记录

4．商事改革允许企业"一址多照"和"一照多址"，具体如何解析

5．有投资关联的企业是指哪些企业

6．哪些地址是可以用来注册企业的

7．做注册资本认缴好还是注册资本实缴好

8．企业注册后每个月需要做账报税吗

二 【分步训练】

9.3 经营场所选择

【案例剖析】

案例 9-1　星巴克的完美选址技巧

【案例描述】

你想开一家自己的店吗？大家都知道，开店最重要的是地点，但要选在哪里好呢？星巴克前任副总裁亚瑟·鲁宾菲尔（Arthur Rubinfeld）以自己任内，将星巴克由 100 多家扩展到全球 4000 多家分店的经验，为每个想成功开店的人指引完美选址四步骤。

第一步挑地方：确定人潮及流量。

首先，你必须清楚人们要往哪里去，而不只是在那里，像早餐店要在上班族会走过的地方。你可以花点时间，在感兴趣的目标地区计算上午、下午、晚上各时段的人潮，统计进入附近店面的人数，看看经过的人当中，上班族、学生、家庭主妇的比例，而且至少要在平日和周末各算一次，才能知道人潮确实的分布状况。

除了人们往哪里去，还要考虑人们得花多久才会到达你的店面。越便宜的产品，顾客越不愿花时间，如便利商店是以 3 分钟来定义主要商圈、咖啡店大约是 5 分钟，除非你打算卖汽车这种高单价商品，否则一般而言，顾客最远只能忍受 7 分钟的交通时间。

第二步找地点：访查周边环境。

有了预选地点，第二步是先观察其周边环境，这时要用两种角度来观察，首先是商人的角度：什么迹象显示该地点可以创造业绩？其次，从顾客的角度：你会不会到这个地点逛街？黄金地段有冷门的角落，次级商圈也有热门据点，找地点最忌讳只看到别人成功，就想在隔壁复制一家店，除非你有把握做出自己的差异化。

此外，留意坐落在对角或不远处的竞争对手是否会抢走你的生意？你是否能在顾客行动路线上，抢先别人一步拦截顾客？随时注意对手的位置，寻找足以抗衡的地点，你一定要保持领先地位，不然，位于同性质商店的下风处，小心生意也会一直处于下风。

第三步看店面：建筑等于活广告。

请抱着初次约会的心情看店面。先远看，再近看，想象你的店面在这个空间里的感觉，一旦店名放在招牌上，会很显眼吗？开车经过的人看得到吗？行人能从人行道上就注意到吗？好的店面就像活广告，不只是让人方便找到你，也能向路上行经的潜在客户展示自己。

此外，建筑设计也是一个重点，这个地点适合零售业吗？吸引人吗？即使在外观设计上相似的购物街，质量方面也可能相当悬殊。该大楼的质量是否跟你的产品一样好？记住，一定要从品牌打造的角度来思考建筑物。

第四步选邻居：好邻居让你少奋斗。

顾客会认为，彼此相邻的店面，其商品质量也相当类似，所以跟类似的品牌坐落在同一地点十分重要，因为有些选址策略就是要"寄生"。在大百货公司旁开服饰店、在高级超市旁开饮食店，被大品牌所吸引的顾客，也会被你所吸引。

另外，如果能碰到一些像干洗店之类的优质邻居那更好，因为这些店面都有着"两次到访"的机会，人们把衣服送去洗，隔几天必定会再回来拿；邮局、超市也是这种好用的人潮回力镖，若能沾到它们的光，那对你的生意绝对是大大加分。

【感悟反思】

要开办企业，首先得选好经营场所，好的经营场所可以提高经营效益、降低经营成本。创业企业选址是指选定企业的经营场所或住所，这既是工商登记的要求，也是企业经营的需要。经营场所的费用是企业固定成本中的一大项开支，而且企业的经营位置关系到与客户的往来和销售，因此，选址的好坏直接影响到企业的经营效益。

【知识梳理】

9.3.1 麦当劳选址的策略

1. 针对目标消费群　　2. 着眼于今天和明天
3. 讲究醒目　　　　　4. 不急于求成
5. 优势互动

9.3.2 经营场所选择的步骤

这里主要以开办餐饮、百货、美发等门店为例讨论创业企业选址的方法和原则，经营场所选择一般需要经过以下步骤：商圈调查、确定选址范围和目标、取得合适的经营场所。

1. 商圈调查

商圈一般是指零售企业的顾客所在或所来自的区域。广义上的商圈可以是任何企业的顾客或客户所在的区域。

进行商圈调查，就是要了解顾客来自何方；顾客找你或者你找他们是否方便；商圈内，尤其是周边是否有竞争对手，它们的经营状况如何；等等。

（1）商圈调查的内容

商圈调查的主要项目及内容如表 9-2 所示。

表9-2　商圈调查的主要项目及内容

调 查 项 目	调 查 内 容
客户群和人流量	了解所调查区域内的潜在客户数量及其分布情况，潜在客户的消费能力，对所经营产品的认知和消费倾向等。对于零售店还需要观察和测算拟经营场所的过往人流量，同类经营店铺内的日常客流量等
交通便利程度	了解拟经营场所所在位置是否位于交通要道，公共交通是否方便，有无停车位等，以便了解顾客是否方便上门，外出送货或销售是否方便等
同类竞争者的分布	了解商圈内有多少竞争对手，商圈内同类企业的经营与拟开办企业有何差异；了解经营场地的租金或维持成本；了解选址区域内的经营场地除了租金、水电费外，是否还需要其他维持费用，如物业管理费等

（2）商圈调查方式

常用的商圈调查方式包括以下几种：蹲点观察和测算、电话查询、走访考察、活动调查、问卷调查、网上调查等。

2. 确定选址范围和目标

（1）搜寻目标场地

根据商圈调查结果，可以初步物色好适合开办企业的地段、街道、小区、楼宇等。下一步就需要实际找到你的经营场地。搜索途径很多，如房屋中介公司、物业公司的租赁信息，各种商用房、写字楼等的招租广告、出租房屋门窗上或附近醒目处张贴的招租告示等。搜寻的方法主要有：通过网站查找、通过报刊查找、实地查找等。

（2）创业企业选址时应考虑的因素

创业企业选址时应考虑的因素如表9-3所示。

表9-3　创业企业选址时应考虑的因素

因 素 名 称	说　明
市场因素	从顾客和竞争对手两个角度来考虑市场因素
商圈因素	要对特定商圈进行特定分析
政策因素	符合当地政策倡导的产业方向、经营理念一致，能得到当地政府的政策支持
价格因素	考虑资金、业务性质、创业成功或失败后的安排，物业市场的供求情况，利率趋势等
个人因素	通常会选择在住所附近经营，这样做有时可能会令创业者丧失更好的机会或经营受到局限
其他因素	物业因素也不能忽略

3. 取得合适的经营场所

选址范围确定后，需要最终取得合适的经营场所，经营场所的类型主要有商铺、摊位、专柜、写字楼、住房等，经营场所取得的方式主要有租赁、购买、联营、利用现有住房等。

经营场所的类型和取得的方式的说明如表 9-4 所示。

表 9-4 经营场所的类型和取得的方式的说明

类型或方式	说 明
商铺	临街的商铺、门店便于顾客上门，企业的独立形象好，但租金较贵。有的零售或服务不必在一楼，选择二楼或三楼商铺可以节省一定的租金。一些批发市场或商城里的精品店铺，以及购物中心里的店铺，虽然不临街，但如果客流量大，也是很好的选择
摊位	批发市场内或一些大型商场或超市的零售摊位，单位平方米的租金往往比多数街道上的独立商铺要贵一些，但由于人流量很大，摊位的销售流水按单位面积计算也会高一些
专柜	很多商场或超市会把场地空间分割，把部分或全部的商品经销分别以专柜的形式包给不同的商户经营
写字楼	一般事务所、设计公司、咨询公司、培训学校的经营场所都选在写字楼，有些服务性零售企业，也可在写字楼经营。写字楼的租金比商铺要低，也不会出现商铺里人流嘈杂的情况
与业主联营	与有经营场地或房屋的业主联营，用经营收入支付房租，可以大大降低场地的固定成本
自购经营场地	自行购买商铺、写字间，或者利用自己的商品住宅从事经营活动

【研讨交流】

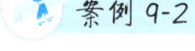 肯德基快餐店在中国开设第一家店的选址分析

【案例描述】

1986 年 9 月下旬，肯德基快餐店开始考虑打入人口众多的中国市场。他们面临的首要问题是：第一家肯德基店址应当选在何处呢？这一决策对将来肯德基在中国市场的进一步开拓至关重要。现在有 3 个地点可供选择：上海、广州、北京。

上海。上海是中国较大的市场，有 1100 多万居民、19 000 多家工厂和中国最繁忙的港口，上海是中国最繁荣的商业中心，其优越的经济地位在国内显而易见。上海的明显优势是在

这里容易获得合乎质量的充足的肉鸡供应,通过兴办合资企业,泰国的正大集团已经在东南亚地区建立了10个饲料厂和家禽饲养基地,可以为上海供应肉鸡。肯德基的东南亚办公室与正大集团有着良好的关系。虽然上海一向是主要的商业中心,但改革开放初人民收入水平增长不快,能否迅速接受西方快餐文化还是个疑问。而且它的噪声和污染令旅游者感到沮丧,西方游客不多。

广州。广州是可供选择的另一个方案。它位于中国东南部,离香港很近,作为中国14个沿海开放城市之一,广州在批准外资项目、减免税收和鼓励技术开发方面被授予了更多的自主权,而且广州人的收入水平近几年增长很快。广州是西方商人经常光顾的地方,同时也是旅游者从香港出发作一日游的好地方。广州与香港相距不到120千米路程,公路、铁路交通都很便利。在广州做买卖很容易得到肯德基香港办公室提供的服务。另外,广东地区的中国人也更熟悉西方管理惯例和西方文化。广东和香港同样讲粤语,差别不大,初步调查表明找到一个充分供应肉鸡的来源也没有什么困难。

北京。北京是中国的政治、文化中心,当时的北京有900万居民,人口数量仅次于上海。北京的外来人口数量众多,有潜在的消费群体。北京是中国的教育中心,是高等学府的聚集地,所有这些因素都造成人口大量涌入,这对肯德基销售的人民币结算部分是极为重要的。北京是那些向往故宫、长城、十三陵的国外游客的必到之地,这意味着肯德基将会有一个稳定的外汇收入。因此,如果从北京开设中国的第一家店,无疑将更大地吸引人们的注意力,并且不言而喻地表明政府的赞同态度,这将有助于今后往其他城市的进一步发展。调查也表明,北京城郊有好几个家禽饲养基地。然而,从政治方面说,外商在北京经营,政府可能会干预。

时任肯德基东南亚地区的高级管理者托尼·王及其团队权衡各个方案的利弊得失,决定把北京作为其进入中国的首选城市。

【各抒己见】

(1)肯德基在中国选择第一家店址时主要考虑了哪些因素。
(2)如果你是肯德基的决策者,你会选择哪座城市作为首次进入的目标,为什么。

【实战训练】

【训练9-1】 餐饮店店址选择

麦当劳的成功,除了品牌优势外,在选址方面更具敏锐目光,进驻具发展潜力的地区。难怪有不少零售企业,都愿意在麦当劳旁边开店。

1. 麦当劳的商圈调查

麦当劳市场目标的确定需要通过商圈调查。在考虑餐厅的设址前必须事先估计当地的市场潜能。

(1)确定商圈范围。
(2)进行抽样统计。

（3）实地调查。

有了店址的评估标准和一些成功案例，我们可以开发出一套店址的评估工具，它主要由下面几个表格组成：租赁条件表、商圈及竞争条件表、现场情况表、综合评估表。它们是我们进行连锁经营店址评估的标准化管理工具。

2．开店选址时应注意的细节

一项事业的成功往往离不开天时、地利、人和。一旦决定开店，一定对所选地点进行全面的考察，了解该区人口密度、人员情况等。开店选址是很讲究的，通常应控制下列10个细节。

（1）交通便利。
（2）接近人们聚集的场所。
（3）选择人口增加较快的地区。
（4）要选择横街或障碍物较少的一边。
（5）选取自发形成某类市场的地段。
（6）根据经营内容来选择地址。
（7）要有"傍大款"意识。
（8）位于商业中心街道。
（9）要选择有广告空间的店面。
（10）选择由冷变热的区位。

现拟创业开设一家餐饮店，请参考肯德基选址策略，同时综合考虑以上10个要素，确定2～3个初选地址，最终综合考虑多方面因素，确定一个开设餐饮店的最佳地址。

【训练9-2】便利店店址选择

现拟创业开设一家便利店，试参考以下原则和方法确定一个开设便利店的最佳地址。

1．选址原则

便利店店址选择要坚持方便顾客购买商品的原则，以节省顾客的购买时间，并最大限度满足顾客的需要，否则将失去顾客的信赖、支持，便利店也就失去了生存的基础。便利店店址选择，是以适应人流流向情况、人口分布，便利广大顾客购物为原则。在扩大销售的原则指导下，绝大多数便利店都将店址选择在城市繁华中心、人流必经的城市要道和交通枢纽、城市居民住宅区附近，以及郊区交通要道、村镇和居民住宅等购货地区。一般有以下4种类型。

（1）城市中的商圈。
（2）城市交通要道和交通枢纽的商业街。
（3）城市居民区商业街和边沿区商业中心。
（4）郊区购物中心。

2．选址考虑的因素

仅仅做出了便利店店址的区域位置选择还不够，因为在同一区域内，一个便利店可能会有好几个开设地点可供选择，但有些地点对某一类便利店来说，是最满意的开设地点，而对另一类便利店来说，就不一定是合适的开设地点，如果把便利店设在这里，就会直接影响便利店开业后的商品销售。因此，便利店的选址在做好区域或位置选择以后，还要细致地分析区域内的具体情况，做出具体营业地点的选择。

（1）分析交通条件。

（2）分析客流类型。

分析客流类型。一般便利店客流分为3种类型。

① 自身客流

② 分享客流

③ 派生客流

（3）分析街道两侧的客流规模。

3．分析竞争对手

4．分析地形特点

5．分析城市规划

6．分析便利店的户型

9.4　经营资金筹措

创业面临的难题之一就是"启动资金"，正所谓"万事俱备、只欠东风"。有时我们会看到"一分钱难倒英雄汉"和"出师未捷身先死，长使英雄泪满襟"的唏嘘场面。

【案例剖析】

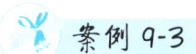 船王借钱买船

【案例描述】

我们来看看，商界高手们是怎样借钱的。

在中国航运史上，有2位"船王"都是靠"借钱买船"发家的。一个是香港船王包玉刚。他开始创业时，就是向朋友借的钱。他借钱先买了一条破船，然后，用这条船去银行抵押贷款，贷来了款，再买第二条船。然后，再用第二条船作抵押，去买第三条船。他就是采取这种"抵押贷款"的办法，滚动发展起来的。

有一次，他竟两手空空，让著名的汇丰银行为他买来了一艘崭新的轮船。他是怎样操作的呢？我们来听听他的说法。他跑到银行，找到信贷部主任说："主任，我在日本订购了一艘新船，价格是100万元，同时，我又在日本的一家货运公司签订了一份租船协议，每年租金是75万元，我想请贵行支持一下，能不能给我贷款？"

信贷部主任说："你这个点子不错，但你要有担保。"他说："可以，我用信用状担保。"什么是信用状？就是"货运公司"从其他银行开出的信用证明。很快，包玉刚到日本拿来了信用状，银行就同意了给他贷款。你看，船都没有造，钱就给他了。你会问：为什么银行会给他贷款呢？我们来分析一下。

如果银行给他100万元造这条船,每年就有75万元的租金,不需2年,他就可以还清100万的贷款。

银行肯定担心,怕他有钱不还,或者有情况还不了钱。这没关系,因为银行这里有货运公司的"信用状"担保,这家公司很守信用,如果他不给钱,银行可以找这家货运公司,安全不成问题。所以,银行就敢贷款给他了。如果你借了,又还了,今后别人才敢跟你打交道。

还有,包玉刚赚到一笔钱,不是像有些小财主那样,存起来,这样发展太慢,而是拿它继续扩大规模。有规模才有效益,这样才能做大做强。他就是用这种"滚动式"的"抵押贷款"经营方式,在大洋里越滚越大,成为世界航运之首。

香港还有一个船王叫虞洽卿,他也是靠借银行贷款起家的。他的诀窍是买旧船进行"包装",再向银行抵押,得到贷款后,又买旧船"包装"再抵押。这样循环往复,资本就越滚越大。据说,他买一条旧船一般价格是5~10万元,修理配件、油漆一新后,到银行可贷款15~20万。就这样,他也用这种办法,滚成了一个"百万富翁"。

他这种贷款办法,比前面的办法又进了一步。一个进行了"包装",一个没有"包装"。东西就是这样,一"包装"身价就上升,包不包装价值大不一样。现在什么都讲究"包装"。俗话说:人靠衣装,佛靠金装。一个脸上不发光的人,永远成为不了一颗星。包不包装,给别人的感觉效果完全不一样。二者相同的是"滚动"发展,只有滚动才能大发展。

【感悟反思】

随着大众创业、万众创新的不断推进,越来越多的年轻人走向创业之路,其中就不乏有很多大学毕业生,他们满怀理想、抱负,有着对市场和对未来的憧憬与希望,踏上了创业的道路。在这个过程中,融资是一个难题,大学毕业生手里没有钱,只能通过融资方式获得,应该怎么办呢?

"有投入才会有产出",要创业赚钱,就需要先投入资金。对于大多数创业者来说,资金是制约创业和发展的最大困境之一。只有做好资金的规划和筹措,才能保障你的创业不会因陷入"无米之炊"而夭折。

个人创业需要什么样的资金条件呢?一是要有固定资金和流动资金。固定资金是以货币形式表现的固定资产的价值,它包括垫支于厂房、机器设备和运输工具等主要劳动资料上的资金。流动资金是用于垫支劳动对象和支付其他全部费用的资金。二是注册资金。

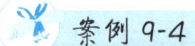

案例9-4　　会籍式众筹——3W咖啡

【案例描述】

3W咖啡是由许单单、马德龙、鲍春华三位创始人负责经营的,以股权众筹模式创办的新型咖啡馆。3W咖啡联合创始人鲍春华解释咖啡的经营理念为"以咖啡为载体,为创业培训及风险投资机构寻找项目搭建平台"。3W采用的众筹模式是向社会公众进行资金募集,每个人10股,每股6000元,相当于一个人6万元。3W有一个豪华的投资人阵容,包括乐峰网创始人、知名主持人李静,红杉资本中国基金创始及执行合伙人沈南鹏,新东方联合创始人、真格基金创始人徐小平，德讯投资创始人、腾讯创始人之一曾李青，高德软件副总裁郄建军等，这也让创始人许单单春风得意。3W咖啡很快以创业咖啡为契机，将品牌衍生到了创业孵化器等领域。

3W的游戏规则很简单，不是所有人都可以成为3W的股东，也就是说不是你有6万元就可以参与投资的，股东必须符合一定的条件。3W强调的是互联网创业和投资圈的顶级圈子。很少人是为了6万元未来可以带来的分红来投资的，更多是3W给股东的价值回报在于圈子和人脉。试想如果投资人在3W中找到了一个好项目，那么多少个6万元就赚回来了。同样，创业者花6万元就可以认识大批同样优秀的创业者和投资人，既有人脉价值，也有学习价值。很多顶级企业家和投资人的智慧不是区区6万元可以买的。

3W咖啡不只是一家普通的咖啡馆，它的业务还包括天使投资等，它会定期组织深度沙龙和聚会，促进富有创意的年轻人和创业者之间的经验分享交流和股东之间的合作交流。

【感悟反思】

会籍式的众筹适合在同一个圈子的人共同出资做一件大家想做的事情，比如像3W这样开办一个有固定场地的咖啡馆方便进行交流。

创业咖啡注定赚钱不易，但这和会籍式众筹模式无关。实际上，完全可以用会籍式众筹模式来开餐厅、酒吧、美容院等高端服务性场所。这是因为现在圈子文化盛行，加上目前很多服务场所的服务质量都不尽如人意。通过众筹方式吸引圈子中有资源和人脉的人投资，不仅是筹措资金，更重要的是锁定了一批忠实客户。而投资人也完全可以在不需经营的前提下拥有自己的会所、餐厅、美容院等，不仅可以赚钱，还可以在自己朋友面前拥有更高的社会地位。

值得注意的是，除了3W咖啡项目，国内很多的咖啡众筹项目都已以失败而告终，这不得不引起我们的思考，3W咖啡的成功之道究竟在哪儿？其他咖啡众筹项目的失败又究竟是为何？

案例9-5　"三个爸爸"29天众筹1000万元背后的秘密

【案例描述】

中国众筹金额最高纪录被再次刷新，"三个爸爸"儿童专用空气净化器，在京东众筹平台以29天众筹1000万元的成绩，冠绝众筹业界。

1. 好产品源自好概念

选择生产空气净化器，主要源于负责人戴赛鹰刚晋升为准爸爸时，从医生朋友那里了解到由于孩子呼吸系统发育不完全，对污染的抵抗能力仅为成人的1/10～1/4，随着空气污染越来越严重，儿童呼吸系统疾病的发病率会逐渐上升。

戴赛鹰开始为自己未出生的孩子感到担忧，但找遍市场上所有净化器，却没有一款属于儿童专用的。市面上大多数净化器都对甲醛、过滤PM2.5缺乏明显成效。戴赛鹰与陈海滨、李洪毅两个做了爸爸的人交谈时，发现这是大家共同的苦恼。"自己打造一款专为孩子用的空气净化器。"这个想法一拍即合。

雾霾天气和装修产生的甲醛污染问题一直都是民众很头疼的问题。戴赛鹰通过打造儿童专用空气净化器的概念，体现了产品背后的情怀；儿童是家长最愿意投资的对象，产品的生产更是牵动了万千家长的心。"三个爸爸"的名字容易被记忆，显得温情的同时又蕴藏着三个创始人的背后故事。

2. 用营销打开市场

有了产品概念，这个创业团队找到了高榕资本合伙人张震，并从其处获得了100万美元的过桥贷款。同时张震允诺，如果戴赛鹰团队能做出让他信服的产品，自己会再补充900万美元的投资。

固然三个人有好产品，但如果三个人都是一般人可能不会那么容易获得创业资金的支持。戴赛鹰、陈海滨、李洪毅三人都是黑马会成员，有着婷美营销出身、保健资深从业者和清华技术流的背景，背后肯定少不了一堆资源和一帮朋友的支持。

3. "三个爸爸"的发展历程

2014年4月，在张震的引荐下，创业团队和分众传媒董事长江南春牵上线，并与分众传媒签署战略合作协议。

2014年8月，"三个爸爸"团队与"代言"团队共同策划新产品发布形式，代言团队为三个爸爸对接京东众筹资源。

2014年8月29日上午9:40～12:00，"三个爸爸"儿童专用空气净化器发布会在黑马会全球路演中心举行。

2014年9月15日，"三个爸爸"发出冲击京东千万众筹预告获3000个赞。

2014年9月19日，"三个爸爸"空气净化器获国家室内车内环保产品中心检测除甲醛CADR值达到117立方米/小时，专家说从未见过除甲醛效果这么好的净化器。

2014年9月22日，"三个爸爸"在京东众筹平台发起千万众筹，截至上午10:30，30分钟众筹额突破50万元；截至上午12:00，众筹额攀升到100万元；首发日众筹额达到200万元人民币，创造互联网众筹新纪录。

2014年10月28日，各大媒体宣传"三个爸爸"，29天众筹1000万元。

【感悟反思】

众筹对风险投资很有吸引力，因为它要求企业家展现自己企业的实力，以及它们对市场的价值。这意味着，只有强大的团队和创新的理念才能接受市场检验，获得风投公司及其他投资者的青睐。

【知识梳理】

9.4.1 创业融资的含义

融资即是一个企业的资金筹集的行为与过程。

创业融资是指创业企业根据自身发展的要求,结合生产经营、资金需求等现状,通过科学的分析和决策,借助企业内部或外部的资金来源渠道和方式,筹集生产经营和发展所需资金的行为和过程。

创业融资的意义如下。

(1) 创业融资是实施创业计划的关键环节。

(2) 创业融资能够体现企业或创业者良好的信用水平。

(3) 创业融资是创业者及时抓住创业机会的重要手段。

9.4.2 创业融资的基本原则

1. 规模适当原则

合理确定融资规模避免因融资不足,影响生产经营的正常进行,又防止融资过多,造成资金闲置。

2. 融通及时原则

合理安排资金的融通时间,适时获取所需资金。避免过早融通资金形成的资金投放前的闲置,防止取得资金的时间滞后,错过资金投放的最佳时间。

3. 来源合理原则

不同来源的资金,对企业的收益和成本有不同的影响,因此,企业应认真研究资金来源渠道和资金市场,合理选择资金来源。

4. 方式经济原则

不同融资方式条件下的资金成本有高有低。对各种融资方式进行分析、对比,选择经济、可行的融资方式。与融资方式相联系的问题是资金结构问题,企业应确定合理的资金结构,以便降低成本,减少风险。

9.4.3 创业资金的融资渠道

融资渠道是指取得资金的途径,即资金的供给者是谁。融资方式则是指如何取得资金,即采用什么融资工具来取得资金。

创业想不付出就有收获那是不可能的,天底下是没有天上掉馅儿饼这种事情的,就算是去买彩票,也必须投入钱去买,你才有机会中大奖。想创业,就必须有一定的资金,哪怕是小投入的创业,也需要一定的启动资金,资金不足只会阻碍发展。在创业的初期,很多的创业者都存在着资金短缺的情况,那么究竟怎样才能解决创业资金这一难题呢?

1. 自筹资金

2. 合作融资

3. 银行借贷

从目前的情况看,银行贷款有以下几种。

(1) 抵押贷款

(2)信用贷款

(3)担保贷款

(4)贴现贷款

(5)政策性贷款

4．风险投资

5．政府的创业扶持资金

6．股权融资

7．债权融资

8．融资租赁

9．天使投资

10．其他的方式

9.4.4 关于众筹

众筹是一种创业融资的方式，是一个近期才兴起的新生事物，相关法律与监管相对滞后，尚不够完善，但其蕴藏的巨大优势和强大的潜力会渐渐显现出来，成为"创业梦工厂"。

1．众筹的含义

众筹最初是艰难奋斗的艺术家们为创作筹措资金的一个手段，现已演变成初创企业和个人为自己的项目争取资金的一个渠道。

在互联网金融快速发展的浪潮下，众筹作为一种以互联网技术为依托的新型集资模式，得到了越来越多人的认可。作为我国互联网金融六大模式之一，众筹拥有强大的爆发力和良好的前景，众筹已成为当下互联网经济的新热点。

现代众筹指通过互联网方式发布筹款项目并募集资金。相对于传统的融资方式，众筹更为开放，能否获得资金也不再是由项目的商业价值作为唯一标准。只要是网友喜欢的项目，都可以通过众筹方式获得项目启动的第一笔资金，为更多小本经营或创作的人提供了无限的可能。

众筹，翻译自国外 Crowdfunding 一词，即大众筹资或群众筹资，是指一种向群众募资，以支持发起的个人或组织的行为。众筹使社交网络与"多数人资助少数人"的募资方式交叉相遇，通过 P2P 或 P2B 平台的协议机制来使不同个体之间融资筹款成为可能。

2．众筹的特征

(1)低门槛

无论身份、地位、职业、年龄、性别，只要有想法、有创造能力都可以发起项目。

(2)多样性

众筹的方向具有多样性，在国内的众筹网站上的项目类别包括设计、科技、音乐、影视、食品、漫画、出版、游戏、摄影等。

(3)依靠大众力量

支持者通常是普通的草根民众，而非公司、企业或是风险投资人。

(4)注重创意

发起人必须先将自己的创意（设计图、成品、策划等）达到可展示的程度，才能通过平台的审核，而不单单是一个概念或一个点子，要有可操作性。

3．众筹的构成

（1）发起人（筹资人）

有创造能力但缺乏资金的人。

（2）支持者（出资人）

对筹资者的故事和回报感兴趣的，有能力支持的人。

（3）众筹平台（中介机构）

连接发起人和支持者的互联网平台。

4．众筹的规则

（1）筹资项目必须在发起人预设的时间内达到或超过目标金额才算成功。

（2）在设定天数内，达到或超过目标金额，项目即成功，发起人可获得资金；筹资项目完成后，支持者将得到发起人预先承诺的回报，回报方式可以是实物，也可以是服务，如果项目筹资失败，那么已获资金全部退还支持者。

（3）众筹不是捐款，支持者的所有支持一定要设有相应的回报。

5．众筹模式运作的四大流程

第一步：项目发起人将项目策划交给众筹平台，经过审核后，通过视频短片、图片、文字介绍等形式在平台上发布创意项目，而出资人在平台中选择自己中意的项目。

第二步：项目发起人在平台筹集资金时，设定筹资项目的目标金额及筹款的截止时间，对项目感兴趣的出资人在目标期限内进行一定数量的资金支持。

第三步：在项目到达截止时间时，如果成功达到目标金融，该项目融资就算成功，创意者将获得融资资金，支持者确认资助。如果未达到目标金融，该项目融资就算失败，撤回创意者融资资金返还给支持者。

第四步：项目发起人开始运行项目，出资人对项目进行监管并获得项目产品作为回报，对实物产品项目的融资，其回报即为产品，对购买股权进行的融资，其回报即为企业的股权。

9.4.5 众筹的类型与潜在风险

在发起众筹之前，需要先了解众筹都有哪些类型，为自己需要筹集资金的项目选择一个合适的众筹方案，从而增加获得支持的可能性。根据相关的研究报告，众筹平台可以分为4类。

（1）债权众筹：我给你钱，你之后还我本金和利息

（2）股权众筹：我给你钱，你给我公司股份

（3）回报众筹：我给你钱，你给我产品或服务

（4）捐赠众筹：我给你钱，你什么都不用给我

众筹的潜在风险主要为法律风险、信用风险、经济风险三类，体系内包括项目发布者的实际执行能力、营销能力、诚信水平，众筹平台对众筹项目的审核控制、信用状况、技术水平（抗入侵能力）；体系外包括非法集资、公募资金、监管法律的缺失、知识产权（原始专利）流失以及市场需求的变化等。

9.4.6 国内知名的众筹平台

众筹平台各种各样,让很多创业者无从选择,不少创业者把众筹平台排名情况作为发起项目的重要参数。国内知名的众筹平台如下。

1. 淘宝众筹
2. 京东众筹
3. 众筹网
4. 苏宁众筹
5. 人人天使
6. 聚米金融
7. 淘梦网
8. 创客星球
9. 人人投
10. 追梦网

9.4.7 众筹与非法集资的区别

众筹是指项目发起人通过利用互联网和社交网络传播的特性,发动公众的力量,集中公众的资金、能力和渠道,为小企业、创业者或个人进行某项活动或某个项目或创办企业提供必要的资金援助的一种融资方式。相比于传统的融资方式,众筹的精髓就在于小额和大量。融资的门槛低,而且不再以是否拥有商业价值作为唯一的评判标准,这为新型创业企业的融资开辟了一条新的路径。

非法集资是未经有关部门依法批准,承诺在一定期限内给出资人还本付息。还本付息的形式除以货币形式为主外,也有实物形式和其他形式;向社会不特定的对象筹集资金。

1. 投资人参与度不同
2. 目的不同
3. 风险不同
4. 运作方式不同

9.4.8 关于 P2P 信贷

1. P2P 信贷的含义

所谓 P2P(Peer to Peer)信贷,是指根据银监会与小额信贷联盟的公文,简单地说,就是有资金并且有理财投资想法的个人,通过中介机构牵线搭桥,使用信用贷款的方式将资金贷给其他有借款需求的人。其中,中介机构负责对借款方的经济效益、经营管理水平、发展前景等情况进行详细的考察,并收取账户管理费和服务费等收入。这种操作模式依据的是《合同法》,其实就是一种民间借贷方式,只要贷款利率不超过银行同期贷款利率的4倍,就是合法的。

2. P2P 信贷的运作模式

P2P 个人信贷从交易模式上看主要有 3 种。

第一类是线下交易模式,这类模式下的 P2P 网站仅提供交易的信息,具体的交易手续、交易程序都由 P2P 信贷机构和客户面对面来完成。

第二类是承诺保障本金和利息的 P2P 网站,一旦贷款发生违约风险,这类网站承诺先为出资人垫付本金。市场上以这种模式运营的 P2P 网站占绝大多数。

第三类是不承诺保障本金的 P2P 网站。

当贷款发生违约风险,不垫付本金。

3. P2P 信贷的特点

（1）P2P 信贷直接透明

出借人与借款人直接签署个人对个人的借贷合同，一对一地互相了解对方的身份信息、信用信息，出借人及时获知借款人的还款进度和生活状况的改善，最真切、直观地体验到自己为他人创造的价值。

（2）P2P 信贷信用可甄别

在 P2P 模式中，出借人可以对借款人的资信进行评估和选择，信用级别高的借款人将得到优先满足，其得到的贷款利率也可能更优惠。

（3）P2P 信贷风险分散

出借人将资金分散给多个借款人对象，同时提供小额度的贷款，风险得到了最大程度的分散。

（4）P2P 信贷门槛低、渠道成本低

P2P 借贷使每个人都可以成为信用的传播者和使用者，信用交易可以很便捷地进行，每个人都能很轻松地参与进来。

P2P 信贷因为有很多优点，已经被很多人所接受并操作，成为一种非常热门的获得资金的方法。

4. 如何正确选择 P2P

（1）看平台资质

看平台的营业相关证件是否完备，包括平台成立时间、企业营业执照、税务登记件及年检是否正常、网站 ICP 备案、注册和实缴资本、是否有自己独特的经营理念等；此外还要看 P2P 的经营团队是否具备专业的金融知识，有无相关经验、能力等。

（2）看风控能力

风险控制能力是判断一家 P2P 平台好坏的关键。判断一家 P2P 平台风控能力要从两个方面考察，一个是前期借款标审定时对风险进行评估；另一个是贷后的及时跟踪调查，定期对借款人经济状况进行了解等，减少逾期的风险。

（3）看平台技术

有专业的技术团队保障网站安全运行，同时根据投资人所反馈的信息及时快速改进，增强用户体验，是一个优质的 P2P 平台所应该也是必须具备的。

（4）看平台利率

根据我国《最高人民法院关于人民法院审理借贷案件的若干意见》，民间借贷利率不得超过同期银行贷款的 4 倍，超出部分利息不受法律保护。目前，正常出借人的投资回报率通常在 10%～15% 之间。

（5）看有无担保

看这个 P2P 平台是否有专业担保公司做连带责任担保，由专业担保公司做担保的平台，即使在借款人无法偿还贷款的情况下投资人也能收回资金。此外，平台有没有第三方支付做资金托管也是考核一个 P2P 平台安全性的一个重要指标。

9.4.9 国内十大 P2P 贷款平台

近几年，随着投资理财越来越热，P2P 网络借贷平台受到了越来越多人的关注。P2P 网络借贷平台是 P2P 借贷和网络借贷相结合的金融服务网站,方便快捷、收益高是未来金融服务的发展趋势。

1. 人人聚财
2. 人人贷
3. 金海贷
4. 红岭创投
5. 翼龙贷
6. 积木盒子
7. 爱投资
8. 有利网
9. 易贷365平台
10. 合拍在线网站

9.4.10 创业融资路上的误区

资金是创业的血脉,是创业者亟待获得的启动资源。但创业企业筹集风险资金的过程却是艰难的。一般来说,风险投资公司一年要听数百位企业家阐述他们的创业计划,可最后投资的企业是极少的。因此,做好准备、把握机会、主动争取创业资金相当重要。

筹资的过程对于创业者来讲,实质上是推销你的公司、推销你的产品和你的梦想的过程。成功的企业家之所以会成功,一个重要的原因就是他懂得怎样向经验最丰富的投资商推销他的第一商品——初创的企业,从而获得资金的支持。

正因如此,在这种推销和争取风险投资的过程中,出现了很多误区,这是每一个初创业者必须认识和注意的。

1. 廉价出卖你的技术或创意
2. 烧别人的钱圆自己的梦
3. 没有完善的融资战略设计
4. 缺少对融资方案的比较性选择
5. 过度包装或不包装
6. 缺乏资金规划和融资准备
7. 缺少必要的企业融资知识
8. 先期融资贷款未还不讲信誉
9. 只顾扩张不建立合理的公司治理结构
10. 盲目对外出具融资担保函

9.4.11 注册资金相关法规

《企业法人登记管理条例》规定:"注册资金是国家授予企业法人经营管理的财产或者企业法人自有财产的数额体现。企业法人办理开业登记,申请注册的资金数额与实有资金不一致的,按照国家专项规定办理。"

《企业法人登记管理条例施行细则》规定有关注册资金数额的规定如下。

(1) 注册资金数额是企业法人经营管理的财产或者企业法人所有的财产的货币表现。除国家另有规定外,企业的注册资金应当与实有资金相一致。

(2) 企业法人的注册资金的来源包括财政部门或者设立企业的单位的拨款、投资。

（3）外商投资企业的注册资本是指设立外商投资企业在登记主管机关登记注册的资本总额，是投资者认缴的出资额。注册资本与投资总额的比例，应当符合国家有关规定。

公司的注册资金是国家授予企业法人经营管理的财产或者企业法人自有财产的数额体现。公司的注册资本是指公司在登记机关登记注册的资本额，也称法定资本。

注册资本与注册资金的概念有很大差异。注册资金所反映的是企业经营管理权，是企业实有资产的总和；注册资本是出资人实缴的出资额的总和。注册资金随时由资金的增减而增减。

9.4.12　创业融资省钱窍门

许多人在创业初期往往求"资"若渴，为了筹集创业启动资金，根本不考虑筹资成本和自己实际资金需求情况。但是，如今市场竞争使经营利润率越来越低，除了非法经营以外很难取得超常暴利。因此，广大创业者在融资时一定要考虑成本，掌握创业融资省钱窍门。

1．精打细算，合理选择贷款期限
2．用好政策，享受银行和政府低息待遇
3．巧选银行，贷款也要货比三家
4．合理挪用，住房贷款也能创业
5．亲情借款，成本最低的创业"贷款"

9.4.13　申请小额担保贷款

小额担保贷款是指通过政府出资设立担保基金，委托担保机构提供贷款担保，由经办商业银行发放，以解决符合一定条件的待/就业人员从事个体经营自筹资金不足的一项贷款业务。国家规定对符合条件的高校毕业生自主创业的，可在创业地按规定申请小额担保贷款。

小额担保贷款按照自愿申请、社区推荐、人力资源社会保障部门审查、贷款担保机构审核并承诺担保、商业银行核贷的程序，办理贷款手续。

毕业生自主创业小额担保贷款贷款流程如下。

1．社区推荐，街道初审，劳动保障局审核

申请人自愿向户籍所在社区提交小额担保贷款书面申请，社区劳动保障工作机构对毕业生办理身份确认手续，填写《小额担保贷款推荐书》，交街道劳动保障事务所初审，初审合格签署初审意见。然后交给市或县（区）劳动保障局审核，在《小额担保贷款推荐书》上签意见，受理时间不得超过一周。

《小额担保贷款推荐书》一式六份，社区、街道劳动保障工作机构、市或县（区）劳动保障局、市或县（区）财政局、担保机构和借款银行各一份。

2．担保机构核保

经市或县（区）劳动保障局同意，申请人向当地政府指定的担保机构申请贷款担保，并提供担保机构需要的相关资料。担保机构自收齐所需资料之日起，在一周内按有关程序进行审核，符合条件的填制《小额贷款担保调查审批表》，出具担保函。

《小额贷款担保调查审批表》一式四份，市或县（区）劳动保障局、市或县（区）财政

局、担保机构和借款银行各一份。

3. 贷款申请审查与发放

申请人持上述资料及担保机构出具的担保函向与市或县（区）担保机构有合作协议的商业银行申请贷款，贷款银行自收到贷款申请及符合条件的资料之日起，在一周内给予答复，对符合条件的及时办理贷款手续。

9.4.14 大学毕业生如何办理创业贷款

1. 需提供的材料

（1）婚姻状况证明、个人或家庭收入及财产状况等还款能力证明文件。

（2）贷款用途中的相关协议、合同。

（3）担保材料，涉及抵押品或质押品的权属凭证和清单，银行认可的评估部门出具的抵（质）押物估价报告。

除了书面材料以外就是要有抵押物。抵押方式较多，可以是动产、不动产抵押，定期存单质押、有价证券质押、流通性较强的动产质押，符合要求的担保人担保。发放额度就根据具体担保方式决定。

2. 方法与步骤

（1）受理

申请人向大学生创业管理服务中心提出申请，并提交相关申报材料，由大学生创业管理服务中心进行初审。

（2）审核

对初审通过的商业贷款贴息对象及金额，由人事局会同财政局等有关部门按产业导向、企业规模、就业人数、注册资本和利税等要素对申请商业贷款贴息对象的资料进行审核，并核定贴息金额。

（3）公示

经评审通过的商业贷款贴息对象和贴息金额由人事局和申请人所在单位或社区进行公示，公示期为5个工作日。

（4）核准

经公示后无异议的，由人事局下发核准通知书。

（5）拨付

根据相关部门核准通知书，财政局在贴息对象提供付息凭证后从扶持大学生自主创业专项资金中拨付资助资金。

【研讨交流】

案例 9-6　　　投融资失败的前车之鉴

【案例描述】

成功的创业企业无非是"创造或抓住了痛点，获得了融资，产品推出后受到了市场追捧，获得成功,最后也许还会被高额收购"。然而失败者就不一样了,他们起初都获得了相当规模的投资,最终却失败了;或是无法进入市场;或是在投资无法成功而退出:被迫变卖资产、收购价低于投资额等情况。他们失败原因不尽相同。

1. 乐淘网:5 年 4 次转型难逃贱卖命运

乐淘网成立于 2008 年 6 月,平台上线之初就获得雷军等 200 万美元的天使投资。在雷军建议卖玩具的情况下,乐淘网最初的定位是销售玩具,彼时毕胜不懂电商也不懂零售,乐淘网的发展也不顺利,于是毕胜和团队开始研究卖别的东西;2009 年 9 月,乐淘网开始了第一次凶险的转型,从卖玩具改为卖鞋,从虚库代销到实库代销,毕胜一手建立了乐淘网鞋类电商供应链体系;一切发展都顺风顺水,乐淘网也获得了资本市场认可和青睐,先后获得 3 笔共 7000 万美元的融资,投资方包括联创策源、老虎基金、德同资本、晨兴创投等,此时毕胜开始将乐淘网带上了"狂飙突进"的扩张道路,在当时电商烧钱砸流量的大环境下,乐淘网也狂砸广告费、成立子公司积极扩张,销售额增长的背后是越做越亏。2011 年年底,毕胜抛出"垂直购销电子商务是骗局"论,2012 年乐淘网开始转型做鞋类自有品牌,当年推出了恰恰、乐薇、茉希、迈威、斯伽 5 个自有品牌,砍掉了原来的代销业务,不过几个月就出现了数千万元的库存危机。2013 年,乐淘网新的发展方向是"定制平台",这也意味着此前确定的自有品牌之路已难以为继。2014 年 5 月,乐淘网被卖掉了,接盘侠是广东冠鹏鞋业连锁经营有限公司,包括毕胜在内的乐淘网原有股东全部退出。

在 2011 年乐淘网最顶峰的时候,网站访问量和销售额等方面均排在国内鞋类电商第一名,当时没人相信乐淘网会死;如果乐淘网没有成本失控,并一直坚持自己的垂直代销战略,也许就不会落得被迫贱卖的惨淡结局,但人生没有如果可言。其实几亿元人民币的投资打了水漂,最倒霉不仅是创始人,还有投资人。

2. 国产沙盒网游《地球 OL》众筹仅筹到 500 多元

2015 年 10 月 19 日,曾经引发无数争议的在 Steam 和摩点两个平台进行众筹的沙盒游戏《地球 OL》宣布他们在摩点的众筹已经结束,虽然众筹目标只有 58 888 元人民币,但依旧没有达成目标。

国产沙盒网游《地球 OL》众筹失败,有以下几点原因。首先,技术不到位。相比于国外,国内顶尖的开发者是少之又少。再者,国内游戏名声不好,以众筹的形式筹集资金,很难获得投资人的信任,更何况,游戏项目也并没有拿出成果来获取投资人的信任。最后,大环境所致。国内众筹环境本就鱼龙混杂,利用众筹来骗钱的项目大有人在。而游戏众筹又是一种不常见的项目,所以很难让投资人信任。

面对众筹失败的事实,融资者如果能从中总结出不足,对市场有个初步的了解,失败也未尝不是一种收获。

【各抒己见】

通过分析本案例所提及两个投融资失败事件的原因,总结几条投融资失败的原因,诸如缺乏忧患意识、对自己和公司太过自信乐观、缺乏系统思考的意识、现金流控制出现问题、管理层团队不成熟等,对创业者融资提出一些建议。

【实战训练】

【训练 9-3】 设计一个合适的融资方案

田心同学在居民区附近拟开设 1 家便利店,需资金 6 万元,而自己手中只有 2 万元,缺口 4 万元,需要进行融资。从以下融资方式中选择一种融资方式或多种组合融资方式,设计一个风险小、付出小、到账快的融资方案。

融资方式之一:个人间借款。

向亲属、朋友借款,它适合简单生产经营和资本积累的初期。但不足是,一旦经营发生亏损,将无脸面对亲朋好友。

融资方式之二:股东"融资"。

寻找合适的投资合伙人,国内外都有可能找到投资合伙人。牺牲一部分利益给别人,以换取一定资金,达到能开始经营和获利的目的。为吸引投资者,可采取股东置换的方式,留住经营资金。经营不好时,你可找另一个合伙人替换原合伙人;经营好时,你用自己替换原合伙人以达到经营资金充足,保证经营的目的。

融资方式之三:会员制。

采取会员制融资的人一般有较好的无形资产或较特殊的实际资产。

融资方式之四:向银行贷款。

各银行实施的一般为小额抵押贷款,以未到期的定期存单为抵押(人民币、外币存单均可),从银行取出一定金额,到期一次性归还。要想从银行拿到贷款,你首先要有资产,包括不动产和存单。

融资方式之五:典当。

到典当行把自己的资产抵押,从典当行拿出资金。资产种类不受限制,大到房产、汽车,小到珠宝、首饰、服装等,只要典当行认为还值些钱的均可典当。而且手续便捷,很快拿到资金。但典当也有不足,只能救急,如果典当物成为死当品,你的损失将会很大。

单元 10 提升创业绩效

企业经营的核心首先是生存、发展,最终要实现盈利,利润是衡量一个企业是否优秀的标准。利润永远是商业经济活动中的行为目标,没有足够的利润,企业就无法继续生存,没有足够的利润,企业就无法继续扩大发展。

企业的经济效益提高了,才有利于增强企业的市场竞争力,才有利于企业人才战略、产业调整和市场扩张战略的实施,才能实现企业的经营目标,才能实现企业财富最大化。

企业通过营销推广,提高企业及产品或服务的知名度,促进销售量的稳步增加,逐步提高市场占有率,实现销售收入增加。

在增收的同时节支,降低成本,控制各项费用支出,从而达到增加企业利润和效益的目的。节约成本就是一种变相的利润增长,在某些情况下,节约成本比利润扩张要更加容易。

【知识探究】

10.1　创 业 绩 效

创业不但可以完成创业的梦想,而且可以在一定程度上促进我国经济增长,并为我国创造更多的就业机会。改革开放使国内经济实现了飞跃发展和经济体制市场化。中国经济全球化创造了大批的创业机会,私营企业大量涌现,创业型经济也成为国民经济的重要支柱之一。

随着国内创业活动的增加,越来越多的人把握住市场涌现的机会并取得成功,这在一定程度上也增加了人们对于创业成功所带来财富的追究,从而增强了人们的创业动机。在当前经济全球化背景下,我国的创业者会对创业持有一种怎样的态度呢?虽然国内的马云、柳传志等人实现了传奇般的创业神话,这些创业事迹对大批潜在创业者形成了无形的精神激励,但数据显示,国内的新创企业平均生存周期远远小于中国企业的平均寿命,比世界知名企业相差10倍。在这种不容乐观的创业成功率下,究竟是什么原因导致创业者的失败,是创业者不能及时发现正确的市场机遇,还是创业者不够努力呢?

学者们研究发现,主要影响因素有创业者特质、机会识别与开发、创业环境等,还有创业者具有的信念、坚持和奋斗的意愿程度与其创业成功存在密切关系。换言之,具有较高创业承诺的创业者们更容易取得创业成功。创业承诺是创业者的重要创业态度,创业承诺能很好地预测新创企业绩效,较高的创业承诺会使创业者更加富有斗志地去努力实现自己的创业目标。

创业动机成为创业者实施创业的重要内因，是创业成功的主要影响因素，影响着创业者的行为。已有研究表明，创业动机可以促进创业活动的持续发展。创业动机是创业承诺的前因变量，较高创业承诺可以促进创业的执行和坚持，使创业团队充满信心，从而使企业更加稳定，提高新创企业绩效。

10.1.1 绩效与创业绩效

"绩效"一词来源于管理学，不同的人对绩效有不同的理解。有的人认为，绩效是指完成工作的效率与效能；有人认为绩效是指那种经过评估的工作行为、方式及其结果；有人认为绩效是组织为实现其目标而开展的活动在不同层面上的有效输出。更多的人认为绩效是指员工的工作结果，是对企业的目标达成具有效益、具有贡献的部分。

综上所述，绩效是成绩与成效的综合，是一定时期内的工作行为、方式、结果及其产生的客观影响。在企业中，员工的绩效具体表现为完成工作的数量、质量、成本费用以及为企业做出的其他贡献等。

创业绩效是指在创业过程中完成某项任务或达到某个目标的程度。

10.1.2 企业绩效及评价指标

企业绩效是指一定经营期间的企业经营效益和经营者业绩。企业经营效益水平主要表现在盈利能力、资产运营水平、偿债能力和后续发展能力等方面。经营者业绩主要通过经营者在经营管理企业的过程中对企业经营、成长、发展所取得的成果和所做出的贡献来体现。

企业绩效包含效益和效率两个方面；绩效考核包括绩效结果、行为态度和绩效素质三个维度。对于管理而言，我们需要有好的效益的同时需要用最快的时间达成这个结果。

不产生绩效的管理不是好管理。要注意的是，功劳才能产生绩效，苦劳不产生绩效。能力才能产生绩效，态度必须转化为能力才能产生绩效。

企业绩效评价的基本指标有8项，分别是净资产收益率、总资产报酬率、总资产周转率、流动资产周转率、资产负债率、已获利息倍数、销售（营业）增长率、资本积累率。其中，净资产收益率、总资产报酬率用于评价企业的财务效益水平，总资产周转率、流动资产周转率用于评价企业的资产营运状况，资产负债率、已获利息倍数用于评价企业的负债水平和偿债能力，销售（营业）增长率、资本积累率用于评价企业发展能力和增长潜力。

10.1.3 创业绩效研究的相关理论

1. 目标理论
2. 系统资源理论
3. 过程理论
4. 利益相关者理论

10.2 企业营销推广

 案例 10-1　乐视网开创了企业利用众筹营销的先河

【案例描述】

国内知名视频网站乐视网牵手众筹网发起世界杯互联网体育季活动，并上线首个众筹项目"我签C罗你做主"，只要在规定期限内，集齐1万人支持（每人投资1元），项目就宣告成功，乐视网就会签约C罗作为世界杯代言人。届时，所有支持者也会成为乐视网免费会员，并有机会参与一系列的后续活动。这可能是国内第一次用众筹方式邀请明星。

这次众筹项目的意义在于开创了企业利用众筹模式进行营销的先河。

首先，利用了众筹模式潜在的用户调研功能。乐视网此次敢于发布签约C罗的项目，相信乐视网早已准备好了要跟C罗签约世界杯，通过此次与众筹网联合，可以让乐视网在正式签约之前，进行一次用户调研。

其次，乐视网通过与众筹网的联合，给签约C罗代言世界杯活动进行了预热。乐视网充分利用了众筹潜在的社交和媒体属性，在世界杯还没到来时就做了充分的预热。

最后，乐视网可以凭借此次活动拉动世界杯的收视，并且为正式签约C罗之后的活动积累用户。

乐视网的这一创举一方面让众筹网越来越多地进入了大家的视线，另一方面也给整个众筹行业起到了带动作用。

【感悟反思】

营销推广对于初创企业来说一直是最难以解决的问题之一。当大型企业推出新产品时，它们会在电视、线上等渠道进行铺天盖地的广告营销，有时甚至还会雇佣公关公司来进行营销。

但是对于大多数初创企业来说，它们没有足够的资金。那么初创企业该怎么办呢？我们只能依靠预算较低的营销形式，如微信、博客、邮件、口碑营销等。于是各种适合初创企业的营销手段应运而生，这些手段成本较低、有效，而且能够为初创企业带来更多的用户。

案例10-2　知味葡萄酒杂志的精准化社群营销

【案例描述】

知味葡萄酒杂志是一家专注于为葡萄酒爱好者提供轻松的葡萄酒文化、专业的品酒知识、实用的买酒建议和精彩的品鉴体验的创业公司。

自创业以来，知味的推广与内容始终以社群为核心。通过知味专业、垂直的葡萄酒媒体内容和线下的葡萄酒教育体系，知味已然成为国内最火的葡萄酒媒体，超过50万人规模的葡萄酒爱好者聚集到了知味周围的葡萄酒文化社群里。

社群已经建立，运营应该怎么做呢？知味并不希望像传统的方式那样，单纯地搜集所有会员的联系方式做成通讯录，或者是在社群内部群发广告。知味认为，社群营销是依赖个人偏好及消费行特征所构建的社群，在增值服务方面，应适度规避"商业激励"而采用"情感维系"来升华客户与厂家和品牌的关系。

所以他们使用了Convertlab的DM Hub中用户数据采集功能。知味能够通过内容标签的方式收集所有社群用户与知味的交互行为与内容偏好。

用户不管是看了一篇特定内容的微信图文、参加一场特定主题的品酒活动，还是购买了知味所推荐的葡萄酒或周边产品，知味都能记录下来。

通过足够长时间的数据搜集，知味可以通过结构化获取的用户信息对他们进行分类，并通过不同主题的话题社群将用户组织到一起。

例如，阅读过较多次数关于意大利葡萄酒文章的用户，或者参加过知味组织的意大利葡萄酒品鉴会的用户，都会被邀请加入到"知味意粉"小组。在这种情况下，葡萄酒爱好者用户会陆续被不同主题的社群以网状的形式包含于至少一个社群小组中。

这样一来，精准的分组使得社群活跃度非常高，而且还为精准定向地向用户发送他们感兴趣的内容信息和产品营销内容提供了有效通路。同时，基于对庞大的粉丝数据系统进行挖掘，知味可以据此为其粉丝发送完全个性化的促销信息。

例如，知味可以设定自动流程规则，让系统自动向在过往的一个月内参加过入门级葡萄酒培训课程的客户发送中级葡萄酒培训课程的培训信息。这样个性化、差异化的优惠大大地提高了粉丝购买的可能性，也降低了信息推送的成本。

知味还使用了平台活跃度打分的功能，交互频繁的用户活跃分数会上升。对于不够活跃的用户，定向推送一些"召回"目的的内容以降低用户流失。3个月内，粉丝的活跃度上升了55%。

通过DM Hub方案，9个人的团队管理了上百万的红酒爱好者社群。产品简单易用，可以同时完成大数据的采集、分析和结果跟进。这让一个小团队可以轻松收集大数据。客户与知味社群平台的黏性非常高，长期形成的情感维系要远比"满500积分抵5元消费"这样的商业折扣要受用得多。

【感悟反思】

知味通过使用多样的营销功能与分析工具,做到了全方位、精准化的社群营销。

对当前的消费者市场而言,营销到底应该怎么做,才做到低投入、高产出,并让用户获得最佳体验呢?知味葡萄酒杂志给出的答案是:精准化社群营销。

新时代,社群营销应该怎么做呢?基于数据挖掘的个性化、精准化营销能让你的社群与众不同,并以最高ROI(投资回报率)达到用户与企业的双赢。

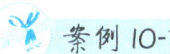 案例 10-3 小米的互联网营销之道

【案例描述】

有一家创业公司,从0做到300亿元的销售收入只用了3年,估值超过100亿美元,堪称中国创业奇迹。

没错,这就是小米。在互联网技术深入变革传统产业的今天,互联网营销显然成为实现转型升级绕不过去的词。

对于小米成功的秘诀,除了雷军总结的7字要诀"专注、极致、口碑、快",还有就是他在多场合反复强调的用户参与。在雷军看来,小米卖的不是手机而是梦想和参与感。

说到互联网营销策略,小米论坛就是其具体体现之一,这个策略是围绕粉丝经济战略来制定的,通过小米论坛聚集用户,与用户互动加深感情,继而让用户越来越认同小米,最终成为小米的粉丝。

建立小米论坛是策略,但论坛建好后,如何向论坛引流增加注册用户数,如何活跃论坛的氛围,如何增加用户的黏度等,就延伸到战术层面的问题了。

我们知道这个小米是靠粉丝经济成功的。首先小米有一个明星,因为有明星才容易聚集粉丝。小米的明星就是雷布斯,知道雷军在今天之前都特别喜欢学乔布斯的这个打扮。所以周鸿祎给他起了个名字叫雷布斯,一开始是用来嘲讽雷军的。实际上这个名字又特别形象生动,后来大家都叫雷军为雷布斯了。所以这个时候有人说是周鸿祎把价值几千万的名字送给了雷军。

仅有明星还不够,小米还提炼了信念口号。他的信念口号就是为发烧而生。他说发烧是一种生活态度,是一种对高品质的追求。这是他出小米1时重点提出来的,按照这种说法,买小米的人都是懂手机的发烧友。实际上买小米的很多人都是买不起苹果的人,如果有钱了,很多粉丝都会买苹果而不会继续买小米。但是,这样的一种信念口号实际上也是给了消费者一个购买理由,其实我不是没钱,我是聪明,我是发烧友懂手机,不像你们买苹果的是土豪。

后来,其实小米又起了一个青春的口号:150克青春。因为它的红米实际上是小米青春版,面对大学生来做销售。所以要做粉丝经济,除了偶像之外,还有独特的信念口号。

小米的粉丝经济实际上是由种子用户去慢慢扩张的,它一开始有一百个天使用户,这些天使用户几乎都是版主。这一百个人拿到五千个铁杆粉丝,然后一万到十万个特别忠诚的粉丝,再到几百万个不一定很忠诚的粉丝,这是他的一个粉丝体系。所以先找到种子用户,然后去扩张,这是小米的玩法。

我们看到现在小米的每个新产品都要发动粉丝，小米官网有一个小米产品用户开发平台，其口号是每个用户都是产品经理。所以能让用户深度参与去体验测评，这也是非常重要的方法。

小米建立起一个关系链裂变的粉丝金字塔，这种金字塔里面一开始的一万个人是特别忠诚的，基本上会一直跟随小米；那么发展到十万个人是比较忠诚的；再到几百万不算是很忠诚的粉丝，但也是对小米有情感的，大概就是这样的一个体系。这个体系里还有很多特权机制，就是前一百多个人都能要到F码（Friend码，指用于购买物品所具备的一种优先权）。

【感悟反思】

"粉丝经济"是互联网营销的核心战略，也是小米最核心的竞争力。

社群成为了我们这个社会最重要的主题，人和人的连接对于企业的营销传播变得特别重要，所以在这个时代，我们要学会把消费者当成活生生的人来跟他沟通。要沟通我们的情怀、我们的故事，争取让他愿意去帮我们来主动传播信息。

把用户通过我们的运营变成强关系，然后变成粉丝。你粉丝积累多了，那你的品牌创意就一定会成功。创业者不可回避的就是如何去做粉丝，得到粉丝，就能得到天下。

 案例 10-4　　　　江小白的成功营销之道

【案例描述】

在2013年出现的一个酒叫江小白，可能大家都听说过。江小白这个酒是江津老白干的白酒，原来是卖十块钱的。那么陶石泉承包下来后给他起了一个名字叫江小白，还设计了一个动漫形象和一句宣传语：我是江小白，生活很简单！然后又做了十二瓶格言瓶。

这样一来一瓶酒就卖到二十五块钱。江小白的定位是互联网第一届丝文艺白酒，又名青春小酒，是80后、90后的最爱，它跟茅台和五粮液的内涵是完全不一样。

【感悟反思】

现在的产品如果你只卖功能肯定很难成为爆款，产品的调性和逼格甚至比功能更重要。现在的互联网品牌都要像奢侈品一样，去经营调性和逼格。

一个产品在这个时代卖的往往不只是功能，而是背后的精神归属，而且产品要有自己内在的魅力人格。现在都比较流行把品牌拟人化，因为产品非常多，但人是有个性的，有内在的魅力人格。

案例 10-5　OPPO 与 vivo 的成功营销之路

【案例描述】

2016 年，华为手机（含荣耀品牌）出货量 1.4 亿台，而脱胎于原步步高系的 OPPO 出货量 8000 万台、vivo 出货量 5000 万台，OV 两大阵营加起来 1.55 亿台，其利润率达 15%，接近三星，销量和利润率均超过华为手机，成为中国智能手机市场最大的赢家。

1．聚焦目标客户群，定位简单精准
2．深刻理解消费者需求，将产品做到简单、极致
3．蓝绿海洋漫灌洗脑，打造强大的终端网络竞争力
4．标准化的终端促销、服务与体验，将用户现场体验做到极致
5．利益共享机制形成良性渠道组织生态，实现渠道有效管控和成本领先优势
6．高空权威媒体广告轰炸＋地面人海口碑传播，构筑产品品牌优势
7．敏捷的物流配送服务系统
8．简单、极致的高绩效文化竞争力

【感悟反思】

OV 阵营对消费者需求的深刻理解力、用户导向的极致产品设计力，以及终端网络的覆盖力、影响力与有效管控力却在一定程度上超越了其他手机品牌，OV 赢在构建了一个真正用户导向的、简单极致的伟大终端网络系统。

【知识梳理】

10.2.1　营销学四大经典理论：4P、4C、4R、4I

1．4P 理论

4P 即产品（Product）、价格（Price）、促销（Promotion）、渠道（Place）四要素。它由密西根大学教授杰罗姆·麦卡锡（E.Jerome Mccarthy）于 1960 年提出。

2．4C 理论

4C 的核心是顾客战略。而顾客战略也是许多成功企业的基本战略原则，例如，沃尔玛"顾客永远是对的"的基本企业价值观。4C 的基本原则是以顾客为中心进行企业营销活动规划设计，从产品到如何实现顾客需求（Consumer's Needs）的满足，从价格到综合权衡顾客购买所愿意支付的成本（Cost），从促销的单向信息传递到实现与顾客的双向交流与沟通（Communication），从通路的产品流动到实现顾客购买的便利性（Convenience）。

3. 4R 理论

顾客战略为核心的 4C 说，随着时代的发展，也显现了其局限性。当顾客需求与社会原则相冲突时，顾客战略也是不适应的。例如，在倡导节约型社会的背景下，部分顾客的奢侈需求是否要被满足。这不仅是企业营销问题，更成为社会道德范畴问题。同样，建别墅与国家节能省地的战略要求也相背离。于是 2001 年，美国的唐·E·舒尔茨（Don E Schultz）又提出了关系（Relationship）、节省（Retrenchment）、关联（Relevancy）和报酬（Rewards）的 4R 新说，侧重于用更有效的方式在企业和客户之间建立起有别于传统的新型关系。

4. 4I 理论

在传统媒体时代，信息传播是"教堂式"的，信息自上而下，单向线性流动，消费者们只能被动接受。而在网络媒体时代，信息传播是"集市式"的，信息多向、互动式流动。声音多元、嘈杂、互不相同。网络媒体带来了多种"自媒体"的爆炸性增长，微信、博客、论坛、IM……每个消费者都有了自己"嘴巴"和"耳朵"。面对这些"起义的长尾"，传统的像"狩猎"的营销方式要变成"垂钓"方式：营销人需要学会运用"创意真火"煨炖出诱人"香饵"，而品牌信息作为"鱼钩"巧妙包裹在其中。如何才能完成这一转变呢？

奥美的网络整合营销 4I 原则给出了最好的指引。即趣味（Interesting）原则、利益（Interests）原则、互动（Interaction）原则、个性（Individuality）原则。

10.2.2 中小型企业创业初期的营销策略

企业营销是指将企业拥有的产品或服务从本企业转移到购买者（顾客）手中的企业经营活动。中小型企业创业初期的营销策略推荐如下。

1. 要认清自己生存的微观环境

对中小企业来讲，暂不要去管全球化及行业的市场发展和走势对自己的影响。一定要清楚，你的任务是生存下来，迅速积累资金。微观生存环境就是你的前 10 名客户（或者你的资源在一年内有能力服务的客户）。这十名客户就是你能否生存下来的一切。要把这 10 名客户的需求研究透，关系熟到家。

2. 要认清自己竞争的优势所在

有些中小企业启动是因为已有固定的客户，产品并没有特别优势。这类企业在开发新客户时会遇到困难，如果这些启动客户成长迅速，幸运的话，企业可依靠他们完成原始积累。大多数企业是因为具有某项新技术或富有特色的产品而起步，这类企业生存的基础是产品对客户的吸引力。大众化以及技术容易被仿造的产品不是小企业的优势。应选择开发满足客户独特需求，客户价值显著，效果立竿见影的产品或服务。与大企业相比，中小企业更贴近客户、更了解客户、反应更迅速、客户关系更好、服务更全面周到。千万不要忘了发挥这些优势。

3. 将所有的策略和力量集中在前 10 名客户身上

不要泛泛地制定产品、市场策略，要将所有的策略和力量集中在前 10 名客户身上。中小企业没有资源打大战役，先攻下这几个山头，有了根据地再说。不要试图一开始就建立全国性的营销网络。销售人员要少而精。

前 10 名客户的选择十分重要，不当的选择容易导致成长缓慢甚至失败。选择前 10 名客户的重要考虑因素是：产品的客户价值高、客户有实力、成长性好、行业影响大、信誉好、地理位置、原有的关系等。前 10 名客户的选择由公司统一确定，而非由销售员确定。

4．根据客户特征对每一个客户制定专门的销售策略

要发挥集体的力量来制定策略，特别是有销售经验的业务员的经验。要树立以整个公司的力量和经验对客户而不是一个销售员自己去对客户的销售观念。

5．时刻注意客户风险，确保财务安全

制定严格的付款政策，第一批客户的信用调查很重要，不要看表面现象，通过其他供应商特别是其产品的销售状况可以了解其真实的经营情况。

10.2.3 创业者不可错过的 6 个营销策略

大营销时代，正在与过去的一切决裂，但我们现实中的企业，依然在犹豫不决。所有的营销都应该是结果导向的，但事实上，数据表明，90% 以上企业营销，全凭老板天马行空或策划部门封闭制造。如此的营销怎么可能有效呢？今日的营销，已不再是往日吆喝，而是当目标消费群需求产生时，你在那里。大营销不是花钱最多的营销，而是效果最好的营销。

大营销需要大创意，大营销需要立足目标消费群的真实需求，需要不同凡响的创意表现，为品牌和产品发声，大营销时代，效果至上。大营销时代已经到来，是主动拥抱还是被动拒绝，一切你做主。

1．你的营销方案依据什么产生

2．你的企业或产品最大优势是什么

3．你的顾客真正的需求在哪里

4．你能够满足顾客需求甚至做得更好

5．你是否建立完整的营销体系，让你的顾客更方便知道及购买你的产品

6．你是否能够恒之有效地实现以上 5 点

这是一个大营销时代，需要不再是标新立异，而是真正地拿出品牌诚意，为目标消费群创造价值。这是一个大营销时代，因为竞争将前所未有的激烈，需要的是专业、耐心、坚持、追求完美的态度，才能更好地建立优势的竞争地位。这是一个大营销时代，营销的本质是洞察人心，并满足或创造人性需求，从而为企业带来业绩的快速提升，让品牌收获更为广泛的认知度。

大营销不是花钱最多的营销，而是效果最好的营销。

10.2.4 最能打动人心的 6 个营销策略

了解这些隐藏的心理因素可以帮助你提升个人影响力，并且对于应对这种潜在的意识提高警惕性，如果你是从事营销、销售工作的，那么这 6 大原理可能对你开展工作非常有启发。

1．互惠原理　　　　　2．承诺和一致原理
3．社会认同原理　　　4．喜好原理
5．权威原理　　　　　6．稀缺原理

10.2.5　"互联网+"时代如何面对营销环境与消费主体的变化

尽管各种营销理论层出不穷，从4P到4C，从4R到4I，但归根结底无非就两个因素，一是营销环境，二是营销对象。

什么是营销环境？就是这个产品是在什么样的市场环境下销售。什么是营销对象？就是这个产品是卖给谁，他有些什么特征，他的消费观念是什么，他想要什么。

现代营销学之父菲利普·科特勒教授把营销的演进划分为3个阶段。

第1个阶段是营销1.0时代，即"以产品为中心的时代"，这个时代营销被认为是一种纯粹的销售，一种关于说服的艺术。

第2个阶段是营销2.0时代，即"以消费者为中心的时代"，企业追求与顾客建立紧密联系，不但需要继续提供产品使用功能，更要为消费者提供情感价值，企业需要让消费者意识到产品的内涵，理解消费者的预期，然后吸引他们购买产品。

如今我们即将见证第3个阶段——营销3.0时代，即"价值观为中心的时代"，在这个新的时代中，营销者不再把顾客仅仅视为消费个体，而是把他们看作具有独立思想、心灵和精神的完整的人类个体。"交换"与"交易"被提升成"互动"与"共鸣"，营销的价值主张从"功能与情感的差异化"被深化至"精神与价值观的响应"。从中我们就很容易理解为什么社群营销这么火爆，因为社群营销的起点与基石是相同的价值取向，其顺应了"价值观为中心的时代"。

1．营销环境的嬗变：移动化、碎片化、场景化
2．消费主体的蜕变：个性化、社交化、娱乐化
3．营销策略：大数据营销、内容营销、社群营销、场景化营销

总之，碎片化的渠道、碎片化的时间、移动化的行为、个性化的价值观、娱乐化的诉求决定了"互联网+"企业背景下的营销向着场景化、数据化、内容化、社群化的趋势发展。未来企业在营销方面的发力点就是大数据营销、高品质内容、场景化匹配、社群化传播。

10.2.6　创业公司如何做推广营销

刚开始创业的公司，在做推广营销时，是不能和大企业相比的，所以只好选择质优价廉的方式。

1．销售终端的品牌推广方式

（1）现场导购

（2）终端陈列

（3）店头POP宣传

2．渠道的品牌推广方式
（1）协助、配合、培训、支持经销商
（2）加大渠道促销力度
3．消费者互动推广方式
（1）参观生产现场
（2）直接促销活动
4．传媒品牌推广方式
（1）软性文章细无声
（2）小众媒体锁定人

10.2.7　网络营销的途径与方式

说起网络营销，太过于宽泛了，所有以互联网平台和手段进行的营销都是网络营销，网络营销整体系规划非常重要，可以从这几个方面着手。

1．微信　　　　　　2．微博
3．论坛　　　　　　4．网络评论
5．博客　　　　　　6．视频与微电影
7．问答百科　　　　8．事件炒作

10.2.8　创业企业如何做好互联网营销

许多创业企业受营销人才奇缺和资金匮乏的影响，导致很多在本质上很优秀的产品最终无法在市场上形成畅销，有些企业甚至运作了很多年，依然默默无闻。

在如今的互联网背景下，如何让用户找到你成为问题。流量争夺战随之打响，互联网营销的价值随即凸显。

1．网络是载体，营销是核心

互联网营销分为3个层面：战略层、策略层和战术层，3者自上而下，相互营销。在实际案例中，我们看出，借助互联网做营销，"网络"是载体，"营销"才是核心。

2．多元化营销手段

在历经了百花齐放的早期浪潮，激烈的流量入口争夺战后，在移动互联网时代，互联网营销已经进入了如火如荼的第3次革命。

更多元化的营销手段，分享经济带来的强大推动力和快速反应的多方协作是这次革命的主要特点。流量变现＋粉丝经济＋多元化营销手段成为第3次互联网营销革命的标志。

流量变现是所有互联网营销的终极目标；从微博到微信，再到时下火热的视频直播，拥有多少粉丝，已经直接影响你的盈利，而多元化营销手段更考验各企业的应对能力。

3．创造话题比砸广告重要

自媒体年代，一个消费者就是一个媒体，想让消费者为你按下转发键，要先懂得创造话题，引发关注。不会有人主动为你家的广告按转发键，除非是你创造了一个话题打动了

4. 方便成为硬指标

消费者多使用碎片化时间浏览信息，长篇大论已经难以打动消费者，想传播的信息必须一看就懂，还要频次高。需求必须在诞生当下即被满足，方便成为硬指标。

5. 不能只有用户，没有粉丝

身为品牌方，你与消费者对话的时间变得更多。塑造与粉丝对话的机会，让原本爱你的用户更爱你，让潜在的顾客都能先成为你的粉丝，开始了解你。如果你整天只想着让人家买，而无法让人家爱你，你就失去了塑造成功品牌的先机，不能只有用户，没有粉丝，要有人买，还要有人爱。

10.2.9 创业企业如何做社群营销

基于社群而产生的营销模式，通过个人或群体透过群聚网友，将有共同兴趣爱好的人聚集在一起，通过一个个口碑传播汇聚人群，口碑再扩散的过程，来与目标顾客群创造长期沟通渠道的社会化过程。

社群是通过兴趣爱好所建立的一个圈子，社群营销是通过这个圈子的人对圈子的信任而产生的营销模式。

自从前几年小米通过粉丝运营搞得风生水起后，大家都知道社群对我们企业产品推广、销售有着非常重要的意义，大家都知道社群很重要，可是，我们应该如何去做社群营销呢？

1. 核心价值定位　　　　2. 有效引导
3. 规则引导　　　　　　4. 人工引导
5. 活动引导

【研讨交流】

 案例 10-6　　探讨校园便利店的营销策略

【案例描述】

在学校附近开设一家便利店，消费群体主要以学生为主，具有购物次数多、数额小的显著大众性消费特点。目前，便利店以食品、文具生活用品为主导型商品。

便利店拟采取以下营销策略。

1. 开业期间开展促销活动

开业期间，到校园便利店购买任何货品满 30 元，凭收据即有机会赢取一百元校园便利店消费券。连续 6 星期，每周送出 1 张消费券。同时有大量精美礼品，100% 中奖。

开业期间，前 50 名顾客排队领取价值 10 元的抵价券。去校园便利店买任何正价货品满 30 元，凭抵价券即可抵去相应价格，但抵价券不可重复使用。

2. 优惠活动

（1）当天消费正价商品满 20 元凭小票可免费赠送精美小礼品。

（2）可领取校园便利店积分卡，将每次消费额（满10元）的金额计入积分卡（1元1分），当月积分满150分即可抽奖（100%中奖）。最高奖项为校园便利店50元消费券1张。

（3）实行早餐VIP制，在校园便利店预定早餐的顾客可享受早餐送货上门的服务，若预定1周5天早餐的顾客还可享受9折优惠。

（4）每天1款特价商品，保证低于当地任何超市的价格，特价商品限量出售。

3. 定价策略

便利店商品定价一般比超级市场高20%左右，且通常不采用降价促销手段，毛利率较高。但因为校园便利店的目标群体都是经济情况不宽裕的学生，因此，校园便利店应在保证不亏损的前提下，尽量调低价格。

拟采取以下定价方式。

（1）逆向定价

考虑大学生的承受力，先通过调查得出学生愿意并能承受的价格，再考虑成本费用，以获取一定的利润。

（2）对比定价

首先，校园便利店参考商圈附近3~5家同业商店的定价，而拟定明确、系统的价格策略。校园便利店若经营与超市相同的产品时，价格不可太高，否则会留下价格很高的恶劣印象；经营超市没有的商品或自有产品时，才可拉高价格，用这部分商品互补盈亏。

（3）差别定价

销量大、受欢迎的产品定价不宜过高，有特色的自有产品才是校园便利店利润最高的部分，无利的便民服务尽量做到顾客满意，定价应尽量压低，以树立形象为目标。

付款方式应支持传统的现金、银行卡刷卡消费。此外，一些学校有专用的校园卡，用于饭堂餐费、热水费等，条件允许的话，可以与校方联系，让学生刷校园卡付款，真正在校园内实现"一卡通"。

【各抒己见】

（1）分析校园便利店的这些营销策略是否可行，哪些策略还需进一步细化与优化。

（2）以小组为单位，经深入探讨提出更好的营销策略。

【实战训练】

【训练10-1】制定校园咖啡馆的营销策略

咖啡，成为越来越多人的宠儿。创业，从开家咖啡馆开始，也是不少人的选择。

人们越来越爱喝咖啡。随之而来的"咖啡文化"充满生活的每个时刻。无论在家里、还是在办公室或各种社交场合，人们都在品着咖啡。咖啡逐渐与时尚、现代生活联系在一起。遍布各地的咖啡屋成为人们交谈、听音乐、休息的好地方，咖啡丰富着我们的生活，也缩短了你我之间的距离，咖啡逐渐发展为一种文化。随着咖啡这一有着悠久历史饮品的广为人知，咖啡正在被越来越多的中国人所接受。

咖啡馆由明德学院在校学生自主创办，在学校正门右边街道一个显眼的位置，这里虽然装修简单，但特别有家的味道，甚至比家还温馨。南面墙全部是书架，上面横七竖八地摆满了各种书籍。吧台坐落在正中央，吧台后面的墙上挂着一个木质的酒架，码放着各式各样咖啡豆，北面除了大门外，余下的部分全部是明亮的玻璃飘窗，窗台很低，上面落满了各种杂志，靠窗的地方只摆放着方桌，每桌可以坐 4～6 人。但是，这里的空气、光线、声音更让人迷恋、难舍，感觉就像在家里一样轻松自由。

以小组为单位，为校园咖啡馆制定可行的营销策略，并撰写简洁的《校园咖啡馆营销策略书》。

10.3 企业销售收入预测

【案例剖析】

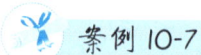 预测家家乐网上商城的销售量

【案例描述】

家家乐网上商城前 3 季度某款电子产品的销售数据如表 10-1 中第 2 列所示，现拟运用二次移动平均法预测第 3 季度（10、11、12 月）销售情况。

表 10-1　家家乐网上商城某款电子产品前 3 季度的销售数据及第 3 季度销售情况预测

销售月份 n	月平均销售	一次移动平均值	二次移动平均值	预测数据
1 月	1532			
2 月	1645			
3 月	1770	1649		
4 月	1790	1735		
5 月	1551	1704	1696	
6 月	1840	1727	1722	
7 月	1880	1757	1729	
8 月	1830	1850	1778	
9 月	1921	1877	1828	
10 月				1975
11 月				2024
12 月				2073

1. 计算一次移动平均值

拟设定时段数为 3，一次移动平均值的计算过程如下。

$Y_3=(X_1+X_2+X_3)/3=(1532+1645+1770)/3=1649$。

$Y_4=(X_2+X_3+X_4)/3=(1645+1770+1790)/3=1735$。

$Y_5=(X_3+X_4+X_5)/3=(1770+1790+1551)/3=1704$。
$Y_6=(X_4+X_5+X_6)/3=(1790+1551+1840)/3=1727$。
以此类推，计算的一次移动平均值如表 10-1 中第 3 列所示。

2. 计算二次移动平均值

拟设定时段数为 3，二次移动平均值的计算过程如下。
$M_5=(Y_3+Y_4+Y_5)/3=(1649+1735+1703.67)/3=1696$。
$M_6=(Y_4+Y_5+Y_6)/3=(1735+1703.67+1727)/3=1722$。
以此类推，计算的二次移动平均值如表 10-1 中第 4 列所示。

3. 确定预测模式的系数

取 $n=9$，确定预测模式的系数。
$A_9=2Y_9-M_9=2×1877-1828=1926$。
$B_9=2×(Y_9-M_9)/(3-1)=2×(1877-1828)/2=49$。

4. 计算销售预测值

t 分别为 1、2、3，预测第 3 季度的销售量。
$Y_{10}=A_9+1×B_9=1926+1×49=1975$。
$Y_{11}=A_9+2×B_9=1926+2×49=2024$。
$Y_{12}=A_9+3×B_9=1926+3×49=2073$。
销售预测值如表 10-1 中第 5 列所示。
10 月销售预测为 1975，11 月销售预测为 2024，12 月销售预测为 2073。

【感悟反思】

随着市场经济的发展和经济的全球化，企业面临着越来越残酷的市场竞争。企业要想赢得竞争、赢得客户，就必须在最快的时间内，以最低的成本将产品提供给客户，这使得进行正确及时的产品销售预测及由此产生可靠的决策，成为现代企业成功的关键要素。

销售计划的中心任务之一就是销售预测，无论企业的规模大小、销售人员的多少，销售预测影响到包括计划、预算和销售额确定在内的销售管理的各方面工作。通过销售预测，可以调动销售人员的积极性，促使产品尽早实现销售，以完成使用价值向价值的转变。销售预测是企业以销定产的需求，根据销售预测资料，安排生产，避免产品积压。

【知识梳理】

10.3.1　销售收入的含义

销售收入也称营业收入或经营收入，是指企业发生在商品产品、自制半成品或提供劳务，使产品所有权转到顾客，收到货款、劳务价款或取得索取价款凭证，而认定的收入，即企业产品销售和其他销售所取得的收入。前者的销售收入包括产成品、代制品、代修品、自制半成品和工业性劳务销售收入等。后者的销售收入包括除产品销售收入以外的其他销售和其他业务收入，如材料销售收入、包装物出租收入及运输等非工业性劳务收入。企业专项工程、福利事业单位使用本企业的商品产品，视同对外销售。

10.3.2 销售预测的影响因素

尽管销售预测十分重要，但进行高质量的销售预测却并非易事。在进行预测和选择最合适的预测方法之前，了解对销售预测产生影响的各种因素是非常重要的。

一般来讲，在进行销售预测时考虑两大类因素。

1．外界因素

（1）需求动向。
（2）经济变动。
（3）同业竞争动向。
（4）政府、消费者团体的动向。

2．内部因素

（1）营销策略。
（2）销售政策。
（3）销售人员。
（4）生产状况。

10.3.3 销售预测的定性分析法

定性分析法是在预测人员具备丰富的实践经验和广泛的专业知识的基础上，根据其对事物的分析和主观判断能力对预测对象的性质和发展趋势做出推断的预测方法，如市场调研法和判断分析法。这类方法主要在企业所掌握的数据资料不完备、不准确的情况下使用，以通过对经济形势、国内外科学技术发展水平、市场动态、产品特点和竞争对手情况等情况资料的分析研究，对本企业产品的未来销售情况做出质的判断。

1．市场调研法
2．判断分析法

判断分析法的具体方式一般可分为下列几种。
（1）意见汇集法。
（2）特尔菲法。
（3）专家小组法。
（4）模拟顾客综合判断法。

10.3.4 销售预测的定量分析法

定量分析法主要是根据有关的历史资料，运用现代数学方法对历史资料进行分析加工处理，并通过建立预测模型来对产品的市场变动趋势进行研究并做出推测的预测方法，如趋势预测分析法和因果预测分析法。这类方法是在拥有尽可能多的数据资料的前提下运用，以便能通过对数据类型的分析，确定具体适用的预测方法对产品的市场需求做出量的估计。

1. 趋势预测分析法

（1）算术平均法

算术平均法是以过去若干期的销售量或销售额的算术平均数作为计划期的销售预测数，适用于销售量或销售额波动不大的产品的销售预测。

其计算公式如下：

$$Y=\frac{\sum X_i}{n}$$

式中，Y 为预测值；X_i 为第 i 期的实际销售量；n 为期数。

（2）移动平均法

移动平均法是用一组最近的实际数据值来预测未来一期或几期内公司产品的需求量、公司产能等的一种常用方法。

（3）移动加权平均法

移动加权平均法是先根据过去若干期的销售量或销售额，按其时间预测期的远近分别进行加权（近期所加权数大些，远期所加权数小些）；然后计算其加权平均数，并以此作为计划期的销售预测值。

其计算公式如下。

$$Y=\sum_{i=1}^{n}W_i X_i$$

式中，Y 为预测值；W_i 为第 i 期的加权数；X_i 为第 i 期的实际销售量；n 为期数。

（4）指数平滑法

指数平滑法就是遵循"重近轻远"的原则，对全部历史数据采用逐步衰减的不等加权办法进行数据处理的一种预测方法。

其计算公式如下：

$$Y_n=\alpha X_{n-1}+（1-\alpha）Y_{n-1}$$

式中，Y_n 为未来第 n 期的预测值；Y_{n-1} 为第 $n-1$ 期预测值；X_{n-1} 为第 $n-1$ 期的实际销售量；α 为平滑指数；n 为期数。

一般来说，平滑指数 α 的取值通常在 0.3～0.7 之间。

2. 因果预测分析法

因果预测分析法是利用事物发展的因果关系来推测事物发展趋势的方法。它一般是根据过去掌握的历史资料，找出预测对象的变量与其相关变量之间的依存关系，来建立相应的因果预测的数学模型。然后通过对数学模型的求解来确定对象在计划期的销售量或销售额。

（1）一元线性回归法

一元线性回归法是用途较为广泛的一种预测方法。一元线性回归法即最小二乘法，是用来处理两个变量之间具有的线性关系的一种方法。

（2）多元回归法

企业的经营活动往往受多方面因素的影响，即一个因变量和几个自变量存在依存关系。

例如，有的企业的产品是供应若干个其他企业生产用的零部件，因此生产零部件的企业的产品销售量受其他企业生产量的影响。在因变量同时受两个或两个以上的自变量影响的情况下，就要用多元回归预测法进行预测。

10.3.5 使用移动平均法预测销售情况

1. 使用简单移动平均法预测销售情况

简单移动平均法是从 n 期的时间数列销售量中选取 m 期（m 数值固定，且 $m < n/2$）数据作为样本值，求其 m 期的算术平均数，并不断向后移动计算观测期平均值，以最后一个 m 期的平均数作为未来第 $n+1$ 期销售预测值的一种方法。

其计算公式如下。

$$Y_n = \frac{X_{n-1} + X_{n-2} + \cdots + X_{n-m}}{m}$$

式中，Y_n 为未来第 n 期的预测值；X_{n-1} 为第 $n-1$ 期的实际销售量；X_{n-2} 为第 $n-2$ 期的实际销售量；X_{n-m} 为第 $n-m$ 期的实际销售量；m 为移动平均的时期个数。

由于移动平均法只选用了 n 期数据中的最后 m 期作为计算依据，故代表性较差。此法适用于销售量略有波动的产品预测。

2. 使用二次移动平均法预测销售情况

二次移动平均法是对一次移动平均数再进行第二次移动平均，再以一次移动平均值和二次移动平均值为基础建立预测模型，计算预测值的方法。

由于运用一次移动平均法求得的移动平均值存在滞后偏差，特别是在时间序列数据呈现线性趋势时，移动平均值总是落后于观察值数据的变化。二次移动平均法正是要纠正这一滞后偏差，建立预测目标的线性时间关系数学模型，求得预测值。二次移动平均预测法解决了预测值滞后于实际观察值的矛盾，适用于有明显趋势变动的市场现象时间序列的预测，同时它还保留了一次移动平均法的优点。二次移动平均法适用于时间序列呈现线性趋势变化的预测。

二次移动平均法预测销售情况的步骤如下。

（1）首先根据历史销售数据计算一次移动平均值

$$Y_n = \frac{X_n + X_{n-1} + X_{n-2} + \cdots + X_{n-m+1}}{m}$$

（2）在一次移动平均值基础上计算二次移动平均值

$$M_n = \frac{Y_n + Y_{n-1} + Y_{n-2} + \cdots + Y_{n-m+1}}{m}$$

（3）分别计算预测模式的系数

$$A_n = 2 - Y_n - M_n$$
$$B_n = 2 \times (Y_n - M_n)/(m-1)$$

（4）计算销售预测值

$$Y_{n+t} = A_n + tB_n$$

【说明】

X_n：第 n 期实际销售数，一般为某一时段的平均值。

Y_n：第 n 期的移动平均值。

m：进行移动平均所包含的时段数。

M_n：基础上二次移动平均值。

A_n、B_n：销售预测线性方程的系数。

t：待预测的月份。

Y_{n+t}：销售预测值。

10.3.6 制定产品销售价格

价格的高低由成本费用、市场需求和竞争状况三方面因素影响和制约，定价方法就可以归纳为：成本导向定价法、需求导向定价法、竞争导向定价法和产品差别定价法等。

1. 成本导向定价法

成本导向定价法以产品单位成本为基本依据，再加上预期利润来确定价格的成本导向定价法，是中外企业最常用、最基本的定价方法。

（1）成本加成定价法

在这种定价方法下，把所有为生产某种产品或提供服务而发生的耗费均计入成本的范围，计算单位产品的变动成本，合理分摊相应的固定成本，再按一定的目标利润率来决定价格。

成本加成定价法计算公式如下。

$$商品售价 = 完全成本 \times (1+加成率) \frac{完全成本}{1-利润率-税率}$$

（2）目标利润定价法

根据损益平衡点的总成本及预期利润和估计的销售数量来制定产品价格的方法。

（3）边际成本定价法（边际贡献定价法）

边际成本是指每增加或减少单位产品所引起的总成本变化量。由于边际成本与变动成本比较接近，而变动成本的计算更容易一些，所以在定价实务中多用变动成本替代边际成本，而将边际成本定价法称为变动成本定价法。

边际成本加成法计算公式如下。

$$边际贡献 = 价格 - 单位变动成本$$

$$单位产品定价 = \frac{总变动本成 + 边际贡献}{销售量}$$

（4）盈亏平衡定价法

在销量既定的条件下，企业产品的价格必须达到一定的水平才能做到盈亏平衡、收支相抵。既定的销量就称为盈亏平衡点，这种制定价格的方法就称为盈亏平衡定价法。科学地预测销量和已知固定成本、变动成本是盈亏平衡定价的前提。

2. 需求导向定价法

需求导向定价法是指企业在定价时不再以成本为基础，而以消费者对产品价值的认知和需求强度为依据。现代市场营销观念要求企业的一切生产经营必须以消费者需求为中心，并在产品、价格、分销和促销等方面予以充分体现。根据市场需求状况和消费者对产品的感觉差异来确定价格的方法称为需求导向定价法，又称"市场导向定价法"、"顾客导向定价法"。

（1）认知价值定价法

（2）需求差异定价法

（3）逆向定价法

3. 竞争导向定价法

企业通过研究竞争对手的商品价格、生产条件、服务状况、价格水平等因素，依据自身的竞争实力，参考成本和供求状况来确定商品价格。以市场上竞争者的同类产品的价格作为本企业产品定价的参照系的一种定价方法。

（1）随行就市定价法

（2）投标定价法

4. 产品差别定价法

所谓差别定价是指企业以两种或两种以上不同反映成本费用的比例差异的价格来销售一种产品或服务，即价格的不同并不是基于成本的不同，而是企业为满足不同消费层次的要求而构建的价格结构。

差别定价法有以下几种形式。

（1）顾客细分定价

（2）产品形式差别定价

（3）形象差别定价

（4）地点差别定价

（5）时间差别定价

企业定价方法有很多，企业应根据不同经营战略和价格策略、不同市场环境和经济发展状况等，选择不同的定价方法。

从本质上说，成本导向定价法是一种卖方定价导向。它忽视了市场需求、竞争和价格水平的变化，有时候与定价目标相脱节。此外，运用这一方法制定的价格均是建立在对销量主观预测的基础上，从而降低了价格制定的科学性。因此，在采用成本导向定价法时，还需要充分考虑需求和竞争状况，来确定最终的市场价格水平。

竞争导向定价法是以竞争者的价格为导向的。它的特点是：价格与商品成本和需求不发生直接关系；商品成本或市场需求变化了，但竞争者的价格未变，就应维持原价；反之，虽然成本或需求都没有变动，但竞争者的价格变动了，则相应地调整其商品价格。当然，为实现企业的定价目标和总体经营战略目标，谋求企业的生存或发展，企业可以在其他营销手段的配合下，将价格定得高于或低于竞争者的价格，并不一定要求和竞争对手的产品价格完全保持一致。

需求导向定价法是以市场需求为导向的定价方法，价格随市场需求的变化而变化，不与成本因素发生直接关系，符合现代市场营销观念要求，企业的一切生产经营以消费者需求为中心。

10.3.7 创业企业如何制定新产品价格

在创业企业新产品上市或新服务项目推出中,很重要的一环是如何给产品或服务定价。产品或服务的定价是否正确,直接关系到产品的销量、企业能不能获利、目标消费者能不能接受等问题。这是一个让很多经理人头疼的问题。

影响价格最终形成的因素有很多,除产品成本、竞品分析、目标消费者分析及需求确定等之外,还要考虑营销战略、企业目标、政府影响和品牌溢价能力等因素。总之,在确立创业企业新产品价格的决策过程中,定价应依循如下基本步骤。

1. 选择定价目标

定价目标,必须服从公司营销战略,不同时期营销战略的定价目标不同。一般来说,与新产品上市相关的定价目标大致有以下几种。

(1) 追求利润最大化
(2) 提高市场占有率
(3) 适应价格竞争
(4) 稳定价格

2. 确定需求

一般来说,价格越低、需求越大;价格越高、需求越低。估计消费者需求的方法通常有以下两种。

(1) 了解顾客会对价格会做出什么反应
(2) 模拟销售

3. 估计成本

需求在很大程度上决定着制定产品价格,并确定最高价格限度,而成本则是价格的底线。要制定价格,应要考虑产品的所有生产、分销和推销成本,还要考虑公司所付出努力和承担风险的一个公平的报酬。定价时,估计成本是很有必要的。

4. 分析竞争者的成本、价格和历史价格行为

分析竞争者的成本、价格和历史价格行为,有助于准确地制定新产品价格。但需要注意的是,作为参照点,它不一定代表顾客也愿意支付相同的价格。

5. 选择定价方法

定价方法是实现定价目标所采用的具体方法。各种定价方法可归纳为成本导向、需求导向和竞争导向三类。

【研讨交流】

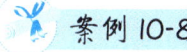 案例 10-8   预测惠康智能家居公司各月的销售收入

【案例描述】

惠康智能家居有限责任公司主要致力于智能衣柜、智能门窗、智能厨具等家具研发、

生产和销售。公司以国内家具行业为服务市场,充分利用高校研发力量,推进高新技术成果的产业化。公司成立初期主要生产电子窗帘、门窗,针对传统家具企业,解决过去同类产品性价比过低、产品功能单一、性能不稳定和环境效益不佳的问题,满足家居智能化、系列化、专用化和高档化方向发展的需求。

公司上半年(1至6月)的销售量及销售额如表10-2所示。

表10-2 公司上半年(1至6月)的销售量及销售额

月份		1	2	3	4	5	6
智能台灯	销售数量(件)	420	340	756	1166	2080	2238
	平均单价(元)	80	80	80	80	80	80
	月销售额(万元)	3.36	2.72	6.048	10.428	16.64	20.584
智能充电终端	销售数量(件)	140	250	321	230	460	99
	平均单价(元)	2500	2500	2500	2500	2500	2500
	月销售额(万元)	35	625	780	575	1150	247.5
智能门窗	销售数量(件)	383	218	436	196	549	518
	平均单价(元)	1200	1200	1200	1200	1200	1200
	月销售额(万元)	4510.3	261.6	523.2	235.2	658.8	621.6
电子窗帘	销售数量(件)	466	790	326	120	496	602
	平均单价(元)	100	100	100	100	100	100
	月销售额(万元)	4.66	7.9	3.26	1.2	4.96	6.02
智能洗衣机	销售数量(件)	123	214	90	231	70	129
	平均单价(元)	800	800	800	800	800	800
	月销售额(万元)	10.54	17.12	7.2	184.8	56	103.2
合计	月销售总额(万元)	512.46	914.34	13110.6	8210.68	1186.4	998.9
	半年销售总额(万元)						5761.98

表10-2中用公式(销售数量 × 平均单价 = 月销售额)计算出月销售额,把每种产品的月销售额加在一起得到月销售总收入,最后把6个月的销售收入加在一起,就得到了半年的销售总收入。

【各抒己见】

试分别使用判断分析法、算术平均法、简单移动平均法、二次移动平均法预测下半年(7至12月)的销售量和销售额。

【实战训练】

【训练10-2】预测悠闲居有限责任公司的销售额

悠闲居有限责任公司拟采用的定价原则是根据类似餐饮、休闲、娱乐服务的市场价格、客户价值、成本和毛利目标来确定的。

1. 收费标准

餐饮和DIY人均消费45元左右，夏令营平均1500元/人左右，时间为1周左右，1年2期。各项服务及收费标准如表10-3所示。

表10-3 各项服务及收费标准

心理辅导服务	周一到周五		周六到周日	
	普通价	会员价	普通价	会员价
	180元/小时	160元/小时	200元/小时	180/小时
桌面游戏	周一到周四		周五		周六		周日	
	普通价	会员价	普通价	会员价	普通价	会员价	普通价	会员价
12：00～18：00	8	5	10	8	10	8	10	8
18：00～23：00	10	8	12	10	15	12	15	12
8：00～12：00时段	24	15	30	24	30	24	30	24
13：00～18：00时段	32	20	40	32	40	32	40	32
发泄小屋	普通价	会员价	普通价	会员价	普通价	会员价	普通价	会员价
8：00～12：00时段	35	30	40	35	40	35	40	35
13：00～00：00时段	40	35	45	40	50	40	50	40

【说明】：① 音乐空间主要针对学生。② 桌面游戏按小时收费，发泄小屋按15分钟收费。③ 生日当天持本人身份证打五折并赠送精美小礼品一份，其他人8.5折。

2. 付款方式

个人付款可直接到吧台缴纳，会员持充值会员卡消费，只需每次到吧台刷卡1次。

公司各项业务的销售量或营业量的预测如表10-4所示，根据表10-4各项服务及收费标准，计算各项业务的周销售额或营业额、周总营业额，且将计算结果填入表中。

表10-4 销售额预测表

公司业务	销售量或营业量预测	周销售额或营业额预测
餐饮、DIY、小饰品	周六和周末顾客达300人次/日，周一到周五为150人次/日	
心理咨询	每周8人，每人1.5小时，人均180元/时	
桌面游戏	周六和周日顾客达100人次/日，周一到周五为50人次/日	
发泄小屋	周六和周日顾客达30人次/日，周一到周五为15人次/日	
周总营业额		

10.4 企业成本费用预测

【案例剖析】

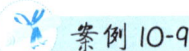 预测香飘飘咖啡馆开办初期的费用支出

【案例描述】

拟创立香飘飘咖啡馆,各项开办初期的费用支出预测如下。

1. 咖啡馆店面费用

咖啡馆店面拟租赁房屋,与房屋业主协商,达成房屋租赁协议。协议内容包括房屋地址、面积、结构、使用年限、租赁费用、支付费用方法等。租赁的优点是投资少、回收期限短。预算 10～15m² 店面,租赁费用为 9～12 万元,为保险起见,暂预测为 12 万元。

2. 装修设计费用

咖啡馆的效果图、平面图、施工图的设计费用,大约 6000 元左右。

3. 装修、装饰费用

(1) 外墙装饰费用,包括招牌、墙面、装饰费用。
(2) 店内装修费用,包括油漆、装饰、木工等费用。
(3) 其他装修材料的费用,包括玻璃、地板、灯具等,人工费用也应计算在内。
按标准装修,费用预算为 360 元/m²,装修费用共 360×15=5400 元。

4. 设备设施购置费用

(1) 沙发、桌、椅、货架,共计 2250 元。
(2) 音响系统,共计 450 元。
(3) 吧台所用的烹饪设备、储存设备、洗涤设备、加工保温设备,共计 600 元。
(4) 产品加工使用所需的吧台、咖啡杯、冲茶器、各种小碟等,共计 300 元。

净水机采用美的品牌,这种净水器每天能生产 12 升纯净水,每天销售咖啡及其他饮料 100～200 杯,净水机价格大约在 1200 元左右。

咖啡机拟选择电控半自动咖啡机,其价格为 350 元左右,加上另外的附件也不会超过 1200 元。磨豆机价格在 330～480 元之间。冰砂机的价格大约是 400 元。制冰机每天的制冰量是 12kg,价格为 550 元左右。

设备设施购置费用共计 7430 元左右。

5. 首次备货费用

购买咖啡豆、奶、茶、水果、冰淇淋等的费用,大约 1000 元。

6. 开业费用

开业费用预计 3450 元。

7. 周转金

开业初期,咖啡馆要准备一定量的流动资金,主要用于咖啡馆开业初期的正常运营,

预计 2000 元。

各项成本费用预算如表 10-5 所示。

表 10-5　各项成本费用预算表

费用支出项目	金额（元）
咖啡馆店面费用	120 000
装修设计费用	6000
装修、装饰费用	5400
设备设施购置费用	7430
首次备货费用	1000
开业费用	3450
周转金	2000
合计	145 280

【感悟反思】

成本预测是进行成本决策和编制成本计划的依据。通过成本预测，掌握未来的成本水平及其变动趋势，有助于把未知因素转化为已知因素，帮助管理者提高自觉性，减少盲目性；做出生产经营活动中所可能出现的有利与不利情况的全面和系统分析，还可避免成本决策的片面性和局限性。有了科学的成本决策，就可以编制出正确的成本计划；而且，成本预测的过程同时也是为成本计划提供系统的客观论证的过程，这一点足可以使成本计划建立在客观实际的基础之上。

预测是决策与计划的基础和前提条件，决策和计划则是预测的产物。成本预测是加强企业全面成本管理的首要环节。单靠事后的计算分析已经远远不能适应客观的需要，成本工作的重点必须相应地转到事前控制上。这一观念的形成将对促进企业合理地降低成本、提高经济效益具有非常重要的作用。

成本预测为降低产品成本指明方向和奋斗目标，是降低产品成本的重要措施。准确地预测企业成本指标，能为企业领导者正确进行生产经营决策提供依据，是增强企业竞争力和提高企业经济效益的主要手段。企业在做好市场预测、利润预测之后，能否提高经济效益以及提高多少，完全取决于成本降低多少。为了降低成本，必须根据企业实际情况组织全面预测，寻找方向和途径，并由此力求实现预期的奋斗目标，降低产品成本。

创业企业应有效控制各项成本费用支出，通过降低成本提高企业的经营效益。

【知识梳理】

10.4.1　成本与费用的含义

成本与费用是两个既有相互联系又存在区别的会计概念，就一般意义而言，成本费用泛指企业在生产经营中所发生的各种资金耗费。企业的成本费用也就是企业在产品经营中所耗费资金的总和。

成本是商品经济的价值范畴,是商品价值的组成部分。人们要进行生产经营活动或达到一定的目的,就必须耗费一定的资源,其所费资源的货币表现及其对象化称为成本。

成本是生产和销售一定种类与数量产品以耗费资源用货币计量的经济价值。企业进行产品生产需要消耗生产资料和劳动力,这些消耗在成本中用货币计量,就表现为材料费用、折旧费用、工资费用等。企业的经营活动不仅包括生产,也包括销售活动,因此在销售活动中所发生的费用,也应计入成本。同时,为了管理生产所发生的费用,也应计入成本。同时,为了管理生产经营活动所发生的费用也具有形成成本的性质。

10.4.2 创业经费的组成

创业到底需要多少资金?这个问题主要依据选择项目的种类、规模大小、经营地点等情况而定。以小本投资项目为例,所需的资金主要由以下几部分组成。

1. 项目本身的费用
2. 经营设备、工具等购置费用
3. 房租、房屋装修费用及流动资金
4. 营业执照及其他类似的费用
5. 经营周转所需要的资金

10.4.3 成本费用的构成内容与分类

企业为进行生产经营活动,购置各种生产资料或采购商品而支付的价款和费用,就是购置成本或采购成本。随着生产经营活动的不断进行,这些成本就转化为生产成本和销售成本。

1. 成本的构成内容

成本的构成内容要服从管理的需要,并且随着管理的发展而发展。国家规定成本的构成内容主要包括:

① 原料、材料、燃料等费用,表现商品生产中已耗费的劳动对象的价值。
② 折旧费用,表现商品生产中已耗费的劳动对象的价值。
③ 工资,表现生产者的必要劳动所创造的价值。

在实际工作中,为了促使企业厉行节约,减少损失,加强企业的经济责任,对于一些不形成产品价值的损失性支出,如工业企业里的废品损失、停工损失等,也列入产品成本之中。此外,对某些应从为社会创造的价值中进行分配的部分,如财产的保险费用等也列入产品成本。这说明产品成本的实际内容,一方面要求反映成本的客观经济实质,另一方面又要按照国家的分配方针和财务管理制度规定,把某些不属于"固定成本+变动成本"的内容列入成本,而把某些属于活劳动耗费性质的费用列为营业外支出或从留利中开支。

2. 成本费用的分类

(1)制造成本与期间费用

① 制造成本是指按产品分摊的、与生产产品直接相关的成本费用,构成项目包括直接

材料、直接工资、其他直接支出和制造费用等。

② 期间费用是指在一定会计期间内所发生的与生产经营没有直接关系或关系不大的各种费用，构成项目包括管理费用、财务费用和销售费用。

（2）固定成本与变动成本

按照成本的习性，可以把成本划分为变动成本和固定成本。

固定成本是指不随产量的变化而变化的成本，例如，厂房等固定资产的投资形成的成本，数额是固定的，并不由于生产数量出现变化而发生变化。

变动成本是指随着产量的变化而变化的成本，例如，产品成本中的直接材料，是随着产品产量的变化而同比例变化的。

（3）总成本与单位成本

总成本是指企业在一定期间内，生产所有产品的成本费用总和。

单位成本是指企业在一定期间内，平均每生产一件产品的成本。

两者之间的关系：总成本 = 单位成本 × 产品数量。

10.4.4　工业企业产品生产成本的构成

工业企业产品生产成本（也称制造成本）由直接材料、直接人工和制造费用三部分组成。

1．直接材料　　　　　2．直接工资

3．其他直接支出　　　4．制造费用

无论什么企业，无论什么生产类型的产品，也不论管理要求如何，最终都必须按照产品品种算出产品成本。按产品品种计算成本是产品成本计算最普通、最起码的要求，品种法是最基本的成本计算方法。

10.4.5　成本在经济活动中的重要作用

1．成本是补偿生产耗费的尺度　　2．成本是制定产品价格的基础

3．成本是计算企业盈亏的依据　　4．成本是企业进行决策的依据

5．成本是综合反映企业工作业绩的重要指标

10.4.6　控制成本费用的方法与降低成本的措施

1．控制成本费用的方法

（1）原材料成本控制

在制造业中原材料费用占了总成本的很大比重，一般在 60% 以上，高的可达 90%，是成本控制的主要对象。影响原材料成本的因素有采购、库存费用、生产消耗、回收利用等，所以控制活动可从采购、库存管理和消耗 3 个环节着手。

（2）工资费用控制

工资在成本中占有一定的比重，增加工资又被认为是不可逆转的。控制工资与效益同步增长，减少单位产品中工资的比重，对于降低成本有重要意义。控制工资成本的关键在

于提高劳动生产率，它与劳动定额、工时消耗、工时利用率、工作效率、工人出勤率等因素有关。

（3）制造费用控制

制造费用开支项目有很多，主要包括折旧费、修理费、辅助生产费用、车间管理人员工资等，虽然它在成本中所占比重不大，但因不引人注意，浪费现象十分普遍，是不可忽视的一项内容。

（4）企业管理费控制

企业管理费是指为管理和组织生产所发生的各项费用，开支项目非常多，也是成本控制中不可忽视的内容。

上述这些控制方法都是绝对量的控制，即在产量固定的假设条件下使各种成本开支得到控制。在现实系统中还要达到控制单位成品成本的目标。

2. 降低成本的措施

（1）节约材料消耗，降低直接材料费用。
（2）提高劳动生产率，降低直接人工费用。
（3）推行定额管理，降低制造费用。
（4）加强预算控制，降低期间费用。
（5）实行全面成本管理，全面降低成本费用水平。

10.4.7 成本预测的含义与分类

1. 成本预测的含义

成本预测是指运用一定的科学方法，对未来成本水平及其变化趋势进行科学的估计。通过成本预测，掌握未来的成本水平及其变动趋势，有助于减少决策的盲目性，使经营管理者易于选择最优方案，做出正确决策。

2. 成本预测的分类

按预测的期限分，成本预测可以分为长期预测和短期预测。长期预测是指对一年以上时间进行的预测，如3年或5年；短期预测是指1年以下的预测，如按月，按季或按年。

按预测的内容分，成本预测可以分为制订计划或方案阶段的成本预测和在计划实施过程中的成本预测。

10.4.8 成本预测的方法

1. 定量预测法

定量预测法是指根据历史资料以及成本与影响因素之间的数量关系，通过建立数学模型来预计推断未来成本的各种预测方法的统称。

2. 趋势预测法

趋势预测法是指按时间顺序排列有关的历史成本资料，运用一定的数学模型和方法进行加工计算并预测的各类方法。

趋势预测法包括简单平均法、平均法和指数平滑法等。

3. 因果预测法

因果预测法是指根据成本与其相关之间的内在联系，建立数学模型并进行分析预测的各种方法。因果预测法包括量本利分析法、投入产出分析法、回归分析法等。

4. 定性预测法

定性预测法是指预测者根据掌握的专业知识和丰富的实际经验，运用逻辑思维方法对未来成本进行预计推断的方法的统称。

5. 成本预测的高低点法

成本预测的高低点法是指根据企业一定期间产品成本的历史资料，按照成本习性原理和 $y=a+bx$ 直线方程，选用最高业务量和最低业务量的总成本之差（$\triangle y$），同两种业务量之差（$\triangle x$）进行对比，先求 b 的值，然后再代入原直线方程，求出 a 的值，从而估计推测成本发展趋势。

10.4.9 营业成本的核算及记账方法

营业成本是企业为生产产品、提供劳务等发生的可归属于产品成本、劳务成本等的费用，应当在确认产品销售收入、劳务收入等时，将已销售产品、已提供劳务的成本等计入当期损益。

营业成本包括主营业务成本和其他业务成本。

1. 主营业务成本

主营业务成本是企业销售商品、提供劳务等经常性活动所发生的成本。企业一般在确认销售商品、提供劳务等主营业务收入时，或者在月末，将已销售商品、已提供劳务的成本转入主营业务成本。主营业务成本按主营业务的种类进行明细核算，期末，将主营业务成本的余额转入"本年利润"科目，结转后本科目无余额。

企业应通过"主营业务成本"科目，核算主营业务成本的确认和结转情况。

企业结转主营业务成本时，借记"主营业务成本"科目，贷记"库存商品"、"劳务成本"科目。期末，应将"主营业务成本"科目余额转入"本年利润"科目，借记"本年利润"科目，贷记"主营业务成本"科目。

2. 其他业务成本

其他业务成本是企业确认的除主营业务活动以外的其他经营活动所发生的支出。其他业务成本包括销售材料的成本、出租固定资产的折旧额、出租无形资产的摊销额、出租包装物的成本或摊销额等。

企业应通过"其他业务成本"科目，核算其他业务成本的确认和结转情况。

企业发生或结转的其他业务成本，借记"其他业务成本"科目，贷记"原材料"、"周转材料"、"累计折旧"、"累计摊销"、"银行存款"等科目。期末，应将"其他业务成本"科目余额转入"本年利润"科目，借记"本年利润"科目，贷记"其他业务成本"科目。

其中销售产品、商品和提供劳务的营业成本，是由生产经营成本形成的。

【研讨交流】

案例 10-10　　住一晚汉庭酒店经济房的成本分析

【案例描述】

汉庭酒店一晚 199 元经济房的各项费用组成如下：空置房间成本 54 元（27.1%）、物业租赁 40.6 元（20.4%）、人员开支 23.3 元（11.7%）、利润 18.4 元（9.3%）、水电易耗品 15.85 元（7.9%）、折旧 14.5 元（7.3%）、管理 11.6 元（5.8%）、税收 5.8 元（2.9%）、市场营销 2.9 元（1.5%）、其他 7.3 元（6.1%）。

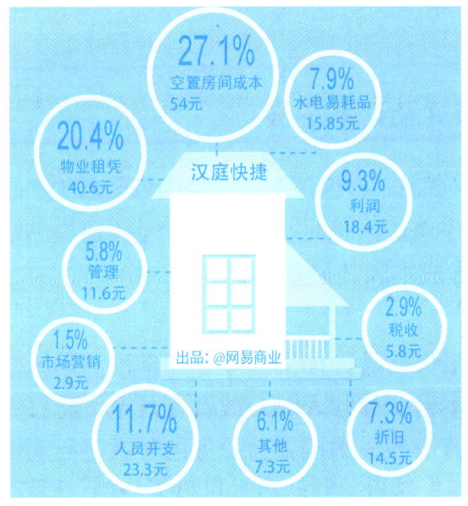

【各抒己见】

（1）如果汉庭酒店住一晚的价格不能改变，为 199 元，应如何控制成本，减少不必要的费用支出。

（2）在各项成本中，空置房间成本占了 27.1%，采取哪些方法尽量减少酒店房间空置，从而提高酒店的利润。

【实战训练】

【训练 10-3】 制定红酒的成本费用控制策略

1919 酒类直供公司成立于 2006 年，1919 是国内酒类最大的 O2O 平台，缩短了厂家与消费者的距离，能为消费者提供优质的服务，构建了厂家与消费者面对面沟通的渠道。打破实体店的束缚，形成酒类行业 O2O 新局面，有效提升效率和节省中间成本，实现与终端用户的直接对接。真正实现"互联网+"的转型，从而创造价值。

1919 酒类直供是国内酒类流通行业首家公众公司，集 16 年酒水行业营销经验，以 8

年业绩增长的市场表现，成为国内酒类流通行业的领军企业。

1919打通线上线下，使门店管理统一、标准化管理得以实现。店员进行的是傻瓜式工作，日常工作主要是理货、送货等。加上多年实践积累了成熟的零售管理经验，1919门店能够被快速成功复制至全国。

1919早已组建了强大的供应链来保证快速增长的货源需求。在各地进行地采，总部进行统采。除此，1919还设立自营中心，独立对厂家对接，以公司强大的消费者数据为指导，专门开发自营产品。

1919酒类直供成立互联网平台推广公司，实时掌握酒类市场销售动态，是国内最大酒类数据运用服务公司。除此，1919互联网数据服务公司，正在联合餐饮异业终端，其他非酒业品牌商进行跨界合作，实现更多企业的O2O，创造更大的社会价值。

以一瓶售价为268元的进口波尔多红酒为例，假设一瓶进口红酒的价格构成如下：原料和酿造成本为38.5元，占14.4%；人工成本为22.5元，占8.4%；瓶子和软木塞为7.5元，占2.8%；运输储存费为16元，占6%；市场营销推广费用为5.5元，占2.1%；代理商费用为24.3元，占9%；酒庄收益为110.4元，占7.3%；还有134元，用来缴纳关税、增值税、附加税、所得税等，约占50%。

1919酒类直供公司拟通过其电商平台销售波尔多红酒，拟适度降低国内的销售价格，分析该红酒的成本构成，哪些成本或费用有进一步压缩的空间，制定成本费用控制策略。

10.5　企业税务分析与筹划

我国的税制比较复杂，不可能要求每个创业者都精通税法，但基本的财税常识也必不可少。

【案例剖析】

 案例10-11　　　计算恒鑫信息服务公司缴税金额

【案例描述】

恒鑫信息服务有限公司为高校毕业生自主创业企业，今年销售收入约为300万元，成本、费用和各项支出约为198万元，以前年度没有发生亏损。该公司未达到一般纳税人标准，享受小规模纳税人政策。根据有关文件规定，恒鑫信息服务有限公司属小微企业。

1. **应缴增值税**

该公司属于小微企业，但未达到免征收增值税的标准，需要缴纳增值税，按以往5%

的税率缴纳营业税，需要缴纳营业税约15万元。

实行"营改增"后，改按3%的征收率。

销售额 = 含税销售额 ÷(1+ 征收率)=3 000 000/(1+3%)=2 912 621（元）。

应缴增值税 =2 912 621×3%=87 378.64（元）。

2．应缴附加税

城市维护建设税 = 实际缴纳的增值税 × 城市维护建设税税率 =87 378.64×7%=6116.50（元）。

教育费附加 = 实际缴纳的增值税 × 征收比率 =87 378.64×3%=2621.36（元）。

地方教育费附加 = 实际缴纳的增值税 × 征收比率 =87 378.64×2%=1747.57（元）

应缴附加税3项共计10 485.44元。

3．应缴企业所得税

应纳企业所得税的金额 =3 000 000-1 980 000-10 485.44=100 9514.56（元）。

根据相关规定，符合条件的小型微利企业，减按20%的税率征收企业所得税。

应纳企业所得税 =1 009 514.56×20%=201 902.91（元）。

应缴增值税、应缴企业所得税、应缴附加税3项共计299 766.99元。

4．减免税费

根据相关政策规定：对持《就业创业证》（注明"自主创业税收政策"或"毕业年度内自主创业税收政策"）或2015年1月27日前取得的《就业失业登记证》（注明"自主创业税收政策"或附着《高校毕业生自主创业证》）的人员从事个体经营的，在3年内按每户每年8000元为限额依次扣减其当年实际应缴纳的增值税、城市维护建设税、教育费附加、地方教育附加和个人所得税。

实际应缴税额 =299 766.99-8000=291 766.99（元）。

【感悟反思】

依法纳税是公民和单位应尽的义务，税收是国家财政收入的主要来源，来之于民，用之于民。根据我国税法规定，所有企业都要依法报税和纳税。

近几年来，为了促进小型微利企业的良性发展，政府先后出台了一系列扶持小型微利企业发展的企业所得税、增值税等一揽子税收优惠政策，并且不断加大力度。

小微企业是国民经济的重要组成部分，但在起步初期，一直面临着资金少、融资难等问题。随着我国税收优惠政策的持续发力，减负成效明显提升，小微企业"看得见、摸得着"的实惠越来越多，前景也会越来越"美"。

由于增值税是价外税，而营业税是价内税，3%的征收率换算成价内税只有2.91%，如取得100元的收入，营业税的计算方法是100元×3%=3元，而增值税的计算方法是100/1.03×3%=2.91元。"营改增"后，恒鑫信息服务公司每年只用缴纳增值税87 378.64万元，税收负担下降近41.75%。

为了鼓励自主创业，政府先后出台了一些税费减免政策。对这些小微创业企业来说，对收入减免流转税和对利润减免所得税是对他们雪中送炭、最直接的支持。税收优惠力度不断加大，释放出了越来越多的改革红利，社会的创业创新热情被迅速激发。

对于初创业者，应充分了解相关税费政策，在应缴、尽缴各项税费的前提下，充分享受政府各项税费优惠政策。

【知识梳理】

10.5.1　2016 年营业税改征增值税相关政策

2016 年 5 月 1 日起，在全国范围内全面推开营业税改征增值税试点，建筑业、房地产业、金融业、生活服务业等全部营业税纳税人，纳入试点范围，由缴纳营业税改为缴纳增值税。

1．关于纳税人　　　　　2．征税范围
3．税率和征收率　　　　4．纳税地点
5．纳税义务发生时间　　6．税收优惠

10.5.2　创业公司需缴哪些税

对于一般的创业公司而言，缴纳的税费只有 6～10 种，除去不经常发生且税率较低的小税种外，普通创业者需要重点关注的只有 3 种，分别是增值税、企业所得税及个人所得税。

1．增值税

增值税属于商品和劳务税类，顾名思义是因销售商品或提供劳务而征收的税种，随着"营改增"的全面实施，所有公司都属于缴纳增值税的纳税人。

增值税的纳税人分为一般纳税人和小规模纳税人，一般纳税人门槛相对较高，多数创业公司是从小规模纳税人开始的，小规模纳税人适用的税率是 3%，开具的是增值税普通发票，不能进行进项抵扣。值得一提的是，目前小规模纳税人季度销售额不超过 9 万的，可以免征增值税。

2．附加税

（1）城市维护建设税

城市维护建设税是对从事工商经营，缴纳增值税、消费税的单位和个人征收的一种税。

城市维护建设税 =(增值税 + 营业税 + 消费税)× 城市维护建设税税率

（2）教育费附加

教育费附加和地方教育附加是对缴纳增值税、消费税的单位和个人征收的一种附加费。

教育费附加以纳税人实际缴纳的增值税、消费税、营业税的税额为计费依据，教育费附加征收比率为 3%；地方教育附加征收比率为 2%。

计算公式如下：

应纳教育费附加 =(实际缴纳的增值税、消费税、营业税三税税额之和)× 征收比率（3% 或 2%）。

（3）印花税

印花税是对经济活动和经济交往中书立、领受的凭证征收的一种税。印花税的征税对象是印花税暂行条例所列举的各种凭证。印花税由凭证的书立、领受人缴纳，是一种兼有行为性质的凭证税。

3．企业所得税

企业所得税是以企业的总收入扣除成本、费用和各项支出之后的利润总额为征税基数征收的税，国家规定的税率是25%，对于小微企业可以申请低至10%。国家需要重点扶持的高新技术企业减按15%的税率征收。

4．个人所得税

个人所得税也是财政收入的重要来源，但一提到个人所得税，几乎所有人都会想到工资超过3500元后应缴纳个人所得税，可个人所得税的征税范围比这要宽泛得多，"工资、薪金所得"只是个人所得税征税范围中的一种，个人所得税的征收范围及税率如表10-6所示。

表10-6 个人所得税的征收范围及税率

征税范围	税率
工资薪金	3%～45%
个体工商户的生产经营所得	5%～35%
企事业单位的承包经营、承租经营所得	5%～35%
劳务报酬所得	20%～40%
稿酬所得	20%
特许权使用所得	20%
利息、股息、红利所得	20%
财产转让所得	20%
财产租凭所得	20%
偶然所得	20%
其他所得	20%

10.5.3 增值税的税率

（1）0税率：免征增值税的经营项目适用的税率，如农业生产者销售的自产农业产品、出口货物等。

（2）3%：这是小规模企业适用的税率，不管是贸易还是服务业，都是这个税率；开具的发票一般是"增值税普通发票"，收票单位不能抵扣销项税，只能作为成本发票冲减利润，少交所得税。如果去税务局代开，税率不变，但收票单位即可抵扣3个点的销项税了。

（3）5%：房地产企业销售房产、二手房交易及劳务外服等所适用的税率。

（4）6%：属于营改增的现代服务业的一般纳税人的税率，包括金融业（银行、保险、证券、期货、基金等）、生活服务业（餐饮、娱乐、房屋中介、旅游、美容美发、酒店住宿、快递等）、现代服务业（广告、会议、咨询鉴证、专业中介服务、信息技术服务、代理记账等）、建筑装修业（房地产、建筑、装修）。

（5）11%：交通运输服务所适用的税率，包括陆路（含铁路）运输、水路运输、航空运输和管道运输服务；邮政普遍服务、邮政特殊服务、其他邮政服务。

（6）13%：以下产品适用于 13% 的税率。

① 粮食、食用植物油、鲜奶。

② 自来水、暖气、冷气、热水、煤气、石油液化气、天然气、沼气、居民用煤炭制品。

③ 图书、报纸、杂志。

④ 饲料、化肥、农药、农机、农膜。

⑤ 国务院规定的其他货物。

⑥ 农产品（指各种动、植物初级产品）、音像制品、电子出版物、二甲醚、食用盐。

（7）17%：销售货物或者提供加工、修理修配劳务及进口货物的增值部分应交的税金。

10.5.4 增值税的计税方法

1. 基本规定

增值税的计税方法，包括一般计税方法和简易计税方法。

（1）一般纳税人发生应税行为适用一般计税方法计税。

一般纳税人发生财政部和国家税务总局规定的特定应税行为，可以选择简易计税方法计税，但一经选择，36 个月内不得变更。

小规模纳税人以外的纳税人（以下称一般纳税人）因销售货物退回或者折让而退还给购买方的增值税额，应从发生销售货物退回或者折让当期的销项税额中扣减；因购进货物退回或者折让而收回的增值税额，应从发生购进货物退回或者折让当期的进项税额中扣减。

一般纳税人销售货物或者应税劳务，开具增值税专用发票后，发生销售货物退回或者折让、开票有误等情形，应按国家税务总局的规定开具红字增值税专用发票。未按规定开具红字增值税专用发票的，增值税额不得从销项税额中扣减。

（2）小规模纳税人发生应税行为适用简易计税方法计税。

2. 一般计税方法的应纳税额

应纳税额计算公式：应纳税额 = 当期销项税额 − 当期进项税额

当期销项税额 = 当期销售额 × 适用税率

当期销项税额小于当期进项税额不足抵扣时，其不足部分可以结转下期继续抵扣。

3. 简易计税方法的应纳税额

（1）简易计税方法的应纳税额是指按照销售额和增值税征收率计算的增值税额，不得抵扣进项税额。应纳税额计算公式：应纳税额 = 销售额 × 征收率。

（2）简易计税方法的销售额不包括其应纳税额，纳税人采用销售额和应纳税额合并定价方法的，按照下列公式计算销售额：销售额 = 含税销售额 ÷ (1+ 征收率)。

【说明】① 进口货物退税：纳税人进口货物，按照组成计税价格和规定的适用税率计算应纳增值税税额。

② 出口货物退税：纳税人出口适用零税率的货物，可以按照规定向税务机关申报办理该项出口货物的增值税退税。目前，出口退税率分 5%、6%、9%、11%、13%、17% 六档。

10.5.5 企业所得税的计税方法

企业所得税是指对中华人民共和国境内的企业（居民企业及非居民企业）和其他取得收入的组织以其生产经营所得为课税对象所征收的一种所得税。作为企业所得税纳税人，应依照《中华人民共和国企业所得税法》缴纳企业所得税，但个人独资企业及合伙企业除外。

1. 应纳税所得额的计算

应纳税所得额是企业所得税的计税依据，按照企业所得税法的规定，应纳税所得额为企业每一个纳税年度的收入总额，减除不征税收入、免税收入、各项扣除以及允许弥补的以前年度亏损后的余额。应纳税所得额的正确计算直接关系到国家财政收入和企业的税收负担，并且同成本、费用核算关系密切。

应纳税所得额有两种计算方法，一是直接计算法，二是间接计算法。

直接计算法：

应纳税所得额 = 收入总额 - 不征税收入 - 免税收入 - 各项扣除金额 - 弥补亏损

间接计算法：

应纳税所得额 = 会计利润总额 ± 纳税调整项目金额

利润总额 = 营业利润 + 投资净收益 + 营业外收入 - 营业外支出

营业利润 = 主营业务利润 + 其他业务利润

主营业务利润 = 主营业务收入 - 主营业务成本 - 期间费用 - 营业税金

其他业务利润 = 其他业务收入 - 其他业务成本 - 营业税金

（1）企业以货币形式和非货币形式从各种来源取得的收入，为收入总额，包括销售货物收入、提供劳务收入、转让财产收入、股息、红利等权益性投资收益、利息收入、租金收入、特许权使用费收入、接受捐赠收入、其他收入等。

（2）收入总额中的不征税收入包括财政拨款、依法收取并纳入财政管理的行政事业性收费、政府性基金、国务院规定的其他不征税收入。

（3）企业的免税收入，包括国债利息收入；符合条件的居民企业之间的股息、红利等权益性投资收益；在中国境内设立机构、场所的非居民企业从居民企业取得与该机构、场所有实际联系的股息、红利等权益性投资收益；符合条件的非营利组织的收入。

（4）各项扣除。

① 成本，是指企业在生产经营过程中发生的销售成本、销货成本、业务支出以及其他耗费。

② 费用，是指企业在生产经营活动中发生的销售费用、管理费用和财务费用。

③ 税金，是指企业实际发生的除企业所得税和允许抵扣的增值税以外的各项税金及附加。

④ 损失，是指企业在生产经营活动中发生的固定资产和存货的盘亏、毁损、报废损失，转让财产损失，呆账损失，坏账损失，自然灾害等不可抗力因素造成的损失以及其他损失。

⑤ 其他支出，是指除成本、费用、税金、损失外，企业在生产经营活动中发生的与生产经营活动有关的、合理的支出。

（5）亏损，是指企业依照企业所得税法及其实施条例的规定将每一纳税年度的收入总额减除不征税收入、免税收入和各项扣除后小于零的数额。

2. 企业所得税的计算

企业所得税基本计算公式为：

应纳所得税额＝应纳税所得额 × 税率－减免税额－抵免税额

应纳税所得额＝收入总额－不征税收入－免税收入－各项扣除－允许弥补的以前年度亏损

3. 境外所得抵免税额的计算

居民企业来源于中国境外的应税所得，非居民企业在中国境内设立机构、场所，取得发生在中国境外但与该机构、场所有实际联系的应税所得，已在境外缴纳的所得税税额，可以从其当期应纳税额中抵免。抵免限额为该项所得依照企业所得税法规定计算的应纳税额；超过抵免限额的部分，可以在以后5个年度内用年度抵免限额抵免当年应抵税额后的余额进行抵补。

10.5.6　小型微利企业的税费优惠政策

为了促进小型微利企业的发展，国家先后出台了一系列扶持小型微利企业发展的税收优惠政策，并且对享受税收优惠政策的条件及后续管理等方面做了明确的规定。

1. 有关增值税的优惠政策

（1）2016年5月1日"营改增"前的相关政策

增值税小规模纳税人和营业税纳税人，月销售额或营业额不超过3万元（含3万元，下同）的，免征增值税或营业税。其中，以1个季度为纳税期限的增值税小规模纳税人和营业税纳税人，季度销售额或营业额不超过9万元的，免征增值税或营业税。

对增值税小规模纳税人中月销售额未达到2万元的企业或非企业性单位，免征增值税。

对月销售额2万元（含本数）至3万元的增值税小规模纳税人，免征增值税。

（2）2016年5月1日"营改增"以后的相关政策

增值税小规模纳税人应分别核算销售货物，提供加工、修理修配劳务的销售额，以及销售服务、无形资产的销售额。增值税小规模纳税人销售货物，提供加工、修理修配劳务月销售额不超过3万元（按季纳税9万元），销售服务、无形资产月销售额不超过3万元（按季纳税9万元）的，自2016年5月1日起至2017年12月31日，可分别享受小微企业暂免征收增值税的优惠政策。

按季纳税申报的增值税小规模纳税人，实际经营期不足1个季度的，以实际经营月份计算当期可享受小微企业免征增值税政策的销售额度。

其他个人采取预收款形式出租不动产，取得的预收租金收入，可在预收款对应的租赁期内平均分摊，分摊后的月租金收入不超过3万元的，可享受小微企业免征增值税的优惠政策。

按照现行规定，适用增值税差额征收政策的增值税小规模纳税人，以差额前的销售额确定是否可以享受3万元（按季纳税9万元）以下免征增值税政策。

2. 有关企业所得税的优惠政策

（1）减按20%税率

符合条件的小型微利企业，减按20%的税率征收企业所得税。

（2）减按50%计入应纳税所得额

自2015年1月1日至2017年12月31日，对年应纳税所得额低于20万元（含20万元）的小型微利企业，其所得减按50%计入应纳税所得额，按20%的税率缴纳企业所得税。

自2015年10月1日起至2017年12月31日，对年应纳税所得额在20万~30万元（含30万元）之间的小型微利企业，其所得减按50%计入应纳税所得额，按20%的税率缴纳企业所得税。

这里所称小型微利企业是指符合《中华人民共和国企业所得税法》及其实施条例规定的小型微利企业。

3. 有关教育费附加等附加税的优惠政策

《财政部、国家税务总局关于对小微企业免征有关政府性基金的通知》（财税〔2014〕122号）规定，自2015年1月1日起至2017年12月31日，对按月纳税的月销售额或营业额不超过3万元（含3万元），以及按季纳税的季度销售额或营业额不超过9万元（含9万元）的缴纳义务人，免征教育费附加、地方教育附加、水利建设基金、文化事业建设费。未达到增值税起征点的缴纳义务人，免征文化事业建设费。

《财政部、国家税务总局关于扩大有关政府性基金免征范围的通知》（财税〔2016〕12号）规定，自2016年2月1日起，将免征教育费附加、地方教育附加、水利建设基金的范围，由现行按月纳税的月销售额或营业额不超过3万元（按季度纳税的季度销售额或营业额不超过9万元）的缴纳义务人，扩大到按月纳税的月销售额或营业额不超过10万元（按季度纳税的季度销售额或营业额不超过30万元）的缴纳义务人。

4. 有关行政事业性收费的优惠政策

将现行对小微企业免征的18项行政事业性收费的免征范围扩大到所有企业和个人。

10.5.7 "营改增"后创业企业的税务筹划

税务筹划是通过对商业模式、交易模式、合同条款的事先安排，合法、合理降低税负成本，对于"营改增"企业而言，可以通过对"纳税人身份"、业务流程、销售及采购合同的筹划，实现不交、少交、晚交税的目的，具体而言，"营改增"后创业企业可以从以下6个方面积极进行税务筹划。

1．纳税人身份的选择　　　　2．企业业务流程再造
3．供应商的调整　　　　　　4．业务性质筹划
5．混业经营独立核算　　　　6．延迟纳税技巧

【研讨交流】

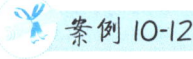 案例 10-12　　　计算一批业务应缴的税额

【案例描述】

博雅文化传播公司是一家自主创业公司，其客户都规模较小，没有特别要求开增值税

专用发票,所以暂时没有申请一般纳税人,税率为3%。本月做了1笔2万元的业务,给客户开了1张2万元的发票,各项费用支出为8000元。

【各抒己见】

(1) 就博雅文化传播公司这笔业务而言,分别应缴纳增值税、企业所得税、附加税分别为多少?

(2) 由于该企业是自主创业企业,可以享受哪些税费优惠政策?

(3) 如果该企业属小型微利企业,可以减免的各项税费为多少?

【实战训练】

【训练10-4】 计算波尔多红酒应缴税额

由训练10-3中可知每瓶波尔多红酒需要缴税134元,假设全年可以销售10 000瓶,2016年5月的全面营改增后,分析134元的缴税由哪些税种组成,全年应缴税金额为多少,各项税额分别为多少。

10.6 企业利润预测

【案例剖析】

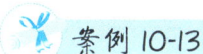 预测快乐创造馆的盈利情况

【案例描述】

快乐创造馆是一家专门致力于培养和提升少年综合素质的教育服务机构。帮助家长解决3~13岁孩子放学接管问题和二次教育问题,还有0~3岁孩子的早教问题。快乐创造馆主要提供"潜力开发"、"心理素质训练"、"人格培养"等方面的服务内容,公司以"快乐创造人才,人才创造快乐"为经营理念,让少年儿童在全新的成长空间——快乐创造馆找到成长的快乐,并开发自身潜力,培养健全的心理素质与人格。

快乐创造教育服务公司目前以0~13岁少年儿童为主要服务对象,为保证服务品质和教育成效,公司以少年儿童的年龄、目前的学习状态、兴趣、动手能力等综合能力为依据,按不同时段分别提供"快乐时光"、"成长俱乐部"和"快乐大本营"三大服务项目。"快乐时光"服务对象为幼儿园的孩子、各中小学的学生,为其放学后提供3~5小时安全托管服务。"成长俱乐部"为学龄前儿童提供脑力开发和社会交流的空间,为孩子提供与更多同龄孩子的交流机会。"快乐大本营"在寒暑假期间为孩子提供集中学习和休闲的空间,帮助孩子在快乐中提高创造力,激发创新思维,促进智力发育,为家长分担管

教的责任。

快乐创造馆第一年的销售收入预测为 3 801 000 元，各个服务项目的预测收入如表 10-7 所示。

表 10-7　快乐创造馆销售收入预测表

服 务 项 目	销售收入预测（元）
成长俱乐部	495 000
快乐时光	1 758 000
快乐大本营	1 548 000
合计	3 801 000

快乐创造馆第一年的成本费用预测为 1 974 300 元，各个服务项目的成本费用如表 10-8 所示。

表 10-8　快乐创造馆成本费用预测表

服 务 项 目	成本费用预测（元）
教学用具、办公设备折旧	50 982
车辆折旧	23 750
装修摊销	22 500
员工工资、教学资料等变动成本	1 877 068
营销费用	97 200
管理费用	751 500
合计	2 823 000

2016 年 5 月的全面营改增后，快乐创造馆缴税项目主要为增值税、企业所得税以及城市维护建设税、教育费附加等附加税，增值税、附加税估算为 209 100 元，企业所得税所得税估算为 192 200 元，如表 10-9 所示。

表 10-9　快乐创造馆的利润预测表

项　　目	金额（元）
一、营业收入	3 801 000
减：营业成本	1 974 300
营业税金及附加	209 100
营销费用	97 200
管理费用	751 500
二、营业利润	768 900
三、利润总额	768 900
减：所得税费用	192 200
四、净利润	576 700

【感悟反思】

企业经营的核心首先是生存、发展，最终要实现盈利，利润是衡量一个企业是否优秀的标准。利润永远是商业经济活动中的目标，没有足够利润的企业就无法继续生存，没有足够的利润，企业就无法继续扩大发展。

【知识梳理】

10.6.1 利润的含义

从狭义的收入、费用来讲，利润包括收入与费用的差额，以及其他直接计入损益的利得、损失。从广义的收入、费用来讲，利润是收入与费用的差额。

利润按其形成过程，分为税前利润和税后利润。税前利润也称利润总额；税前利润减去所得税费用，即为税后利润，也称净利润。

利润是指企业在一定会计期间的经营成果，利润包括收入减去费用后的净额、直接计入当期利润的利得和损失等。

直接计入当期利润的利得和损失，是指应当计入当期损益、会导致所有者权益发生增减变动的、与所有者投入资本或向所有者分配利润无关的利得和损失。

10.6.2 利润的计算方法

利润可以分为营业利润、利润总额、净利润3个指标，它们的计算公式分别如下。

营业利润＝营业收入－营业成本－营业税金及附加－销售费用－管理费用－财务费用－资产减值损失＋公允价值变动收益（－公允价值变动损失）＋投资收益（－投资损失）

利润总额＝营业利润＋营业外收入－营业外支出

净利润＝利润总额－所得税费用

应交所得税＝应纳税所得额×税率－减免税额－抵免税额

应纳税所得额＝收入总额－不征税收入－免税收入－各项扣除－允许弥补的以前年度亏损

10.6.3 盈亏平衡点的计算与分析

盈亏平衡点是利润为零的点，熟悉盈亏平衡点具有很重要的意义。了解盈亏平衡点的基本定义和基本做法尤为重要，只有这样，企业才能够利用盈亏平衡点的计算公式进行盈亏平衡点分析，从而知道自己还要不要继续生产，或者生产多少是盈利的。当企业生产处于盈亏平衡点时，业主就应思考到底是继续生产还是关闭企业，继续生产可以弥补固定成本但利润是零。

1. 基本定义

盈亏平衡点也称零利润点、保本点、盈亏临界点、损益分歧点、收益转折点。一般是指全部销售收入等于全部成本时（销售收入线与总成本线的交点）的产量。

以盈亏平衡点为界限，当销售收入高于盈亏平衡点时企业盈利，当销售收入低于盈亏平衡点时企业就亏损。

盈亏平衡点可以用销售量来表示，即盈亏平衡点的销售量；也可以用销售额来表示，即盈亏平衡点的销售额。

2. 计算方法

如果假定利润为零和利润为目标利润时，想要得出盈亏平衡点，就要先分别测算出原材料保本采购价格和保利采购价格；再分别测算出产品保本销售价格和保利销售价格。

盈亏平衡点的计算公式，一般而言，可以分为如下几个类型。

（1）按实物单位计算

盈亏平衡点 = 固定成本 /（单位产品销售收入 – 单位产品变动成本）

（2）按金额计算

盈亏平衡点 = 固定成本 /(1– 变动成本 / 销售收入)= 固定成本 / 贡献毛益率

盈亏平衡点又称保本点，假设固定资产为 a，单位产品售价为 p，单位产品成本为 v，则保本点 $=a/(p-v)$。

一般说来，企业收入 = 成本 + 利润。如果利润为零，则有收入 = 成本 = 固定成本 + 变动成本，而收入 = 销售量 × 价格，变动成本 = 单位变动成本 × 销售量，这样由销售量 × 价格 = 固定成本 + 单位变动成本 × 销售量，可以推导出盈亏平衡点的计算公式为：

盈亏平衡点（销售量）= 固定成本 / 每计量单位的贡献差数

由于各年的固定成本和可变成本不同，各年的产品销售价格、销售额可能不同，所以各年的盈亏平衡点不同。在这种情况下计算盈亏平衡点的公式是：

某年的盈亏平衡点 = 该年固定成本 ÷[(该年含税销售额 – 该年可变成本 – 该年销售税金及附加) ÷ 该年生产负荷]

3. 盈亏平衡点的分析方法

盈亏平衡点的分析又称盈亏平衡分析或保本点分析、本量利分析法，是根据产品的业务量（产量或销量）、成本、利润之间的相互制约关系的综合分析，用来预测利润、控制成本、判断经营状况的一种数学分析方法。

盈亏平衡分析的方法主要有以下方法。

（1）按采用的分析方法的不同分为图解法和方程式法。

（2）按分析要素间的函数关系不同分为线性和非线性盈亏平衡分析。

（3）按分析的产品品种数目多少，可以分为单一产品和多产品盈亏平衡分析。

（4）按是否考虑货币的时间价值分为静态和动态的盈亏平衡分析。

（5）根据生产成本、销售收入与产量（销售量）之间是否呈线性关系分为线性盈亏平衡分析和非线性盈亏平衡分析。

盈亏平衡分析的目的就是找出这种临界值，即盈亏平衡点，判断投资方案对不确定因素变化的承受能力，为决策提供依据。

盈亏平衡点越低，说明项目盈利的可能性越大，亏损的可能性越小，因此项目有较大的抗经营风险能力，故盈亏平衡点越低越好。

10.6.4 创业公司的常见盈利模式

不管产品、服务、APP有多么优秀，只有当目标用户接触到它们时才有价值。以下为创业公司最常见的几种盈利模式，以及它们的优缺点。

1. 基于广告的盈利模式　　2. 合作盈利模式
3. 交易型盈利模式　　　　4. 订阅盈利模式
5. 网络销售　　　　　　　6. 直销
7. 渠道销售（间接销售）　8. 零售销售
9. 产品免费，服务收费　　10. 免费增值模式

花时间去做调查研究，确定公司最理想的模式，当公司处于早期阶段时，一旦确定了盈利模式之后，就很难再另选其他方式了。这里并没有把所有的盈利模式全部列举出来，而是聚焦在最流行的模式上，应该掌握足够多的信息来帮助自己选择能够促进公司增长的盈利模式。

10.6.5 如何提高企业利润

如何提高企业利润永远是商业经济活动中的目标，面对市场激烈的竞争，面对超低利润的产品销售局面，从以下途径入手提高企业利润。

途径一、开源节流，从管理入手
途径二、以少胜多，从包装入手
途径三、推陈出新，从产品入手
途径四、精减环节，从渠道入手
途径五、创意销售，从市场入手

提升产品销售利润的有效方法有很多种，企业只有建立科学严格的管理体系、建立流畅简练的物流渠道、科学创意产品定位、深度研究市场、挖掘企业文化、提炼产品优势，只有经过系统策划，就不难达到有效提升产品销售利润的目的。

【研讨交流】

案例 10-14　　　　测算项目的盈亏临界点

【案例描述】

创业者万利准备生产一种产品，首先收集了计算分析项目的经济效益所需要的收入成本信息。根据当时的市场情况，生产一件该产品需要耗费直接材料50元，直接生产工人工资30元，生产该产品低值易耗品等变动制作费用15元，生产车间设备折旧费、财产保险费、车间管理人员工资等固定制造费用为200 000元/月，销售费用中销售人员按销售件数的提成等变动销售费用为5元/件，销售人员基本工资等固定销售费用为150 000元/月，管理费用中全部为固定费用，其金额为50 000元/月。按照当时的市场价格，每件产品销售价

格为150元,每月的正常产销量为10 000件。

【各抒己见】

(1) 该产品每月的销售收入为多少?

(2) 生产该产品的变动成本和固定成本各为多少?

(3) 该产品的利润为多少?

(4) 测算项目的盈亏临界点为多少,并根据该项目盈亏临界点对该产品的产销提出合理建议?

【实战训练】

【训练10-5】预测悠闲居有限责任公司的利润

悠闲居有限责任公司2017年利润预测表如表10-10所示,分别计算营业利润、利润总额、净利润,并将计算结果填入表10-10中。

表10-10 悠闲居有限责任公司2017年的利润预测表

项 目	金额(元)
一、营业收入	5 131 680
减:营业成本	1 352 000
营业税金及附加	157 550
销售费用	200 000
管理费用	1 058 400
二、营业利润	
三、利润总额	
减:所得税费用	590 933
四、净利润	

活页 A　精选创业案例

活页 B　更新创业知识

参考文献

[1] 陈承欢，雷希夷. 通用职业素养训练与提升. 北京：高等教育出版社，2016.

[2] 刘艳彬，李兴森. 大学生创新创业教程. 北京：人民邮电出版社，2016.

[3] 张志胜. 创新思维的培养与实战. 南京：东南大学出版社，2016.

[4] 老枪. 大学生创业实战个案. 重庆：重庆大学出版社，2009.

[5] 杨敏. 创新与创业指导. 杭州：浙江大学出版社，2011.

[6] 郭斌，王成慧. 大学生创新创业案例（第二辑）. 天津：南开大学出版社，2016.

[7] 张立艳. 创业实训教程. 天津：天津出版传媒集团，2015.

[8] 人力资源和社会保障部职业能力建设司. 创办你的企业（大学生版）. 北京：中国劳动社会保障出版社，2010.

[9] 宋紫燕. 大众创业当老板. 北京：中国铁道出版社，2016.

[10] 翟松辉. 创新能力训练. 北京：北京师范大学出版社，2013.

[11] 王文利，许丽洁. 创业大讲堂. 西安：西安电子科技大学出版社，2016.

[12] 胡秀霞. 团队合作能力训练. 北京：北京师范大学出版社，2013.

[13] 刘瑶. 交流与沟通能力训练. 北京：北京师范大学出版社，2014.

[14] 段轩如，秦朝森. 创意思维实训. 北京：清华大学出版社，2015.

[15] 孙洪义. 创新创业基础. 北京：机械工业出版社，2016.

[16] 陈平. 现代中职生创业导向. 厦门：厦门大学出版社，2013.

[17] 卢飞成. 创业实战. 杭州：浙江大学出版社，2012.

[18] 何建湘. 创业者实战手册. 北京：中国人民大学出版社，2016.

[19] 汤锐华. 大学创新创业基础. 北京：高等教育出版社，2016.

反侵权盗版声明

电子工业出版社依法对本作品享有专有出版权。任何未经权利人书面许可，复制、销售或通过信息网络传播本作品的行为，歪曲、篡改、剽窃本作品的行为，均违反《中华人民共和国著作权法》，其行为人应承担相应的民事责任和行政责任，构成犯罪的，将被依法追究刑事责任。

为了维护市场秩序，保护权利人的合法权益，我社将依法查处和打击侵权盗版的单位和个人。欢迎社会各界人士积极举报侵权盗版行为，本社将奖励举报有功人员，并保证举报人的信息不被泄露。

举报电话：（010）88254396；（010）88258888
传　　真：（010）88254397
E-mail：　　dbqq@phei.com.cn
通信地址：北京市海淀区万寿路173信箱
电子工业出版社总编办公室
邮　　编：100036